女犯认知行为治疗操作手册

NÜFAN RENZHI XINGWEI ZHILIAO CAOZUO SHOUCE

上海市女子监狱 编

上海辞书出版社

编　委　会

主　编

陈建华

撰写人

孟　瑛

编委会成员

陈建华　朱克霞　顾培莉　曹春花
乔　静　吴丽花　朱　佳　陈福国
姚颖蕾　柴晓东　孟　瑛

序

对女性罪犯进行教育矫治、促进其社会再融入，是尊重与保障人权理念在刑事司法领域的重要体现，是更深层次的人文关怀，也是社会文明进步的重要标志。女性罪犯在服刑改造的特殊阶段，更易产生焦虑、抑郁、适应不良等问题，如何实现维护监狱安全、尊重性别差异、完成改造任务、保护合法权益等的多方平衡，是上海市女子监狱长期探索的一项重要课题。

自2014年起，上海市女子监狱将认知行为治疗应用于女犯矫治，形成了一系列理论成果和实践方法，既填补了女犯群体认知行为治疗研究领域的空白，也有效改善了在押女犯的服刑状态，降低了狱内安全风险。2023年，为有效运用女犯风险评估、危险度评估，构建“评估—管理—矫治”一体化体系，上海市女子监狱对于评估出高风险结果的女犯，根据其犯因性需求开展具有针对性的认知行为治疗，并着手编写《女犯认知行为治疗操作手册》。

十年磨一剑，从理论初探到实践运用，再到总结提炼，从心理治疗手段到个性化矫治措施，从“认知行为治疗在女犯改造中的应用”的课题研究到专著《女犯认知行为治疗实务》，再到“1＋7”认知行为治疗操作手册，研究过程可谓是一次严谨深入的探索，也是一个学习提高的过程。一支由心理学家、法学专家、社会工作者和监狱民警组成的跨学科团队，通过个体访谈、数据分析、个案研究等方法，分析不同类型女犯的犯因性需求及改造需求，并开展具有针对性的认知行为治疗，最终以七类具有代表性的女犯群体作为治疗对象编写治疗操作手册。

本手册是女犯教育改造工作奋进变革的一个缩影。社会对民主、法治、公平、安全的需求，推动对女犯的刑罚由野蛮到文明、由粗放到精细、由单一到系统的发展。“人皆有机会摆脱过去，凭借当下的行动成为新人”(《依海之人》)，上海市女子监狱在女犯教育改造之路上的探索创新从未停止，手册是我们改造理念不断更新、教育方法不断创新的真实写照，也体现了监狱作为刑罚执行机关服务和谐社会的应尽职责。

本手册是一本兼具理论研究与操作指南功能的工具书，针对不同类型的女犯群体，构建了认知行为治疗的理论体系，明确了具体操作流程和实施标准。本手册可以指导民警从零开始，一步步熟悉和掌握认知行为治疗方法，具有较强的实用性和可操作性。

本手册也是民警队伍专业化进程的一环。高效的教育矫治工作需要民警具备一定的专业技能，2014 年至今，上海市女子监狱先后组织 100 余名民警参加认知行为治疗的理论学习和实操训练，逐步建立起一支掌握专业技能的教育矫治队伍，为监狱工作的高质量发展提供了更为坚实的保障。

在此，要特别感谢上海交通大学医学院医学心理学教授陈福国，在他的细心指导下，我们系统地学习和掌握了认知行为治疗的理论与技术，并本土化地成功运用于对特殊人群的心理矫治，使我们在专业道路上越走越宽；要感谢中央司法警官学院翟中东教授，翟教授对课题研究给予了高度关注和评价，让我们感受到监狱工作的价值；要感谢上海市监狱管理局心理矫治委员会主任孙丽娟老师，孙老师在认知课题推进过程中提出了很多宝贵建议，让我们深受启迪；要向所有为编写本手册付出辛勤努力的专家和民警表示最诚挚的感谢，是你们的智慧和奉献精神，使本手册得以顺利面世。“道阻且长，行则将至”，我们希望读者能在阅读或使用本手册的过程中，更加了解、关心、关注监狱工作新发展；我们也希望把自己的经验和成果与社会共享，为构建更加和谐、公正的法治社会贡献一份微薄而坚实的力量。

上海市女子监狱

2024 年 1 月

目　　录

第一册　女犯通用认知行为治疗操作手册

第二册　新收环境适应不良女犯专用
认知行为治疗操作手册

第三册　狱内人际关系紧张女犯专用
认知行为治疗操作手册

第四册　抑郁症女犯专用认知行为治疗操作手册

第五册　反社会型人格障碍女犯专用认知行为治疗操作手册

第六册　涉毒女犯专用认知行为治疗操作手册

第七册 亲情关系修复女犯专用认知行为治疗操作手册

第八册 回归焦虑女犯专用认知行为治疗操作手册

附录 手册管理、解释及附件

绪　论

女犯认知行为治疗操作基本理论

第一章　概　　述

一、背景

女犯认知行为治疗可以理解为一种针对女性罪犯的心理治疗方法，旨在帮助她们理解、评估和改变错误的认知、态度和行为模式，以减少再犯风险并提升社会适应能力。该治疗方法通常以认知行为疗法（Cognitive Behavioral Therapy，CBT）的原理为基础，并结合女性犯罪心理研究的观点和方法。

在许多国家，包括美国、英国、加拿大等，女犯认知行为治疗已被广泛应用和研究。国际上的相关研究表明，该治疗方法在减少再犯率、改善心理问题和提高社会适应能力方面具有一定的成效。

在中国，女犯认知行为治疗也逐渐受到重视和应用。相关的研究和实践经验显示，该治疗方法在中国的应用可以有效地提升女犯的心理健康水平和社会适应能力。目前，一些监狱和社区矫正机构已开始实施女犯认知行为治疗项目，并取得了一定的成果。

上海市女子监狱自2014年起，在监狱领导的关心和支持下，在上海交通大学医学院医学心理学教授陈福国的指导与帮助下，经过多年的探索，将CBT应用于女犯的矫治实践，取得了可喜的成果。本操作手册在2017年版《女犯通用型认知行为治疗操作手册》的基础上，对女犯常见心理问题作了归纳总结，从女犯心理需求和改造需求两个方面入手，筛选出适宜认知行为治疗的七类情况，从认知模式、治疗目标、治疗策略、初期评估、病例概念化、干预策略和常见技术等方面做了进一步应用研究，在通用型操作手册的基础上新增加了针对新收环境适应不良女犯、狱内人际关系紧张女犯、抑郁症女犯、反社会型人格障碍女犯、涉毒女犯、亲情修复女犯、回归焦虑女犯等七类典型女犯治疗操作的详细内容，使认知行为治疗操作手册进一步细化，更完善、更有针对性和实用性。

二、编写目的

编写《女犯认知行为治疗操作手册》的目的和意义在于提供一份系统化的指南，以便治疗师在实施认知行为治疗时有一个清晰的框架和步骤。包括以下具体内容：

（一）统一治疗方法：编写操作手册可以确保治疗师在实施认知行为治疗时遵循相同的方法和使用相同的技术。这有助于提供一个标准化的治疗过程，确保治疗的一致性和高质量。

（二）提供结构化指导：手册可以为治疗师提供一个结构化的指导，包括目标设定、评估工具、治疗技术和干预策略等。这有助于治疗师在实践中更加自信和有效地运用认知行为治疗技术。

（三）帮助治疗师了解女犯特殊需求：女犯可能面临与男犯不同的问题和挑战，如创伤后应激障碍、自尊心问题、亲密关系问题等。操作手册可以提供有关这些特殊需求的信息和指导，帮助治疗师更好地理解和处理女犯的心理问题。

（四）促进治疗效果评估：操作手册包含用于评估治疗效果

的工具和方法。通过收集数据和评估结果，治疗师可以更好地了解治疗的效果，并根据需要进行调整和优化。

（五）传播最佳实践：操作手册可以成为分享和传播最佳实践经验的工具。治疗师可以通过手册分享他们的经验和教训，以促进行业内女犯认知行为治疗实践水平的提高。

编写《女犯认知行为治疗操作手册》，可以帮助治疗师更好地理解和应对女犯的需求，提供一致性和高质量的治疗，促进治疗效果的评估和优化，并促进最佳实践经验的传播和分享。这将有助于提高女犯认知行为治疗的效果，减少再犯率，促进她们成功重返社会和重建社会联系。

三、工作原理

女犯认知行为治疗的工作原理建立在认知行为疗法的基础上，通过认知重构、行为实验、情绪调节、社会技能培训、替代选择和自我管理等策略来帮助女犯改变不健康的思维和行为模式，以更积极和适应性的方式来应对挑战和冲突。这些原理的综合应用有助于减少再犯风险，提高女犯成功重返社会和重建社会联系的可能性。

四、治疗技术

（一）认知重构：女犯认知行为治疗的一个关键原理是认知重构，即帮助她们识别和改变负面、错误的思维方式和信念。治疗师与女犯一起探索她们的思维方式，帮助她们辨认出那些与犯罪行为相关的不健康思维，例如扭曲的自我评价、否定他人意见、合理化犯罪行为等。通过认知重构，治疗师帮助女犯改变这些负面思维，培养健康、积极的思维方式。

（二）行为实验：行为实验是认知行为治疗的重要组成部分，尤其适用于女犯。治疗师鼓励女犯积极参与新的行为实践，以验证原有的错误观念和假设。通过实践和观察实际结果，女犯可以重新评估自己的信念和行为，并采用更有效、更健康的方式来应对挑战和冲突。

（三）情绪调节和冲动控制：女犯往往面临情绪管理和冲动控制的挑战，这可能导致她们做出冲动的犯罪行为。认知行为治疗帮助女犯学习识别和理解自己的情绪，并提供有效的情绪调节技巧，例如深呼吸、放松练习、积极思考等。治疗师还可以教给她们冲动控制策略，如延迟决策、找到替代行为等，以减少冲动犯罪的发生。

（四）自我监测和反馈：认知行为治疗鼓励女犯通过自我监测和反馈来增强自我观察和自我调节的能力。治疗师可以引导女犯记录自己的行为、情绪和思维模式，并与她们一起分析这些记录，寻找相关认知模式和触发因素。通过自我监测，女犯可以更好地了解自己的行为和反应，并对其进行调整和管理。

（五）社会技能培训：女犯可能缺乏适应社会的必要技能，如沟通、解决冲突、建立支持网络等。认知行为治疗可提供社会技能培训，帮助女犯学习和提升这些必要技能。治疗师通过角色扮演、情景模拟和反馈等方式，帮助女犯练习在现实生活中应用这些技能，以提升她们与他人有效交流和建立健康关系的能力。

（六）创造替代选择：认知行为治疗的目标之一是帮助女犯发展替代行为和选择。治疗师与女犯一起探索她们犯罪行为的触发因素，并提供替代性的行为选项，以替代以前的不健康或犯罪行为。通过培养健康的应对策略和行为选择，女犯可以在面对挑战时做出更积极的决策。

（七）促进自我管理：认知行为治疗也着重于培养女犯的自我管理能力。治疗师鼓励女犯制订目标、制订计划和建立自我监督机制，以促进她们在日常生活中的积极行为和决策。通过自我管理的实践，女犯可以逐渐发展自我控制和自律的能力，更好地管理自己的行为和生活。

总之，针对女犯的功能失调性自动想法，运用认知行为治疗技术，深入挖掘其负性中间信念及负性核心信念，对其实施心理行为干预，使其认知系统得到合理重建，缓解和改善因功能失调性自动想法而引发的不良情绪和不适应行为，帮助女犯建立正性核心信念，帮助其在狱内平稳改造，在回归社会后亦能以良好的心理状态适应社会生活，从而降低再次犯罪的可能性。

五、组织架构

女犯认知行为治疗在监狱心理健康指导室的指导下，由监区负责具体落实，成立项目推进小组，包括以下人员：

组长：监区长。

副组长：教导员、副监区长。

组员：教育改造警务组民警、心理辅导专兼职民警、女犯评估专兼职民警、承包监组主管民警。所有组员必须熟知认知行为治疗的相关理论，有参加认知行为治疗技能操作培训及督导的相关经历。

六、治疗原则

认知行为治疗有别于精神动力学的治疗，与单纯的行为治疗也有差别，与其他各种类型的心理治疗的理论及方法都有所不同。认知行为治疗有很多自身的特点,根据这些特点,治疗师在具体的治疗过程中应掌握一些基本原则,以保证在对每一个对象的治疗中能得心应手。

（一）治疗关系信任和谐原则:治疗关系是认知行为治疗的本,没有这个坚实的基础,就不可能有整个顺畅的治疗过程,也不可能产生既定的疗效。在整个治疗过程中,治疗关系的信任与和谐需要通过治疗师和治疗对象双方的共同努力才能达到。一旦意识到出了一些问题,双方都需要开诚布公地明确表达,使关系保持在最佳状态。

（二）当下问题重点关注原则:认知行为治疗与其他治疗方法有一个很显著的区别就是“活在当下”,重点关注治疗对象当下的问题。治疗师所关心的治疗对象的想法、情绪、行为、生理反应都是当前的、新鲜的。只有从此时此地开始着手治疗,认知行为治疗才有实质的构架及内容。

（三）目标设定现实具体原则:认知行为治疗十分务实,治疗的目标鲜明、具体、实在。

（四）治疗结构严格有序原则:认知行为治疗是一种具有严格结构的心理治疗,这种结构规范、严谨、周全、细腻。无论是治疗师还是治疗对象,都应根据既定结构按部就班、循序渐进地将治疗不断深入,直指目标。

（五）实施技术便于操作原则:认知行为治疗的各项技术都比较容易掌握,易于操作,与其他心理治疗相比,其操作性较强,实施的内容真实、客观、具体,没有联想、假设、投射、释义等间接成分。

（六）治疗时限短期为主原则:认知行为治疗属于短程治疗,时限一般为 3～6 个月。

（七）操作灵活原则：认知行为治疗会谈结构是一个导向，有了这样的导向，治疗性会谈就不容易脱离结构框架，促使会谈有结构、有层次地进行，但治疗会谈也并非刻板，因为治疗谈话在一定范围内还有它的灵活性。适当的调整结构和次序在治疗会谈中是允许的，但千万不能随意发挥，尤其对于初学者来说更需要严格按要求进行。只有在积累了大量治疗经验的情况下才能驾轻就熟地略加调整，在大框架不变的前提下根据治疗目标的需要对会谈结构有所变动。这里设定的十二次谈话是预设谈话次数，实际谈话次数和进度可以根据女犯的情况和心理问题的类型、治疗目标以及治疗师的治疗手段等做适当的调整。

七、使用范围

认知行为治疗操作手册的使用不仅仅局限于民警治疗师，事实上，这份手册也可以作为女犯自我探索和自我治疗的有力工具。它提供了一系列的练习方法和技巧，可以帮助女犯更好地理解和改变自己的思维方式和行为模式。通过积极地使用这些方法和技巧，女犯可以逐步提升自己的心理弹性和抗逆能力，更好地应对生活中的挑战和压力。具体来说，认知行为治疗操作手册可以在以下几种情况下使用：

（一）心理矫治：认知行为治疗操作手册是民警治疗师在心理矫治实践中的重要工具之一。民警治疗师可以根据女犯的具体情况和需求，选择相应类型的手册，根据手册中的指导和练习，帮助女犯改变不健康的思维方式和行为模式，提升她们的心理健康水平。

（二）自助应用：认知行为治疗操作手册可以作为女犯自助工具使用。女犯可以根据自己的需求和目标，选择相应类型的手册,并按照手册中的指导进行练习和实践。这有助于女犯自我探索和改变不健康的思维和行为习惯,提升心理状态和生活质量。

(三)辅助资源:认知行为治疗操作手册可以作为其他治疗方法的辅助资源使用。例如,在药物治疗的基础上,可以使用手册中的技巧和练习,帮助女犯管理情绪、应对压力和改变不健康的行为模式。手册可以为女犯提供额外的支持和指导,增强治疗效果。

(四)心理健康教育:认知行为治疗操作手册还可以用于女犯心理健康教育。它可以被用作心理健康教育课程或工作坊的教材,向女犯普及认知行为治疗的理念和技巧,提高女犯对心理健康的认识和理解。通过手册的使用,女犯可以学习如何改善自己的心理健康状态,更好地应对生活中的挑战和压力。

无论是在心理矫治、女犯自助应用,还是在女犯心理健康教育中,认知行为治疗操作手册都扮演着重要的角色。它为民警治疗师和女犯提供了一种系统性和结构化的方法,帮助她们理解和改变不健康的思维方式和行为模式,促进她们心理健康水平的提升。

第二章　实施人员、场所与步骤

一、实施人员

（一）治疗民警：由监狱认知行为治疗小组成员、各监区专兼职心理辅导员组成，必须熟知认知行为治疗的相关理论，有参加认知行为治疗技能操作相关培训及督导的经历，并经考核通过，才允许承担实施治疗任务。

（二）评估员：由监狱专职评估员与监区专职评估民警组成，负责对治疗对象的测量与筛选及治疗效果的评估。

（三）督导师：由监狱心理健康指导室、社会（心理学）专家组成，负责对治疗民警的技术指导和个案督导。

二、治疗场所

监狱心理健康教育中心、各监区心理咨询室，应确保安静、干净的环境，保证会谈的顺利有序开展。监狱确保女犯认知行为治疗项目的实施时间与场所，同时根据实际情况，各部门应加强相互协作，不随意调整该项目实施的时间或更改治疗场所。

三、实施步骤

（一）治疗对象的筛选排摸阶段

1. 监区评估员按照治疗对象的筛选标准，初步确定适合接受治疗的对象，经监区审核后将名单报至监狱心理健康指导室。

2. 在监区筛选的基础上，监狱心理健康指导室确定入项目组接受治疗的对象名单，反馈给监区项目组执行。

（二）认知治疗实施阶段

1. 监区评估员在认知行为治疗正式开始前的两周内完成对治疗对象的治疗前评估工作。

2. 治疗民警与治疗对象进行认知行为治疗会谈，包括 1 次预备性会谈、12 次正式会谈和 1 次结束治疗会谈。

3. 监狱督导师定期对会谈过程进行技术指导与个案督导，及时指出问题，防止会谈偏离轨道或无法继续。

（三）治疗效果评估阶段

监区评估员在认知行为治疗结束后两周内完成对治疗对象的治疗后评估工作，并做好治疗前后的数据统计和对比，完成相关报告。

四、实施流程图

开始
对象排摸
阅档
访谈
评估狱内危险/再犯风险
心理测试
监区审核初步名单，报心理健康指导室
心理健康指导室审核名单，反馈给监区确定名单
按项目计划、步骤实施具体工作
总结、随访

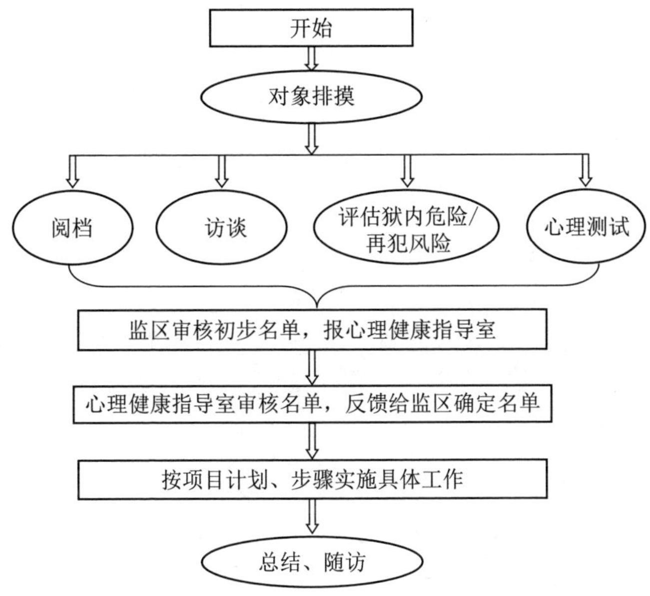

第一册

女犯通用认知行为
治疗操作手册

第一章　导　　论

女犯认知行为治疗的目标是通过帮助女性罪犯认识到自己错误的思维方式和行为模式，以及这些思维方式和行为模式对其罪行和社会功能的影响，进而培养她们改变思维和行为的能力。治疗的过程通常包括自我观察和反思、认知重构、解决问题技巧的培养、情绪调节和应对技能的训练等。

一、认知模式

女犯的认知模式因个体差异而不同，但以下是一些常见的认知模式。

（一）负面认知：女犯可能具有负面的自我认知，如低自尊、自卑或无助等。她们可能认为自己没有价值、无法改变或无法掌控自己的生活。

（二）情绪失调：一些女犯可能存在情绪调节困难。她们可能难以有效地管理情绪，容易陷入冲动、愤怒或情绪崩溃的状态。这可能导致她们采取冲动的行为，如暴力、自伤自残或其他不良行为。

（三）心理扭曲：女犯可能存在心理扭曲，即对自己、他人和世界存有错误或不合理的看法。她们可能有消极的思维模式，如过度一般化、悲观、自怜或怀疑他人的动机等。

（四）缺乏风险评估能力：女犯可能在决策和行为中缺乏对风险的准确评估，容易陷入危险或违法的境地。她们可能对自己的行为后果缺乏真实的认识。

（五）难以控制冲动：一些女犯可能存在冲动控制问题。她们可能难以抑制冲动、延迟满足，或难以权衡长期利益和即时满足二者间的利弊。这可能导致她们做出不理智的决策和行为。

二、治疗目标

对女犯进行认知行为治疗的目标是帮助她们识别、理解和改变不健康的认知模式和行为模式，以促进她们的心理健康和功能恢复，包括以下具体内容。

（一）识别和调整不健康的思维模式：帮助女犯识别可能存在的负面自动想法、认知偏差和错误信念。通过认识不健康的思维模式，她们可以开始挑战和调整这些思维模式，并更准确地评估现实情况。

（二）提高自我意识和觉察力：帮助女犯提高自我意识和觉察力，以更好地理解自己的情绪、思维和行为之间的关系。她们可以学会更准确地观察自己的内在体验，并意识到自己的思维模式如何影响情绪和行为。

（三）改变不健康的行为模式：引导女犯认识不健康的行为模式，如回避、逃避或自我损害。通过教给女犯认知行为技巧和策略，帮助她们发展更健康的认知模式和行为模式，以取代不适应性的行为模式。

（四）提高问题解决能力：培养女犯的问题解决能力，以应对日常生活中的挑战和困难。她们可以学习分析问题、制订解决方案和评估后果的技巧，从而更好地处理各种情境。

（五）促进形成积极的自我评价和自我价值感：帮助女犯提升对自己的评价和自我价值感。通过挑战负面的自我评价和培养积极的自我对话，她们可以形成更健康的自我认知，并增强自尊和自信。

（六）应对压力和情绪管理：教给女犯有效应对压力和管理情绪的技巧。她们可以学习识别和应对负面情绪，调节情绪表达和应对应激反应的方式，以增强心理应对能力。

（七）提高生活质量和恢复日常功能：认知行为治疗可以帮助女犯提高生活质量，恢复日常功能。她们可以学会更积极地面对挑战、建立健康的人际关系、追求个人目标和培养自我关爱的习惯。

三、治疗策略

对女犯进行认知行为治疗时，可以采用以下具体策略。

（一）自我监测和记录：鼓励女犯进行自我监测和记录，包括思维、情绪和行为的记录。这有助于她们识别不健康的认知模式和行为模式，并与治疗师一起分析和探索。

（二）识别和挑战功能失调性自动想法：帮助女犯学会识别功能失调性自动想法，并与治疗师一起挑战和调整这些想法。她们可以学习使用证据和逻辑来评估自己的功能失调性自动想法的准确性和合理性。

（三）寻找替代性解释和合理思考方式：引导女犯寻找替代性解释和合理思考方式。让她们学会寻找更积极、客观和真实的解释，以替代功能失调性自动想法，并培养更健康的认知模式。

（四）认知重构：与女犯一起进行认知重构，即通过对证据的重新评估和重新解释来改变她们的认知模式。这可以包括寻找支持功能失调性自动想法的证据，并提供更全面和平衡的观点。

（五）进行行为实验：鼓励女犯进行行为实验，通过尝试新的行为和反应方式来验证和调整她们的认知。这可以帮助她们积极面对恐惧、克服回避行为，形成更健康的行为模式。

（六）教授情绪调节技巧：教给女犯有效的情绪调节技巧，如深呼吸、渐进性肌肉松弛和正念练习。这些技巧可以帮助她们管理情绪，提高调节情绪的能力。

（七）提供有关社交技巧和人际关系的指导：这包括有效的沟通、解决冲突、设定健康的界限和建立支持性的人际关系。

（八）渐进式暴露和习惯逆转：对于女犯可能存在的恐惧、焦虑或回避行为，可以使用渐进式暴露和习惯逆转的方法，使她们逐步暴露于恐惧的情境，帮助她们逐渐减少恐惧感，并逆转不适应性的习惯行为。

（九）心理教育和资源分享：提供心理教育和资源分享，帮助女犯了解认知行为治疗的原理和技巧，并提供相关的书籍、手册或在线资源，以支持她们在治疗之外继续学习和使用。

第二章　治疗对象筛选与治疗前评估

一、治疗对象筛选

女犯认知行为治疗对象筛选是一个重要的过程，旨在确定哪些女性罪犯适合接受治疗。以下是一些常见的筛选标准和方法。

（一）适应证类型：除具有精神疾病和严重心理障碍的女犯以外，一般都适用认知行为治疗。新收环境适应不良女犯、亲情修复女犯、狱内人际关系紧张女犯、回归焦虑女犯、反社会型人格障碍女犯、涉毒女犯和抑郁症女犯适用专用认知行为治疗操作手册。

（二）认知水平：女犯的认知水平也是一个重要的需要考虑的因素。认知行为治疗侧重于帮助女犯认识和改变错误的认知和行为模式。因此，具备一定的认知能力和智力水平是接受治疗的先决条件。

（三）动机水平和合作性：女犯的动机水平和合作性对于认知行为治疗的效果至关重要。有意愿改变和参与治疗过程的女犯更有可能受益于治疗。因此，筛选过程中需要评估女犯的动机水平和合作性。

（四）精神健康状况：女犯的精神健康状况也需要考虑。如果她们患有严重的精神疾病，可能需要先接受精神疾病治疗或稳定情绪，然后再考虑认知行为治疗。

（五）风险评估：认知行为治疗对降低再犯风险有潜在效果。风险评估在筛选过程中起着重要的作用。评估女犯在未来再犯的风险，需筛选出再犯风险等级为“高风险”以上的女犯。

（六）剩余刑期：剩余刑期在六个月以上的女犯。

这些筛选原则可以帮助治疗师确定哪些女犯适合接受认知行为治疗，为治疗对象的初步筛选提供依据。

二、治疗前评估

经筛选确定的治疗对象，在治疗前还需完成治疗前评估，目的是通过专业工具了解治疗对象的问题的相关指标信息（好比医院的各种检查）。

（一）评估时间：在对治疗对象实施治疗前两周内完成。

（二）评估工具：采用风险评估、心理测试、问卷调查与结构性访谈相结合的方式，确定治疗对象。

1. 通过上海市监狱管理局罪犯风险需求评估量表（附件七）筛选出再犯风险等级为“高风险”以上的女犯。

2. 在高风险女犯群体中，通过症状自评量表（SCL-90）、焦虑自评量表（SAS）、抑郁自评量表（SDS）、贝克抑郁量表（BDI）、汉密尔顿焦虑量表（HAMA）、汉密尔顿抑郁量表（HAMD）等心理量表（附件一至六）进行测试，根据女犯的抑郁、焦虑等心理健康指标对她们进行分级分类。

3. 通过服刑改造自评调查表（附件八）、服刑改造他评调查表（附件九），筛选出服刑改造中情绪低落、自卑感、认知归因、警囚关系、囚囚关系、环境适应、违纪扣分、欠产、亲情关系、学习兴趣等10个服刑改造表现因子程度较高的女犯。

4. 通过结构性访谈，了解女犯的情绪问题、习惯应对问题的方法、求助的意愿、对调整认知行为的态度等，筛选出有认知行为问题、求助愿望强烈、能配合认知行为治疗的女犯。以下为结构性访谈提纲(表 1-1)。

表 1-1　结构性访谈提纲

① 你觉得你最近情绪怎么样？碰到哪些不愉快的事情，你能具体谈谈吗？
② 入监这么长时间你是什么感受？有什么想法吗？
③ 你说你睡眠不好，是怎么个不好？睡不着的时候在想些什么呢？
④ 除了睡眠，还有其他问题吗？想哭，是想到什么了吗？饮食怎么样？
⑤ 你目前在监狱里主要做什么事情？目前的服刑状态是怎么样的？
⑥ 每天的生活起居是怎么样的？平时有没有什么兴趣爱好？
⑦ 有没有轻生的念头？耳边有没有听到过有人跟你讲话的声音？
⑧ 你的这种情绪低落、睡眠不好的状态是从什么时候开始的？已经持续多久了？
⑨ 你这段时间过得也挺不容易的，你今天过来是想让我怎么帮助你呢？
⑩ 你状态这么差有没有去看过医生？医生是怎么诊断的？
⑪ 你跟家人的关系怎么样？家里人对你的情况了解吗？他们是怎么开导你的？
⑫ 如果我们向你提供帮助，你是否愿意接受？
⑬ 我们想给你提供十几周时间的结构化的规范干预调整，你愿意参加吗？
⑭ 你觉得参与结构化规范干预调整有什么困难吗？你对我们安排的时间有什么想法和要求？

治疗前评估完成后，就可以正式进入认知行为治疗的会谈阶段。

第三章　认知行为治疗会谈操作流程

一、认知行为治疗会谈的基本结构

认知行为治疗会谈一般包括1次预备性会谈、12次正式会谈和1次结束治疗会谈(表1-2)。一般为每周一次会谈,结束治疗会谈可以隔一周进行。每次时间为1～1.5小时。

表1-2　认知行为治疗会谈主题内容安排表

阶段	会谈序列	会谈主题内容
预备性会谈		概要了解女犯心理问题的由来、对认知行为治疗的知晓和认同度、对治疗师的认同度;观察和判断女犯是否适合接受认知行为治疗;明确答复女犯是否接纳其实施认知行为治疗
正式会谈	1	建立治疗性医患关系,进行初期评估
	2	全面评估,病例概念化,确定治疗目标
	3	收集功能失调性自动想法和情绪:每日功能失调性自动想法记录表
	4	识别、归纳功能失调性自动想法:每日功能失调性自动想法记录表
	5、6	检验并调整功能失调性自动想法(苏格拉底式提问,堵不如疏):每日理性想法替代功能失调性自动想法记录表

续　表

阶段	会谈序列	会谈主题内容
正式会谈	7	挖掘负性中间信念
	8、9	检验、质疑并调整功能失调性假设和规则
	10	揭示负性核心信念：负性核心信念一览表
	11、12	检验、质疑并调整负性核心信念
结束治疗会谈		巩固提高与结束阶段，预防复发

二、认知行为治疗会谈的具体内容及流程

（一）预备性会谈

1. 预备性会谈的目标

预备性会谈不属于结构性治疗的首次会谈，这是一个具有筛选功能的会谈，通过后治疗双方才能进入认知行为治疗的正式过程。

2. 预备性会谈的内容

(1) 自我介绍和观察判断

① 治疗师介绍身份和治疗目的。

② 判断女犯是否适合接受认知行为治疗。

(2) 了解女犯对认知行为治疗的知晓和认同程度

① 了解女犯对认知行为治疗的定义和目标的知晓和认同程度。

② 了解女犯对认知行为治疗的过程和时间长度的知晓和认同程度。

③ 了解女犯在认知行为治疗中参与的主动性和责任感。

(3) 了解女犯心理问题的由来和当前状况,作出初步判断

① 概要了解女犯心理问题的表现及由来。

② 了解女犯心理问题的当前状况和求助途径。

③ 了解女犯对自己的认知、情绪和行为的认知度。

(4) 考量和明确答复

① 了解女犯对治疗师的认同程度。

② 治疗师考量自己是否适合对女犯进行认知行为治疗。

③ 给女犯明确答复是否接纳女犯实施认知行为治疗。

预备性示范谈话①②

治疗师:(介绍自己)你好,我姓孟,是这里的心理治疗师,很高兴你来找我咨询,我也希望能帮到你。在认知行为治疗中,我们将一起探讨你的思维模式,学习如何更健康地应对生活中的挑战。在开始之前,我想了解一下,你为什么决定寻求认知行为治疗的帮助?

女犯:我觉得我总是陷入一些负面的思维中,导致我难以应对日常生活和人际关系。

治疗师:(了解治疗预期)明白了,负面思维确实会影响我们的情绪和行为。在认知行为治疗中,我们将学习识别这些负面思维,并尝试用更健康、积极的方式来看待事物。你对认知行为治疗有什么期望或者希望达到什么目标?

女犯:我希望能够停止那些消极的想法,更好地处理压力,也希望能够和他人建立更健康的关系。

① 本册示范谈话民警为孟瑛。

② 示范谈话节选自女犯认知行为治疗的真实谈话记录,目的是让操作者直观感受谈话操作流程和提问技术。

治疗师：(简要介绍认知行为治疗)这些目标非常具体，也是我们可以在治疗中共同努力实现的。在认知行为治疗中，我们会一起学习认识那些自动的、不健康的思维，然后尝试用更积极、健康的思维来替代它们。我们还会学习一些应对压力和处理人际关系挑战的技能。在整个过程中，我会尊重你的节奏，确保你在安全和舒适的环境下进行治疗。

女犯：这听起来很好。我希望能够学到一些实用的方法来改变自己的思维方式。

治疗师：(介绍认知行为治疗工作流程)认知行为治疗有严格的工作流程，本次会谈是预备性会谈，主要是了解你的问题及相关情况，并对你的问题作出判断，从下次开始，我们就要着手解决你的问题，我们整个流程会有 12 次谈话，每周一次，每次都有不同的谈话主题，希望你能跟我好好合作，共同来达成你的目标，好吗?

女犯：好的。

治疗师：(明确治疗关系)我们将会一起探索各种方法，并且找到适合你的方法。治疗是一个合作的过程，你的参与和坦诚非常重要。在治疗中，你有任何的疑问、困扰或者不满意，都可以随时与我沟通。我们会共同努力，帮助你达到你的治疗目标。

女犯：谢谢，我会尽力配合的。

(二) 正式会谈

1. 首次会谈谈话步骤

步骤一：评估当前心理状态并打分。

评估当前心理状态是认知行为治疗每次谈话中都要提及的

话题，治疗师需要指导女犯用1～100等级打分的方式定量描述自己当下的心理状态，"1分"代表没有任何问题，"100分"代表问题最严重。

步骤二：明确谈话主题"介绍认知行为治疗原理及对女犯进行治疗初期评估"。

步骤三：进入谈话主题。

（1）介绍认知行为治疗原理

在认知行为治疗中，无论是首次谈话还是以后的每次谈话都有一个简短的开场白，要确定本次谈话的主题，聚焦谈话内容。在首次谈话中，围绕主题治疗师可以用通俗易懂的语言给女犯介绍认知行为治疗的基本原理，让她们了解认知模式，懂得治疗师会通过改变她们不合理的、非理性的、曲解的想法和看法来调整她们的不良情绪及不适应行为，达到标本兼治的治疗目的。告知她们有哪些基本知识、有些什么要求、要怎么配合等，梳理她们的心理问题，设定治疗目标和治疗过程，引导她们配合治疗。治疗师需要清晰地告诉女犯认知行为治疗一般会经历哪几个阶段、需要花多少时间。治疗所需要的时间往往与女犯心理障碍的类型、程度、背景和个人的基础条件有直接的关系，大多数女犯的治疗需要2～4个月，对于较为严重的，如有自杀倾向的女犯，治疗时间可能需要6个月。认知行为治疗谈话一般是每周一次，两次谈话中间有一段间隔时间。为使治疗过程持续稳定，治疗师需要对女犯进行引导和指导，要求女犯在几个月的治疗期内一定要沉浸、融入到治疗之中，保持接受治疗的状态。治疗师在每次会谈中需要同步做一些记录，填写在认知行为治疗记录表（表1-3）中。

表 1-3　认知行为治疗记录表

姓名　　　　　　日期　　　　　　会谈次数　　　　　　编号

心理状态评估打分	
量表评定结果	
本次谈话的目标主题	
会谈内容要点	
家庭作业	
下次会谈内容预置	

(2) 初期评估

初期评估需要获取女犯的主要信息，首先是女犯的基本情况，包括个人成长史、犯罪史、创伤性经历、躯体疾病史、心理疾病史、目前心理状态等；其次是女犯求助的心理问题，包括让女犯简洁表述心理问题及其由来，具体描述心理问题及自我调整情况，寻找应对资源如他人、家庭及社会支持系统，表达治疗意愿及配合程度等，治疗师由此开始考虑如何建构病例概念化及初步拟定治疗计划。对女犯进行认知行为治疗初期评估时，通常会涉及以下内容。

① 个人信息收集：收集女犯的基本个人信息，包括年龄、教育背景、家庭情况等。这些信息有助于了解她们的背景和生活环境。

② 犯罪历史和犯罪行为评估：探讨女犯的犯罪历史，包括

犯罪类型、频率和严重程度。了解她们之前的犯罪行为有助于评估其偏差行为的发生根源。

③ 目标设定和期望:与女犯讨论她们参与认知行为治疗的目标和期望。了解她们希望在哪些方面进行改变,以及期望治疗能够帮助她们实现的目标。

④ 自我评估和反思:鼓励女犯对自己的认知、情绪和行为进行评估和反思。通过提问和对话,了解她们对自己的认知偏差、负面信念和问题行为的认知程度。

⑤ 问题探索和优先级设定:与女犯一起探索她们认为自己存在的主要问题和困扰。帮助她们确定问题的优先级和治疗的重点领域。

⑥ 认知模式评估:通过提问和讨论,了解她们的思维模式、认知偏差和信念系统的构成。

⑦ 情绪和应对评估:探讨女犯的情绪体验、情绪调节方式和应对机制。了解她们对情绪的认知和处理方式,以及是否存在不健康的应对模式。

⑧ 支持网络评估:了解女犯的社会支持网络,包括家人、朋友和其他支持人员。评估她们是否有可靠的支持系统,并了解其对治疗过程的支持程度。

⑨ 风险评估:评估女犯的风险水平,包括再犯风险和自我伤害风险。这有助于制订适当的治疗计划和风险管理策略。

以上内容是认知行为治疗初期评估的一般指南,具体的评估内容和顺序可能会因治疗师和女犯之间的沟通和需要而有所调整。评估的目的是初步了解女犯的认知、情绪和行为特点,从而为后续的治疗计划和策略提供指导。

(3) 以下是对女犯进行初期评估时可能用到的提问(表 1-4)

表 1-4　初期评估提问(举例)

个人信息	① 请介绍一下你个人的基本信息，包括姓名、年龄、教育背景和家庭情况。
	② 你目前的生活状态是怎样的？有没有面临什么特殊的挑战或困扰？
犯罪经历和犯罪行为评估	① 可以告诉我你的犯罪经历吗？包括犯罪类型、频率和严重程度。
	② 你认为自己之前的犯罪行为对你和他人有什么样的影响？
目标设定和期望	① 你希望通过参与认知行为治疗实现哪些具体的目标？
	② 对于你个人来说，认知行为治疗成功的标志是什么？
自我评估和反思	① 你对自己的认知、情绪和行为有怎样的观察和理解？
	② 你认为自己存在哪些不健康的思维模式或行为习惯？
问题探索和优先级设定	① 你认为目前最困扰你的问题是什么？为什么？
	② 是否有其他与你的问题相关的领域需要关注和改善？
认知模式评估	① 你在面对挑战或困难时通常会有怎样的想法或反应？
	② 你认为自己有哪些关于自我、他人或世界的信念？
情绪和应对评估	① 你对自己的情绪有怎样的认知？你通常如何应对不良的情绪？
	② 是否存在某些情绪或应对方式对你的日常生活和人际关系产生负面影响？
支持网络评估	① 你在生活中是否有可靠的社会支持网络？这些人对你的支持程度有多大？
	② 是否有人能够理解和支持你参与认知行为治疗的决定？

续　表

风险评估	你认为自己存在再犯风险或自我伤害风险吗？如果有，你对这些风险有怎样的认识和应对策略？
治疗历史和经验	① 你是否曾经接受过其他形式的心理治疗或咨询？如果有，请分享你的经验和感受。
	② 你对认知行为治疗有什么了解？你为什么选择参与认知行为治疗？
治疗期望和合作	① 你认为治疗师应该具备怎样的特质和技能？
	② 你对与治疗师的合作和工作关系有何期望或希望？

这些问题旨在帮助治疗师了解女犯的个人情况、需求和期望，以便制订个性化的治疗计划并建立有效的治疗关系。治疗师应根据女犯的回答进行深入探讨和追问，以获取更详细和准确的信息，并根据评估结果制订相应的治疗策略。

步骤四：布置家庭作业。家庭作业是认知行为治疗中很有特色的一个必不可少的内容，既是咨访关系的体现，是心理干预的措施，又是使女犯保持沉浸在接受治疗状态的一个有效推动力。本次的家庭作业是让女犯把今天所讲的内容包括自己的心理问题记录下来，尽可能做到记录详细、有条理，并补充心理问题的发生发展过程。

步骤五：小结和反馈。听取女犯对此次会谈的感受，下次继续对女犯的心理问题进行深入全面的评估并协商确定治疗目标。

首次示范谈话

治疗师：(情绪评估)你好，今天我们就正式开始认知行为治疗，这是治疗的首次谈话。这周你过得怎么样？如果用“1 分”代表没有任何问题，“100 分”代表问题最严重，你可以打多少分？

女犯:50分。

治疗师:(情绪评估)在我们开始认知行为治疗之前,我想了解一些关于你的信息。首先,你能具体描述一下你现在的心情和情绪状态吗?

女犯:我觉得很沮丧,而且总是感到焦虑。我觉得自己没有价值。

治疗师:(问题评估)谢谢你分享这些感受。沮丧和焦虑确实是很具挑战性的情绪。我们将会在治疗中学习应对这些情绪的方法。除了这些,你觉得还有其他方面的问题困扰着你吗?

女犯:我经常因为小事就发脾气,而且很难相信别人。我觉得控制不住自己。

治疗师:(具体化)这些是我们可以探讨的重要问题。在认知行为治疗中,我们将学习关于情绪管理、人际关系和自我认知方面的技能。我也想了解一下,你最近有没有遇到触发这些情绪的特定事件或者情境?

女犯:最近在改造中遇到了很多压力,而且家庭关系也很紧张。

治疗师:(治疗目标评估)压力和家庭关系问题确实会对我们的情绪产生影响。在治疗中,我们将会学习应对压力的方法,同时也会探讨你与家庭成员之间的关系。除此之外,你对治疗有什么期望和希望达到的目标?

女犯:我希望能够更好地控制自己的情绪,也希望能够改变那种总是怀疑别人动机的心理。

治疗师:(提供支持)这些目标非常具体,而且是我们可以在治疗中共同努力实现的。我想提醒你,治疗可能会是一个具有挑战性的过程,但是你不是孤单的,我会一直在你身边支持你。

在治疗中,如果有任何困扰或者疑虑,随时都可以与我沟通。我们将一起探索新的方法,帮助你达到你的治疗目标。

女犯:谢谢,我会尽力的。

治疗师:(布置家庭作业并预告下次谈话主题)非常好,我相信在我们的合作下,你可以找到更好的方法来应对生活中的挑战。在接下来的治疗中,我们将会一起探索这些问题,并且逐步制订具体的治疗计划。回去后你把今天所讲的内容用文字记下来,如果有没有讲到的信息也可以补充一下,内容最好详细点,在写的过程中你也可以思考一下困扰你的问题是怎么产生的,跟你自身有没有关系。下次谈话我们将继续对你的问题做深入评估并确定治疗目标。你看你还有什么问题吗?

女犯:没有其他问题了。

2. 第二次会谈谈话步骤

步骤一:评估当前心理状态并打分。

步骤二:连接上次谈话内容。连接上次谈话内容可以有两种方式,一种是由治疗师在回顾上次谈话内容的基础上引出本次谈话的话题,另一种是在治疗师的启发下由女犯来接上话题。

步骤三:检查家庭作业完成情况。

步骤四:明确谈话主题"继续对女犯的心理问题进行深入全面的评估及病例概念化,并确定治疗目标"。

步骤五:进入谈话主题。

(1) 全面评估

通过首次谈话,治疗师对女犯的基本情况及心理问题的产生和认知模式的形成有了大致的了解,但作为治疗师,要想帮助女犯调整认知,就要深入、细致地对女犯进行全面评估,真正搞清楚女犯情绪、行为背后的认知机理,这样才能有针对性地制订治疗方案、实施心理干预。对女犯的心理问题进行全面深入的评估，包括以下内容。

① 早期经历：早期的经历对认知偏差的形成有重要影响。女犯可能在成长过程中面临虐待、忽视、家庭暴力或其他不良环境。这些负面经历可能导致她们形成负面的自我认知、世界观和人际关系模式。

② 社会环境：社会环境和文化背景也对女犯的认知偏差起着作用。例如，社会中普遍存在的某些负面价值观、压力和不良行为模式，可能会影响女犯的认知模式。

③ 受教育水平：有限的教育机会和知识缺乏可能导致女犯在问题解决、决策制订和风险评估等方面产生认知偏差。她们可能缺乏必要的技能和信息，无法做出理性和正确的选择。

④ 创伤后应激障碍：一些女犯可能经历过创伤事件，如性侵、暴力事件。这些经历可能导致创伤后应激障碍，包括对自身和世界的扭曲认知、情绪调节困难和冲动控制问题。

⑤ 自我保护机制：认知偏差有时可以被视为一种自我保护机制，帮助女犯在困境中保护自己。她们可能使用否认、逃避责任、合理化或其他心理防御机制来解释自己的行为。

⑥ 风险评估和再犯预测：评估女犯的风险水平和再犯可能。考虑她们的犯罪历史、个人特征、心理健康状况和环境因素，以确定她们参与认知行为治疗的紧迫性和重要性。

需要注意的是，认知偏差的形成是一个复杂的过程，涉及个体因素、环境因素和社会因素的相互作用。每个女犯的情况都是独特的，因此在帮助她们改变认知偏差时，需要个体化的治疗方法和综合措施。

(2) 病例概念化

病例概念化实际上就是一个把女犯心理问题及认知模式的

来龙去脉搞清楚的过程，它贯穿整个治疗过程，也是一个不断完善的过程。当对女犯开始进行全面评估，建构病例概念化的操作就已经开始。

在认知行为治疗理论中，人的认知模式由两个层面组成，即浅表层面认知模式和潜在层面认知模式。浅表层面的认知包括自动想法；潜在层面的认知是浅表层面认知模式的基础和支撑，包括核心信念和中间信念。通常情况下，当个体遇到有压力的生活事件时，如果潜在层面的认知存在问题，就会引发和激活个体原有的功能失调性自动想法，并引起一系列不良情绪和不适应行为。反之，不良情绪和不适应行为又对潜在层面的负性认知产生反馈和强化。通过了解心理问题的形成架构，来掌握女犯的认知架构模式，通过从表层到深层收集、分析、归纳、整理信息，进一步完善女犯认知架构的来龙去脉（见图 1-1）。

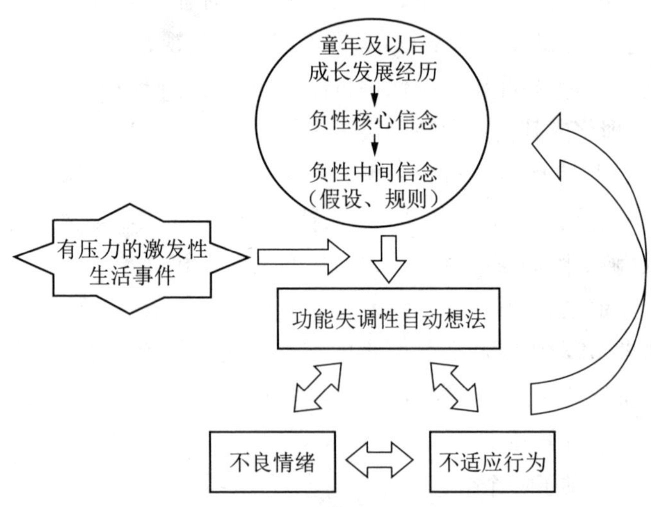

图 1-1 心理问题或心理障碍的基本构架

女犯认知行为治疗病例概念化，可以从以下几个方面考虑。

① 成长经历：与女犯深入探讨其早期生活背景，包括家庭环境、童年经历、教育背景等。成长经历中被虐待、被忽视、被创伤等事件可能影响其对自我、他人及世界的基本看法。

② 负性核心信念：识别女犯对自我、他人和世界的根本负性信念，例如“我不值得被爱”。并分析影响：这些信念通常根植于其早期负性经历，对其后续心理问题有深远影响。

③ 负性中间信念：探讨从核心信念衍生的假设和规则，例如“如果我不完美，别人就会抛弃我”。中间信念驱动日常行为和情感反应，进一步强化核心信念。

④ 功能失调性自动想法：记录特定情境中的即时负性想法，如“我永远也不会成功”。这些自动想法是负性核心信念和负性中间信念的具体体现，直接引发不良情绪和行为。

⑤ 不良情绪：评估女犯常见的负性情绪，如抑郁、焦虑、愤怒等。负性情绪与自动想法和中间信念密切相关，情绪反应强化了功能失调性思维模式。

⑥ 不适应行为：识别女犯的应对行为，如自我伤害、滥用药物、冲动犯罪等。这些行为是短期内情绪的缓解方式，但会导致长期的心理和社会问题。

⑦ 有压力的生活事件：回顾女犯近期或过去经历的重大生活压力事件，如家庭破裂、经济困境、亲友离世等。压力事件是触发或加剧心理问题的重要因素，常导致负性信念和情绪反应的恶性循环。

病例概念化旨在帮助治疗师全面了解女犯的个性特点、问题类型和认知模式，从而指导治疗过程中的目标设定和干预措施。它提供了一个框架，使治疗师能够系统地分析和理解女犯的不适应行为，并针对性地进行干预治疗。

(3)确定治疗目标

认知行为治疗的目标是鲜明、具体的,疗效也是能评估、可检验的,是“看得见、摸得着”的,目标应该由女犯和治疗师商议确定,先由女犯提出,再由治疗师给予认可。治疗目标所确定的内容是以调整女犯当前最突出的心理问题或心理障碍为主,从调整女犯曲解的非理性的认知入手,改变不良情绪和不适应行为。一般情况下,治疗目标的范围应尽可能集中,当主要的心理问题解决了,其他相关的问题便可迎刃而解。

步骤六:布置家庭作业,让女犯思考成长过程中家庭和社会环境对心理问题的影响。

步骤七:小结和反馈,告知女犯下次将讲述功能失调性自动想法的概念。

第二次示范谈话

治疗师:(家庭、成长环境评估)很高兴你参加今天的会谈。在我们开始治疗之前,我希望先了解更多关于你的情况。首先,请告诉我一些关于你的背景信息,包括家庭、教育、工作等方面。

女犯:我来自一个问题家庭,父母离异,我在单亲家庭中长大。我去一些心理医生的诊所诊治过,但是总觉得没有真正解决问题。

治疗师:(问题评估)谢谢你告诉我这些信息。你的家庭背景可能对你的情绪和行为产生了影响。除此之外,你最近的日常生活中有没有什么特别的压力或者挑战?

女犯:我觉得自己在社交上很难融入,总是有一种被排斥的感觉。

治疗师:(认知模式评估)这些确实是很大的挑战。社交难题可能会加重你的焦虑和自我负面评价。现在,我想和你一起来看看你的负面思维模式。你有时会对自己有什么负面的评价或者自动想法?

女犯:我总觉得自己是个失败者,别人不会喜欢我,无论我做什么都是错的。

治疗师:(情绪和行为评估)我理解,这种自我评价可能是很痛苦的。在认知行为治疗中,我们将会学习识别这些负面自动想法,并一起来评估它们的真实性。现在,我想和你一起来看看你的情绪和行为反应。在面对社交挑战时,你通常会有怎样的情绪反应?会采取什么样的行为?

女犯:我会感到非常焦虑,可能会生气,有时候也会有恐惧。

治疗师:(协商治疗目标)这种反应是很正常的,但是如果这种反应影响了你的日常生活,我们就需要及时处理了,我们可以一起来学习应对策略。现在,我希望我们一起来确定一下治疗的目标。从你的描述来看,我们可能需要处理焦虑、自我负面评价、社交问题等方面的挑战。这些问题中的哪一个是你最希望在治疗中得到解决的?

女犯:我觉得首要问题是自己对自己的看法,我希望能够改变那种总觉得自己是失败者的想法。

治疗师:(确定治疗目标)明白了,我们可以把自我负面评价作为治疗的一个重点。同时,我们也将会应对焦虑和社交问题,因为它们可能是自我负面评价的来源之一。在治疗中,我们将学习认知技能,帮助你更健康地看待自己,同时也会学习如何应对焦虑和提高社交技能。我们的目标是帮助你建立更健康、更积极的自我认知,以便更好地应对生活中的挑战。你对这个目标怎么看?

女犯:我觉得这是一个很好的方向。我希望能够改变自己,过上更好的生活。

治疗师:(提供支持)非常好,我相信你有能力做到。回去后,思考一下你成长过程中,家庭和社会环境对你的心理问题的形成有哪些影响。在接下来的治疗中,我们将共同努力,逐步达成你的治疗目标。如果在治疗的过程中有任何的困扰或者疑虑,请随时与我沟通。我们将一起克服挑战,迈向更健康、更积极的未来。

女犯:好的。

3. 第三次会谈谈话步骤

步骤一:评估当前心理状态并打分。

步骤二:连接上次谈话内容。

步骤三:检查家庭作业完成情况。

步骤四:明确谈话主题"识别、收集功能失调性自动想法"。

步骤五:进入谈话主题。

(1) 解释相关概念

完成认知行为治疗的心理评估及病例概念化之后,治疗师就可以进入下一个治疗程序,即识别和收集功能失调性自动想法,这是认知行为治疗进入实质性内容的开始,是能否实现认知行为调整的第一关。要准确识别功能失调性自动想法,就要先搞清楚自动想法的概念及特征,特别要区分它与情绪、一般思维的不同。

自动想法是指个体在一定的情境下,大脑自然而然涌现出的对自己、对他人及对周围环境评价性的一闪而过的念头,故又被称为"一闪念"。它的出现绝大部分先于情绪和行为,其基本形式是词汇、短语和图像,十分简洁。自动想法还有一些特定的表达形式,有疑问句式,如"我能行吗",实际表达的意思是"我可不行";还有隐含句式,如"我觉得自己好像是行尸走肉",实际表达的意思是"我的存在毫无价值";等等。尽管自动想法是自发涌现的思维流,但其根部有着信念系统的影响和支撑。

在日常生活中人们遇事都会产生自动想法,如果自动想法是合理的，那么它对人们的情绪和行为的影响就是正性的，产生的社会功能也是正常的；如果自动想法是曲解的、失真的、非理性的，那么它就会引起人们的负性情绪和不适应行为，产生的社会功能也是失调的。女犯可能有以下功能失调性自动想法："我永远不会有所改变""别人都不值得信任""我是一个失败者，无论我怎么努力都无济于事""没有人会真正关心我"。情绪是一种心理体验，与自动想法有本质的区别，如狂喜、愤怒、哀伤、快乐等。而一般思维如解释、联想、猜测等会掺杂很多思考，没有自动想法那样简洁明了。因此，本次谈话重点是让女犯了解自动想法的概念，区分其与情绪、一般思维的不同之处，指导女犯识别和收集功能失调性自动想法。

（2）进行相关提问（表 1-5）

表 1-5　收集女犯功能失调性自动想法的提问（举例）

① 当你面临挑战或困难时，通常会有什么自动想法？
② 你在实施犯罪行为之前或期间，内心对自己、他人和世界有怎样的自动想法？
③ 你对自己的外貌、能力或价值有怎样的自动想法？
④ 在社交场合中，你通常会有怎样的自动想法？这些想法如何影响你的行为和情绪？
⑤ 当他人对你的言论或行为提出批评或负面评价时，你会有怎样的自动想法？
⑥ 在处理冲突或争论时，你通常会有怎样的自动想法？这些想法如何影响你的情绪和行为选择？
⑦ 对于失败或失误，你会有怎样的自动想法？这些想法如何影响你的自信和动力？
⑧ 当感到沮丧、焦虑或愤怒时，你会有怎样的自动想法？这些想法如何加剧你的不良情绪和不良行为？

续 表

⑨ 你认为他人对你的期望是怎样的？你会有怎样的自动想法来应对这些期望？
⑩ 当你面对新的或未知的情境时，你通常会有怎样的自动想法？这些想法如何影响你的行为和情绪反应？

请注意，这些问题的目的是帮助女犯意识到自己的自动想法，并从中识别可能存在的认知偏差和问题类型。治疗师可以根据女犯的回答进行进一步的探索和讨论，以促进其认知重构和替代性思维的培养。

步骤六：布置家庭作业，指导女犯填写每日功能失调性自动想法记录表(表 1-6)。

表 1-6 每日功能失调性自动想法记录表

日期	情境 ① 引起不良情绪和不适应行为的事件或情况 ② 引起不良情绪和不适应行为的思绪、遐想或回忆	情绪 ① 不良情绪 ② 不良情绪的程度(1～100)	功能失调性自动想法 ① 引发不良情绪和不适应行为的功能失调性自动想法 ② 对功能失调性自动想法的相信程度(0～100%)

步骤七：小结和反馈，告知女犯下次将归纳功能失调性自动想法。

第三次示范谈话

治疗师：（解释并收集自动想法）今天，我们将会探讨一些你可能没有意识到的思维模式，它们通常出现在特定情境下，并且会影响你的情绪和行为。这些被称为“自动想法”。自动想法是指个体在一定的情境下，大脑自然而然涌现出的对自己、对他人及对周围环境评价性的一闪而过的念头，故又被称为“一闪念”。它的出现绝大部分先于情绪和行为，其基本形式是词汇、短语和图像，十分简洁。如果自动想法是合理的，那么它对人们的情绪和行为的影响就是正性的，产生的社会功能也是正常的；如果自动想法是曲解的、失真的、非理性的，那么它就会引起人们的负性情绪和不适应行为，产生的社会功能也是失调的。你能想到你最近在某个特定情境下产生的自动想法吗？

女犯：我经常觉得别人在背后议论我，觉得他们讨厌我。

治疗师：（证据检验）非常好，这就是一个很好的例子。现在，我们来看看这个自动想法。在你觉得别人在背后议论你时，你有没有证据表明那是真的？

女犯：实际上没有。我只是有这种感觉。

治疗师：（布置家庭作业）非常好，这就是一个典型的功能失调性自动想法的例子。在认知行为治疗中，我们将学习识别这些想法，并且开始质疑它们的真实性。为了帮助我们更好地了解你的自动想法，我会给你一份日志，回去后，你在特定情境下写下你的自动想法。当你感到情绪低落时，尝试想象一下你当时的自动想法，并写下来。这将帮助我们更好地分析和理解这些想法。

女犯:好的,我会尝试的。

治疗师:(提供支持)非常好,这将是一个重要的练习。当你开始写下这些自动想法时,请尽量真实地记录下来,不用担心它们是否合理。在之后的会话中,我们将一起来分析这些想法,看看它们是否真实、合理,以及它们如何影响你的情绪和行为。通过这个过程,我们可以找到更健康、更现实的替代想法,帮助你更好地应对挑战。如果在写日志的过程中有任何问题或者困扰,请随时与我沟通。

女犯:我明白了,我会尝试记录下来的。

4. 第四次会谈谈话步骤

步骤一:评估当前心理状态并打分。

步骤二:连接上次谈话内容。

步骤三:检查家庭作业完成情况。

步骤四:明确谈话主题"归纳功能失调性自动想法"。

步骤五:进入谈话主题。

治疗师可以与女犯一起参照女犯常见功能失调性自动想法类型(表 1-7),对记录在每日功能失调性自动想法记录表(表 1-6)中的自动想法进行逐一对照,并讨论,让女犯找出与自己相符的功能失调性自动想法类型。即使女犯在记录表中所记录的内容较多,但若对数日或数周的自动想法记录表进行整理分析,治疗师也不难发现女犯在"功能失调性自动想法"这一栏中所填写的内容具有集聚的倾向,治疗师可以根据功能失调性自动想法的类型对女犯的自动想法有一个基本的估测和定位,做到有所聚焦、心中有数。

表 1-7　女犯常见功能失调性自动想法类型

① 过度引申:将以往生活中曾经发生的特殊事件推断为以后一直会发生的普遍现象。例如:上次我失误了,以后我肯定会经常犯同样的错
② 选择关注:只关注复杂事物的某个方面,却忽略事物的其他相关方面。例如:我总在关注自己紧张的表情是否已被别人觉察
③ 非此即彼:是一种极端性的思维,认为事物只有两种可能,不是“全”就是“无”,不是“白”就是“黑”,全然不考虑有中间状态的可能性。例如:如果我没能做到最优秀,那我就是一个彻底的失败者
④ 贬低积极:认为自己、他人和环境中积极的方面都毫不起眼。例如:别人赞扬我,这有什么可以令人得意的
⑤ 瞎猜心思:没有客观依据、随意地负面猜测别人的想法和反应。例如:有人迎面走过,没有和我打招呼,肯定是瞧不起我,对我不屑一顾
⑥ 苦算命运:对待自己的未来,认为不好的结局已经完全被注定。例如:看来我这一辈子不会有什么出息
⑦ 灾难当头:把正发生的一般负性事件看作无法接受和应对的重大灾难。例如:胃里很难受,我会生大病死的
⑧ 错怪自我:将由他人及外界因素所致的负性结果都归咎于自己。例如:这次家里没人来见我,肯定是与我对不起家人有直接关系
⑨ 情绪推理:听任负性情绪引导自己对客观现实作出随意诠释。例如:我感到情绪十分低落,想必是连续几天下雨的关系
⑩ 乱贴标签:不管是否符合实际情况,给自己或他人贴上固定标签。例如:我是一个惹人讨厌的人
⑪ 理所当然:用“应该”“必须”来设定自己的动机和行为。例如:我应该是最棒的,否则我怎么能做到出人头地
⑫ 管中窥豹:只看到事物的一部分,满足于所见不全面或略有所得。例如:读书无用,有知识不等于富有
⑬ 后悔莫及:为自己已成定局的事情深感懊悔,确信若不是当初,结果将会更好。例如:若我当初报考医科大学,现在早已成为名医

续 表

⑭ 以偏概全:用片面的观点看待整体事物。例如:我劳动指标完不成,我没有劳动天赋
⑮ 任意推断:又称非逻辑思考。缺乏严密逻辑思考,对事物随意地作出推论。例如:常言道"字如其人",我的字写得很差,我的为人处世也很差
⑯ 委曲求全:指使自己受委屈,来成全别人。例如:我太不强势,只能忍气吞声,勉强服从
⑰ 随意比较:用不切实际的标准来对事物进行随意比较。例如:我若处在他的岗位上肯定会比他干得更出色 ⑱ 完美主义:对自己的要求十分完美,苛求尽善尽美。例如:我做任何事情若没做到最好就会感到很不踏实
⑲ 胡乱指责:责怪别人把自己的情绪搞得一团糟,拒绝从自身找原因,也不想改变自己。例如:在这种环境下,跟社会渣滓一起,我的情绪怎么会好
⑳ 固执己见:拒绝任何可以驳斥负性想法的证据和理由,而总是自以为是。例如:不管别人说我太瘦,我还是要坚持节食减肥

这些功能失调性自动想法类型并不是互相独立的,女犯可能在不同情境下表现出多种类型的自动想法。认识到这些思维模式的存在,有助于女犯进行认知行为治疗并改变其消极的认知方式。

步骤六:布置家庭作业,让女犯继续填写每日功能失调性自动想法记录表(表 1-6)。

步骤七:小结和反馈,告知女犯下次将检验并调整功能失调性自动想法。

第四次示范谈话

治疗师:(收集功能失调性自动想法)感谢你在作业中记录

下你的自动想法。现在,我想和你一起来看看这些想法有没有一些共同的模式。在阅读你的作业时,我注意到了一些功能失调性自动想法,比如说认为别人讨厌你或者质疑你的能力。这些是非常典型的功能失调性自动想法。你有没有注意到其他类似的想法?

女犯:嗯,我也发现了,比如我总觉得如果别人不和我说话,就是因为他们讨厌我。

治疗师:(归纳类型)非常好,这是一个很好的例子。这种功能失调性自动想法让你把别人的行为解释为对你的反感,而不是其他可能的原因。这是一种常见的心理错误,称为“思维过滤”,即只关注消极的细节而忽视正面的信息。还有其他类似的想法吗?

女犯:我还总觉得如果我犯了一点错误,就代表我是个彻底的失败者。

治疗师:(归纳类型)明白了,这也是一种常见的曲解。把小错误放大,把它们视作自身价值的衡量标准。这种思维模式称为“过度引申”,可能会让你感到压力很大,同时也影响了你的自信心。在认知行为治疗中,我们将学习如何识别并挑战这种曲解,找到更客观和健康的替代想法。

女犯:我希望能够摆脱这种消极的思维,但是有时候真的控制不住。

治疗师:(布置家庭作业并预告下次谈话主题)我理解,这需要时间和练习。回去后,继续填写每日功能失调性自动想法记录表。在接下来的治疗中,我们将一起来探索这些自动想法的背后逻辑,并寻找证据来支持或者反驳它们。同时,我将会教你一些技巧,帮助你更好地应对这些曲解。我们下一次谈话的主题是“检验并调整功能失调性自动想法”。

女犯：谢谢，我会努力的。

治疗师：(提供支持)非常好，记住，这是一个学习和成长的过程，你不是孤单的，我会一直在你身边支持你。我们将一起解决这些问题。如果在练习过程中有任何问题或者有需要帮助的地方，请随时向我咨询。我将与你共同努力，帮助你建立更健康、更积极的思维模式。

女犯：好的。

5. 第五次、第六次会谈谈话步骤

步骤一：评估当前心理状态并打分。

步骤二：连接上次谈话内容。

步骤三：检查家庭作业完成情况。

步骤四：明确谈话主题“检验并调整功能失调性自动想法”。

步骤五：进入谈话主题。

当女犯能对自己的功能失调性自动想法进行识别时，治疗师还需和女犯一起进一步探询支持自动想法的理由，并加以质疑，要让女犯清晰地认识到自动想法所带来的功能失调，包括对情绪、对行为和对生理功能的负面效应，为后续动摇原来的想法并用合理想法替代做好准备。治疗师常用的技术有诘问驳难、探寻证据、逻辑纠错和理性替代等。这两次谈话着重阐述如何检验和调整功能失调性自动想法，这正是对浅表层面认知干预的重要一步。

治疗师在帮助女犯检验自动想法是否功能失调时有一个基本的原则，就是自动想法是否导致女犯产生不良情绪（抑郁、沮丧、焦虑、恐惧、害怕等)和不适应行为(退缩、回避、坐立不安、自伤自残等)。检验女犯功能失调性自动想法的实际效应体现在女犯对该自动想法开始产生怀疑、动摇,并为调整这种自动想法、用理性的自动想法进行替代做好准备。

对于功能失调性自动想法的调整,治疗师要用心、耐心地引导女犯进行理性思考,试着以情绪的好转为标准,采用积极的想法替代功能失调性自动想法,并体验情绪是否有变化,是否有改善。如果所采用的替代想法没有效果或效果甚微,就应该更换其他的替代想法,直到见效为止。在这个过程中,治疗师不能为女犯提供自己预置的想法,不能让女犯盲目地接受自己的观点和想法,治疗师最主要的作用是启发,常用的技术有核查客观证据、引导自我发现、质疑绝对肯定、考虑其他可能、进行重新归因、不幸中有转机等,对女犯自己想出的替代想法可以进行讨论,评估替代想法的实际效果。

对女犯功能失调性自动想法的调整过程,实际上是帮助女犯重建新的理性想法并对功能失调性自动想法进行替代的过程,最后使女犯能够做到很自然、很稳定地以理性的、合理的想法取代和覆盖功能失调性的自动想法,使女犯在情绪、行为及其他各方面都得到改善。替代想法的操作会有一定的难度,治疗师应该积极地鼓励女犯在调整中树立信心,只要女犯的情绪状态有所改善,这一结果就能成为一个正性的强化物,去强化女犯坚持不断地用理性想法对功能失调性自动想法进行替代,同时也能逐步提高女犯对理性替代想法的相信程度。

在对女犯的功能失调性自动想法进行检验和调整时,治疗师可以采取挑战—动摇—替代三步操作,以下为具体方法。

（1）识别自动想法：通过与女犯的对话和观察，确定她们常常出现的功能失调性自动想法。这可以包括一些负面、消极或扭曲的想法，如自我贬低、过度推断、情绪化等。

（2）挑战自动想法：与女犯一起探索并提出问题，以挑战她们的自动想法的准确性和合理性。治疗师可以询问支持这些想法的证据的真实性、是否存在替代解释以及其他人对同一情境的想法。

（3）寻找证据动摇自动想法：鼓励女犯寻找证据来支持或反驳她们的自动想法。她们可以回顾过去的经验、观察他人的行为或进行实证调查。治疗师可以引导她们思考哪些证据支持或反驳她们的自动想法。

（4）评估后果动摇自动想法：帮助女犯评估她们的自动想法对她们情绪、行为和生活的影响。治疗师可以引导她们思考这些想法是否有助于她们的幸福和目标的实现，或者它们可能带来的负面后果。

（5）培养替代性思维：与女犯一起探索替代性的更健康和更积极的思维方式。治疗师可以引导她们生成替代性的自动想法，鼓励她们采用更客观、合理和适应性的观点来看待情境。

（6）反馈和练习：给予女犯正面的反馈和鼓励，帮助她们练习运用替代性思维来应对日常生活中的情境。治疗师可以提供支持和指导，并鼓励她们在日常生活中实践新的思维方式。

持续的治疗过程中，治疗师和女犯密切合作，共同检验和调整自动想法。这需要女犯的积极参与和持续的练习，以逐步改变她们的认知模式，并提升她们的自我认知和情绪调节能力。

步骤六：布置家庭作业，指导女犯填写每日理性想法替代功能失调性自动想法记录表(表1-8)。

表 1-8　每日理性想法替代功能失调性自动想法记录表

日期	情境 ① 引起不良情绪的事件或情况 ② 引起不良情绪和不适应行为的思绪、遐想或回忆	情绪 ① 不良情绪 ② 不良情绪的程度(1～100)	功能失调性自动想法 ① 激发不良情绪的功能失调性自动想法 ② 对功能失调性自动想法的相信程度(0～100%)	合理的反应 ① 写出理性替代想法 ② 对理性替代想法的相信程度(0～100%)	结果 ① 再评估对原先功能失调性自动想法的相信程度(0～100%) ② 再评估不良情绪的程度(1～100)

步骤七：小结和反馈，告知女犯下次将挖掘负性中间信念。

第五、第六次示范谈话

治疗师：(收集功能失调性自动想法)你好，今天我们将继续探讨你的自动想法，并学习如何检验它们的真实性。我们已经确认了一些你可能曲解的自动想法，比如别人讨厌你或者你是个失败者。现在，我想和你一起来看看这些想法是否有证据来支持它们。

女犯：好的，我明白了。

治疗师:(具体化)让我们以你觉得别人讨厌你的自动想法为例。你能回想一个具体的情境吗?

女犯:嗯,比如我在一个集体活动中,大家看起来都很高兴,但是我觉得他们在议论我。

治疗师:(证据检验)好的,现在我们来看看这个自动想法的证据。有没有证据表明她们讨厌你?

女犯:没有,她们只是在谈笑,我并没有听到她们具体在说什么。

治疗师:(挑战功能失调性自动想法)非常好,这是一个重要的观察。你的想法是基于主观感受而非客观事实。在这种情况下,我们可以说,这个自动想法是一个曲解,它并没有真实的依据。你能想到其他类似的情境吗?

女犯:有时候,当监室里大家都在笑的时候,我就觉得她们是在笑我。

治疗师:(替代思维)明白了,这是另一个例子。那么,在这种情况下,你有没有想到其他可能的解释,为什么她们会笑?

女犯:或许是她们在分享一个搞笑的故事,与我无关。

治疗师:(认知重构)正是的。我们可以看到,你的自动想法是一个曲解,同监室女犯笑并不是针对你的。通过这种方式,我们开始理解功能失调性自动想法的模式。在未来,当你觉得别人对你有负面看法时,可以尝试停下来,问问自己是否有证据支持这种想法,或者是否有其他可能的解释。这种自我质疑和调整思维的过程,有助于你更客观地看待周围的人和事,减轻你的焦虑和压力。

女犯:我会尝试的,谢谢你的帮助。

治疗师:(提供支持)不客气,记住,这是一个学习的过程。

在日常生活中实践这些技能，你会变得更加自信，更能应对各种情况。如果你在实践中遇到困难，随时都可以与我沟通。我们将一起来克服这些挑战。

女犯：好的。

治疗师：（布置家庭作业并预告下次谈话主题）今天我们学习了怎么挑战和调整功能失调性自动想法，你可以学着练练，我相信通过练习，你会越来越熟练地挑战这些曲解的自动想法，从而更好地应对类似的情境。回去后填写每日理性想法替代功能失调性自动想法记录表，下次谈话主题是挖掘负性中间信念。

女犯：好的。

6. 第七次会谈谈话步骤

步骤一：评估当前心理状态并打分。

步骤二：连接上次谈话内容。

步骤三：检查家庭作业完成情况。

步骤四：明确谈话主题"挖掘负性中间信念"。

步骤五：进入谈话主题。

（1）解释相关概念

治疗师指导女犯成功完成对功能失调性自动想法的理性替代，只是在浅表层面进行认知干预的一个阶段性成果。由于浅表层面的认知是受潜在层面认知的作用和影响，因此，要使女犯完全消除不由自主地涌现的功能失调性自动想法，从根本上解决心理问题或心理障碍，一定要进一步调整潜在层面的认知。治疗师将开始对女犯信念系统中负性成分的挖掘、检验和调整。

信念是人们从童年开始逐步形成的对自我、他人及世界的自认为可以确信的看法，其中高度概括、根深蒂固的观念被称为核心信念。负性核心信念就是个人对自我、他人及世界的非理性的功能失调性的核心信念。在女犯的信念系统中,负性核心信念对功能失调性自动想法的影响并非直接的,而是通过功能失调性假设和规则间接影响的。在认知行为治疗的理论中,把处于中介形态的功能失调性假设和规则称为负性中间信念。假设是指没有充分依据的设定。规则是人们在成长过程中逐步形成的典式和法则,也是在社会生活中应对各种问题和事件而逐步形成的习惯及约定俗成的准则(图 1-2、表 1-9)。因此,检验、质疑并调整负性中间信念是实施潜在层面认知调整的重要一步。

女犯可能有以下负性中间信念:“我无法依赖任何人,只能靠自己”“成功是不可能的,只有失败和痛苦”“人们总是会伤害我,我必须保持警惕”“我不值得被爱和尊重”等。

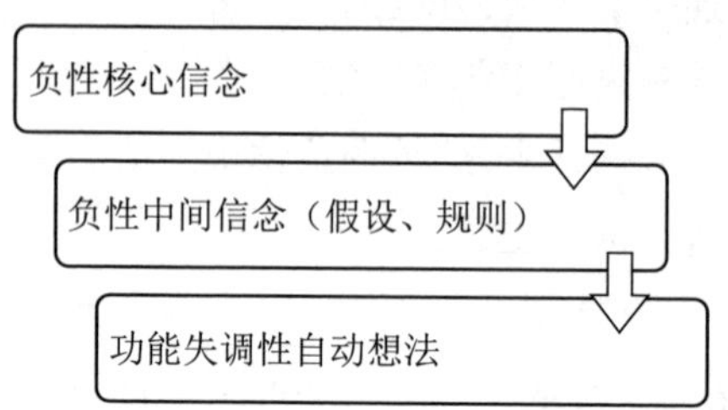

图 1-2 潜在层面认知与浅表层面认知之间的关系

表 1-9 中间信念的基本表述形式

假　设	规　则
如果……那么…… 倘若……那么…… 万一……就…… 即使……就会……	必须……

（2）进行相关提问

治疗师指导女犯识别功能失调性假设和规则有以下几种方法：从功能失调性自动想法中直接提炼负性中间信念；通过女犯提供信息中的假设内容的前提部分，设法引导女犯表达出假设内容的结论；通过直接点拨引出女犯长期固守的规则；通过逐级挖掘推导技术引出女犯的负性中间信念；通过直接询问的方法，让女犯明确表达其负性中间信念。挖掘女犯的负性中间信念，可进行如下提问，见表 1-10。

表 1-10　挖掘女犯负性中间信念的提问（举例）

① 你认为导致你犯罪行为的根本原因是什么？你对此有何深层的想法？
② 在你的价值观和信念系统中，什么是成功和幸福的关键因素？你认为自己在这些方面是否符合标准？
③ 你对自己的能力和价值有怎样的认知？你认为自己是否配得上幸福和成功？
④ 你对他人的期望和评价有何认知？你认为他人对你的期望是否过高或不公平？
⑤ 你对自己的责任和控制力有怎样的认知？你认为自己对自己的生活和行为有多大的控制力？
⑥ 你对失败和挫折的解释和认知是什么？你是否认为失败是不可逆转的，或者对失败有过度的反应？
⑦ 你对过去的经历和事件的解释和认知是什么？你是否认为过去的经历决定了你现在和未来的可能性？
⑧ 你对他人的意图和动机有何认知？你是否倾向于假设他人对你有敌意或不利？
⑨ 你对未来的展望和可能性有何认知？你是否持有悲观或绝望的态度？

这些问题旨在帮助女犯探索和揭示负性中间信念。治疗师可以通过对话和深入探索，帮助女犯识别和理解这些信念，并评

估这些信念对她们的认知、情绪和行为的影响。这有助于女犯深入了解自己的思维模式,并为后续的认知重构和治疗干预提供基础。

步骤六:布置家庭作业,让女犯继续填写每日理性想法替代功能失调性自动想法记录表(表 1-8)。

步骤七:小结和反馈,告知女犯下次将检验、质疑并调整功能失调性假设和规则。

第七次示范谈话

治疗师:(谈话主题及解释定义)你好,很高兴你参加今天的会谈。在治疗中,我们将尝试了解更深层次的思维模式,这些模式可能在你的生活中起到了重要作用。今天谈话的主题是"挖掘负性中间信念",中间信念是介于自动想法与核心信念之间的一层认知,通常是以假设和规则的形式存在的。假设是指没有充分依据的设定。规则是人们在成长过程中逐步形成的典式和法则,也是在社会生活中应对各种问题、事件而逐步形成的习惯及约定俗成的准则。中间信念带有一定的普遍性,相对于自动想法,它不受具体情境的影响。今天,我们就收集一下这些规律性、普遍性的想法。能理解吗?

女犯:能理解一点。

治疗师:(收集功能失调性自动想法)让我们回顾一下你在某个情境下的自动想法。比如别人在笑的时候,你认为他们在嘲笑你。那么,当你有这种自动想法的时候,关于你自己或者关于别人,你会怎么想?

女犯:我会觉得自己是个笑柄,他们看不起我。

治疗师:(挖掘负性中间信念)非常好,这是一个典型的自动想法。现在，让我们思考一下，这种自动想法可能基于什么样的中间信念。比如，你可能会认为别人的看法对你的自尊心有重大影响，或者你可能认为你只有在别人看好你的时候才是有价值的。这些是可能的中间信念。

女犯：我想，我可能认为自尊心建立在别人的认可上。

治疗师：(引导发现)很好，你的洞察力很重要。这种信念通常是我们从小就形成的，可能受到家庭、学校和社交经历的影响。现在，我想问问你，有没有其他类似的情境，你也有类似的自动想法?

女犯：有，比如在生活中犯了个小错误，我会觉得自己一无是处，毫无价值。

治疗师：(挖掘负性中间信念)非常好，这也是一个典型的例子。那么，在这种情境下，你可能认为自己的价值取决于你的工作表现，或者你可能认为只有完美无缺才是可以接受的。这些也是可能的中间信念。

女犯：是的，我常常有这种想法。

治疗师：(布置家庭作业并预告下次谈话主题)明白了。现在我们已经开始挖掘你内心深处的信念。在接下来的治疗中，我们将会一起来深入探讨这些中间信念，看看它们是否真实、合理，以及它们如何影响你的情绪和行为。我们的目标是帮助你挖掘这些负性信念，并逐渐将它们替换为更健康、更积极的信念，帮助你建立更强大的自尊心和更积极的自我认知。回去后你可以继续填写每日理性想法替代功能失调性自动想法记录表，多练习会对调整负性中间信念有帮助。下次谈话主题是检验、质疑并调整功能失调性假设和规则。

女犯：谢谢，我希望能够摆脱这些消极的信念。

治疗师:(提供支持)我相信你能够做到。在治疗过程中,如果你发现有困难或者需要支持的时候,随时都可以向我咨询。我将与你共同努力,帮助你建立更健康、更积极的信念系统。

女犯:好的。

7. 第八次、第九次会谈谈话步骤

步骤一:评估当前心理状态。

步骤二:连接上次谈话内容。

步骤三:检查家庭作业完成情况。

步骤四:明确谈话主题"检验、质疑并调整功能失调性假设和规则"。

步骤五:进入谈话主题。

对女犯功能失调性假设和规则进行检验和调整的具体方法除可以参照和借用调整功能失调性自动想法的策略及方法外,还可以运用一些其他的方法如成本—效益分析、合理假设替代等,操作步骤还是采用挑战—动摇—替代三步法,具体方法如下。

(1) 确定功能失调性假设和规则

参照第七次谈话,治疗师与女犯一起明确她们的功能失调性假设和规则。这些可能是对自己、他人或世界的一些负面或不适应性的假设和规则。

(2) 收集证据

帮助女犯寻找证据,以验证或反驳她们的功能失调性假设和规则。她们可以回顾过去的经历、观察他人的行为或了解他人对自己行为的反馈,以收集相关的实证证据。如挑战功能失调性规则,女犯功能失调性规则通常是以"必须"的陈述方式表达，由于这些陈述中掺杂了不合逻辑及过分概括的成分，因此要改变女犯长期形成的功能失调性“必须”的想法，治疗师单靠一味否定是难以奏效的，需要顺着女犯的逻辑循循善诱，一步步地对她们的陈述进行质疑，并给予空间，让她们多一个角度重新思考。治疗师在谈话中可以通过提出疑问的方式引导女犯思考。例如：这个规则是从什么时候开始形成的？这个规则是在怎样的情况下确立的？当时确立这样的规则有当时的情况，现在一直沿用这样的规则是否妥当？这个规则是只适合你个人呢，还是适合所有人？你真的完全是照着这个规则在做吗，规则是否有松动的时候？如果不遵循你的规则行事会产生怎样的后果？你对没有遵循你这个规则的人是怎样看待的？可以通过填写考查并挑战功能失调性规则练习表（表 1-11）的方法，对女犯的功能失调性规则进行梳理和调整。

表 1-11　考查并挑战功能失调性规则练习表

对规则“必须”的陈述：
对规则的相信程度（0～100%）： 情绪（1～100）： 成本（不利之处）： 收益（有利之处）： 在怎样的情况下确立了这个规则？ 你是否要求其他人都遵循这个规则？ 对这个规则用“偏好”而不是“必须”来重新表述： 通过重新表述所产生的新效果： 对规则的相信程度（0～100%）： 情绪（1～100）：

（3）实证检验

与女犯一起设计实验或行为实践，以验证她们功能失调性假设和规则的准确性。通过实际行动和观察结果，帮助她们评估这些假设和规则是否真实可靠，或者是否存在更有效的替代方式。如成本—效益分析，有些女犯很少对自己固守的规则进行反思，她们坚信自己的规则是合理的，并严格地根据自己的规则处事。其实，她们在执行这些功能失调性规则时往往要付出极高的代价和成本，所得的效益却很低，仅仅是获得遵循规则的满足感而已。女犯虽然已被这些规则搞得筋疲力尽，但还是固执己见，执迷不悟，此时治疗师可以通过成本—效益分析技术，与女犯一起“仔细算账”，引导女犯以清醒的头脑重新审视其规则。见表 1-12。

表 1-12 成本—效益分析表(举例)

规则:反复洗手才洗得干净	
有利之处(效益)	不利之处(成本)
手洗干净	花费时间长
满足感	影响正常作息规律
	焦虑、疲劳
	家庭关系紧张

(4) 替代性假设和规则的培养

引导女犯思考并尝试新的替代性假设和规则，以更好地适应和应对现实。帮助她们形成更积极、灵活和适应性的假设和规则，并鼓励她们在日常生活中实践和应用。如合理假设替代，就是在治疗师的引导下让女犯根据“合理”的要求去尝试新的假设来替代以往习惯的功能失调性假设，假设的合理性标准是引出女犯理性的自动想法、良好的情绪状态、适应的行为表现。运用合理假设替代可以通过填写功能失调性假设的合理替代练习表(表 1-13)加强练习。

表 1-13　功能失调性假设的合理替代练习表(举例)

原来习惯的假设	新的合理假设
如果我的紧张表情被别人发现了,那么我会觉得很丢脸	如果别人发现我的表情紧张,我的表情的确容易紧张,仅此而已

(5) 反馈和练习

给予女犯正面的反馈和鼓励,帮助她们练习和巩固新的合理假设和规则。治疗师可以提供支持和指导,并鼓励她们在不同情境中实践新的思维模式。

(6) 持续监测和调整

与女犯建立持续的合作关系,定期回顾和评估她们新的合理假设和规则的实施效果。根据反馈和观察结果,适时进行必要的调整和修改。

这些方法旨在帮助女犯评估和调整她们的功能失调性假设和规则,以促进形成健康和适应性的认知和行为模式。治疗师在这个过程中起着重要的指导和支持作用。

步骤六:布置家庭作业,根据情况指导女犯填写考查并挑战功能失调性规则练习表(表 1-11)、成本—效益分析表(表 1-12)或功能失调性假设的合理替代练习表(表 1-13)。

步骤七:小结和反馈,告知女犯下次将揭示负性核心信念。

第八、第九次示范谈话

治疗师:(明确本次谈话主题)你好,今天我们将继续我们的认知行为治疗,专注于检验并调整你的功能失调性假设和规则。我们之前谈到了一些你可能持有的关于自己、他人或世界的不合理信念。现在,我想和你一起来看看这些信念是否真实可靠。

女犯:好的,我准备好了。

治疗师:(识别、挑战功能失调性假设和规则)让我们回顾一下你的一个功能失调性假设。比如你可能认为:“如果我犯了错误,就代表我一无是处。”这是一个常见的功能失调性假设。现在,让我们一起来看看这个假设的真实性。你能否想到任何证据可支持或反驳这个假设?

女犯:有时候,我会犯错误,但并不代表我就是一无是处。但是当我犯错时,我就会觉得自己很差劲。

治疗师:(挖掘功能失调性假设和规则)这是一个重要的观察。你指出了犯错误并不等同于整个人一无是处,这种区分是关键的。现在,让我们看看另一个可能的功能失调性规则。比如你可能认为:“我必须得到他人的认可,否则我就是失败的。”你认同这个规则吗?

女犯:是的,我觉得如果别人不喜欢我,我就是失败的。

治疗师:(质疑)我理解你的担忧。但是,我们都是独立的个体,每个人对我们的看法可能会有所不同。我们不能控制别人的想法和行为,但我们可以控制自己的反应。让我们思考一下,如果有人不喜欢你,这是否真的决定了你的价值和成功?

女犯:或许不是,但是我觉得被大家喜欢是一种成功的标志。

治疗师:(解释和认知重构)这是一个常见的观点,但它并不是唯一的成功标志。每个人都有自己的价值和特点,不同的人群对我们的看法可能会有所不同。我们的自尊和自信应该建立在内在的价值观和对自己的接受上，而不是依赖外部认可。在治疗中，我们将会学习如何根据内在价值观来定义自己，而不是依赖外部因素。

女犯：我明白了，这是一个需要改变的信念。

治疗师：（布置家庭作业并预告下次谈话主题）非常好，我很高兴听到你的决定。今天我们一起学习了怎样检验并调整功能失调性假设和规则，回去后按照这样的调整思路多练练，并根据需要填写考查并挑战功能失调性规则练习表、成本—效益分析表或功能失调性假设的合理替代练习表，下次我们来揭示负性核心信念。在接下来的治疗中，我们将会一起学习一些沟通技巧、冲突解决策略和情绪调节方法，帮助你更好地应对社交场合中的挑战。

女犯：好的。

治疗师：（小结并提供支持）我们将会一起来逐步挑战和改变这些功能失调性假设和规则。在治疗过程中，如果你遇到任何困难或者疑虑，随时都可以与我沟通。我们将一起来努力，帮助你建立更健康的、适应性的信念和策略，以便更好地应对生活的挑战。

女犯：好的。

8. 第十次会谈谈话步骤

步骤一：评估当前心理状态。

步骤二：连接上次谈话内容。

步骤三：检查家庭作业完成情况。

步骤四：明确谈话主题“揭示负性核心信念”。

步骤五：进入谈话主题。

(1) 解释相关概念

当女犯已经学会调整功能失调性自动想法,掌握了负性中间信念的合理替代,并且已经获得心理调整的初步成果,身心症状有所缓解,在这种情况下可决定进入揭示负性核心信念这一阶段。核心信念是个体关于自我、他人及世界的基本信念和价值观,是更为基本和根深蒂固的信念,较中间信念更具有主导性和概括性,对个体的整体自我认知和世界观产生深远影响。女犯可能有以下负性核心信念:"我是有缺陷的,不值得被喜爱和接受""世界是残酷的,我必须保持警戒""我是无能和无价值的,无法改变""别人总是会背叛我,我必须保护自己"。

(2) 进行相关提问

女犯对于自己的负性核心信念的领悟各有不同,有些一点就通,有些则不然,她们会感到十分困难,搞不清楚功能失调性自动想法的潜在层面存在着信念系统的支撑。所以治疗师需要花较大的工夫引导,可以通过表 1-14 的提问,帮助女犯清晰地揭示和表达自己的负性核心信念。

表 1-14 揭示女犯负性核心信念的提问(举例)

关于自我价值和能力	① 你认为自己有什么价值或优点?为什么?
	② 你对自己的能力和才华有何看法?
	③ 你是否相信自己是一个有价值的人?为什么?
关于他人评价和接纳	① 你认为他人对你的评价是什么样的?你如何判断他人对你的接纳?
	② 你对他人的反应和态度有何期待?
	③ 你是否觉得自己需要得到他人的认可和赞许才能感到满足?

续　表

关于控制和责任	① 你对于自己对生活和事件的控制力有何看法?
	② 你是否认为自己对自己的行为和决策负有责任?
	③ 你是否相信自己可以通过努力和行动改变处境?
关于安全与信任	① 你对他人的意图和动机有何看法? 你是否倾向于怀疑他人的动机?
	② 你对他人的信任程度是怎样的?
	③ 你是否认为自己能够从他人那里找到安全感和支持?
关于未来展望	① 你对未来的展望是积极的还是消极的?
	② 你对未来的可能性和机会有何看法?
	③ 你对改变自己的生活和实现自己的目标是否有希望?

这些问题旨在帮助女犯揭示内心深层的负性核心信念。治疗师通过与女犯的对话和探索,逐步理解她们的自我认知、自我评价、对他人的观察和对未来的期待。这有助于女犯认识到自己可能存在的负性核心信念,并为后续的认知重构和治疗干预提供基础。治疗师需要倾听和提问,促进女犯自我反思和深入思考,以便揭示和探索这些核心信念的本质和影响。

(3) 常见负性核心信念一览表

治疗师可以向女犯展示常见负性核心信念一览表(表1-15),要求女犯参照表中对自我、对他人及对世界的负性核心信念的内容进行自我对照,找出与自己相符的条目。如果有的女犯从一览表中找到相符的条目较多,治疗师可以要求她们指出相对重点的条目,这便于治疗师更有针对性地对负性核心信念实施干预。

表 1-15 常见负性核心信念一览表

<table>
<tr><th>关于自我评价的
负性核心信念</th><th>关于他人评价的
负性核心信念</th><th>关于世界评价的
负性核心信念</th></tr>
<tr><td>我无能
① 我无能
我无能,我无力,我软弱,我受欺,我贫困,我艰难,我被动,我退缩,我被控,我尴尬,我窝囊,我绝望
② 我无成就
我不能胜任,我不起作用,我不被信任,我不受尊重,我缺陷很多,我浑浑噩噩,我自认失败,我没有出息,我亏欠他人,我成为累赘</td><td rowspan="2">他人都毫无诚信,
他人都十分危险,
他人都难以捉摸,
他人都心怀鬼胎,
他人都不识好歹,
他人都没有良心</td><td rowspan="2">这个世界杂乱无章,
这个世界很不安全,
这个世界腐败透顶,
这个世界荒谬可笑,
这个世界无药可救,
这个世界末日来临</td></tr>
<tr><td>我不可爱
① 我不可爱
我不可爱,我被嫌弃,
我无魅力,我被忽视,
我属多余,我真差劲,
我很倒霉,我没品位
② 我没价值
我没有价值,我不如他人,
我缺点很多,我总惹麻烦,
我浑身晦气,我遭受拒绝,
我必被抛弃,我纯属多余</td></tr>
</table>

步骤六:布置家庭作业。让女犯继续填写考查并挑战功能失调性规则练习表(表 1-11)、成本—效益分析表(表 1-12)或功能失调性假设的合理替代练习表(表 1-13)。

步骤七:小结和反馈,告知女犯下次将检验、质疑并调整负性核心信念。

第十次示范谈话

治疗师:(告知本次谈话主题、解释相关概念)你好,今天我们将聚焦于探讨你可能持有的负性核心信念。这些信念通常是在童年时期或者早期经历中形成的,它们影响了你的自我认知、自尊和情绪。首先,我想问你,你的内心常常有哪些消极情绪或者自我批评的想法?

女犯:比如我觉得自己一点价值都没有,总觉得别人看不起我。

治疗师:(对自我评价的核心信念)非常好,这是一个明显的例子。现在,让我们一起来看看这种想法背后可能存在的核心信念。在你觉得自己一点价值都没有的时候,你可能相信什么?

女犯:我可能相信我是个失败者,不值得被爱和尊重。

治疗师:(对他人评价的核心信念)这是一个常见的负性核心信念,也是很多人持有的信念。让我们再来看一个例子。当你感到别人可能看不起你的时候,你可能相信什么?

女犯:我可能相信我永远无法得到别人的认可,无论我怎么努力。

治疗师:(证据检验)明白了,这是另一个负性核心信念的例子。这种信念可能会让你感到无望和沮丧。现在,我想问问你,这些信念在你的生活中起到了什么作用?它们是如何影响你的情绪和行为的?

女犯:它们让我感到非常沮丧,影响了我的自信心和人际关系。

治疗师:(小结并预告下次谈话主题)谢谢你的信任。通过揭示这些负性核心信念,我们可以更好地理解你的内心世界。在接下来的治疗中,我们将会一起来探讨这些信念的合理性,并且寻找证据来支持或者反驳它们。我们的目标是帮助你意识到这些信念可能并不客观和真实,以及它们如何阻碍了你的生活。通过挑战这些信念,我们可以帮你形成更积极、更健康的自我认知,提高你的自尊心和自信心。

女犯:我希望能够摆脱这些负性的信念,但是感觉很难。

治疗师:(提供支持)我完全理解,这需要时间和努力。在整个治疗过程中,我将会一直在你身边支持你。我们将一起来面对这些信念,逐步地改变它们,帮助你建立更积极、更健康的信念系统。如果在此过程中有任何困难或者需要帮助的地方,请随时与我沟通。

女犯:好的。

9. 第十一次、第十二次会谈谈话步骤

步骤一:评估当前心理状态并打分。

步骤二:连接上次谈话内容。

步骤三:检查家庭作业完成情况。

步骤四:明确谈话主题"检验、质疑并调整负性核心信念"。

步骤五:进入谈话主题。

治疗师对于女犯负性核心信念的质疑和调整是一个十分艰难的过程,质疑实际上已经包含了部分调整的功能,所以质疑和调整往往并存于同一项干预措施中。调整负性核心信念,除可以参考或借用调整功能失调性自动想法及假设和规则的策略及方法外，还可以运用一些其他方法，包括苏格拉底式对话、行为试验、理性—情绪角色扮演、以他人为参考点、以改变的行为强化信念的改变、自我显露、重建早期记忆、重建合理信念、孔子式对话等。对女犯负性核心信念进行检验、质疑和调整有以下一些具体方法。

(1) 识别负性核心信念：参照第十次谈话，治疗师与女犯一起明确她们的负性核心信念。这可能是对自己、他人或世界的一种普遍而负面的信念，对她们的自我认知、情绪和行为产生持久影响。

(2) 收集证据：鼓励女犯寻找证据来支持或反驳她们的负性核心信念。她们可以回顾过去的经验、观察他人的行为(如可以通过"以他人为参照点"的方法)，或者寻找与信念相冲突的实证证据。这有助于打破旧有的认知偏见和验证负性核心信念的准确性。

(3) 挑战负性核心信念：治疗师与女犯一起探索负性核心信念的准确性和合理性，并进行质疑。治疗师可以引导她们思考是否存在其他解释或观点，并提出有助于打破负性核心信念的问题或反驳。如运用"苏格拉底式对话"，通过层层设问帮助女犯理清思路，进行更深入的思考。

(4) 探索替代性信念：帮助女犯培养合理和积极的替代性信念。治疗师可以引导她们思考并形成更符合实际和自我价值的信念，鼓励她们在日常生活中实践和应用这些新的信念。当女犯确认了自己存在的负性核心信念后，治疗师应和女犯一起讨论如何重建新的合理的核心信念。治疗师可以通过与女犯共同填写重建合理核心信念表(表 1-16)来引导女犯形成对自己、他人及世界的新的合理的核心信念。

表 1-16 重建合理核心信念表(举例)

负性核心信念	合理核心信念
我自认失败	我有些失败,但不是彻底的失败者,我也有成功的方面
他人都难以捉摸	有些人难以捉摸,大部分人可以通过沟通了解

(5) 反馈和练习:给予女犯正面的反馈和鼓励,帮助她们练习和巩固新的、合理的信念。治疗师可以提供支持和指导,并鼓励她们在不同情境中实践新的、合理的信念,以增强其效力和稳定性。

(6) 自我对话和反驳:鼓励女犯学会进行积极的自我对话,以反驳负性核心信念的声音。如有一些女犯从理性角度明知道自己的信念是负性的,但从情感角度还是不愿放弃,在这种情况下,治疗师可采用“理性—情感角色扮演”技术来调整女犯的负性核心信念。

(7) 心理教育和防止复发:给女犯提供相关的心理教育,帮助她们理解负性核心信念的形成和维持机制,并教给她们预防复发的技巧和策略,以应对潜在负性核心信念的再次出现。如治疗师可以采用“重建早期记忆”来帮助女犯追溯负性核心信念的记忆源头,对于出错的记忆进行纠偏,对于过时的信念进行修正,并将其调整为合理信念。

在整个过程中,治疗师需要与女犯建立信任和支持的关系,提供安全的环境,鼓励她们勇敢地面对和挑战自己的负性核心信念。治疗师的角色是引导和支持,帮助女犯发展更积极和健康的信念系统,以促进她们的成长和改变。

步骤六：布置家庭作业。核心信念作业表（表1-17）通常作为家庭作业布置给女犯，要求女犯通过填写，进一步巩固重建合理核心信念的方法。

表1-17　核心信念作业表（举例）

<table>
<tr><td colspan="2">负性核心信念：我不如他人
当前你对负性核心信念的相信程度？（0～100%）60%
本星期你相信的最大程度？（0～100%）80%
本星期你相信的最小程度？（0～100%）60%</td></tr>
<tr><td colspan="2">新的合理核心信念：我有自己的优势
当前你对合理核心信念的相信程度？（0～100%）50%</td></tr>
<tr><td>驳斥负性核心信念，寻找支持合理核心信念的依据</td><td>对支持负性核心信念的依据进行改版</td></tr>
<tr><td>我有些方面不如他人，每个人都不可能十全十美
我有我自己的优势，只要我充分发挥我的优势，就能够做出好的成绩</td><td>我不如他人的方面可以调整，只要坚持努力，我的弱项就能够得到一定的改善</td></tr>
</table>

步骤七：小结和反馈，告知女犯下次将结束集中治疗阶段。

第十一、第十二次示范谈话

治疗师：（明确本次谈话主题、识别负性核心信念）你好，今天我们将继续探讨你的负性核心信念，并学习如何检验、质疑和调整它们。首先，我们可以回顾一个你的负性核心信念，比如你之前提到的觉得自己是个失败者。现在，让我们来看看有没有证据支持这个信念。

女犯：我觉得每次我尝试做什么事情的时候，都会失败，所以我认为我确实是个失败者。

治疗师：（寻找例外）非常好，你提到了你的尝试通常以失败告终。那么，我们是否可以找到一些例外的情况，你在其中取得了成功或者进展，即使是小的进展？

女犯：或许有一些小的成功，但我觉得那不重要。

治疗师：（解释）这是一个常见的认知错误，叫做“排除法”。我们倾向于忽视那些与我们负性核心信念相抵触的证据。让我们来看看这些小的成功，它们是怎么发生的，你采取了哪些行动？这可以帮助我们了解你的能力和资源。

女犯：有一次我在劳动中超额完成指标，同犯们都对我表示赞赏。

治疗师：（寻找替代证据）非常好，这是一个很好的例子。那么，在劳动中，你采取了哪些策略或者展示了哪些技能，让你取得了成功？

女犯：我花了很多时间研究技巧，向他人讨教，最终按时完成了指标。

治疗师：（认知重构）这是一个很好的策略，你的努力帮助你成功完成了任务。这个例子表明，你是有能力的，而且你的努力是可以取得成果的。这种例外情况有助于我们质疑你的负性核心信念。是不是可以说，你并不是一个完全的失败者，而是在特定条件下也能取得成功呢？

女犯：或许是的，但我觉得那只是个别情况。

治疗师：（替代性信念的培养）是的，这是一个改变负性核心信念的过程，需要时间和实践。在接下来的日子里，让我们一起关注这些例外情况，每当你觉得自己是个失败者的时候，想一想这些例外情况，看看是否能够改变你的看法。同时，我们还将继续探讨其他证据，帮助你更客观地看待自己，建立更积极的自我认知。

女犯：我会尝试的。

治疗师：（反馈和练习）非常好，记住，这是一个渐进的过程。只有不断尝试、巩固，才能帮助你改变这些消极的信念，建立更健康、更积极的信念系统。

女犯：我愿意尝试，但是我不确定能成功。

治疗师：（布置家庭作业，预告下次谈话主题）没关系，我们的目标不是立刻改变你的信念，而是逐渐建立一个更健康的思维模式。在这个过程中，我会一直陪伴你，帮助你挑战这些负性核心信念。下次我们将结束集中治疗阶段，也感谢你的配合。希望你继续认真填写核心信念作业表。

女犯：好的。

10. 结束治疗会谈谈话步骤

步骤一：评估当前心理状态并打分。

步骤二：连接上次谈话内容。

步骤三：检查家庭作业完成情况。

步骤四：明确谈话主题“结束集中治疗阶段，进入巩固疗效、预防复发阶段”。

步骤五：进入谈话主题。

在结束集中治疗阶段后，治疗师必须继续帮助女犯巩固疗效，而不是立即完全脱钩、顿时结束治疗。常用的策略是“逐步撤离”。一般的做法是从原来的每周一次定期治疗逐渐改为隔周一次，经过一段时间再从隔周一次改为每月一次。这样适度地维持一个阶段，当女犯能平稳地达到康复效果时，向女犯明确表示结束整个治疗过程。当完整的认知行为治疗结束以后，治疗师的角色趋于淡化，但定期的随访仍是治疗师的职责，治疗师可以通过监区了解女犯的状况，关心女犯的改造表现以及心理健康的恢复情况，当女犯遇到一些应激事件，导致其原有心理问题再次爆发，治疗师应给予必要的心理援助，帮助女犯调节情绪，顺利渡过难关，也以此巩固认知行为治疗效果。治疗结束后，巩固和维持治疗效果至关重要，以下是一些具体方法。

（1）制订个人巩固计划：与女犯一起制订可行的个人巩固计划，明确她们在日常生活中如何应用和实践新的认知技巧和策略。确保计划具体、可衡量，并包含明确的时间表和目标。

（2）自我监测：鼓励女犯进行自我监测，记录和追踪自己的思维、情绪和行为。这可以通过写日记、记录情绪日志或写思想汇报来实现。自我监测有助于女犯更好地了解自己的认知模式，并及时纠正不健康的思维方式。

（3）寻找反馈和支持网络：建议女犯寻找反馈和支持的人际网络，如朋友、家人或互助小组。可以与他们分享自己的进展和挑战，获得鼓励和建议，同时在需要时寻求帮助和支持。

（4）持续学习和发展：鼓励女犯保持学习和发展的心态。推荐她们参加相关的心理健康教育，以进一步巩固和拓展认知行为治疗中学到的技能和策略。

（5）应对挑战和预防复发：帮助女犯识别可能出现的挑战和诱因，并一起制订应对策略。提供预防复发的技巧，如应对功能失调性自动想法的方法、情绪调节技巧和应对压力的策略。

（6）自我反思和解决问题：鼓励女犯定期进行自我反思，思考她们在应对挑战和困难时所采取的认知技巧和策略。帮助她们识别可能的问题，并引导她们记录寻找方案解决问题的过程。

（7）观察和修正不健康思维：提醒女犯持续观察自己的思维模式，及时意识到不健康思维的出现。鼓励她们在发现功能失调性自动想法或认知偏差时，及时运用之前学到的技巧和策略进行修正。

（8）接受新的挑战和体验：帮助女犯主动接受新的挑战和体验，以实践和巩固新的认知方式。鼓励她们积极尝试自己曾经逃避或害怕的事情，并在这个过程中运用新的认知技巧。

结束治疗示范谈话

治疗师:(小结)你好,我很高兴我们一起走过了这段认知行为治疗过程。在我们结束治疗之前,我想与你分享一些想法。在我们的会话中,你付出了很多努力,勇敢地面对了自己的挑战,这是非常值得称赞的。

女犯:谢谢,我也觉得这段经历对我有很大的帮助。

治疗师:(应对挑战)在治疗过程中,我们一起探讨了你的负性信念,并学会了用更积极、健康的方式看待自己和周围世界。你学会了许多应对负面情绪和挑战的技能。我希望你能够在日常生活中继续运用这些技能,不断地挑战消极信念,培养更强大的内心。

女犯:我会的,我会继续努力的。

治疗师:(提供支持)此外,也请记住,治疗并不是一个一劳永逸的过程。人们在生活中常常面临挑战和困难,但你现在拥有了应对它们的工具。如果你在未来遇到了问题,不要犹豫,可以随时回来找我,或者寻求其他支持。你并不孤单,有很多人愿意帮助你。

女犯:我会的,谢谢你的支持和鼓励。

治疗师:(鼓励)最后,我相信你有能力渡过人生中的难关,拥有更加积极、健康的生活。请记住,每一步都是向前的一步,即使有时候会感到艰难。感谢你信任我,与我分享你的故事。祝你未来一切顺利,如果有需要,请随时与我联系。

女犯:谢谢你的帮助,我会珍惜这段经历的。

第四章　治疗后评估及数据分析

一、治疗后评估

（一）评估时间：治疗后评估在治疗实施后两周内完成。

（二）评估工具：上海市监狱管理局罪犯风险需求评估量表、症状自评量表（SCL-90）、焦虑自评量表（SAS）、抑郁自评量表（SDS）、贝克抑郁量表（BDI）、汉密尔顿焦虑量表（HAMA）、汉密尔顿抑郁量表（HAMD）、服刑改造自评调查表、服刑改造他评调查表等。为方便对比，治疗前后评估所使用的量表必须一致。

二、数据分析

通过对个体治疗前后心理测量结果数据的对比，分析认知行为治疗结束后，心理测量及服刑改造中的哪些指标有明显改善，从而完成治疗个案。同时，也可以通过对照组和实验组的差异分析，来进一步论证认知行为治疗对女犯群体的矫治作用。

第二册

新收环境适应不良女犯专用
认知行为治疗操作手册

第一章 导 论

女犯在入监初期,对新环境的适应需要一个过程,女犯会处于一种主观痛苦和情绪紊乱的状态,通常会妨碍其部分社会功能和应对机制,一般出现于入监半年内,半年之后会逐步改善。

一、认知模式

新收环境适应不良女犯的认知模式有以下几种。

(一)过度一般化:女犯可能倾向于将一次负面的经历或困难泛化到对整个监狱环境或自己的未来的推断。她们可能相信自己无法适应监狱生活,觉得所有人都对其持有负面看法。

(二)心理滤镜:女犯可能过滤掉所有正面的经历和积极的因素,只关注甚至放大负面的结果。她们可能对自己的能力和未来产生怀疑,认为自己无法在新环境中取得成功。

(三)预设失败:女犯可能在入监之前就预设自己会失败,并持有消极的信念。她们可能相信自己不值得被帮助或被改变,因此不会积极为适应新环境而努力。

(四)自责和罪恶感:女犯可能有过度的自责和罪恶感,认为自己的错误和过去的行为导致了当前的困境。这种认知模式可能导致她们觉得自己无法获得改变的机会。

(五)情绪放大:女犯可能倾向于过度放大负面情绪和压

力,忽视或低估积极情绪和资源。她们可能感到沮丧、焦虑和无助,难以应对新环境中的挑战和压力。

二、治疗目标

认知行为治疗的目标是帮助新收环境适应不良的女犯改变其不健康的认知模式和行为模式,以促进其积极地适应环境。以下是可能的治疗目标。

(一)识别和调整不健康的思维模式:帮助女犯识别可能存在的负面自动想法、认知偏差和错误信念。通过了解不健康的思维模式,她们可以开始挑战和调整这些思维模式,并更准确地评估现实情况。

(二)提高问题解决能力:培养女犯的问题解决能力,以应对日常生活中的挑战和困难。她们可以学习分析问题、制订解决方案和评估后果的技巧,从而更好地处理各种情境。

(三)重塑失败预设:帮助女犯重新评估自己的适应能力、改变对未来的失败预设。引导她们挑战消极的信念,并鼓励她们设定合理的目标和采取积极的行动,以增强自信心、提高适应能力。

(四)解决自责和罪恶感:协助女犯探索和理解自责和罪恶感的根源,并帮助她们放下过去的过错和愧疚。引导她们自我接纳和自我原谅,形成积极的自我认知和价值感受。

(五)情绪调节和压力管理:帮助女犯掌握情绪调节和压力管理的技巧,如深呼吸、放松练习、问题解决和积极应对策略。让她们可以学习识别和应对负面情绪,并培养更积极、适应性的情绪调节方式。

三、治疗策略

对新收环境适应不良女犯进行认知行为治疗时，可以采用以下具体策略。

（一）建立治疗联盟：解释认知行为治疗的原理和方法，确保女犯了解治疗的目标和过程。建立积极的治疗联盟，与女犯建立信任和合作关系，以共同制订治疗目标和计划。

（二）认知重构：帮助女犯识别和挑战负面自动想法，学习使用证据和逻辑来评估自己的功能失调性自动想法的准确性和合理性，并引导她们寻找更合理和积极的替代想法。

（三）情境重评：引导女犯重新评估和解释导致焦虑的情境。帮助她们寻找不同的解释和观点，以减少负面情绪的影响和寻求适应性的应对策略。

（四）行为实验和替代行为：设计和实施行为实验，帮助女犯验证和调整她们的认知模式。这可以帮助她们积极面对恐惧，克服回避行为，形成更健康的行为模式。

（五）情绪调节技巧和应对策略：教给女犯情绪调节技巧，如深呼吸、放松练习和注意力转移等。培养积极的应对策略，包括问题解决、积极思考和寻求支持等。

（六）巩固和维持：帮助女犯制订巩固和维持改变的计划，包括自我管理和应对未来挑战的策略。鼓励和提供支持，以确保她们能够持续应用认知行为治疗的技巧和策略。

第二章　治疗对象筛选与治疗前评估

一、治疗对象筛选

（一）适应证类型：评估女犯是否因新收环境适应不良而产生焦虑、困惑、不安等一系列心理问题。

（二）目标和动机：确定女犯是否有改变的愿望和动机。评估她们是否愿意参与治疗并投入必要的努力。

（三）认知水平和语言能力：评估女犯的认知水平和语言能力，确保她们能够理解和参与认知行为治疗过程。

（四）自我反省和意识水平：评估女犯对自己在新环境中的行为和适应情况的认知水平。了解她们是否能够意识到自己的行为会对适应情况产生的负面影响。

（五）情绪调节能力：评估女犯的情绪调节能力和应对机制。了解她们是否能够适当管理情绪，以及是否存在情绪失控、焦虑或抑郁等问题。

（六）精神健康状况：女犯的精神健康状况也需要考虑。如果她们患有严重的精神疾病，可能需要先接受精神病治疗或稳定情绪，然后再考虑认知行为治疗。

（七）再犯风险和狱内危险：评估女犯的再犯风险和狱内危险，确定她们是否适合进行认知行为治疗。需要确保治疗过程不会增加她们的再犯风险或狱内危险。

（八）支持系统和资源：考虑女犯的社会支持系统和可获得的资源，以支持她们在治疗过程中的参与和改变。确保她们有适当的支持和资源来应对挑战和困难。

（九）剩余刑期在六个月以上的女犯。

这些筛选原则可以帮助治疗师确定哪些女犯适合接受认知行为治疗，为治疗对象的初步筛选提供依据。

二、治疗前评估

经筛选确定的治疗对象，在治疗前还需完成治疗前评估，目的是通过专业工具了解治疗对象的问题的相关指标信息（好比医院的各种检查）。

（一）评估时间：在对治疗对象实施治疗前两周内完成。

（二）评估工具：采用风险评估、心理测试、问卷调查与结构性访谈相结合的方式，确定治疗对象。

1. 通过上海市监狱管理局罪犯风险需求评估量表（附件七）筛选出再犯风险等级为“高风险”以上的女犯。

2. 在高风险女犯群体中，通过症状自评量表（SCL-90）、焦虑自评量表（SAS）、抑郁自评量表（SDS）、贝克抑郁量表（BDI）、汉密尔顿焦虑量表（HAMA）、汉密尔顿抑郁量表（HAMD）等心理量表（附件一至六）进行测试，根据女犯的抑郁、焦虑等心理障碍对她们进行分级分类。

3. 通过服刑改造自评调查表（附件八）、服刑改造他评调查表（附件九），筛选出服刑改造中情绪低落、自卑感、认知归因、警囚关系、囚囚关系、环境适应、违纪扣分、欠产、亲情关系、学习兴趣等 10 个服刑改造表现因子程度较高的女犯。

4. 通过结构性访谈，了解女犯的情绪问题、习惯应对问题的方法、求助的意愿、对调整认知行为的态度等，筛选出有认知行为问题、求助愿望强烈、能配合认知行为治疗的女犯。以下为结构性访谈提纲(表 2-1)。

表 2-1 结构性访谈提纲

① 你觉得你最近情绪怎么样？碰到哪些不愉快的事情，你能具体谈谈吗？
② 入监这么长时间你是什么感受？是怎么想的呢？
③ 你说你睡眠不好，是怎么个不好？睡不着的时候在想些什么呢？
④ 除了睡眠，还有其他问题吗？想哭，是想到什么了吗？饮食怎么样？
⑤ 你目前在监狱里主要做什么事情？目前的服刑状态是怎么样的？
⑥ 每天的生活起居是怎么样的？平时有没有什么兴趣爱好？
⑦ 有没有轻生的念头？耳边有没有听到过有人跟你讲话的声音？
⑧ 你的这种情绪低落、睡眠不好的状态是从什么时候开始的？已经持续多久了？
⑨ 你这段时间过得也挺不容易的，你今天过来是想让我怎么帮助你呢？
⑩ 你状态这么差有没有去看过医生？医生是怎么诊断的？
⑪ 你跟家人的关系怎么样？家里人对你的情况了解吗？他们是怎么开导你的？
⑫ 如果我们向你提供帮助，你是否愿意接受？
⑬ 我们想给你提供十几周时间的结构化的规范干预调整，你愿意参加吗？
⑭ 你觉得参与结构化规范干预调整有什么困难吗？你对我们安排的时间有什么想法和要求？

治疗前评估完成后，就可以正式进入认知行为治疗的会谈阶段。

第三章　认知行为治疗会谈操作流程

一、认知行为治疗会谈的基本结构

认知行为治疗会谈一般包括1次预备性会谈、12次正式会谈和1次结束治疗会谈(表2-2)。一般为每周一次会谈,结束治疗会谈可以隔一周进行。每次时间为1～1.5小时。

表2-2　认知行为治疗会谈主题内容安排表

阶段	会谈序列	会谈主题内容
预备性会谈		概要了解女犯心理问题的由来、对认知行为治疗的知晓和认同度、对治疗师的认同度;观察和判断女犯是否适合接受认知行为治疗;明确答复女犯是否接纳其实施认知行为治疗
正式会谈	1	建立治疗性关系,进行初期评估
	2	全面评估,病例概念化,确定治疗目标
	3	收集功能失调性自动想法和情绪:每日功能失调性自动想法记录表
	4	识别、归纳功能失调性自动想法:每日功能失调性自动想法记录表
	5、6	检验并调整功能失调性自动想法(苏格拉底式提问,堵不如疏):每日理性想法替代功能失调性自动想法记录表

续 表

阶段	会谈序列	会谈主题内容
正式会谈	7	挖掘负性中间信念
	8、9	检验、质疑并调整功能失调性假设和规则
	10	揭示负性核心信念:负性核心信念一览表
	11、12	检验、质疑并调整负性核心信念
结束治疗会谈		巩固提高与结束阶段,预防复发

二、认知行为治疗会谈的具体内容及流程

(一) 预备性会谈

1. 预备性会谈的目标

预备性会谈不属于结构性治疗的首次会谈,这是一个具有筛选功能的会谈,通过后双方才能进入认知行为治疗的正式过程。

2. 预备性会谈的内容

(1) 自我介绍和观察判断

① 治疗师介绍身份和治疗目的。

② 判断女犯是否适合接受认知行为治疗。

(2) 了解女犯对认知行为治疗的知晓和认同程度

① 了解女犯对认知行为治疗的定义和目标的知晓和认同程度。

② 了解女犯对认知行为治疗的过程和时间长度的知晓和认同程度。

③ 了解女犯在认知行为治疗中参与的主动性和责任感。

(3) 了解女犯心理问题的由来和当前状况，作出初步判断

① 概要了解女犯心理问题的表现及由来。

② 了解女犯心理问题的当前状况和求助途径。

③ 了解女犯对自己的认知、情绪和行为的认知度。

(4) 考量和明确答复

① 了解女犯对治疗师的认同程度。

② 治疗师考量自己是否适合对女犯进行认知行为治疗。

③ 给女犯明确答复是否接纳女犯实施认知行为治疗。

预备性示范谈话①②

治疗师：(介绍自己及了解当前情况)你好，我姓陈，是这里的心理治疗师，很高兴你来找我咨询，我也希望能帮到你。我了解你是新入监，这对任何人来说都是一个巨大的挑战。在我们开始治疗之前，我希望了解更多关于你的情况，可以告诉我你目前的感受和困扰吗？

女犯：我感觉很沮丧和无助。我完全不知道该如何适应这里的生活，而且我觉得周围的人都在排斥我。

治疗师：(具体化)能具体谈谈吗？

女犯：是这样的，同监室里的女犯在警官面前一套、背后一套。室长就是因为我入监当天吃压缩饼干，吃不下吐了，她觉得我是在故意给她找麻烦，所以一直针对我。

治疗师：(澄清)我简要概括一下你说的两件事情：第一件是你觉得同监室女犯表里不一，第二件是你觉得室长针对你。是

---

① 本册示范谈话民警为陈洁。

② 示范谈话节选自女犯认知行为治疗的真实谈话记录，目的是让操作者直观感受谈话操作流程和提问技术。

不是这样?

女犯:是的,不过这也都过去了,我也不在意了。

治疗师:(解释)这两件事情确实过去了,但是你的心里还是有一个结在,只要这个结不解开,以后还会有更多的类似的事情发生。

女犯:是的,我和同监室女犯的关系总是处不好,我觉得她们的人品都不好。

治疗师:(情绪和行为评估)那你觉得,和同监室女犯的相处不是那么融洽对你的服刑改造有什么影响呢?

女犯:多多少少还是有点的,其实这个跟我自己的脾气性格也有点关系的,我自己也知道。

治疗师:(了解当前状态)你平时睡眠怎么样?

女犯:我以前在外面一直失眠,进来以后可能是因为作息的调整,失眠情况倒是好了很多,就是晚上偶尔还是会焦虑,睡不着,想心事。

治疗师:(具体化)具体会想哪些心事?

女犯:有很多。有案子的事情,也有改造上的事情、人际关系等。

治疗师:(导入认知行为治疗)听了你的情况后,我觉得你可以尝试一下认知行为治疗,对于多数心理问题,它是首选疗法。你觉得怎么样?

女犯:好的,我想试一下。

治疗师:(简要介绍认知行为治疗)我们大家在日常生活中,多多少少都会受到一些情绪困扰,认知行为治疗简单地说就是通过改变非理性的认知来改善情绪以及纠正有偏差的行为。

女犯：我也想改变自己的一些不好的想法，想好好改造，有时候有些负面想法我自己控制比较困难。如果有科学的方法能帮助我，我愿意配合警官接受治疗。

治疗师：（介绍认知行为治疗工作流程）认知行为治疗有严格的工作流程，本次会谈是预备性会谈，主要是了解你的问题及相关情况，并对你的问题作出判断，从下次开始，我们就要着手解决你的问题，我们整个流程会有12次谈话，每周一次，每次都有不同的谈话主题，希望你能跟我好好合作，共同来达成你的目标，好吗？

女犯：好的。

治疗师：（明确治疗关系）这次主要是了解你的情况，以及你的意愿。如果你愿意，后面会有12次的正式谈话，这些谈话是逐步深入的，要求只有一点，就是你要全程配合。这不是对你改造好坏的评价，所以不要有任何心理负担。

女犯：那我愿意参加的。

治疗师：（提供支持）我们将会一起探索各种方法，并且找到适合你的策略。治疗是一个合作的过程，你的参与和坦诚非常重要。在治疗中，你有任何的疑问、困扰或者不满意，都可以随时与我沟通。我会与你共同努力，帮助你达到你的治疗目标。

女犯：好的。

（二）正式会谈

1. 首次会谈谈话步骤

步骤一：评估当前心理状态并打分。

评估当前心理状态是认知行为治疗每次谈话中都要提及的

话题，治疗师需要指导女犯用1～100等级打分的方式定量描述自己当下的心理状态，“1分”代表没有任何问题，“100分”代表问题最严重。

步骤二：明确谈话主题“介绍认知行为治疗原理及对女犯进行治疗初期评估”。

步骤三：进入谈话主题。

(1) 介绍认知行为治疗原理

在认知行为治疗中，无论是首次谈话还是以后的每次谈话都有一个简短的开场白，要确定本次谈话的主题，聚焦谈话内容。在首次谈话中，围绕主题治疗师可以用通俗易懂的语言向女犯介绍认知行为治疗的基本原理，让她们了解认知模式，懂得治疗师会通过改变她们不合理的、非理性的、曲解的想法和看法来调整她们的不良情绪及不适应行为，达到标本兼治的治疗目的。告知她们有哪些基本知识、有些什么要求、要怎么配合等，梳理她们的心理问题，设定治疗目标和治疗过程，引导她们配合治疗。治疗师需要清晰地告诉女犯认知行为治疗一般会经历哪几个阶段、需要花多少时间。治疗所需要的时间往往与女犯心理障碍的类型、程度、背景和个人的基础条件有直接的关系，大多数女犯的治疗需要2～4个月，对于较为严重的，如有自杀倾向的女犯，治疗时间可能需要6个月。认知行为治疗谈话一般是每周一次，两次谈话中间有一段间隔时间。为使治疗过程持续稳定，治疗师需要对女犯进行引导和指导，要求女犯在几个月的治疗期内一定要沉浸、融入到治疗之中，保持接受治疗的状态。治疗师在每次会谈中需要同步做一些记录，填写在认知行为治疗记录表(表2-3)中。

表 2-3　认知行为治疗记录表

姓名　　　　　　日期　　　　　　会谈次数　　　　　　编号

心理状态评估打分	
量表评定结果	
本次谈话的目标主题	
会谈内容要点	
家庭作业	
下次会谈内容预置	

（2）初期评估

初期评估需要获取女犯的主要信息，首先是女犯的基本情况，包括个人成长史、犯罪史、创伤性经历、躯体疾病史、心理疾病史、目前心理状态等；其次是女犯求助的心理问题，包括让女犯简洁表述心理问题及其由来，具体描述心理问题及自我调整情况，寻找应对资源如他人、家庭及社会支持系统，表达治疗意愿及配合程度等，治疗师由此开始考虑如何建构病例概念化及初步拟定治疗计划。对新收环境适应不良女犯进行认知行为治疗的初期评估，通常会涉及以下内容。

① 社会和环境背景评估：了解女犯的家庭背景、教育水平、职业经历、社会支持系统等信息，以及她们进入监狱之前的生活情况和特殊事件。

② 犯罪历史评估：了解女犯的犯罪历史，包括犯罪类型、

犯罪动机和影响因素等，以便更好地理解她们的行为和思维模式。

③ 心理评估：通过使用心理测量工具和面谈，评估女犯的心理状况，包括焦虑、抑郁、自尊、冲动控制等方面。

④ 自动思维评估：收集女犯的自动想法，即在特定情境下出现的即时、负向的想法或反应，以了解她们的负性思维模式。

⑤ 行为观察和评估：观察女犯在监狱环境中的情况，包括情绪调节能力、社交互动能力、自理能力等，以了解她们的社会功能水平和适应能力。

⑥ 中间信念评估：通过与女犯的交谈和问题引导，探索她们可能持有的中间信念，即与她们的自动想法相关的更深层次的信念和价值观。

⑦ 资源评估：评估女犯可以利用的内外部资源，包括社会支持、监狱教育和培训机会等，以促进她们的认知行为治疗，增强适应能力。

初期评估的目的是全面了解女犯的情况，确定治疗的重点和计划，并为后续的治疗过程提供指导。根据评估结果，治疗师可以制订个性化的治疗目标和策略，以帮助女犯改变不健全的认知和行为模式，提高她们的适应能力和社会功能。

(3) 以下是初期评估可能会用到的相关提问(表 2-4)。

表 2-4　初期评估提问(举例)

个人背景和犯罪历史	① 你的家庭情况是怎样的？
	② 进入监狱之前，你从事过哪些职业或工作？
	③ 你是否有过其他犯罪记录？犯罪类型是什么？犯罪动机是什么？

续　表

<table>
<tr><td rowspan="3">当前的情绪和心理状态</td><td>① 你进入监狱之后的情绪状态如何？是否感到焦虑、沮丧或愤怒？</td></tr>
<tr><td>② 你是否有过自杀念头或自残行为？</td></tr>
<tr><td>③ 你是否有过对他人或对自己的暴力行为？</td></tr>
<tr><td rowspan="3">对监狱环境的适应困难</td><td>① 进入监狱后，你是否遇到了适应困难？具体表现是什么？</td></tr>
<tr><td>② 你是否遇到了人际关系问题？是否有与其他囚犯或监狱民警的冲突？</td></tr>
<tr><td>③ 你对监狱环境中的规则和限制有何感受？</td></tr>
<tr><td rowspan="3">自我认知和自我评价</td><td>① 你如何看待自己？是否有自卑或自责的情绪？</td></tr>
<tr><td>② 你对自己的犯罪行为有何解释或理解？</td></tr>
<tr><td>③ 你是否对自己的未来感到绝望或缺乏目标？</td></tr>
<tr><td rowspan="3">自动想法和负向思维模式</td><td>① 当你感到焦虑、沮丧或愤怒时，你有哪些想法？</td></tr>
<tr><td>② 你是否倾向于过度解读他人的意图或行为？</td></tr>
<tr><td>③ 你是否有自我贬低或否定自己的想法？</td></tr>
<tr><td rowspan="2">社会支持和资源</td><td>① 你是否有家庭成员或朋友在监狱外给你支持？</td></tr>
<tr><td>② 你是否有监狱内的社会支持系统，如治疗小组或心理辅导服务？</td></tr>
<tr><td rowspan="2">情绪调节和冲动控制</td><td>① 你如何处理情绪和压力？是否有良好的情绪调节策略？</td></tr>
<tr><td>② 你是否经常出现冲动的行为或冲动控制困难？</td></tr>
<tr><td rowspan="2">自我效能和动机</td><td>① 你对自己的能力和改变的信心如何？</td></tr>
<tr><td>② 你是否有明确的目标和动力来改变自己的行为和思维模式？</td></tr>
</table>

续 表

犯罪观念和价值观	① 你对犯罪行为的看法和态度是什么?
	② 你是否认识到犯罪的后果和影响?
适应性技能和资源	① 你是否具备适应监狱生活所需的技能,如能够解决问题、处理冲突等?
	② 你是否有获取适应性资源的机会,如教育、职业培训或心理辅导?

这些问题旨在帮助评估新收环境适应不良女犯的个人背景、情绪状态、适应困难、自我认知以及社会支持和资源等方面的情况。通过了解她们的情况和困扰,治疗师可以制订更加有针对性的治疗计划,帮助她们改变不健康的认知模式,以增强适应能力和自我管理能力。

步骤四:布置家庭作业。家庭作业是认知行为治疗中很有特色的一个必不可少的内容,既是咨访关系的体现,是心理干预的措施,又是使女犯保持沉浸在接受治疗状态的一个有效推动力。本次的家庭作业是让女犯把今天所讲的内容包括自己的心理问题用文字记录下来,尽可能做到记录详细、有条理,并补充完善心理问题的发生发展过程。

步骤五:小结和反馈,听取女犯对此次会谈的感受,下次继续对女犯的心理问题进行深入全面的评估并协商确定治疗目标。

首次示范谈话

治疗师:(情绪评估)你好,今天我们就正式开始认知行为治疗,这是治疗的首次谈话。这周你过得怎么样?如果用“1 分”代表没有任何问题,“100 分”代表问题最严重,你可以打几分?

女犯:50 分。

治疗师:(了解职业经历)你之前是从事什么工作的?

女犯:在参与这个P2P平台前,我是在银行工作的,我的学历还可以,工作做得也不错,同事领导都很认可我的能力。

治疗师:(进一步探究)那既然如此,怎么辞去了银行的工作选择加入这个平台呢?

女犯:银行发展总是有限,觉得自己可以有更大的发展空间,需要一个更大的平台。

治疗师:(了解犯罪经历)你对自己的犯罪行为有何解释或理解?

女犯:这个案子里我也没赚到很多钱,我还赔给客户很多钱,所以对于这个案子我自己也是受害人,被上家骗了。

治疗师:(犯罪态度评估)你觉得自己被骗了,那你对案子中单单是你的这部分,是否认可呢?你对于你的客户是否有吸取资金返还不出的情况呢?

女犯:这确实如此,我对自己这部分的罪行是认的,但我也尽力去弥补了。

治疗师:(情绪评估)你入监以来有哪些情绪困扰?

女犯:还是上次说到的事情,我的学历相对来说比较高,我总觉得自己和这里的环境、同监室女犯格格不入,让我觉得很焦虑。

治疗师:(自动想法评估)你怎么看待监狱的服刑改造?

女犯:她们总喜欢给警官打小报告,我就不喜欢在背后说别人,有啥说啥,当面我就会指出来;我也觉得室长不公平,就是因为新收当天吃饼干那件事,她一直针对我,也正因为如此引来了她的诸多不满,她就不给我模板抄写。

治疗师:(应对策略评估)狱内改造环境确实会对人的情绪产生影响,当你遇到不愉快的事件时,你有没有尝试一些其他的解释?

女犯：我没有想过，我和她们的沟通都不在一个频道上，没法沟通。

治疗师：（治疗目标评估）你对治疗有什么期望或希望达到什么目标？

女犯：希望通过这样的治疗，我至少可以适应环境，和同监室女犯和谐相处，平稳改造。

治疗师：（布置家庭作业并预告下次谈话主题）非常好，我相信在我们的合作下，你可以找到更好的方法来应对生活中的挑战。在接下来的治疗中，我们将会一起探索这些问题，并且逐步制订具体的治疗计划。回去后你把今天所讲的内容用文字写下来，如果有没有讲到的信息也可以补充一下，内容最好详细点，在写的过程中你也可以思考一下困扰你的问题是怎么产生的，跟你自身有没有关系。下次谈话我们将继续对你的问题做深入评估并确定治疗目标，你看你还有什么问题吗？

女犯：没有其他问题了。

2. 第二次会谈谈话步骤

步骤一：评估当前心理状态并打分。

步骤二：连接上次谈话内容。

连接上次谈话内容可以有两种方式，一种是由治疗师在回顾上次谈话内容的基础上引出本次谈话的话题，另一种是在治疗师的启发下由女犯来接上话题。

步骤三：检查家庭作业完成情况。

步骤四：明确谈话主题“继续对女犯的心理问题进行深入全面的评估及病例概念化，并确定治疗目标”。

步骤五：进入谈话主题。

（1）全面评估

通过首次谈话，治疗师对女犯的基本情况及心理问题的产生和认知模式的形成有了大致的了解，但作为治疗师要想帮助女犯调整认知，就要深入、细致地对女犯进行全面评估，真正搞清楚女犯情绪、行为背后的认知机理，这样才能有针对性地制订治疗方案、实施心理干预。对新收环境适应不良女犯的心理问题进行全面深入的评估，包括以下内容。

① 早期经历和家庭环境：不良的家庭环境，如家庭暴力、虐待或忽视，可能导致女犯形成负面的认知模式。缺乏稳定和支持性的家庭环境可能影响她们对自己和世界的看法。

② 社会化过程：社会化过程中的负面影响，如与犯罪团伙接触或受社会上不良行为影响，可能导致女犯形成不健康的认知模式。对违法行为的合理化、正当化或认同，可能导致她们对自身和社会价值观发生扭曲。

③ 刑罚和监狱环境：刑罚和监狱环境的压力、限制和剥夺可能导致女犯对自身和未来持消极的认知。

④ 自我保护机制：为了应对挑战和压力，女犯可能形成一些自我保护机制，如否定、回避或逃避现实。这些自我保护机制可能导致她们对自身和环境的认知产生偏差。

⑤ 心理因素：焦虑、抑郁、自卑等心理因素，可能导致女犯的认知偏差形成，引起她们对自身和环境的过度负面解读。

（2）病例概念化

病例概念化实际上就是一个把女犯心理问题及认知模式的来龙去脉搞清楚的过程，它贯穿整个治疗过程，也是一个不断完善的过程。当对女犯开始进行全面评估，建构病例概念化的操作就已经开始。

在认知行为治疗理论中，人的认知模式由两个层面组成，即浅表层面认知模式和潜在层面认知模式。浅表层面的认知包括自动想法；潜在层面的认知是浅表层面认知模式的基础和支撑，包括核心信念和中间信念。通常情况下，当个体遇到有压力的生活事件时，如果潜在层面的认知存在问题，就会引发和激活个体原有的功能失调性自动想法，并引起一系列不良情绪和不适应行为。反之，不良情绪和不适应行为又对潜在层面的负性认知产生反馈和强化。通过了解心理问题的形成架构，来掌握女犯的认知架构模式，通过从表层到深层收集、分析、归纳、整理信息，进一步完善女犯认知架构的来龙去脉(见图 2-1)。

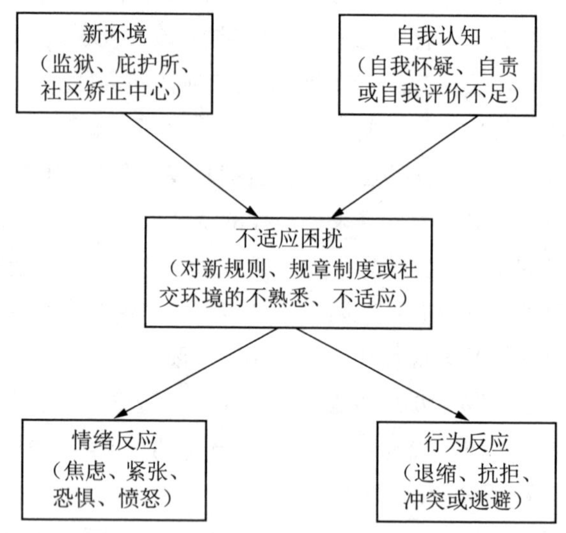

图 2-1 新收环境适应不良女犯心理问题或心理障碍的基本构架

新收环境适应不良女犯认知行为治疗病例概念化可以从以下几个方面考虑。

① 新环境适应情况：评估女犯对监狱新环境的适应情况，包括监狱制度、生活条件和人际关系等。陌生和高压的监狱环境可能引发女犯的焦虑、恐惧和孤独情绪，使其难以适应新环境。

② 自我认知：探讨女犯在新环境中的自我认知，包括自我价值感、对未来的展望和自我效能感等。负面的自我认知，如无助感、自卑感或对自身能力的怀疑，可能使女犯对适应新环境感到困难和无力。

③ 不适应困扰：识别女犯在新环境中的具体不适应困扰，如无法适应监狱作息、与同监室女犯的冲突、对家人的思念等。这些困扰会加剧女犯的焦虑和压力，导致其心理健康问题和不适应行为。

④ 情绪反应：评估女犯在适应新环境过程中的情绪反应，如焦虑、抑郁、愤怒、绝望等。负性情绪强化不适应困扰，形成恶性循环，使女犯难以调整和适应新环境。

⑤ 行为反应：观察和记录女犯在新环境中的行为反应，如逃避、对抗、自我封闭、自残等。不适应的行为反应不仅加剧适应不良，还可能导致进一步的隔离、处罚或情绪恶化。

通过对这些方面的综合考虑和概念化，治疗师能够更好地理解女犯的认知、情绪和行为模式，从而制订相应的治疗策略和目标，帮助她改变不健康的思维和行为模式，提升适应能力和心理健康水平。

(3) 确定治疗目标

认知行为治疗的目标是鲜明、具体的，疗效也是能评估、可检验的，是“看得见、摸得着”的，目标应该由女犯和治疗师商议确定，先由女犯提出，再由治疗师给予认可。治疗目标所确定的内容是以调整女犯当前最突出的心理问题或心理障碍为主，从调整女犯曲解的非理性的认知入手，改变不良情绪和不适应行为。一般情况下，治疗目标的范围应尽可能集中，当主要的心理问题解决了，其他相关的问题便可迎刃而解。

步骤六：布置家庭作业，思考成长过程中家庭和社会环境对心理问题形成的影响。

步骤七：小结和反馈，告知女犯下次将讲述功能失调性自动想法的概念。

第二次示范谈话

治疗师：（家庭、成长环境评估）很高兴你参加今天的会谈。在我们开始治疗之前，我希望先了解更多关于你的情况。首先，请告诉我一些关于你的背景信息，包括家庭、教育、工作等方面。

女犯：我从小是在部队家属院长大的，我的家人都很正直，父亲当过兵，所以其实我从小都很遵规守纪。

治疗师：（检查家庭作业）我看了一下你上次的家庭作业，也写到自己情绪出现波澜的点和原因，那么现在就由你自己，再口述一遍，看看在口述的过程中你对待问题的态度有没有发生变化。

女犯：我觉得呢，最主要的问题还是在于跟同监室女犯的相处上，就像我上次讲的那样，她们的很多行为我觉得都是不对的，对警官"面前一套""背后一套"，还喜欢给警官打小报告，这种在人背后说坏话的行为我非常看不惯，所以在这个监室里我就觉得自己格格不入。

治疗师：（生活状态及人际关系评估）我理解这一定是非常

困难的时期。在我们的治疗中，我们将一起来探讨你的感受和困扰，找出可能的解决办法。首先，我想了解一下你在监狱中的日常生活是怎样的，还有你是怎样与其他人互动的？

女犯：我基本上自己待着，因为我不喜欢和其他人交往。

治疗师：（解释）这是一个非常重要的观察。你目前的社交退缩可能会加剧你的感受，而且这种自我隔离可能会导致更多的焦虑和孤独感。在治疗中，我们可以探讨如何逐渐与他人建立联系，以及如何改变自己的想法，让你更好地融入监狱环境。

女犯：是的，我就是觉得没人愿意和我交朋友，所以我也不愿意主动去接触别人。

治疗师：（功能失调性自动想法评估）让我们来深入了解一下。为什么你会觉得自己无法被他人接受？

女犯：我觉得因为我是新人，所以别人都不愿意和我交往。

治疗师：（病例概念化）这是一个很常见的感觉，特别是在新的、陌生的环境中。让我们试着将这个问题进行病例概念化。在这个情境中，你的信念是“我无法被接受”，而触发因素可能是新入监环境。这种信念可能导致你避免社交互动，进而加剧了你的孤独感。

女犯：是的。

治疗师：（收集反证据）我们可以看到，你的信念影响了你的行为，使你避免社交。接下来，我们将一起来探讨一些证据，看看有没有与这种信念相反的经历。也许有时候，会有人对你友好，或者你可能在某些社交场合中感到舒适。

女犯：有时候确实会有人对我友好，但我总觉得他们是出于礼貌才这样做的。

治疗师:(解释)这是一个我们可以一起研究的观点。有时候,我们的负面信念会让我们忽视掉那些积极的证据。在接下来的治疗中,我们将会一起挑战这种信念,看看有没有更客观、更积极的方式来看待你与他人的关系。我们将学习一些新的社交技能,帮助你更好地适应这个环境,减轻你的孤独感。

女犯:我希望能有所改善。

治疗师:(确定治疗目标)接下来,我想和你一起制订一些具体的治疗目标。你觉得最紧迫需要解决的问题是什么?我们可以从增加社交互动、改善自我价值感,或者应对排斥感等方面入手。

女犯:我觉得最紧迫的问题是我需要摆脱这种孤独感,但是我又不知道该怎么做。

治疗师:(提供支持)非常好,看来我们的目标是一致的。在接下来的治疗中,我们将共同努力,逐步达成你的治疗目标。如果在治疗的过程中有任何的困扰或者疑虑,请随时与我沟通。我们将一起克服挑战,迈向更健康、更积极的未来。

女犯:好的。

3. 第三次会谈谈话步骤

步骤一:评估当前心理状态并打分。

步骤二:连接上次谈话内容。

步骤三:检查家庭作业完成情况。

步骤四:明确谈话主题"识别、收集功能失调性自动想法"。

步骤五:进入谈话主题。

(1) 解释相关概念

完成认知行为治疗的心理评估及病例概念化之后,治疗师就可以进入下一个治疗程序，即识别和收集功能失调性自动想法，这是认知行为治疗进入实质性内容的开始，是能否实现认知行为调整的第一关。要准确识别功能失调性自动想法，就要先搞清楚自动想法的概念及特征，特别要区分它与情绪、一般思维的不同。

自动想法是指个体在一定的情境下，大脑自然而然涌现出的对自己、对他人及对周围环境评价性的一闪而过的念头，故又被称为“一闪念”。它的出现绝大部分先于情绪和行为，其基本形式是词汇、短语和图像，十分简洁。自动想法还有一些特定的表达形式，有疑问句式，如“我能行吗”，实际表达的意思是“我可不行”；还有隐含句式，如“我觉得自己好像是行尸走肉”，实际表达的意思是“我的存在毫无价值”；等等。尽管自动想法是自发涌现的思维流，但其根部有着信念系统的影响和支撑。

在日常生活中人们遇事都会产生自动想法，如果自动想法是合理的，那么它对人们的情绪和行为的影响就是正性的，产生的社会功能也是正常的；如果自动想法是曲解的、失真的、非理性的，那么它就会引起人们的负性情绪和不适应行为，产生的社会功能也是失调的。新收环境适应不良女犯可能会有对监狱环境的恐惧和不安，可能担心在监狱中的安全问题，担心遭受暴力或欺凌；可能觉得自己没有能力适应监狱生活，或者觉得自己没有价值和被社会所抛弃；对未来持消极态度，感到绝望和悲观，觉得自己无法改变现状或重返正常社会。情绪是一种心理体验，与自动想法有本质的区别，如狂喜、愤怒、哀伤、快乐等。而一般思维如解释、联想、猜测等会掺杂很多思考，没有自动想法那样简洁明了。因此，本次谈话重点是让女犯了解自动想法的概念，区分好与情绪、一般思维的不同之处，指导女犯识别和收集功能失调性自动想法。

(2) 进行相关提问(表 2-5)

表 2-5 收集新收环境适应不良女犯功能失调性自动想法提问(举例)

① 当你进入监狱环境后，你的第一反应是什么？
② 你对目前的处境有什么感觉？
③ 你认为自己在这个环境中是否能够适应？为什么？
④ 你对其他囚犯和监狱民警有什么看法或想法？
⑤ 你是否认为自己会受到不公正待遇或处于不安全的境况？为什么？
⑥ 你是否有关于监狱生活的负面想法或担忧？
⑦ 当面临监狱环境中的挑战或困难时，你有哪些自动想法？
⑧ 你是否认为自己会被其他囚犯或监狱民警排斥或欺负？为什么？
⑨ 你是否担心在监狱环境中失去个人自由和隐私？这给你带来了怎样的情绪反应？
⑩ 你是否有对你未来的担忧或不确定感？
⑪ 你是否有关于自己重建新生活或融入社会的疑虑？
⑫ 你对监狱环境中的规则和制度有何看法或反应？

这些问题有助于了解新收环境适应不良女犯在面对监狱环境时的内心想法、担忧和情绪反应。通过收集和探索她们的自动想法，治疗师可以更好地了解她们的认知模式和情绪状态，并有针对性地制订治疗计划和干预策略。

步骤六：布置家庭作业，指导女犯填写每日功能失调性自动想法记录表(表 2-6)。

表 2-6 每日功能失调性自动想法记录表

日期	情境 ① 引起不良情绪和不适应行为的事件或情况 ② 引起不良情绪和不适应行为的思绪、遐想或回忆	情绪 ① 不良情绪 ② 不良情绪的程度(1～100)	功能失调性自动想法 ① 引发不良情绪和不适应行为的功能失调性自动想法 ② 对功能失调性自动想法的相信程度(0～100%)

步骤七：小结和反馈，告知女犯下次将归纳功能失调性自动想法。

第三次示范谈话

治疗师：(解释功能失调性自动想法)今天，我们将会探讨一些你可能没有意识到的思维模式，它们通常出现在特定情境下，并且会影响你的情绪和行为。这些被称为“自动想法”。自动想法是个体在一定情境下，大脑自然而然涌现出的一闪而过的念头，它的出现先于情绪和行为，其基本形式是词汇、短语和图像，十分简洁。有此自动想法是曲解的，即不符合客观事实的，会影响我们的情绪和行为。你能理解吗?

女犯:能理解一些。

治疗师:(具体化及收集功能失调性自动想法)你说到同监室女犯针对你,具体说说是怎么回事?

女犯:是这样的,新收入监当天我们吃的是压缩饼干,我本身胃口就小,一包吃不下,我就跟室长说我吃不下了,但是她说规定就是规定。那我就硬吃,所以导致后来吃吐了。我吐了之后,就报告了警官,从那以后室长就没有给过我好脸色看,她觉得我是故意吐的,是在针对她。

治疗师:(证据收集)你说没有给你好脸色看,具体有些什么证据吗?

女犯:我们不是要写"五书"的材料嘛,有个模板,但她就不给我看,导致我没法完成,我就很苦恼,我本身也是个好强的人,作业做不完心里也不好受。

治疗师:(证据合理性检验)那你最后按时完成作业了吗?有没有用到模板?

女犯:完成了,那个模板到最后才给我,我就做得很赶,自己也很焦虑。

治疗师:(替代解释思维)你有没有想过最后拿到模板只是碰巧而已,总有人最后一个拿到,并不是室长故意这么做的。

女犯:可能是吧,我没有考虑过这个可能性。

治疗师:(引导发现)这是一个很好的例子。你的自动想法是"室长觉得你是故意的,是在针对她,所以没给过你好脸色",证据是"最后一个把模板给你"。这种想法可能导致你更强烈地感受到被排斥的情绪。在认知行为治疗中,我们将学习如何识别这种自动想法，然后一起来检验支持这种想法证据的准确性。我们可以问问自己，有没有其他可能的解释。

女犯：好的，以后我尝试一下。

治疗师：（布置家庭作业并预告下次谈话主题）今天，我们简单介绍了功能失调性自动想法的概念以及怎么收集，下一次谈话我们要对你所收集的功能失调性自动想法进行归纳，你收集的内容多一点，也方便我们聚焦问题的类型，今天回去后你继续按照表格内容做好功能失调性自动想法的收集工作。

女犯：好的。

4. 第四次会谈谈话步骤

步骤一：评估当前心理状态并打分。

步骤二：连接上次谈话内容。

步骤三：检查家庭作业完成情况。

步骤四：明确谈话主题“归纳功能失调性自动想法”。

步骤五：进入谈话主题。

治疗师可以与女犯一起参照常见功能失调性自动想法类型（表 2-7）对记录在每日功能失调性自动想法记录表（表 2-6）中的自动想法进行逐一对照，并进行讨论，让女犯找出与自己相符的功能失调性自动想法类型，即使女犯在记录表中所记录的内容较多，但若对数日或数周的自动想法记录表进行整理分析，治疗师也不难发现女犯在“功能失调性自动想法”这一栏中所填写的内容具有集聚的倾向，治疗师可以根据功能失调性自动想法的类型对女犯的自动想法有一个基本的估测和定位，做到有所聚焦、心中有数。

表 2-7 新收环境适应不良女犯常见功能失调性自动想法类型

① 无能感:认为自己无法适应监狱环境,无法处理困难和挑战,感觉自己没有能力改变现状
② 自责与内疚:责怪自己进入监狱,觉得自己是个失败者,认为自己应该为所犯的错误付出代价
③ 社交焦虑:担心与其他犯人或监狱民警相处困难,担心受到排斥和歧视
④ 心理负担:认为自己无法承受监狱生活的压力和困难,觉得无法控制自己的情绪和情感
⑤ 希望丧失:对未来感到绝望,认为自己的人生没有希望和机会,觉得无法改变现状
⑥ 自卑感:觉得自己不值得被接受和尊重,对自身价值感缺乏信心
⑦ 恐惧和焦虑:担心自己的安全和身体受到威胁,担心面对未知的挑战和困难
⑧ 着眼过去:过分关注过去的错误和不幸经历,认为自己无法改变过去的行为和选择

这些功能失调性自动想法类型并不是互相独立的,女犯可能在不同情境下表现出多种类型的自动想法。在认知行为治疗中,重要的是帮助她们识别和挑战这些负面自动想法,并替换为更积极和适应性的思维模式。

步骤六:布置家庭作业,让女犯继续填写每日功能失调性自动想法记录表(表 2-6)。

步骤七:小结和反馈,告知女犯下次将检验并调整功能失调性自动想法。

第四次示范谈话

治疗师:(收集功能失调性自动想法)你在作业中记录了你

的自动想法。现在，我想和你一起来看看这些想法，看看有没有一些共同的模式。在阅读你的作业时，我注意到了一些功能失调性自动想法，比如说认为别人讨厌你或者看不起你。这些是非常典型的功能失调性自动想法。

女犯：嗯，我也发现了，比如我总觉得如果别人不和我说话，就是因为他们讨厌我。

治疗师：(引导发现)明白了，你的感受是非常真实的。当你试图融入社交场合时，遇到别人说话停顿并看着你，你就感到被排斥。这种时候，你可能会有一些自动想法。这些想法通常是怎样的？

女犯：我觉得他们一定是在议论我，觉得我不应该在这里。我觉得他们看不起我。

治疗师：(归纳类型)明白了，你的自动想法包括“他们议论我”和“他们看不起我”。这些是很常见的自动想法，通常我们会把别人的行为解释为与自己有关。在认知行为治疗中，我们通常将这些自动想法归纳为几种类型：过度概括，就是基于少数经历就对整体情况下结论，比如被一个人看不起就认为所有人都看不起你；以偏概全，就是基于个别事件就普遍性地认为所有人都会这样，比如被一个人议论就认为所有人都在议论你；思维读心术，就是认为自己知道别人在想什么，比如通过别人看你的眼神就知道他们在议论你；情感推理，就是基于情绪感受推断事实，比如因为感到不安就觉得别人肯定看不起你。

女犯：我希望能够摆脱这种消极的想法。

治疗师：(解释)在治疗中，我们将学习识别这些类型的自动想法，挑战这些想法的准确性。通过这个过程，你将学会看到社交互动的更多可能性，减轻你的不安和自卑感。

女犯：但是有时候真的控制不住。

治疗师：（布置家庭作业并预告下次谈话主题）我理解，这需要时间和练习。回去后，你继续填写每日功能失调性自动想法记录表。在接下来的治疗中，我们将一起来探索这些自动想法的背后逻辑，并寻找证据来支持或者反驳它们。同时，我将会教你一些技巧，帮助你更好地应对这些曲解。我们下一次谈话的主题是“检验并调整功能失调性自动想法”。

女犯：谢谢，我会努力的。

治疗师：（提供支持）非常好，记住，这是一个学习和成长的过程，你不是孤单的，我会一直在你身边支持你。我们将一起克服这些问题。如果在练习过程中有任何问题或者有需要帮助的地方，请随时向我咨询。我们将共同努力，帮助你形成更健康、更积极的思维模式。

女犯：好的。

5. 第五次、第六次会谈谈话步骤

步骤一：评估当前心理状态并打分。

步骤二：连接上次谈话内容。

步骤三：检查家庭作业完成情况。

步骤四：明确谈话主题“检验并调整功能失调性自动想法”。

步骤五：进入谈话主题。

当女犯能对自己的功能失调性自动想法进行识别时，治疗师还需和女犯一起进一步探询支持自动想法的理由，并加以质疑，要让女犯清晰地认识到自动想法所带来的功能失调，包括对情绪、对行为和对生理功能的负面效应，为后续动摇原来的想法并用合理想法替代做好准备。治疗师常用的技术有诘问驳难、探寻证据、逻辑纠错和理性替代等。这两次谈话着重阐述如何检验和调整功能失调性自动想法，这正是对浅表层面认知干预的重要一步。

治疗师在帮助女犯检验自动想法是否功能失调时有一个基本的原则，就是自动想法是否导致女犯产生不良情绪（抑郁、沮丧、焦虑、恐惧、害怕等）和不适应行为（退缩、回避、坐立不安、自伤自残等）。检验女犯功能失调性自动想法的实际效应体现在女犯对该自动想法开始产生怀疑、动摇，并为调整这种自动想法、用理性的自动想法进行替代做好准备。

对于功能失调性自动想法的调整，治疗师要用心、耐心地引导女犯进行理性思考，试着以情绪的好转为标准，采用积极的想法替代功能失调性自动想法，并体验情绪是否有变化，是否有改善。如果所采用的替代想法没有效果或效果甚微，就应该更换其他的替代想法，直到见效为止。在这个过程中，治疗师不能为女犯提供自己预置的想法，不能让女犯盲目地接受自己的观点和想法，治疗师最主要的作用是启发，常用的技术有核查客观证据、引导自我发现、质疑绝对肯定、考虑其他可能、进行重新归因、不幸中有转机等，对女犯自己想出的替代想法可以进行讨论，评估替代想法的实际效果。

对女犯功能失调性自动想法的调整过程，实际上是帮助女犯重建新的理性想法并对功能失调性自动想法进行替代的过程，最后使女犯能够做到很自然、很稳定地以理性的、合理的想法取代和覆盖功能失调性的自动想法，使女犯在情绪、行为及其他各方面都得到改善。替代想法的操作会有一定的难度，治疗师应该积极地鼓励女犯在调整中树立信心，只要女犯的情绪状态有所改善，这一结果就能成为一个正性的强化物，去强化女犯坚持不断地用理性想法对功能失调性自动想法进行替代，同时也能逐步提高女犯对理性替代想法的相信程度。

对新收环境适应不良女犯的功能失调性自动想法进行检验和调整时，治疗师可以采取挑战—动摇—替代三步操作，以下为具体方法。

（1）辨识自动想法：帮助女犯意识到她们的自动想法，即那些出现在一定情境大脑自然而然涌现的一闪而过的念头。通过与女犯对话，了解她们在特定情境下的自动想法是关键。

（2）检验证据动摇自动想法：与女犯一起检视她们的自动想法，并与客观事实进行比对。通过提出问题和搜集证据，帮助她们评估自动想法的合理性和准确性。

（3）挑战思维错误：引导女犯思考自动想法中可能存在的思维错误，如过度概括、以偏概全、情绪化推断等。通过与她们讨论更加客观和积极的替代性解释，帮助她们修正错误的思维模式。

（4）寻找合理解释：与女犯合作，寻找更加合理和客观的解释来替代不健康的自动想法。鼓励她们考虑多种解释和观点，以形成更积极和适应性的思维模式。

（5）实践新的思维模式：鼓励女犯在日常生活中实践新的思维模式和替代性解释。这包括在面对具体情境时应用新的思维方式，并观察其对情绪和行为的影响。

（6）情绪调节和自我疗法：为女犯提供学习和运用情绪调节技巧的机会，以帮助她们更好地处理负面情绪和应对挑战。鼓励她们使用自我疗法，如积极地自我对话和自我指导，以支持认知调整和情绪管理。

以上方法可以帮助女犯识别和调整不健康的自动想法，并形成更积极和适应性的认知模式。同时，需要根据个体情况和治疗目标进行个性化的干预，并在治疗过程中与女犯保持密切的合作和支持。

步骤六：布置家庭作业，指导女犯填写每日理性想法替代功能失调性自动想法记录表(表 2-8)。

表 2-8　每日理性想法替代功能失调性自动想法记录表

日期	情境 ① 引起不良情绪的事件或情况 ② 引起不良情绪和不适应行为的思绪、遐想或回忆	情绪 ① 不良情绪 ② 不良情绪的程度(1～100)	功能失调性自动想法 ① 激发不良情绪的功能失调性自动想法 ② 对功能失调性自动想法的相信程度(0～100%)	合理的反应 ① 写出理性替代想法 ② 对理性替代想法的相信程度(0～100%)	结果 ① 再评估对原先功能失调性自动想法的相信程度(0～100%) ② 再评估不良情绪的程度(1～100)

步骤七：小结和反馈，告知女犯下次将挖掘负性中间信念。

第五、第六次示范谈话

治疗师：(了解问题)你可以告诉我一些最近让你感到不安或困扰的事情吗？

女犯:有一次室长让年纪大的同监室女犯赶紧交作业,那年纪大的人本身动作就慢,文化水平也不高,完成作业确实很困难,我就跟室长指出了这个问题,她可能觉得我多管闲事吧,就说了我。

治疗师:(收集功能失调性自动想法)当时你的内心是怎么想的?

女犯:我觉得挺无助的,感觉自己不适应这里的环境,也和人相处不来。

治疗师:(证据检验)你有没有证据来证明你当时的想法是正确、真实的?

女犯:她的态度很不好,所以就导致了整个监室里大家好像都对我很冷漠。

治疗师:(寻找反证据)你能回忆一下当时的情境,大家都在做什么呢?有没有对你做出不友好的举动?

女犯:当时大家都在看法律讲座的录像。

治疗师:(挑战功能失调性自动想法)明白了,你的感受是非常真实的。我们可以一起来检验这些想法。你认为所有人对你都很冷漠?当时正好是学习时间,大家都聚精会神地看录像,根本没注意到身边发生的事情,所以也没有回应,而不是因为对你冷漠?

女犯:可能吧,我没想过这个。

治疗师:(替代解释思维)是的,我们一般倾向于以自己为中心去解释别人的行为,而忽视了其他可能性。在治疗中,我们将学习如何检验这些自动想法的准确性。我们可以问自己一些问题,比如:“我有证据证明他们在议论我吗?”或者“还有其他可能的解释吗?”

女犯：我应该试试这样想。

治疗师：（认知重构）那你现在有没有新的想法来替代原来的想法呢？

女犯：我太过度解读别人的行为，夸大了消极因素，让自己不开心，我以后看事情要多朝好的方面想。

治疗师：（解释并提供支持）是的，这是一个学习的过程。当你遇到类似的情况时，试着停下来，问问自己是否有其他可能的解释。这种方法可以帮助你看到社交互动的更多可能性，减轻你的不安和自卑感。如果在实践中遇到困难，可以随时向我求助。我们将一起来挑战这些自动想法，帮你建立更健康的认知模式。

女犯：好的，我会试试。

治疗师：（布置家庭作业并预告下次谈话主题）今天我们学习了怎么挑战和调整功能失调性自动想法，你可以学着练练，我相信通过练习，你会越来越熟练地挑战这些曲解的自动想法，从而更好地应对类似的情境。如果在练习中有任何问题或者困扰，随时都可以和我沟通。我们会共同努力，让你的思维模式变得更加健康和积极。你回去后填写每日理性想法替代功能失调性自动想法记录表，下次谈话主题是挖掘负性中间信念。

女犯：好的。

6. 第七次会谈谈话步骤

步骤一：评估当前心理状态并打分。

步骤二：连接上次谈话内容。

步骤三：检查家庭作业完成情况。

步骤四：明确谈话主题“挖掘负性中间信念”。

步骤五:进入谈话主题。

(1) 解释相关概念

治疗师指导女犯成功完成对功能失调性自动想法的理性替代,只是在浅表层面进行认知干预的一个阶段性成果。由于浅表层面的认知是受潜在层面认知的作用和影响,因此,要使女犯完全消除不由自主地涌现的功能失调性自动想法,从根本上解决心理问题或心理障碍,一定要进一步调整潜在层面的认知。治疗师将开始对女犯信念系统中负性成分的挖掘、检验和调整。

信念是人们从童年开始逐步形成的对自我、他人及世界的自认为可以确信的看法,其中高度概括、根深蒂固的观念被称为核心信念。负性核心信念就是个人对自我、他人及世界的非理性的功能失调性的核心信念。在女犯的信念系统中,负性核心信念对功能失调性自动想法的影响并非直接的,而是通过功能失调性假设和规则间接影响的。在认知行为治疗的理论中,把处于中介形态的功能失调性假设和规则称为负性中间信念。假设是指没有充分依据的设定。规则是人们在成长过程中逐步形成的典式和法则,也是在社会生活中应对各种问题和事件而逐步形成的习惯及约定俗成的准则(图 2-2、表 2-9)。

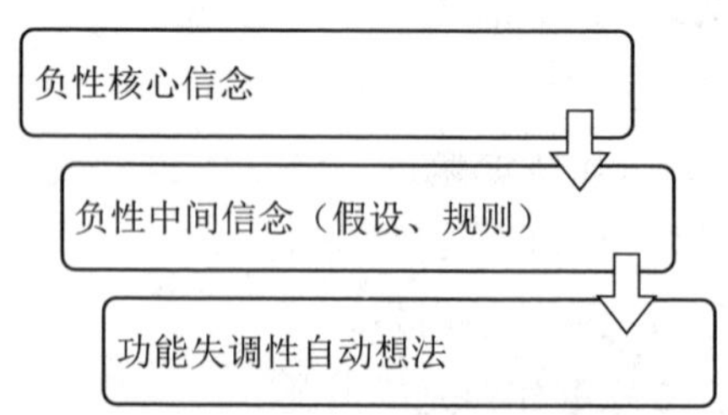

图 2-2 潜在层面认知与浅表层面认知之间的关系

表 2-9　中间信念的基本表述形式

假　设	规　则
如果……那么…… 倘若……那么…… 万一……就…… 即使……就会……	必须……

新收环境适应不良女犯的中间信念有:对控制权和自主权的丧失,女犯可能认为自己在监狱中失去了控制权和自主权,无法自由决策和掌控自己的生活;对他人评价的依赖,女犯可能高度依赖他人的评价和看法,对别人的评价产生过度关注;对变化的抵触和恐惧,女犯可能对改变和适应新环境感到不安和恐惧,害怕面对未知的挑战。

(2) 进行相关提问

治疗师指导女犯识别功能失调性假设和规则有以下几种方法:从功能失调的自动想法中直接提炼负性中间信念;通过女犯提供信息中的假设内容的前提部分,设法引导女犯表达出假设内容的结论;通过直接的点拨,引出女犯长期固守的规则;通过逐级挖掘推导技术,引出女犯的负性中间信念;通过直接询问的方法,让女犯明确表达其负性中间信念。挖掘女犯的负性中间信念可进行如下提问,见表 2-10。

表 2-10　挖掘新收环境适应不良女犯中间信念的提问(举例)

① 当你感到不适应监狱环境时,你是如何解释这种情况的?
② 你认为进入监狱环境对你的身份和自我价值有何影响?
③ 你是否相信自己能够在这个环境中改变或成长?
④ 你对监狱生活中的规则和限制有何想法?

续 表

⑤ 当面临困难或挑战时，你是如何看待自己的能力和资源的？
⑥ 你是否认为在监狱环境中与他人建立关系或获得支持是可能的？
⑦ 你对自己的未来有何展望和目标？
⑧ 你认为在监狱环境中你能否改变自己的行为和生活方式？
⑨ 你对自己过去的行为和犯罪历史有何认知？
⑩ 你对自己的改变和重新融入社会有何认知？

这些问题有助于揭示新收环境适应不良女犯内心的中间信念，即与自我、环境和未来相关的信念。通过探索她们对自身、监狱环境和未来的信念，治疗师可以更好地理解她们的认知框架和行为模式，并帮助她们挖掘潜在的认知偏差和限制性信念，从而引导她们进行认知重构和行为改变。

步骤六：布置家庭作业，继续填写每日理性想法替代功能失调性自动想法记录表(表 2-8)。

步骤七：小结和反馈，告知女犯下次将检验、质疑并调整功能失调性假设和规则。

第七次示范谈话

治疗师：(谈话主题及解释定义)你好，很高兴你参加今天的会谈。在治疗中，我们将尝试了解更深层次的思维模式，这些模式可能在你的生活中起到了重要作用。今天谈话的主题是“挖掘负性中间信念”。中间信念是介于自动想法与核心信念之间的一层认知，通常是以假设和规则的形式存在的。假设是指没有充分依据的设定。规则是人们在成长过程中逐步形成的典式和法则，是在社会生活中应对各种问题和事件而逐步形成的习惯及约定俗成的准则。中间信念带有一定的普遍性，相对于自动想法，它不受具体情境的影响。今天，我们就收集一下这些规律性、普遍性的想法。能理解吗？

女犯：能理解一点。

治疗师：（检查家庭作业）我们来看看这周你记录了哪些事情？

女犯：是这样的，这件事正好就发生在今天出工的时候，我们现在发物料的顺序变了，就是把原料都先发给我们。那东西在桌子上堆很多，我觉得不方便，就用篮子把一部分先归置起来，然后生产线长来了就问我这是什么，我回答说这是之前的。生产线长好像有点怀疑我是私藏物料，就把那部分归为别人了。但这其实是个误会，我想表达的是这是我自己的。

治疗师：（收集负性自动想法）你当时内心是怎么想的？

女犯：我觉得她没有搞清楚就怀疑我私藏物料。

治疗师：（挖掘关于自我的中间信念）让我们来回顾一下，当你有这种自动想法的时候，你会怎么想，关于你自己或者关于别人？

女犯：我总觉得自己在这里不被信任，做什么都是不对的。

治疗师：（挖掘关于犯罪的中间信念）好的，接下来我们可能会全方位地了解一下你的中间信念。你对自己过去的行为和犯罪历史有何认知？

女犯：对于这个案子，其实我还是觉得自己也在弥补客户的损失，想要保住项目，怎么到最后变成这样……

治疗师：（挖掘关于人际互动的中间信念）当你感到不适应监狱环境时，你是如何解释这种情况的？

女犯：就拿我之前来说，就是和同监室女犯格格不入，觉得他人针对我、排挤我，我就会觉得不适应了。

治疗师：（挖掘关于自我价值的中间信念）你认为进入监狱

环境对你的身份和自我价值有何影响?

女犯:我觉得我的本质还是好的,这次犯罪的因素是多重的,我也不会因为我目前是罪犯而丧失信心,对于自己的能力我还是很认可的,可能在内务上我做得不够好,但是在金融方面,我还是很擅长的。

治疗师:(挖掘关于环境的中间信念)你对监狱生活中的规则和限制有怎样的认知?

女犯:我觉得这里的监规纪律还是很好的,如果大家一起遵守其实也是在保护自己。

治疗师:(挖掘关于支持系统的中间信念)你是否认为在监狱环境中与他人建立关系或获得支持是可能的?

女犯:目前对我来说还是有点困难,不知道以后会不会好点。

治疗师:(挖掘关于治疗预期的中间信念)你认为你在监狱环境中是否能够改变自己的行为和生活方式?

女犯:我之前的动手能力可能比较差,这里的改造生活让我不断提高,包括作息也是一样的,都在往好的方面发展。

治疗师:(布置家庭作业并预告下次谈话主题)今天我们一起挖掘了一些负性中间信念,下次我们会进行相应调整。回去后你可以继续填写每日理性想法替代功能失调性自动想法记录表,多练习会对调整负性中间信念有帮助。下次谈话主题是检验、质疑并调整功能失调性假设和规则。

女犯:好的。

治疗师:(提供支持)很好,记住,这是一个渐进的过程。在治疗中,我们将一起来挖掘这些信念,找到它们的根源,并逐步改变它们。如果你在实践中遇到任何困难,可随时向我求助。我们将一起来应对这些负性中间信念,帮你形成更健康、积极的信念。

女犯:好的。

7. 第八次、第九次会谈谈话步骤

步骤一:评估当前心理状态。

步骤二:连接上次谈话内容。

步骤三:检查家庭作业完成情况。

步骤四:明确谈话主题“检验、质疑并调整功能失调性假设和规则”。

步骤五:进入谈话主题。

对新收环境适应不良女犯的功能失调性假设和规则进行检验和调整时,除可以参照和借用调整功能失调性自动想法的策略及方法外,还可以运用一些其他的方法如成本—效益分析、合理假设替代等,操作步骤还是采用挑战—动摇—替代三步法,具体方法如下。

(1) 现实性检验

鼓励女犯将她们的功能失调性假设和规则与现实进行比对。可以记录相关的行为、情绪和结果。通过观察和记录具体的情境和事件,与她们一起评估这些假设和规则是否与实际情况相符。

(2) 反证法

帮助女犯找到与其功能失调性假设和规则相矛盾的例证。通过寻找例子和证据,证明这些假设和规则并不适用于所有情况,并引导她们生成更加客观和合理的替代性信念。

(3) 环境改变

探讨和实施可能改变现实环境的策略,以评估功能失调性假设和规则的有效性。通过合作,帮助女犯寻找改变环境条件和行为后果的方式,帮助她们发现原有的假设和规则是否需要修正。

(4) 反问技术

引导女犯提出自我质疑的问题,以挑战和调整功能失调性假设和规则。例如,鼓励她们问自己,“我是如何知道这个假设是真实的?”或“有没有其他可能的解释?”通过提出这些问题,促使她们得出不同的观点和解释。

(5) 证据收集

帮助女犯寻找证据,以验证或反驳她们的功能失调性假设和规则。她们可以回顾过去的经历、观察他人的行为,或了解他人对自己行为的反馈,以收集相关的实证证据。如挑战功能失调性规则,女犯功能失调性规则通常是以“必须”的陈述方式表达,由于这些陈述中掺杂了不合逻辑及过分概括的成分,因此要改变女犯长期形成的功能失调性“必须”的想法,治疗师单靠一味否定是难以奏效的,需要顺着女犯的逻辑循循善诱,一步步地对她们的陈述进行质疑,并给予空间,让她们多一个角度重新思考。治疗师在谈话中可以通过提出疑问的方式引导女犯思考。例如:这个规则是从什么时候开始形成的?这个规则是在怎样的情况下确立的?当时确立这样的规则有当时的情况,现在一直沿用这样的规则是否妥当?这个规则是只适合你个人呢,还是适合所有人?你真的完全是照着这个规则在做吗,规则是否有松动的时候?如果不遵循你的规则行事会产生怎样的后果?你对没有遵循你这个规则的人是怎样看待的?可以通过填写考查并挑战功能失调性规则练习表(表 2-11)的方法,对女犯的功能失调性规则进行梳理和调整。

(6) 实证检验

通过实践行为,并观察结果和体验,帮助她们重新评估原有假设和规则的有效性。如成本—效益分析,有些女犯往往对于

表 2-11　考查并挑战功能失调性规则练习表

对规则“必须”的陈述：
对规则的相信程度（0～100%）： 情绪（1～100）： 成本（不利之处）： 收益（有利之处）： 在怎样的情况下建立了这个规则？ 你对其他人是否都要求遵循这个规则？ 对这个规则用“偏好”而不是“必须”来重新表述： 通过重新表述所产生的新效果： 对规则的相信程度（0～100%） 情绪（1～100）

自己固守的规则很少进行反思，她们坚信规则是合理的，并严格地根据自己的规则处事，其实这些女犯在执行这些功能失调性规则时往往要付出极高的代价和成本，所得的效益却很低，仅仅是获得遵循规则的满足感而已。虽然女犯已被这些规则搞得筋疲力尽，但还是固执己见，执迷不悟，此时治疗师可以通过成本—效益分析技术，与女犯一起“仔细算账”，引导女犯以清醒的头脑重新审视其规则。见表 2-12。

表 2-12　成本—效益分析表（举例）

规则：这里的生活环境跟外面完全不一样，所以我永远也适应不了	
有利之处（效益）	不利之处（成本）
减少自责感、内疚感	焦虑、情绪低落
缓解恐惧，博得同情	影响正常人际交往
	无法投入正常改造
	让亲人担心

（7）替代性规则和信念的培养

引导女犯思考并尝试新的替代性假设和规则，以更好地适应和应对现实。帮助她们制订更积极、灵活和适应性的假设和规则，并鼓励她们在日常生活中实践和应用。如合理假设替代，是在治疗师的引导下让女犯根据“合理”的要求去尝试新的假设来替代以往习惯的功能失调性假设的方法，假设的合理性标准是引出女犯理性的自动想法、良好的情绪状态、适应的行为表现，运用合理假设替代可以填写功能失调性假设的合理替代联系表（表 2-13）。

表 2-13　功能失调性假设的合理替代练习表（举例）

原来习惯的假设	新的合理假设
如果我先谦让了，别人也应该以同样的方式回应我	如果我先谦让了，别人也不一定会以我的标准回应我

这些具体方法有助于对新收环境适应不良女犯的功能失调性假设和规则进行检验和调整。通过引导她们进行实证，挑战功能失调性思维模式，并培养更客观、适应性的认知和行为模式。治疗师需要与女犯密切合作，提供支持和指导，以确保这些方法能够有效地促进认知和行为的改变。

步骤六：布置家庭作业，根据情况指导女犯填写考查并挑战功能失调性规则练习表（表 2-11）、成本—效益分析表（表 2-12）或功能失调性假设的合理替代练习表（表 2-13）。

步骤七：小结和反馈，告知女犯下次将揭示负性核心信念。

第八、第九次示范谈话

治疗师:(连接上次谈话内容)我们继续结合具体的记录事项,分析你在处理人际关系问题过程中存在的中间信念,检验这种认知的不合理性,并且做一些主动的调整。最近,有没有什么让你烦恼的事情?

女犯:就是监室里的人都在写认罪悔罪书,我们先用铅笔打草稿,但是一共就只有三支铅笔,大家就轮流用。昨天晚上轮到我用的时候,别人问我能不能让她先写,我就答应了。到了今天早上,我看另一个人(有铅笔)正好去卫生间做内务了,就趁着这个空隙拿了她的铅笔先写。但我还没写完,大概还有几个字的时候她回来了,就一把夺走了我手里的笔。

治疗师:(情绪评估)当时你的情绪怎么样?

女犯:很愤怒。

治疗师:(收集自动想法)愤怒的同时你内心有什么想法?

女犯:我觉得我没多少内容就可以写完材料上交了,她为什么就不能让我先写完呢,也不差这几分钟吧?

治疗师:(寻找依据)你产生这种想法的理由是什么呢?

女犯:她还没开始写,几乎都空着。我觉得我昨天晚上就是让同监室女犯先写的,那今天早上为什么不能让我先写呢?

治疗师:(识别负性中间信念)你的信念就是如果你先谦让了,别人也应该以同样的方式回应你。

女犯:我觉得应该是这样的。

治疗师:(替代性思维解释)你觉得她没有谦让,你有没有尝试其他可能的解释?

女犯:没有考虑过。

治疗师:(引导发现)我们常常会以自己的处事标准来衡量别人的行为,一旦与自己不同,就会对别人的行为不满,没有站在对方的角度看问题,可能会带来一种片面的认知。

女犯:我有点明白了。

治疗师:(挑战负性中间信念)你现在觉得以前的想法合理吗?

女犯:有点片面了。

治疗师:(调整负性中间信念)你现在对这件事怎么看?有没有更合理的解释来替代?

女犯:我应该站在她的立场上,她也是急于想写完认罪悔罪书,可能比我还要急,所以也没有解释很多,并不是针对我。

治疗师:(认知重建)如果下次再有类似事情发生你该怎么做?

女犯:我应该想想有没有其他可能的解释,然后主动与对方沟通,争取获得理解,不能一冲动就来情绪。

治疗师:(布置家庭作业并预告下次谈话主题)今天我们一起学习了怎样检验并调整负性中间信念,回去后你按照这样的调整思路多练练,并根据需要填写考查并挑战功能失调性规则练习表、成本—效益分析表或功能失调性假设的合理替代练习表,下次我们来揭示负性核心信念。

女犯:好的。

8. 第十次会谈谈话步骤

步骤一:评估当前心理状态。

步骤二:连接上次谈话内容。

步骤三:检查家庭作业完成情况。

步骤四：明确谈话主题“揭示负性核心信念”。

步骤五：进入谈话主题。

（1）解释相关概念

当女犯已经学会调整功能失调性自动想法，掌握了负性中间信念的合理替代，并且已经获得心理调整的初步成果，身心症状有所缓解，在这种情况下可决定进入揭示负性核心信念这一阶段。核心信念是个体关于自我、他人及世界的基本信念和价值观，是更为基本和根深蒂固的信念，较中间信念更具有主导性和概括性，对个体的整体自我认知和世界观产生深远影响。新收环境适应不良女犯的负性核心信念包括：自卑和无能感，女犯可能认为自己是无能、无价值或不值得受到关注和尊重的；受害者角色，女犯可能将自己视为受害者，认为自己的处境是由外界因素所致，而不是由自身选择和行为所致；恶劣世界观，女犯可能持有一种悲观和消极的世界观，认为社会不公正、人际关系充满欺骗和背叛。

（2）进行相关提问

女犯对于自己的负性核心信念的领悟各有不同，有些一点就通，有些则不然，她们会感到十分困难，搞不清楚功能失调性自动想法的潜在层面存在着信念系统的支撑。所以治疗师需要花较大的工夫引导，可以通过表 2-14 的提问，帮助女犯清晰地揭示和表达自己的负性核心信念。

表 2-14　揭示新收环境适应不良女犯负性核心信念的提问（举例）

关于自我价值和自尊的信念	① 你对自己的价值和价值感有什么认知？
	② 你是否认为自己是无用的、无希望的或有缺陷的？

续 表

关于环境和他人的信念	① 你对监狱环境和其他囚犯的认知是怎样的？
	② 你是否认为监狱环境无法改变，他人对你持有负面看法，或者无法与他人建立正面关系？
关于过去和未来的信念	① 你对自己过去的行为和犯罪历史有怎样的认知？
	② 你对自己的未来有何预期？
关于能力和控制的信念	① 你对自己的能力和控制力有何认知？
	② 你是否认为自己无法改变或无法掌控自己的命运？
关于改变和成长的信念	① 你是否相信自己有能力改变和成长？
	② 你对于在监狱环境中重新融入社会、建立积极生活方式有何认知？

通过这些提问，治疗师可以帮助女犯表达和反思她们内心深处的负性核心信念。这些信念对她们的情绪、行为和自我认同产生重要影响。治疗师可以与她们一起探索这些信念的来源、合理性和影响，并引导她们逐渐挑战和调整负性核心信念，以促进认知和行为的改变。

(3) 常见负性核心信念一览表

治疗师可以向女犯展示常见负性核心信念一览表（表 2-15），要求女犯参照表中对自我、对他人及对世界的负性核心信念的内容进行自我对照，找出与自己相符的条目。如果有的女犯从一览表中找到相符的条目较多，治疗师可以要求她们指出相对重点的条目，这便于更有针对性地对负性核心信念实施干预。

表 2-15 常见负性核心信念一览表

<table>
<tr><th>关于自我评价的
负性核心信念</th><th>关于他人评价的
负性核心信念</th><th>关于世界评价的
负性核心信念</th></tr>
<tr><td>我无能
① 我无能
我无能,我无力,我软弱,我受欺,我贫困,我艰难,我被动,我退缩,我被控,我尴尬,我窝囊,我绝望
② 我无成就
我不能胜任,我不起作用,我不被信任,我不受尊重,我缺陷很多,我浑浑噩噩,我自认失败,我没有出息,我亏欠他人,我成为累赘</td><td rowspan="2">他人都毫无诚信,
他人都十分危险,
他人都难以捉摸,
他人都心怀鬼胎,
他人都不识好歹,
他人都没有良心</td><td rowspan="2">这个世界杂乱无章,
这个世界很不安全,
这个世界腐败透顶,
这个世界荒谬可笑,
这个世界无药可救,
这个世界末日来临</td></tr>
<tr><td>我不可爱
① 我不可爱
我不可爱,我被嫌弃,
我无魅力,我被忽视,
我属多余,我真差劲,
我很倒霉,我没品位
② 我没价值
我没有价值,我不如他人,
我缺点很多,我总惹麻烦,
我浑身晦气,我遭受拒绝,
我必被抛弃,我纯属多余</td></tr>
</table>

步骤六:布置家庭作业。让女犯继续填写考查并挑战功能失调性规则练习表(表 2-11)、成本—效益分析表(表 2-12)或功能失调性假设的合理替代练习表(表 2-13)。

步骤七:小结和反馈,告知女犯下次将检验、质疑并调整负性核心信念。

第十次示范谈话

治疗师:(告知本次谈话主题、解释相关概念)今天我们学习怎样揭示负性核心信念。核心信念是人们从童年开始逐步形成的内心最深层的对自我、他人及世界的看法,具有高度概括和根深蒂固的特性。负性核心信念就是个人对自我、他人及世界的非理性的、功能失调性的核心信念。你能理解吗?

女犯:有点理解。

治疗师:(对自我评价的核心信念)你认为自己有什么价值或优点?

女犯:我觉得自己还是比较有能力的,以前在外面我和我的团队都相处得很好,而且他们也都是高才生,大家合作都很愉快,也赚了很多钱;相对来说,我比较公平公正一点,不会针对别人怎么样。

治疗师:(对环境的核心信念)你怎么看待监狱环境?

女犯:这个吧,这个挺难说的,像您之前所说的一样,在这里的人呢,素质啊、能力啊都参差不齐,也有很多不公平的事情发生,但是我觉得呢,认清就好了,你要我去变成那样的人也是不可能的,我也不愿意去变成那样。

治疗师:(对他人的核心信念)那你觉得身边的女犯都值得信任吗?她们都善良吗?

女犯:个别吧,个别还是挺值得信任的,也是善良的,但这里毕竟是监狱嘛。

治疗师:(对他人评价的核心信念)他人可能会怎么评价你?你怎么看待他人的评价?

女犯:可能会觉得我这个人比较自私吧,凡事也都是以自己为主，只想着自己。我这个人是不在乎他人对我的评价的。

治疗师：（对能力与控制的核心信念）你觉得你现在是否能够对每天的改造任务啊、人际相处啊有足够的控制力？

女犯：有的，虽然底气不是很足，但是大部分情况下我还是能够做好每天的改造任务。

治疗师：（对人际互动的核心信念）你对同监室女犯的信任度怎么样？

女犯：这一点上还是挺低的，就像我在之前讲的，很多不公平的事情很难去讲明白，也少有机会去讲。

治疗师：（小结并预告下次谈话主题）通过揭示这些负性核心信念，我们可以更好地理解你的内心世界。在接下来的治疗中，我们将会一起来探讨这些信念的合理性，并且寻找证据来支持或者反驳它们。我们的目标是帮助你意识到这些信念可能并不客观和真实，以及它们如何阻碍了你的生活。通过挑战这些信念，我们可以帮你形成更积极、更健康的自我认知，提高你的自尊心和自信心。

女犯：我希望能够摆脱这些负性的信念，但是感觉很难。

治疗师：（提供支持）我完全理解，这需要时间和努力。在整个治疗过程中，我将会一直在你身边支持你。我们将一起来面对这些信念，逐步地改变它们，帮助你建立更积极、更健康的信念系统。如果在此过程中有任何困难或者需要帮助的地方，请随时与我沟通。

女犯：好的。

9. 第十一次、第十二次会谈谈话步骤

步骤一：评估当前心理状态并打分。

步骤二:连接上次谈话内容。

步骤三:检查家庭作业完成情况。

步骤四:明确谈话主题"检验、质疑并调整负性核心信念"。

步骤五:进入谈话主题。

治疗师对于女犯负性核心信念的质疑和调整是一个十分艰难的过程,质疑实际上已经包含了部分调整的功能,所以质疑和调整往往并存于同一项干预措施中。调整负性核心信念,除可以参考或借用调整功能失调性自动想法及假设和规则的策略及方法外,还可以运用一些其他方法,包括苏格拉底式对话、行为试验、理性—情绪角色扮演、以他人为参考点、以改变的行为强化信念的改变、自我显露、重建早期记忆、重建合理信念、孔子式对话等。对新收环境适应不良女犯的负性核心信念进行检验、质疑和调整有以下具体方法。

(1) 证据收集:与女犯一起收集与她们的负性核心信念相关的证据。这可以包括她们的个人经历、他人的反馈、过去的成功经历和其他支持性的证据,如可以通过"以他人为参照"的方法。目的是帮助她们看到事实,并挑战原有的负性信念。

(2) 反证法:引导女犯寻找与她们的负性核心信念相矛盾的证据。如运用"苏格拉底式对话",通过层层设问,帮助女犯理清思路,进行更深入的思考。通过提出问题,鼓励她们考虑其他可能性和解释,以挑战原有的信念。例如,"有没有哪怕一个例子可以证明这个信念是不准确的?"

(3) 替代性解释:帮助女犯探索和提出替代性的、更积极的解释。通过询问她们是否可以找到更合理和更符合实际情况的解释,以改变原有的负性核心信念。

(4) 情感调节:帮助女犯探索负性核心信念对她们情绪的影响,并教给她们情感调节的技巧。这包括认识情绪、情绪调节策略和情绪应对训练，以帮助她们更好地管理与负性核心信念相关的情绪。

(5) 行为实验：与女犯一起设计和实施行为实验，以验证和调整她们的负性核心信念。通过实践新的行为模式和策略，观察结果和体验，帮助她们重新评估原有信念的有效性。

(6) 自我对话和反驳：鼓励女犯学会进行积极的自我对话，以反驳负性核心信念的声音。如有一些女犯从理性角度明知道自己的信念是负性的，但从情感角度还是不愿放弃，在这种情况下，治疗师可采用"理性—情感角色扮演"技术来调整女犯的负性核心信念。

(7) 培养替代性信念：帮助女犯探索并培养健康和积极的替代性信念。治疗师可以引导她们思考并形成更符合实际和自我价值的信念，鼓励她们在日常生活中实践和应用这些新的信念。当女犯确认了自己存在的负性核心信念后，治疗师应和女犯一起讨论如何重建新的合理的核心信念。治疗师可以通过与女犯共同填写重建合理核心信念表(表 2-16)来引导女犯形成对自己、他人及世界的新的合理信念。

以上方法旨在帮助女犯检验、质疑并调整她们的负性核心信念。治疗师在治疗过程中需要与女犯建立良好的合作关系，提供支持和指导，并鼓励她们积极参与自我探索和改变的过程。

表 2-16　重建合理核心信念表

负性核心信念	合理核心信念
我自认失败	我有些失败，但不是彻底的失败者，我也有成功的方面
他人都难以捉摸	有些人难以捉摸，大部分人可以通过沟通了解

步骤六：布置家庭作业。核心信念作业表（表 2-17）通常作为家庭作业布置给女犯，要求女犯通过填写，进一步巩固重建合理核心信念的方法。

表 2-17　核心信念作业表（举例）

<table>
<tr><td colspan="2">负性核心信念：我不如他人
当前你对负性核心信念的相信程度？（0～100％）60％
本星期你相信的最大程度？（0～100％）80％
本星期你相信的最小程度？（0～100％）60％</td></tr>
<tr><td colspan="2">合理核心信念：我有自己的优势
当前你对合理核心信念的相信程度？（0～100％）50％</td></tr>
<tr><td>驳斥负性核心信念，寻找支持合理核心信念的依据</td><td>对支持负性核心信念的依据进行改版</td></tr>
<tr><td>我有些方面不如他人，每个人都不可能十全十美
我有我自己的优势，只要我充分发挥我的优势，就能够做出好的成绩</td><td>我不如他人的方面可以调整，只要坚持努力，我的弱项就能够得到一定的改善</td></tr>
</table>

步骤七：小结和反馈，告知女犯下次将结束集中治疗阶段。

第十一、第十二次示范谈话

治疗师：（明确本次谈话主题、识别负性核心信念、证据收集）你好，今天我们将继续探讨你的负性核心信念，学习如何检验、质疑并调整它们。首先，我们可以回顾你的一个负性核心信念。比如你之前提到的觉得别人不公平、有偏见、针对你，还有不诚实这些。现在，让我们来看看有没有证据支持这个信念。

女犯：就拿针对我这件事情来说，我觉得就是当初的第一个室长，因为我第一天吃多了然后吐了，从那以后我就没看到过她的好脸色，可能也是想要向我证明点什么吧。

治疗师：（寻找反证）那这样的个例你觉得具有代表性吗？同监室女犯也会如此对你吗？

女犯：这倒也没有。

治疗师：（可能性思维解释）这确实是一个挑战。在面对这种情况时，我们的思维往往会受到影响，产生负性的核心信念。你现在可能认为别人对你不公平，存在偏见和不诚实。但是我们可以一起来探讨一下，是否可能有其他解释？

女犯：或许有些人确实是出于自我保护的原因，而不是针对我。

治疗师：（解释并认知重构）对的，你的观察非常明智。在监狱这样特殊的环境中，人们可能因为自身的经历、背景或者自我保护的需要而表现出敌意，但并不是所有的行为都是针对你的。我们可以尝试使用一些认知重构的技巧，比如问问自己："我有证据证明所有人都对我不公平吗？"或者"这种看法是否过于绝对？"这样的问题可以帮助你看到更多可能性，逐渐改变负性核心信念。

女犯：我明白了，我可能确实太过悲观了。

治疗师：（小结并提供支持）是的，这是一个很自然的反应，但也是可以被改变的。通过认识到不是所有人都对你有偏见，逐渐调整你的思维方式，你可以更好地应对这种环境。如果在实践中遇到任何困难，可随时向我求助。我们将一起来调整这些负性核心信念，帮你建立更健康、更积极的自我认知。

女犯：我明白了。

治疗师：（布置家庭作业，预告下次谈话主题）没关系，我们的目标不是立刻改变你的信念，而是逐渐形成更健康的自我认知。下次我们将结束集中治疗阶段，也感谢你的配合。希望你继续认真填写核心信念作业表。

女犯:好的。

10. 结束治疗会谈谈话步骤

步骤一:评估当前心理状态并打分。

步骤二:连接上次谈话内容。

步骤三:检查家庭作业完成情况。

步骤四:明确谈话主题"结束集中治疗阶段,进入巩固疗效、预防复发阶段"。

步骤五:进入谈话主题。

在结束集中治疗阶段后,治疗师必须继续帮助女犯巩固疗效,而不是立即完全脱钩、顿时结束治疗。常用的策略是"逐步撤离"。一般的做法是从原来的每周一次定期治疗逐渐改为隔周一次,经过一段时间再从隔周一次改为每月一次。这样适度地维持一个阶段,当女犯能平稳地达到康复效果时,向女犯明确表示结束整个治疗过程。当完整的认知行为治疗结束以后,治疗师的角色趋于淡化,但定期的随访仍是治疗师的职责,治疗师可以通过监区了解女犯的状况,关心女犯的改造表现以及心理健康的恢复情况,当女犯遇到一些应激事件,导致其原有心理问题再次爆发,治疗师应给予必要的心理援助,帮助女犯调节情绪,顺利渡过难关,也以此巩固认知行为治疗效果。对新收环境适应不良女犯的认知行为治疗结束后,巩固和维持治疗效果至关重要。以下是一些具体方法。

(1) 巩固学习:鼓励女犯继续学习和应用在治疗过程中学到的认知技巧和策略。提供相关材料,以帮助她们巩固已学习的知识和技能。

(2) 自我监测:引导女犯自我监测自己的思维、情绪和行为。鼓励她们记录下负性思维模式的发生情况、相关的情绪反应以及应对策略的效果,以帮助她们保持对自身认知的持续观察和反思。

(3) 支持网络:鼓励女犯建立和维护支持网络。包括参加矫治项目、与他人分享治疗经验、寻求朋友和家人的支持等。这些支持网络可以提供情感支持和经验分享,帮助女犯在新环境中持续改变和成长。

(4) 恢复计划:与女犯一起制订恢复计划,帮助她们明确目标和行动计划。包括形成健康的生活方式、养成良好的日常习惯、寻求教育或培训机会等。通过制订具体的计划和目标,帮助她们保持对未来的积极展望,并持续朝着目标努力。

(5) 持续支持和跟进:提供持续的支持和跟进,确保女犯在治疗结束后仍能获得必要的支持和指导。定期进行回访或跟进,检查她们的进展并提供必要的指导和建议。在需要时,可以安排进一步的咨询或治疗。

(6) 心理教育:提供关于心理健康和认知行为治疗的教育,增强女犯对自身心理健康的理解和关注。鼓励她们继续学习有关心理健康的知识和技能,以更好地应对生活中的挑战。

(7) 规划应对策略:与女犯一起制订应对挑战和应对复发的策略。讨论可能出现的诱发因素和应对方法,帮助她们更好地应对潜在的触发事件,并防止回归到不健康的认知和行为模式。

(8) 情绪调节技巧:教给女犯一些有效的情绪调节技巧,如深呼吸、放松练习、正念等。这些技巧可以帮助她们在面对压力和挑战时保持冷静和心理平衡,减少焦虑和消极情绪的影响。

(9) 持续自我反思:鼓励女犯保持对自身认知和成长的持续反思。帮助她们认识到改变是一个长期的过程,需要不断的努力和自我关注。鼓励她们定期进行自我评估,记录个人成长情况和应对策略的有效性,并进行必要的调整。

这些方法可以帮助新收环境适应不良女犯在认知行为治疗结束后巩固改变的成果,并在日常生活中持续改变和发展健康的认知。

结束治疗示范谈话

治疗师:(小结及反馈)非常感谢你在过去的几周里参与了我们的认知行为治疗会谈。我看到了你在面对困难时的努力和勇气,这是值得赞赏的。在我们结束之前,我想和你一起回顾一下我们的治疗过程。你觉得在这段时间里有什么收获或者变化吗?

女犯:我觉得我学会了更好地控制自己的情绪,也学会了更客观地看待周围的人和事。

治疗师:(肯定)非常好,这些都是非常重要的成长。你的努力和决心让我印象深刻。在治疗中,你学会了识别和挑战功能失调性自动想法,学会了更积极地看待自己,这些都是非常关键的技能。

女犯:我觉得我现在更有信心了,能够更好地应对监狱生活的挑战。

治疗师:(鼓励练习)这真是个好消息!自信是改变和成长的动力之一。我希望你能继续运用这些技能,面对未来的挑战。记住,治疗只是一个开始,你可以继续在日常生活中应用这些技能。

女犯：我会坚持的。

治疗师：（支持网络）你将来遇到任何困难，不论是情绪上还是行为上的，你随时可以寻求支持，不管是向同监室女犯倾诉，还是寻求监狱内心理健康资源的帮助。

女犯：好的。

治疗师：（持续监测及跟进）最后，我希望你持续保持积极的心态，相信自己有改变和建设更好未来的能力。如果将来你觉得需要再次回到治疗环境，我们随时为你提供支持。希望你在未来的日子充满勇气和希望。再次感谢你的参与，祝你一切顺利！

女犯：非常感谢！

第四章　治疗后评估及数据分析

一、治疗后评估

（一）评估时间:治疗后评估在治疗实施后两周内完成。

（二）评估工具:上海市监狱管理局罪犯风险需求评估量表、症状自评量表(SCL-90)、焦虑自评量表(SAS)、抑郁自评量表(SDS)、贝克抑郁量表(BDI)、汉密尔顿焦虑量表(HAMA)、汉密尔顿抑郁量表(HAMD)、服刑改造自评调查表、服刑改造他评调查表等。为方便对比,治疗前后评估所使用的量表必须一致。

二、数据分析

通过对个体治疗前后心理测量结果数据的对比,分析认知行为治疗结束后,心理测量及服刑改造中的哪些指标有明显改善,从而完成治疗个案。同时,也可以通过对照组和实验组的差异分析,来进一步论证认知行为治疗对女犯群体的矫治作用。

第三册

狱内人际关系紧张女犯专用认知行为治疗操作手册

第一章 导 论

在女犯群体中，心理问题的产生很大程度上与狱内的人际关系有关，狱内人际关系紧张成为女犯心理问题高发、易发的一个重要诱因。认知行为治疗作为一种心理治疗方法，旨在帮助个体识别并改变负面或不健康的思维和行为模式，在处理狱内人际关系紧张问题时，认知行为治疗可以是一种有效的干预方式。

一、认知模式

狱内人际关系紧张女犯的认知模式包括以下几种。

（一）互不信任：女犯可能对他人持有普遍的不信任态度，认为其他人都有可能背叛、欺骗或伤害自己。

（二）自我保护机制：女犯可能使用防御性机制，如否定、逃避或冷漠等，来保护自己免受情感上的伤害。

（三）依赖他人：女犯可能过度依赖他人的支持和认可，缺乏自主性和独立性，容易受他人影响而失去自我。

（四）怀疑他人动机：女犯可能对他人的行为和意图持怀疑态度，常常将其解读为对自己的敌意或背叛。

（五）社交焦虑：女犯可能在社交场合中感到紧张和不安，害怕被他人拒绝或评判，难以建立和维护健康的人际关系。

二、治疗目标

认知行为治疗的目标是帮助狱内人际关系紧张女犯改变不健康的认知模式和行为模式,形成更积极和健康的人际关系。以下是可能的治疗目标。

(一) 转变对他人敌对和不信任的认知:帮助女犯改变对他人的负面看法和期待,转变对他人的敌对态度和不信任的认知。

(二) 增强社交能力:为女犯提供社交技巧的培训和指导,指导她们积极主动地与他人交流、有效地表达自己的需求和情感、倾听和理解他人等。

(三) 提高自我价值感和自信心:帮助女犯建立积极的自我形象,增强自我价值感和自信心,从而减少对他人评价的依赖和对他人意见的过度敏感。

(四) 减少社交焦虑:通过认知重构和应对策略的训练,帮助女犯减少社交焦虑和紧张感,增强在社交场合中的自信和舒适感。

(五) 建立健康的人际关系:教授女犯建立互惠、互相支持和尊重的人际关系的技巧,包括积极解决冲突、有效沟通、建立共同利益和目标等。

(六) 提升问题解决能力:帮助女犯学习有效的问题解决策略,以应对狱内人际关系中的挑战和困难,提高处理人际冲突和应对挫折的能力。

(七) 促进团队合作和提升集体意识:鼓励女犯积极参与集体活动,培养合作精神和共同目标意识,改善狱内的人际关系。

三、治疗策略

对狱内人际关系紧张女犯进行认知行为治疗时，可以采用以下具体策略。

（一）认知重构：帮助女犯识别和挑战负面的思维模式，如过度敏感、猜测他人意图、过度解读他人行为等。通过将负面思维替换为更合理、积极的思维来改变负性认知模式。

（二）社交技巧：提供社交技巧的培训，包括积极倾听、积极表达、非暴力沟通、解决冲突、建立信任等。帮助她们通过练习和角色扮演，在狱内人际交往中更有效地表达自己、倾听他人和解决问题。

（三）情绪调节技巧：教授女犯情绪调节的技巧，包括情绪管理和应对技巧。帮助她们学习如何有效地处理自己的情绪和应对他人的情绪，以在狱内人际关系中减少冲突。

（四）角色扮演和模拟练习：通过角色扮演和模拟练习，让女犯亲身体验和应对各种人际交往场景，提供反馈和指导，帮助她们改进社交技巧和应对策略。

（五）反馈和自我观察：鼓励女犯进行自我观察，注意自己的言行和与他人的互动。提供正面的反馈和指导，帮助她们认识到自己的积极变化和进步，以激励她们继续改善人际关系。

（六）群体治疗：组织群体治疗，让女犯有机会与其他人分享经验、倾听他人的观点并向他人提供支持。通过与他人的互动，学习和提升处理人际关系的技能。

（七）家庭辅导和支持：提供家庭辅导和支持，帮助女犯改善与家人的沟通方式和关系。家庭支持在狱内外都可以起到促进改变和维持成果的作用。

第二章　治疗对象筛选与治疗前评估

一、治疗对象筛选

在对狱内人际关系紧张女犯进行认知行为治疗对象的筛选时，可以考虑以下因素。

（一）适应证类型：评估女犯是因狱内人际关系紧张而产生的焦虑、害怕、不安等一系列心理问题，且未达到服药的程度。

（二）治疗动机和意愿：评估女犯接受治疗的动机和治疗意愿。了解她们对改善狱内人际关系和解决心理问题的意愿和积极性。

（三）自我反省和意识水平：评估女犯对自己在狱内人际关系中的角色和影响的认识水平。了解她们是否能够意识到自己的行为对狱内人际关系产生的负面影响。

（四）情绪调节能力：评估女犯的情绪调节能力和应对机制。了解她们是否能够适当管理情绪，以及是否存在冲动行为或暴力倾向。

（五）自我负责和改变意愿：评估女犯对自身行为的责任感和改变的意愿。了解她们是否愿意承担改善狱内人际关系的责任，并努力改变自己的行为。

（六）风险评估和安全性考虑：评估女犯在人际关系中可能存在的风险和安全问题。考虑她们的行为是否涉及暴力、威胁或其他形式的危害。

（七）支持系统和资源评估：评估女犯的社会支持系统和可利用的资源。了解她们是否有支持系统和能够提供帮助的资源，以助力她们在治疗过程中的改变。

（八）剩余刑期：剩余刑期在六个月以上的女犯。

这些筛选原则可以帮助治疗师确定哪些女犯适合接受认知行为治疗，为治疗对象的初步筛选提供依据。

二、治疗前评估

经筛选确定的治疗对象，在治疗前还需完成治疗前评估，目的是通过专业工具了解治疗对象的问题的相关指标信息（好比医院的各种检查）。

（一）评估时间：在对治疗对象实施治疗前两周内完成。

（二）评估工具：采用风险评估、心理测试、问卷调查与结构性访谈相结合的方式，确定治疗对象。

1. 通过上海市监狱管理局罪犯风险需求评估量表（附件七）筛选出再犯风险等级为"高风险"以上的女犯。

2. 在高风险女犯群体中，通过症状自评量表（SCL-90）、焦虑自评量表（SAS）、抑郁自评量表（SDS）、贝克抑郁量表（BDI）、汉密尔顿焦虑量表（HAMA）、汉密尔顿抑郁量表（HAMD）等心理量表（附件一至六）进行测试，根据女犯的抑郁、焦虑等心理健康指标对她们进行分级分类。

3. 通过服刑改造自评调查表（附件八）、服刑改造他评调查表（附件九），筛选出服刑改造中情绪低落、自卑感、认知归因、警囚关系、囚囚关系、环境适应、违纪扣分、欠产、亲情关系、学习兴趣等 10 个服刑改造表现因子程度较高的女犯。

4. 通过结构性访谈，了解女犯的情绪问题、习惯应对问题的方法、求助的意愿、对调整认知行为的态度等，筛选出有认知行为问题、求助愿望强烈、能配合认知行为治疗的女犯。以下为结构性访谈提纲(表 3-1)。

表 3-1 结构性访谈提纲

① 你觉得你最近情绪怎么样？碰到哪些不愉快的事情，你能具体谈谈吗？
② 入监这么长时间你是什么感受？又是怎么想的呢？
③ 你说你睡眠不好，是怎么个不好？睡不着的时候在想些什么呢？
④ 除了睡眠，还有其他问题吗？想哭，是想到什么了吗？饮食怎么样？
⑤ 你目前在监狱里主要做什么事情？目前的服刑状态是怎么样的？
⑥ 每天的生活起居是怎么样的？平时有没有什么兴趣爱好？
⑦ 有没有轻生的念头？耳边有没有听到过有人跟你讲话的声音？
⑧ 你的这种情绪低落、睡眠不好的状态是从什么时候开始的？已经持续多久了？
⑨ 你这段时间过得也挺不容易的，你今天过来是想让我怎么帮助你呢？
⑩ 你状态这么差有没有去看过医生？医生是怎么诊断的？
⑪ 你跟家人的关系怎么样？家里人对你的情况了解吗？他们是怎么开导你的？
⑫ 如果我们向你提供帮助，你是否愿意接受？
⑬ 我们想给你提供十几周时间的结构化的规范干预调整，你愿意参加吗？
⑭ 你觉得参与结构化规范干预调整有什么困难吗？你对我们安排的时间有什么想法和要求？

治疗前评估完成后，就可以正式进入认知行为治疗的会谈阶段。

第三章　认知行为治疗会谈操作流程

一、认知行为治疗会谈的基本结构

认知行为治疗会谈一般包括 1 次预备性会谈、12 次正式会谈和 1 次结束治疗会谈(表 3-2)。一般为每周一次会谈，结束治疗会谈可以隔一周进行。每次时间为 1～1.5 小时。

表 3-2　认知行为治疗会谈主题内容安排表

阶段	会谈序列	会谈主题内容
预备性会谈		概要了解女犯心理问题的由来、对认知行为治疗的知晓和认同度、对治疗师的认同度；观察和判断女犯是否适合接受认知行为治疗；明确答复女犯是否接纳其实施认知行为治疗
正式会谈	1	建立治疗性关系，进行初期评估
	2	全面评估，病例概念化，确定治疗目标
	3	收集功能失调性自动想法和情绪：每日功能失调性自动想法记录表
	4	识别、归纳功能失调性自动想法：每日功能失调性自动想法记录表
	5、6	检验并调整功能失调性自动想法(苏格拉底式提问，堵不如疏)：每日理性想法替代功能失调性自动想法记录表

续 表

阶段	会谈序列	会谈主题内容
正式会谈	7	挖掘负性中间信念
	8、9	检验、质疑并调整功能失调性假设和规则
	10	揭示负性核心信念:负性核心信念一览表
	11、12	检验、质疑并调整负性核心信念
结束治疗会谈		巩固提高与结束阶段,预防复发

二、认知行为治疗会谈的具体内容及流程

(一) 预备性会谈

1. 预备性会谈的目标

预备性会谈不属于结构性治疗的首次会谈,这是一个具有筛选功能的会谈,通过后双方才能进入认知行为治疗的正式过程。

2. 预备性会谈的内容

(1) 自我介绍和观察判断

① 治疗师介绍身份和治疗目的。

② 判断女犯是否适合接受认知行为治疗。

(2) 了解女犯对认知行为治疗的知晓和认同程度

① 了解女犯对认知行为治疗的定义和目标的知晓和认同程度。

② 了解女犯对认知行为治疗的过程和时间长度的知晓和认同程度。

③ 了解女犯在认知行为治疗中参与的主动性和责任感。

（3）了解女犯心理问题的由来和当前状况，作出初步判断

① 概要了解女犯心理问题的表现及由来。

② 了解女犯心理问题的当前状况和求助途径。

③ 了解女犯对自己的认知、情绪和行为的认知度。

（4）考量和明确答复

① 了解女犯对治疗师的认同程度。

② 治疗师考量自己是否适合对女犯进行认知行为治疗。

③ 给女犯明确答复是否接纳女犯实施认知行为治疗。

预备性示范谈话①②

治疗师：（介绍自己）你好，我姓徐，是这里的心理治疗师，很高兴你来找我咨询，我也希望能帮到你，首先，我想先听听你目前有哪些困扰？接着，我会根据你的情况进行提问，便于我了解相关信息，可以吗？

女犯：我读书时父母离婚，因为不能接受，我患上了抑郁症，当时也有很多负面的想法。现在与同监室女犯相处中，我害怕受到伤害，想把自己保护起来，也不太愿意向大家坦露自己。

治疗师：（具体化）刚才讲到与同监室女犯之间相处时，你有担忧和顾虑，能具体谈谈吗？

女犯：（略）

治疗师：（解释）为了对你的问题有全面和准确的了解，我还想了解你目前生活的方方面面，尽管有些方面在你看来可能与当下的问题无关。但我了解这些方面对你的问题的判断和治疗

---

① 本册示范谈话民警为徐丹丹。

② 示范谈话节选自女犯认知行为治疗的真实谈话记录，目的是让操作者直观感受谈话操作流程和提问技术。

有帮助。你看这样行吗?

女犯:可以的。

治疗师:(了解对认知行为治疗的知晓度)你以前了解过认知行为治疗吗?

女犯:没有听说过。

治疗师:(导入认知行为治疗)听了你的情况后,我觉得你可以尝试一下认知行为治疗,对于多数心理问题,它是首选疗法。你觉得怎么样?

女犯:好的,我想试一下。

治疗师:(简要介绍认知行为治疗)我们大家在日常生活中,多多少少都会受到一些情绪困扰,认知行为治疗简单来说就是通过改变非理性的认知来改善情绪以及有偏差的行为。

女犯:我也想改变一些不好的想法,想好好改造,有时候有些负面想法我自己控制比较困难。如果有科学的方法能帮助我,我愿意配合警官接受治疗。

治疗师:(简单介绍认知行为治疗工作流程)认知行为治疗有严格的工作流程,本次会谈是预备性会谈,主要是了解你的问题及相关情况,并对你的问题作出判断,从下次开始,我们就要着手解决你的问题,我们整个流程会有 12 次谈话,每周一次,每次都有不同的谈话主题,希望你能跟我好好合作,共同来达成你的目标,好吗?

女犯:好的。

治疗师:(回答问题和提供支持)这次主要是了解你的情况,以及你的意愿,如果你愿意,后面会有 12 次的正式谈话,这 12 次的谈话是逐步深入的。要求只有一点,就是你要全程配合,在谈话过程中有任何疑惑都可以提出来,不要有任何心理负担,治疗并不是对你改造好坏的评价。

女犯：那我愿意参加的。

（二）正式会谈

1. 首次会谈谈话步骤

步骤一：评估当前心理状态并打分。

评估当前心理状态是认知行为治疗每次谈话中都要提及的话题，治疗师需要指导女犯用 1～100 等级打分的方式定量描述自己当下的心理状态，"1 分"代表没有任何问题，"100 分"代表问题最严重。

步骤二：明确谈话主题"介绍认知行为治疗原理及对女犯进行治疗初期评估"。

步骤三：进入谈话主题。

（1）介绍认知行为治疗原理

在认知行为治疗中，无论是首次谈话还是以后的每次谈话都有一个简短的开场白，要确定本次谈话的主题，聚焦谈话内容。在首次谈话中，围绕明确主题的篇幅可以稍微多一些，让女犯多了解认知行为治疗是怎么一回事，治疗师可以用通俗易懂的语言给女犯介绍认知行为治疗的基本原理，让她们了解认知模式，懂得治疗师会通过改变她们不合理的、非理性的、曲解的想法和看法来调整她们的不良情绪及不适应行为，达到标本兼治的治疗目的。告知她们有哪些基本知识、有些什么要求、要怎么配合等，梳理她们的心理问题，设定治疗目标和治疗过程，引导她们配合治疗。治疗师需要清晰地告诉女犯认知行为治疗一般会经历哪几个阶段、需要花多少时间。治疗所需要的时间往往与女犯心理障碍的类型、程度、背景和个人的基础条件有直接的关系，大多数女犯的治疗需要 2～4 个月，对于较为严重的，如有自杀倾向的女犯，治疗时间可能需要 6 个月。认知行为治疗谈话一般是每周一次，两次谈话中间有一段间隔时间。为使治疗过程持续稳定，治疗师需要对女犯进行引导和指导，要求女犯在几个月的治疗期内一定要沉浸、融入到治疗之中，保持接受治疗的状态。治疗师在每次会谈中需要同步做一些记录，填写在认知行为治疗记录表(表 3-3)中。

表 3-3　认知行为治疗记录表

姓名　　　　　　日期　　　　　　会谈次数　　　　　　编号

心理状态评估打分	
量表评定结果	
本次谈话的目标主题	
会谈内容要点	
家庭作业	
下次会谈内容预置	

(2) 初期评估

初期评估需要获取女犯的主要信息，首先是女犯的基本情况，包括个人成长史、犯罪史、创伤性经历、躯体疾病史、心理疾病史、目前心理状态等；其次是女犯求助的心理问题，包括让女犯简洁表述心理问题及其由来，具体描述心理问题及自我调整情况，寻找应对资源如他人、家庭及社会支持系统，表达治疗意愿及配合程度等，治疗师由此开始考虑如何建构病例概念化及初步拟定治疗计划。对狱内人际关系紧张女犯进行认知行为治疗的初期评估时，通常会涉及以下内容。

① 了解女犯的犯罪历史和狱内人际关系：了解她们入狱的原因、犯罪背景以及狱内人际关系的情况；了解她们在狱中是否存在紧张、冲突或敌对关系，并探索这些关系对她们的情绪和行为的影响。

② 评估女犯的认知模式：了解她们在与他人互动时的自动想法和反应；评估她们是否存在认知偏差，如过度推理、否定正面信息、过度解读他人意图等。

③ 探索女犯的情绪和应对方式：了解她们在与他人互动时的情绪反应，是否存在紧张、愤怒、恐惧等负面情绪；评估她们的应对方式，包括是否倾向于回避、攻击或控制他人。

④ 考察女犯的社会支持网络和自我认同：了解她们在狱中是否有可靠的社会支持网络，如家人、朋友或同监室女犯；评估她们的自我认同，包括自尊、自信和对自己的评价。

⑤ 评估女犯的治疗意愿和目标：了解她们对治疗的态度和意愿，以及她们的治疗期望。

通过初期评估，治疗师可以了解女犯的社交和狱内人际关系问题、认知情绪特点和自我评价。这将有助于制订个性化的治疗计划，确定治疗的重点、目标和策略。评估的结果还将指导治疗师与女犯建立有效的治疗联盟，为女犯提供恰当的支持、教育和指导，以帮助她们改善狱内人际关系，形成更健康和积极的社交互动模式。

(3) 以下是初期评估可能用到的相关提问

表 3-4 初期评估提问(举例)

① 你与同监室女犯之间的关系如何？是否存在紧张、冲突或敌对关系？能具体描述一下吗？
② 你是否感到被同监室女犯排斥、孤立或欺负？是否有被欺凌或恶意对待的经历？能具体说说吗？
③ 你是否感到与他人建立信任和良好关系有困难？是否感到难以与他人交流或共享个人信息？能具体谈谈吗？
④ 你如何看待与同监室女犯的互动？你对他们有何感受？能具体谈谈吗？
⑤ 你是否害怕或担心与同监室女犯互动？是否想避免与他们产生接触？
⑥ 你对于人际关系的期望是什么？你希望在监狱中建立怎样的人际关系？
⑦ 你是否感到识别自己的情绪和需求有困难？是否倾向于使用攻击或控制的方式来处理人际关系？
⑧ 你是否存在过度解读他人意图或过度关注他人对你的评价的思维模式？能具体谈谈吗？
⑨ 你是否有正面的人际交往经验？是否存在与他人建立亲密关系的渴望？能具体谈谈吗？
⑩ 你对自己在人际关系中的角色和表现有何评价？你认为自己在与他人互动时存在哪些问题？

这些问题旨在帮助评估女犯在狱内人际关系方面面临的困难和挑战，了解她们的情绪、观念和行为模式，从而为后续的治疗计划提供指导和制订个性化的治疗目标。重要的是，需要在与女犯建立信任和对她们保持尊重的前提下，深入了解她们的内在体验和需求。

步骤四：布置家庭作业。家庭作业是认知行为治疗中很有特色的一个必不可少的内容，既是咨访关系的体现，是心理干预的措施，又是使女犯保持沉浸在接受治疗状态的一个有效推动力。本次的家庭作业是让女犯把今天所讲的内容包括心理问题用文字记录下来，尽可能做到记录详细、有条理，并补充完善心理问题的发生发展过程。

步骤五：小结和反馈，听取女犯对此次会谈的感受，下次继续对女犯的心理问题进行全面深入的评估并协商确定治疗目标。

首次示范谈话

治疗师：(情绪评估)你好，今天我们就正式进入认知行为治疗的阶段，这是治疗的首次谈话。这周你过得怎么样？如果用“1 分”代表没有任何问题，“100 分”代表问题最严重，你可以打几分？

女犯：50 分。

治疗师：(了解当前情况)嗯，这周有发生什么事情吗？

女犯：(略)

治疗师：(详细了解犯罪历史)能具体谈谈你是如何走上犯罪道路的吗？

女犯：我工作以后养成了赌博的嗜好，一开始赌债能自己偿还，后来父母帮我偿还，但是我越陷越深，就开始想怎样来钱快填补漏洞。(具体情况略)

治疗师：(狱内人际关系评估)你与同监室女犯之间的关系如何？能具体描述一下吗？

女犯：感觉不太想和她们交流。我曾经被诊断为抑郁症，有时控制不住自己的想法，会想很多，怕她们议论我。还经常有暴饮暴食的冲动，想吃东西时会吃很多直到把自己吃吐。我怕她们看不起我，关系一般吧。

治疗师：（认知模式评估）你在与同监室女犯相处的时候，会有哪些控制不住的念头和想法？

女犯：不太愿意主动和别人接触。我怕她们背后议论我，我也怕被区别对待，我经常会控制不住地想吃很多东西，她们看到了不一定理解我，我最近没有收到家信，也担心家人。有时候整个晚上都睡不好。

治疗师：（问题探索）你现在最想解决的问题是什么？

女犯：我现在最大的困扰是我几乎整晚都睡不好，会想很多。我现在这个样子很愧对家人，我父母一直觉得我挺好的，但是自己走上了犯罪的道路。我又控制不住自己的想法及想吃东西的念头，越是睡不好越是烦恼。

治疗师：（澄清）你的意思是最迫切需要解决的问题是化解你对家人的担忧以及与同监室女犯相处过程中的顾虑，从而减轻心理压力，帮助你适应环境？

女犯：是的，我很想获得帮助。

治疗师：（布置家庭作业并预告下次谈话主题）回去后你把今天所讲的内容用文字写下来，如果有没有讲到的信息你也可以补充一下，内容最好详细点，在写的过程中你也可以思考一下困扰你的问题是怎么产生的，跟你自身有没有关系。下次谈话我们将继续对你的问题做深入评估并确定治疗目标。你看你还有什么问题吗？

女犯：没有其他问题了。

2. 第二次会谈谈话步骤

步骤一：评估当前心理状态并打分。

步骤二:连接上次谈话内容。连接上次谈话内容可以有两种方式,一种是由治疗师在回顾上次谈话内容的基础上引出本次谈话的话题,另一种是在治疗师的启发下由女犯来接上话题。

步骤三:检查家庭作业完成情况。

步骤四:明确谈话主题"继续对女犯的心理问题进行深入全面的评估及病例概念化,并确定治疗目标"。

步骤五:进入谈话主题

(1) 全面评估

通过首次谈话,治疗师对女犯的基本情况及心理问题的产生和认知模式的形成有了大致的了解,但作为治疗师要想做好女犯的认知调整,就要深入、细致地对女犯进行全面评估,真正搞清楚女犯情绪、行为背后的认知机理,这样才能有针对性地制订治疗方案、实施心理干预。对狱内人际关系紧张女犯的心理问题进行全面深入的评估,包括以下内容。

① 环境因素:监狱环境本身可能导致紧张和冲突。高度竞争的氛围、限制自由和隐私的居住条件,以及恶劣的人际关系等可能使女犯感到不安和紧张。

② 早期经历:早期的负面经历和缺乏健康的人际关系模式可能影响女犯的认知。女犯可能经历儿时被虐待、家庭冲突、亲密关系缺失等,从而在人际交往中产生困扰和不信任他人。

③ 自我身份认同:女犯可能面临对自我身份的困惑,特别是在狱内环境中。她们可能对自己的价值和能力感到怀疑,导致对他人的不信任和紧张。

④ 心理偏见和刻板印象:女犯可能受到社会普遍对罪犯的刻板印象和偏见的影响。这些刻板印象可能导致她们对他人持

有负面的评价和预设，进而影响人际关系的建立和维持。

⑤ 情绪困扰：女犯可能经历情绪困扰，如焦虑、愤怒、抑郁等。这些情绪问题可能导致她们对他人产生敌意、猜疑和戒备心理，从而影响人际关系的质量。

以上因素可以相互作用，共同促成狱内人际关系紧张女犯的认知偏差的形成。认知行为治疗的目标就是通过调整和改变这些认知偏差，帮助她们建立健康的人际关系，提高社交技巧和情绪调适能力，从而改善狱内生活和提升未来的社会适应能力。

（2）病例概念化

病例概念化实际上就是一个把女犯心理问题及认知模式的来龙去脉搞清楚的过程，它贯穿整个治疗过程，也是一个不断完善的过程。当对女犯开始进行全面评估，建构病例概念化的操作就已经开始。

在认知行为治疗理论中，人的认知模式由两个层面组成，即浅表层面认知模式和潜在层面认知模式。浅表层面的认知包括自动想法；潜在层面的认知是浅表层面认知模式的基础和支撑，包括核心信念和中间信念。通常情况下，当个体遇到有压力的生活事件时，如果潜在层面的认知存在问题，就会引发和激活个体原有的功能失调性自动想法，并引起一系列不良情绪和不适应行为。反之，不良情绪和不适应行为又对潜在层面的负性认知产生反馈和强化。通过了解心理问题的形成架构，来掌握女犯的认知架构模式，通过从表层到深层收集、分析、归纳、整理信息，进一步完善女犯认知架构的来龙去脉见图 3-1。

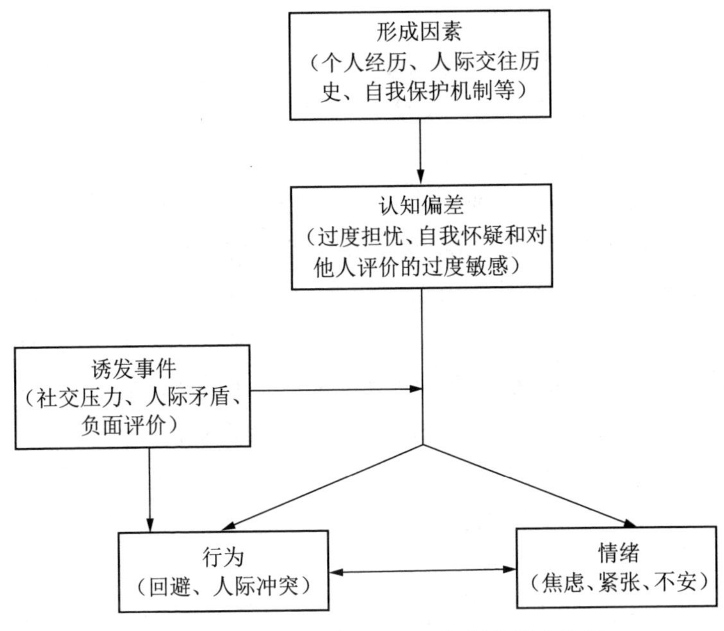

图 3-1 人际关系紧张女犯心理问题的基本构架

狱内人际关系紧张女犯认知行为治疗病例概念化可以从以下几个方面考虑。

① 形成因素：探讨导致女犯狱内人际关系紧张的背景因素，如成长经历、既往人际关系模式、个性特质等。过去的负性人际关系经历（如家庭冲突、校园霸凌）和个性特质（如易怒、偏执）可能使女犯更容易在监狱环境中产生人际关系紧张。

② 认知偏差：识别女犯在人际互动中的认知偏差，如过度概括、黑白分明思维、个人化等。这些认知偏差会导致女犯误解他人的意图，过度解读他人行为，增加冲突和不信任。

③ 诱发事件：记录导致人际关系紧张的具体事件，如争执、误会、竞争等。这些事件是关系紧张的直接触发点，会激发负性

自动想法和情绪反应。

④ 行为：观察和记录女犯在人际冲突中的行为反应，如争吵、攻击、冷战、孤立等。不适应的行为反应不仅加剧人际关系紧张，还会导致进一步的冲突和隔离，形成恶性循环。

⑤ 情绪：评估女犯在人际关系紧张情境中的情绪反应，如愤怒、焦虑、抑郁、绝望等。负性情绪会强化自动想法和认知偏差，使女犯陷入更深的情绪困扰和行为冲突中。

通过对以上方面的综合考虑，可以绘制出一个全面的病例概念化图，帮助理解女犯在狱内人际关系方面的困扰，并为后续的认知行为治疗提供指导和个性化的干预策略。

(3) 确定治疗目标

认知行为治疗的目标是鲜明、具体的，疗效也是能评估、可检验的，是“看得见、摸得着”的，目标应该由女犯和治疗师商议确定，先由女犯提出，再由治疗师给予认可。治疗目标所确定的内容是以调整女犯当前最突出的心理问题或心理障碍为主，从调整女犯曲解的非理性的认知入手，改变不良情绪和不适应行为。一般情况下，治疗目标的范围应尽可能集中，当主要的心理问题解决以后，其他相关的问题便可迎刃而解。

步骤六：布置家庭作业，让女犯思考成长过程中家庭和社会环境对心理问题的影响。

步骤七：小结和反馈，告知女犯下次将讲述功能失调性自动想法的概念。

第二次示范谈话

治疗师：(澄清)结合家庭作业及我们前面访谈的结果，警官了解到你与同监室女犯相处很难敞开心扉，很容易产生防备心理，你认为这样的描述准确吗？

女犯：是的，我感觉和同犯不是一路人，当和她们想法有分歧时，会很抗拒抵触，不愿意讲话。

治疗师：（情绪困扰评估）当发生这种情形时你是不是会感觉很焦虑？

女犯：是的。

治疗师：（环境评估）你觉得现在在监室让你感觉到紧张的因素有什么？如果有同监室女犯接近你，你会怎么认为，会觉得她们抱有特定目的吗？

女犯：会。我觉得别人接近我就是有目的的。因为我会画画，她们接近我要么是为了找我画画、写东西，要么就是有小心思想打听事情。在这里不会有太好的关系。

治疗师：（具体化）你能举个例子具体谈谈吗？

女犯：（略）

治疗师：（罪犯身份认同感评估）在你的想法中，无论你入狱前还是现在，你认为罪犯在你心中是怎样的形象？

女犯：我认为罪犯要么是因冲动、情绪化的犯罪，要么就是心理有恶念。这些女犯讲自己的案子时很不客观，把自己讲得很无辜，把自己的恶念藏起来，隐藏信息，实际上我就是在看她们表演，很反感，不喜欢听谎话。

治疗师：（对自我身份认同感的评估）因为你现在的身份也是一名服刑人员，你对自己的犯罪怎么看？

女犯：我犯罪一方面有无知的成分，一开始赌博欠下的赌债认为自己还得上，没有想过还不上会给别人带来多大的伤害。为了达成自己的目的不择手段，不考虑别人。我实际上认为自己最起码是接受过大学教育的，走上赌博的这条道路，我羞于启齿，不想让别人知道我自己的这个情况，觉得这是低级错误，根本就不应该发生在我身上。

治疗师：（病例概念化）目前这个限制自由的监管环境会让你的自我保护意识增强，再加上对罪犯的固有偏见，让你对他人的戒备心理更强，导致在接触同监室女犯过程中更容易焦虑、不安，从而减少人际交往。我这样理解你同意吗？

女犯：嗯。

治疗师：（明确治疗目标）好的，我们就把治疗目标确定为"掌握应对人际冲突的能力，改善狱内人际关系，减少社交焦虑和紧张感"，你觉得可以吗？

女犯：好的，我还是很期待的。

3. 第三次会谈谈话步骤

步骤一：评估当前心理状态并打分。

步骤二：连接上次谈话内容。

步骤三：检查家庭作业完成情况。

步骤四：明确谈话主题"识别、收集功能失调性自动想法"。

步骤五：进入谈话主题。

(1) 解释相关概念

完成认知行为治疗的心理评估及病例概念化之后，治疗师就可以进入下一个治疗程序，即识别和收集功能失调性自动想法，这是认知行为治疗进入实质性内容的开始，是能否实现认知行为调整的第一关。要准确识别功能失调性自动想法，就要先搞清楚自动想法的概念及特征，特别要区分它与情绪、一般思维的不同。

自动想法是指个体在一定的情境下，大脑自然而然涌现出的对自己、对他人及对周围环境评价性的一闪而过的念头，故又被称为“一闪念”。它的出现绝大部分先于情绪和行为，其基本形式是词汇、短语和图像，十分简洁。自动想法还有一些特定的表达形式，有疑问句式，如“我能行吗”，实际表达的意思是“我可不行”；还有隐含句式，如“我觉得自己好像是行尸走肉”，实际表达的意思是“我的存在毫无价值”；等等。尽管自动想法是自发涌现的思维流，但其根部有着信念系统的影响和支撑。

在日常生活中人们遇事都会产生自动想法，如果自动想法是合理的，那么它对人们的情绪和行为的影响就是正性的，产生的社会功能也是正常的；如果自动想法是曲解的、失真的、非理性的，那么它就会引起人们的负性情绪和不适应行为，产生的社会功能也是失调的。狱内人际关系紧张女犯可能会出现与人际交往和人际关系有关的功能失调性自动想法，例如“他们都看不起我”“我不能相信任何人”“每个人都想伤害我”“我无法与他人建立真正的联系”“我永远无法得到别人的原谅和接纳”“我不值得拥有亲密关系”。这些想法可能反映了她们对自己在人际关系中的价值和能力的怀疑和负面评价。情绪是一种心理体验，与失调性自动想法有本质的区别，如狂喜、愤怒、哀伤、快乐等。而一般思维如解释、联想、猜测等会掺杂很多思考，没有自动想法那样简洁明了。因此，本次谈话重点是让女犯了解自动想法的概念，区分好与情绪、一般思维的不同之处，指导女犯识别和收集功能失调性自动想法。

(2) 收集人际关系紧张女犯功能失调性自动想法,可以进行以下相关提问(表 3-5)

表 3-5 收集人际关系紧张女犯功能失调性自动想法的提问(举例)

① 在面对人际关系紧张的情境时,你有哪些主要的自动想法?
② 你对他人的自动评价或假设是什么? 你是否认为他人对你持有敌对、冷漠或不信任的态度?
③ 你是否有关于自己在人际关系中的角色或地位的负面自动想法,认为自己是不受欢迎、无法融入或无法被理解的? 能具体谈谈吗?
④ 你是否有关于人际交往结果的负面自动想法,认为交往会带来困扰、冲突或受伤? 能具体描述一下吗?
⑤ 你是否有关于自己在人际关系中的能力或价值的负面自动想法,认为自己缺乏社交技巧或无法得到他人的认可和赞同? 能具体描述一下吗?
⑥ 你是否有关于他人反应或评价的负面自动想法,认为他人会对你的言行感到厌烦、不理解或不关心? 能具体谈谈吗?
⑦ 你是否有关于人际关系稳定性或持久性的负面自动想法,认为关系会破裂或无法长久维持? 能具体谈谈吗?
⑧ 你是否有关于人际交往技巧或策略的负面自动想法,认为自己缺乏有效的方法来建立和维护健康的人际关系? 能具体谈谈吗?

请注意,这些问题的目的是帮助人际关系紧张女犯收集自己的功能失调性自动想法,并从中识别可能存在的认知偏差。治疗师可以根据女犯的回答进行进一步的探索和讨论,以促进认知重构和替代性思维的培养。

步骤六:布置家庭作业,指导女犯填写每日功能失调性自动想法记录表(表 3-6)。

表 3-6　每日功能失调性自动想法记录表

日期	情境 ① 引起不良情绪和不适应行为的事件或情况 ② 引起不良情绪和不适应行为的思绪、遐想或回忆	情绪 ① 不良情绪 ② 不良情绪的程度(1～100)	功能失调性自动想法 ① 引发不良情绪和不适应行为的功能失调性自动想法 ② 对功能失调性自动想法的相信程度(0～100%)

步骤七：小结和反馈，告知女犯下次将归纳功能失调性自动想法。

第三次示范谈话

治疗师：(明确谈话主题并解释相关概念)今天，我们的谈话主题是识别、收集功能失调性自动想法。我先来解释一些概念：自动想法是指个体在一定的情境下，大脑自然而然涌现出的对自己、对他人及周围环境评价性的一闪而过的念头，故又被称为"一闪念"，它的基本形式是词汇、短语、图像；那么，功能失调性自动想法是指曲解的、失真的、非理性的，会引起人们负性情绪和不适应行为，产生失调的社会功能。那怎么收集呢，这里有张表你可以参考一下。

女犯：好的。

治疗师：（收集功能失调性自动想法）你怎么看待狱内的人际关系？能说一些具体的事情吗？

女犯：我感觉和同监室女犯不是一路人，当和她们想法有分歧时，会很抗拒、抵触，不愿意讲话。

治疗师：（寻找例外）你是跟所有的同监室女犯都不愿讲话吗？

女犯：我其实也有感觉聊得来的，比如楚犯，我觉得和她聊天还是比较轻松的，但是我也不会和她多聊。

治疗师：（检验证据）你为什么愿意和她说话？你在跟她的交往中是怎么考虑的？

女犯：她和我不一样，我了解自己是为达目的不择手段才走上犯罪道路；她应该属于那种迫于生计，为了养小孩、养家糊口才犯罪。我觉得她不是绝对的坏人，主观恶意没有我这样大。

治疗师：（引导发现）也就是说你在人际交往中还是有一定标准的。那为什么又不愿意多聊了呢？还有什么其他原因吗？

女犯：我不想让别人知道我曾经赌博，我觉得她们不会理解的。我这个行为很丢人，我很羞愧，我怕楚犯知道了会看不起我。

治疗师：（具体化）你认为你在人际交往中有过不被人理解的情况吗？能具体谈谈吗？

女犯：交朋友就是这样，一聊多了就会讲很多，不可避免就会聊到过去，赌博也是我过去的一部分，这个话题不可避免会触碰到，我又不想让同监室女犯知道我赌博，所以索性就少说话。

治疗师:(寻找问题根源)这种情形曾经发生过吗?你在外面的人际关系或者和家人相处时有过这种想法吗?

女犯:好像有点类似。我当初赌博,一开始输钱比较少,就自己偿还。但是后来上瘾了,发现赌债变多,开始不服气,认为自己肯定能赚回来,但是缺口越来越大,没办法了,我就开始以欺骗的方式跟朋友借钱,我当时找理由借钱就是不想让我爸妈和朋友知道我赌博,因为我一直都是乖乖女,在他们眼里我很优秀,什么都好。

治疗师:(收集功能失调性自动想法)你觉得如果他们知道了会怎样?

女犯:我觉得他们如果知道我赌博,肯定无法理解,会对我很失望。

治疗师:(检验证据)你为什么会这么肯定?

女犯:那时应该是觉得他们对我的期待很高吧,期待远远大于对我的爱。现在才发现,原来不是那样的,他们对我的爱大于期待。

治疗师:(替代性思维)如果当时你主动、及早纠正这种错误认识,主动和家人承认自己赌博导致的经济状况,现在会不会有不一样的结果。

女犯:应该会的。我可能也不会背负那么大的心理压力。

治疗师:(布置家庭作业并预告下次谈话主题)今天,我们简单介绍了功能失调性自动想法的概念以及怎么收集,下一次谈话我们要对你所收集的功能失调性自动想法进行归纳,你收集的内容多一点,也方便我们聚焦问题的类型,今天回去后你继续按照表格内容做好功能失调性自动想法的收集工作。

女犯:好的。

4. 第四次会谈谈话步骤

步骤一:评估当前心理状态并打分。

步骤二:连接上次谈话内容。

步骤三:检查家庭作业完成情况。

步骤四:明确谈话主题"归纳功能失调性自动想法"。

步骤五:进入谈话主题。

治疗师可以与女犯一起参照狱内人际关系紧张女犯常见功能失调性自动想法类型(表 3-7)对记录在每日功能失调性自动想法记录表(表 3-6)中的自动想法进行逐一对照,并讨论,让女犯找出与自己相符的功能失调性自动想法类型,即使女犯在记录表中所记录的内容较多,但若对数日或数周的自动想法记录表进行整理分析,治疗师不难发现女犯在"功能失调性自动想法"这一栏中所填写的内容具有集聚的倾向,治疗师可以根据功能失调性自动想法的类型对女犯的自动想法有一个基本的估测和定位,做到有所聚焦,心中有数。

表 3-7 狱内人际关系紧张女犯常见功能失调性自动想法类型

① 怀疑和不信任:对同监室女犯或警官怀有疑虑和不信任,认为他们可能会背叛或伤害自己
② 孤独与孤立感:感到与集体或社会脱节,觉得自己被排斥或被遗忘
③ 害怕和焦虑:害怕与同监室女犯产生冲突或争执,担心自己的安全受到威胁
④ 自卑和自我贬低:认为自己在狱内没有地位或价值,觉得自己不够强大或没有能力应对人际关系中的问题
⑤ 恶性竞争和敌对心态:认为与同监室女犯之间存在竞争关系,容易陷入敌对的状态

续　表

⑥ 无助感和失控感：感到自己无法控制狱内人际关系的发展，觉得自己无法改变或影响他人对自己的看法和态度
⑦ 被动和顺从：倾向于避免冲突，选择顺从和从众，以避免引起同监室女犯的不满或敌对
⑧ 恐惧和防御：因害怕被伤害或被攻击，采取防御性的行为，如回避或保护自己

这些功能失调性自动想法类型并不是互相独立的，女犯可能在不同情境下表现出多种类型的自动想法。在认知行为治疗中，重要的是帮助她们识别和挑战这些功能失调性自动想法，并进行检验和调整。

步骤六：布置家庭作业，让女犯继续填写每日功能失调性自动想法记录表(表 3-6)。

步骤七：小结和反馈，告知女犯下次将检验并调整功能失调性自动想法。

第四次示范谈话

治疗师：(检查家庭作业)你好，我们来看一下你的家庭作业做得怎么样。你在狱内的人际关系方面遇到了一些困难。在我们开始之前，我想了解一下你在这方面的具体问题。你可以和我交流一些你在与其他囚犯交往时的感受和体验吗?

女犯：我总觉得她们在背后议论我，觉得她们不喜欢我。

治疗师：(收集功能失调性自动想法)明白了，你感受到了被排斥和不被喜欢的感觉。这些感受可能触发了一些自动想法。你能告诉我一些你在这些情境下常常出现的自动想法吗?

女犯：比如，当我走近她们时，她们突然停止说话，我就觉得她们一定是在议论我、觉得我很讨厌。

治疗师：(归纳功能失调性自动想法类型)这是一个很典型的例子。我们可以将这种自动想法归纳为“被孤立”和“恐惧和防御”两种类型。在治疗中，我们将学习如何识别和处理这种类型的自动想法。首先，我们可以一起来分析一下这些自动想法是否有曲解的可能性。也就是说，有没有其他的解释，而不是她们在议论你？

女犯：有可能。也许她们是在谈论其他事情，不一定是关于我的。

治疗师：(解释)对的，我们通常倾向于以自己为中心来解释他人的行为。而实际上，他人的行为可能受到各种各样因素的影响。在治疗中，我们将学习如何挖掘这些自动想法背后的真相，逐渐认识到自己的想法并不一定等同于事实。我们还会一起练习一些技巧，帮助你更客观地看待周围的人和事。

女犯：我希望能够学会更好地应对这些情况。

治疗师：(提供支持)我们将一起来应对这些挑战。这需要时间和练习，但我相信你能够掌握这些技巧。如果在实践中遇到任何困难，可随时向我求助，我会帮助你建立更健康、更积极的人际关系。

女犯：我希望能够摆脱这种消极的思维。

治疗师：(布置家庭作业并预告下次谈话主题)我理解，这需要时间和练习。本次家庭作业是继续收集功能失调性自动想法。在接下来的治疗中，我们将一起来探索这些自动想法的背后逻辑，并寻找证据来支持或者反驳它们。同时，我将会教你一些技巧，帮助你更好地应对这些曲解。我们下一次谈话的主题是“检验并调整功能失调性自动想法”。

女犯：谢谢，我会努力的。

5. 第五次、第六次会谈谈话步骤

步骤一：评估当前心理状态并打分。

步骤二：连接上次谈话内容。

步骤三：检查家庭作业完成情况。

步骤四：明确谈话主题“检验并调整功能失调性自动想法”。

步骤五：进入谈话主题。

当女犯能对自己的功能失调性自动想法进行识别时，治疗师还需和女犯一起进一步探询支持自动想法的理由，并加以质疑，要让女犯清晰地认识到自动想法所带来的功能失调，包括对情绪、对行为和对生理功能的负面效应，为后续动摇原来的想法并用合理想法替代做好准备。治疗师常用的技术有诘问驳难、探寻证据、逻辑纠错和理性替代等。这两次谈话着重阐述如何检验和调整功能失调性自动想法，这正是对浅表层面认知干预的重要一步。

治疗师在帮助女犯检验自动想法是否功能失调时有一个基本的原则，就是自动想法是否导致女犯产生不良情绪（抑郁、沮丧、焦虑、恐惧、害怕等）和不适应行为（退缩、回避、坐立不安、自伤自残等）。检验女犯功能失调性自动想法的实际效应体现在女犯对该自动想法开始产生怀疑、动摇，并为调整这种自动想法、用理性的自动想法进行替代做好准备。

对于功能失调性自动想法的调整，治疗师要用心、耐心地引导女犯进行理性思考，试着以情绪的好转为标准，采用积极的想法替代功能失调性自动想法，并体验情绪是否有变化，是否有改善。如果所采用的替代想法没有效果或效果甚微，就应该更换其他的替代想法，直到见效为止。在这个过程中，治疗师不能为女犯提供自己预置的想法，不能让女犯盲目地接受自己的观点和想法，治疗师最主要的作用是启发，常用的技术有核查客观证据、引导自我发现、质疑绝对肯定、考虑其他可能、进行重新归因、不幸中有转机等，对女犯自己想出的替代想法可以进行讨论，评估替代想法的实际效果。

对女犯功能失调性自动想法的调整过程，实际上是帮助女犯重建新的理性想法并对功能失调性自动想法进行替代的过程，最后使女犯能够做到很自然、很稳定地以理性的、合理的想法取代和覆盖功能失调性的自动想法，使女犯在情绪、行为及其他各方面都得到改善。替代想法的操作会有一定的难度，治疗师应该积极地鼓励女犯在调整中树立信心，只要女犯的情绪状态有所改善，这一结果就能成为一个正性的强化物，去强化女犯坚持不断地用理性想法对功能失调性自动想法进行替代，同时也能逐步提高女犯对理性替代想法的相信程度。

对狱内人际关系紧张女犯的功能失调性自动想法进行检验和调整是认知行为治疗的重要部分，旨在帮助她们挑战和改变负面的思维模式。治疗师可以采取挑战—动摇—替代三步操作，以下是一些方法。

（1）识别自动想法：帮助女犯识别她们在特定情境下产生的自动想法。这些想法可能是消极、不合理或过度的，会对她们的情绪和行为产生影响。

（2）评估证据：与女犯一起评估她们自动想法的证据。问她们有什么证据支持这些想法，是否有相反的证据存在，以及其他可能的解释或观点。

（3）质疑思维错误：帮助女犯识别和质疑可能存在的思维错误，例如过度推理、以偏概全、情绪化思维等。鼓励她们考虑其他解释和可能性。

（4）重新评估想法的合理性：与女犯一起重新评估她们的自动想法的合理性。鼓励她们思考是否有更客观、更合理的方式来解释情境和他人的行为。

（5）替代性想法的提出：引导女犯生成替代性的、更积极和合理的想法。鼓励她们考虑其他可能性，并思考其他人的动机和可能的原因。

（6）收集证据支持新想法：帮助女犯积极地寻找证据来支持她们新提出的、积极和合理的想法。鼓励她们留意与他人的积极互动和被他人支持的经历。

（7）实践新的思维方式：鼓励女犯在实际情境中实践新的思维方式。帮助她们意识到自己的想法对情绪和行为的影响，并鼓励她们积极运用新的思维方式来应对挑战和改善人际关系。

在整个过程中，与女犯建立合作关系和为她们提供支持是非常重要的。认知行为治疗的目标是帮助她们更准确地理解情境和他人，并以更积极和适应性的方式应对狱内人际关系的挑战。

步骤六：布置家庭作业，指导女犯填写每日理性想法替代功能失调性自动想法记录表(表3-8)。

表 3-8 每日理性想法替代功能失调性自动想法记录表

日期	情境 ① 引起不良情绪的事件或情况 ② 引起不良情绪和不适应行为的思绪、遐想或回忆	情绪 ① 不良情绪 ② 不良情绪的程度(1～100)	功能失调性自动想法 ① 激发不良情绪的功能失调性自动想法 ② 对功能失调性自动想法的相信程度(0～100%)	合理的反应 ① 写出理性替代想法 ② 对理性替代想法的相信程度(0～100%)	结果 ① 再评估对原先功能失调性自动想法的相信程度(0～100%) ② 再评估不良情绪的程度(1～100)

步骤七:小结和反馈,告知女犯下次将挖掘负性中间信念。

第五、第六次示范谈话

治疗师:(回顾上次谈话内容)上次会谈帮助你识别了功能失调性自动想法基本有两种常见类型:第一种是被孤立,第二种是恐惧和防御。这对于我们接下来检验和调整这些自动想法很有帮助。

女犯:对的。

治疗师:(收集功能失调性自动想法)我们来看看你收集的自动想法:张犯在晚饭时对你说你的菜很多,她的不够吃。你记录的自动想法是她针对你、非议你、打压你，所以产生了厌恶情绪，情绪低落。回忆一下，当时具体情况是怎么样的？

女犯：大家的菜是一样多的，我那时订的米饭确实比她们多。

治疗师：（寻找证据）那你当时有没有跟她解释？

女犯：别人与我非亲非故，没道理要求别人理解我的饮食情况。张犯不理解我的情况，但是也不应该那样讲。我不想让别人知道我有暴饮暴食的情况。

治疗师：（引导）有没有其他原因呢？

女犯：张犯平时就爱惹是非。

治疗师：（澄清）也就是说，她误解你了，你也没有解释，你认为她这个人要惹是非，于是你就感觉很不开心，产生了功能失调性自动想法。

女犯：是的。

治疗师：（质疑绝对肯定）后来情况怎么样呢？跟你想象的一样吗？

女犯：当时大家都在吃饭，没人留意这句话。

治疗师：（替代性思维）如果你当时做一些解释，情况会是怎么样呢？

女犯：或许就是一件小事，至少我不会情绪这么糟糕。

治疗师：（认知重构）那你现在有没有新的想法来替代原来的想法呢？

女犯：或许她就是爱管闲事，随口一说。我可以不予理会，也可以做适当解释，相信同监室女犯是可以理解的，我也会努力慢慢纠正我的饮食习惯。

治疗师：（鼓励肯定）嗯，你已经开始学着换一种思维方式思考。同样的事情在不同的思维模式下，结果完全不同。积极的思维模式也会导致更积极的情绪和行为。

女犯：是的，事情不像我想象的那么糟糕。

治疗师：（布置家庭作业并预告下次谈话主题）今天我们学习了怎么挑战和调整功能失调性自动想法，你可以学着练练。回去后你填写每日理性想法替代功能失调性自动想法记录表，下次谈话主题是“挖掘负性中间信念”。

女犯：好的。

6. 第七次会谈谈话步骤

步骤一：评估当前心理状态并打分。

步骤二：连接上次谈话内容。

步骤三：检查家庭作业完成情况。

步骤四：明确谈话主题“挖掘负性中间信念”。

步骤五：进入谈话主题。

（1）解释相关概念

治疗师指导女犯成功完成对功能失调性自动想法的理性替代，只是在浅表层面进行认知干预的一个阶段性成果。由于浅表层面的认知是受潜在层面认知的作用和影响，因此，要使女犯完全消除不由自主地涌现的功能失调性自动想法，从根本上解决心理问题或心理障碍，一定要进一步调整潜在层面的认知。治疗师将开始对女犯信念系统中负性成分的挖掘、检验和调整。

信念是人们从童年开始逐步形成的对自我、他人及世界的自认为可以确信的看法，其中高度概括、根深蒂固的观念被称为核心信念。负性核心信念就是个人对自我、他人及世界的非理性的功能失调性的核心信念。在女犯的信念系统中，负性核心信念对功能失调性自动想法的影响并非直接的，而是通过功能失调性假设和规则间接影响的。在认知行为治疗的理论中，把处于中介形态的功能失调性假设和规则称为负性中间信念。假设是指没有充分依据的设定。规则是人们在成长过程中逐步形成的典式和法则，也是在社会生活中应对各种问题和事件而逐步形成的习惯及约定俗成的准则(图 3-2、表 3-9)。因此，检验、质疑并调整负性中间信念是实施潜在层面认知调整的重要一步。

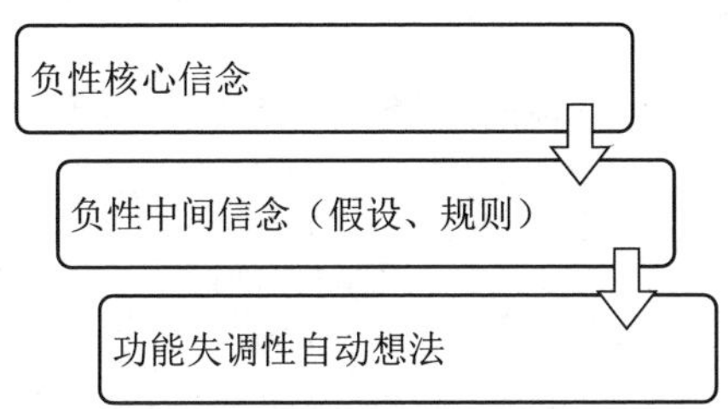

图 3-2　潜在层面认知与浅表层面认知之间的关系

表 3-9　中间信念的基本表达形式

假　设	规　则
如果……那么…… 倘若……那么…… 万一……就…… 即使……就会……	必须……

狱内人际关系紧张女犯的中间信念可能涉及不信任他人、自卑和害怕被伤害。她们可能存在不信任中间信念，如"别人总是背叛我""我相信别人会伤害我"；自我保护中间信念，如"我必须时刻保持警惕，否则会受到伤害"；消极人际关系中间信念，如"人际关系总是带来痛苦和困扰""我不配拥有良好的人际关系"等。这些中间信念影响着她们对人际关系的态度和期望。

（2）进行相关提问（表 3-10）

治疗师指导女犯识别功能失调性假设和规则有以下几种方法：从功能失调性自动想法中直接提炼负性中间信念；通过女犯提供信息中的假设内容的前提部分，设法引导女犯表达出假设内容的结论；通过直接点拨引出女犯长期固守的规则；通过逐级挖掘推导技术引出女犯的负性中间信念；通过直接询问的方法，让女犯明确表达其负性中间信念。挖掘狱内人际关系紧张女犯的负性中间信念，可进行如下提问，见表 3-10。

表 3-10 挖掘狱内人际关系紧张女犯负性中间信念的提问（举例）

① 你对人际关系的认知是什么？你认为人际关系对你的重要性是什么？
② 你对自己在人际关系中的角色和地位有何看法？你觉得自己与他人之间的互动是怎样的？能具体谈一下吗？
③ 你对他人对你的评价和看法有何反应？你认为他人的意见和态度对你的影响有多大？能具体谈谈吗？
④ 你对与他人建立亲密关系和信任的难度有何认识？你觉得自己是否难以相信他人或表达情感？能具体谈谈吗？
⑤ 你对自己在人际关系中的能力和社交技巧有何看法？你认为自己与他人交往时的行为是否恰当？能具体谈谈吗？
⑥ 你对自己与他人产生冲突或面对人际关系压力时的能力是否有信心？你觉得自己能够有效地解决人际关系中的问题吗？能具体谈谈吗？
⑦ 你如何看待他人对你的期望和需求？你觉得他人对你的期望和需求是合理的吗？能具体谈谈吗？
⑧ 你对自己与他人之间的界限和个人空间有何看法？你认为保护自己的正当利益和需求是重要的吗？能具体聊聊吗？
⑨ 你对过去的人际交往经历有何反思？你认为这些经历对你当前的人际关系有何影响？
⑩ 你对改善人际关系的可能性有何看法？你认为通过改变自己的信念和行为可以改善人际关系吗？能具体聊一聊吗？

这些问题可以帮助女犯反思和深入了解她们对人际关系的信念、期望和困扰。同时,也为治疗师提供了了解她们思维模式和认知偏差的机会,以便进行相关的干预和调整。并结合其他治疗方法,如人际关系技巧训练和情绪调节技巧训练,来帮助女犯建立更健康和积极的人际关系模式。

步骤六:布置家庭作业,让女犯继续填写每日理性想法替代功能失调性自动想法记录表(表 3-8)。

步骤七:小结和反馈,告知女犯下次将检验、质疑并调整功能失调性假设和规则。

第七次示范谈话

治疗师:(谈话主题及解释定义)今天谈话的主题是"挖掘负性中间信念",中间信念是介于自动想法与核心信念之间的一层认知模式,通常是以假设和规则的形式存在。假设是指没有充分依据的设定。规则是在人们成长过程中逐步形成的典式和法则,也是在社会生活中应对各种问题和事件而逐步形成的习惯及约定俗成的准则。中间信念带有一定的普遍性,相对于自动想法,它不受具体情境的影响。今天,我们就收集一下这些规律性、普遍性的想法。能理解吗?

女犯:能理解一点。

治疗师:(挖掘关于人际关系的中间信念)你对人际关系怎么看?比如与家人的关系、与朋友的关系、与同监室女犯的关系。

女犯:很重要。我当时对父母如果能够多些坦白,我就不会走上犯罪道路。在外面时我也有很好的朋友,狱内同监室女犯没那么重要。

治疗师:(挖掘关于他人的中间信念)你觉得他人对你是什

么样的评价?

女犯:我觉得以前在父母和朋友眼里,我是乖乖女,又有大学学历,工作也不差,他们对我评价比较好;在狱内,同监室女犯可能就觉得我是神经病吧。

治疗师:(证据合理性检验)对于他们对你的看法,你怎么看?

女犯:我觉得父母对我有很大的期待,因为我成长比较顺利。直到父母在我大学时离婚,对我是很大打击,我无法接受,得了抑郁症,一开始他们并不知道。朋友觉得和我相处挺开心吧,我也比较好相处。我觉得她们对我很认可,期待也很多。在狱内,我觉得她们可能会认为我是神经病,因为我连饮食都无法控制。

治疗师:(挖掘关于他人评价的中间信念)你认为他人对你的意见和态度对你的影响有多大?最好讲得具体些。

女犯:蛮大的。我不想让父母和朋友对我失望,所以向他们隐瞒了赌博的恶习。我在他们眼里一直很优秀,这么低级的错误,不可能发生在我身上。我自己都觉得告诉他们很羞耻。没想到我入监服刑了,他们还是知道了。所以我入监时整夜睡不着。再加上不适应监室的改造环境和人际关系,焦虑烦躁,情绪很敏感。

治疗师:(关于他人期望的中间信念)你对他们的期待怎么看?他们的期待合理吗?

女犯:他们对我有期待是合理的吧。我确实从小就比较听话,而且我在外面交往的朋友确实是我自己选择的,只不过我后来为了满足自己的私欲,做了见不得人的事情。我觉得他们会很失望。

治疗师：(挖掘关于狱内人际关系的中间信念)狱内人际关系呢？你觉得同监室女犯对你的看法合理吗？

女犯：不合理，她们不理解我。所以陈犯和张犯会揪着我的饮食问题讲，还有其他人觉得我服用精神类药物，对我有偏见。她们可能看不到我好的一面。

治疗师：(挖掘功能失调性中间信念)你觉得在狱内人际关系方面，你的自我评价和别人对你的认识有偏差吗？

女犯：有的，我是大学学历，在外也有稳定的工作，虽然有抑郁症，但是我和朋友交往很正常。从事的是设计类工作，我有设计绘画的特长。我觉得我实际比她们认为的好。

治疗师：(引导自我发现)你对过去的人际关系有过反思吗？

女犯：通过这几次亲情会见，我才意识到，我父母对我的爱远远超过期待，包括男朋友也没有放弃我。我之前隐瞒真相，以为他们知道了会很失望，没想到我都入狱了，他们仍然不离不弃，我错了。

治疗师：(布置家庭作业并预告下次谈话主题)今天我们一起挖掘了一些不同方面的中间信念，下次我们会进行相应调整。回去后你可以继续填写每日理性想法替代功能失调性自动想法记录表，多练习会对调整负性中间信念有帮助。下次我们对这些中间信念(假设和规则)进行检验和调整。

女犯：好的。

7. 第八次、第九次会谈谈话步骤

步骤一：评估当前心理状态。

步骤二：连接上次谈话内容。

步骤三：检查家庭作业完成情况。

步骤四:明确谈话主题"检验并调整功能失调性假设和规则"。

步骤五:进入谈话主题。

对狱内人际关系紧张女犯功能失调性假设和规则进行检验和调整,除可以参照和借用调整功能失调性自动想法的策略及方法外,还可以运用一些其他的方法如成本—效益分析、合理假设替代等,操作步骤还是采用挑战—动摇—替代三步法,具体方法如下。

(1) 确定功能失调性假设和规则

参照第七次谈话,治疗师与女犯合作,共同探索她们有关狱内人际关系方面的功能失调性假设和规则。这可能包括她对他人意图的假设、对自身价值的负向评价、对他人行为的过度解读等。

(2) 收集证据和反证据,挑战功能失调性假设和规则

帮助女犯寻找证据,以验证或反驳她们的功能失调性假设和规则。她们可以回顾过去的经历、观察他人的行为,或了解他人对自己行为的反馈,以收集相关的实证证据。如挑战功能失调性规则,女犯功能失调性规则通常是以"必须"的陈述方式表达,由于这些陈述中掺杂了不合逻辑及过分概括的成分,因此要改变女犯长期形成的功能失调性"必须"的想法,治疗师单靠一味否定是难以奏效的,需要顺着女犯的逻辑循循善诱,一步步地对她们的陈述进行质疑,并给予空间,让她们多一个角度重新思考。治疗师在谈话中可以通过提出疑问的方式引导女犯思考。例如:这个规则是从什么时候开始形成的?这个规则是在怎样的情况下确立的?当时确立这样的规则有当时的情况,现在一直沿用这样的规则是否妥当?这个规则是只适合你个人呢,还是适合所有人?你真的完全是照着这个规则在做吗,规则是否有松动的时候?如果不遵循你的规则行事会产生怎样的后果?你对没有遵循你这个规则的人是怎样看待的?可以通过填写考

查并挑战功能失调性规则练习表(表3-11)的方法,对女犯的功能失调性规则进行梳理和调整。

(3) 探索情绪和需求

与女犯一起探索她们在狱内人际关系中的情绪体验和个人需求。帮助她们识别自己的情绪、理解自己的需求,以及探索他人的情绪和需求,更好地理解她们的功能失调性假设和规则背后的动机。

表3-11　考查并挑战功能失调性规则练习表

对规则"必须"的陈述:
对规则的相信程度(0～100%): 情绪(1～100): 成本(不利之处): 收益(有利之处): 在怎样的情况下确立了这个规则? 你是否要求其他人都遵循这个规则? 对这个规则用"偏好"而不是"必须"来重新表述: 通过重新表述所产生的新效果: 对规则的相信程度(0～100%): 情绪(1～100):

(4) 实验性行为

鼓励女犯进行实验性行为,以检验她们的功能失调性假设和规则的有效性。这可以包括尝试采取新的行为方式、改变与他人的互动模式、探索积极的沟通策略等。鼓励女犯尝试新的行为模式和策略,以评估其对功能失调性假设和规则的影响。通过实践新的行为,并观察结果和体验,帮助她们重新评估原有的假设和规则的有效性。通过实际行动和观察结果,帮助她们评估这些假设和规则是否真实可靠,或者是否存在更有效的替代方式。如成本—效益分析,有些女犯往往很少对自己固守的规则进行反思，她们坚信自己的规则是合理的，并严格地根据自己的规则处事，其实这些女犯在执行这些功能失调性规则时往往要付出极高的代价和成本，所得的效益却很低，仅仅是获得遵循规则的满足感而已。虽然女犯已被这些规则搞得筋疲力尽，但还是固执己见，执迷不悟，此时治疗师可以通过成本—效益分析技术，与女犯一起“仔细算账”，引导女犯以清醒的头脑重新审视其规则。见表 3-12。

表 3-12 成本—效益分析表(举例)

规则：我跟这里的人格格不入，很难跟他们沟通	
有利之处(效益)	不利之处(成本)
保护自己、免受伤害	自我封闭，焦虑、紧张
社交逃避、避免冲突	缺乏人际有效沟通
	影响改造进程
	缺乏信任、感到不安

(5) 记录反馈和反思

女犯在实验性行为中的反馈和体验非常重要。鼓励她们记录下在尝试新的人际关系模式时的感受、行为和结果，并帮助她们进行反思和分析。

(6) 替代性假设和规则的培养

根据收集到的证据、挑战的认知偏差以及实验性行为的结果，与女犯一起重新评估和调整她们的功能失调性假设和规则。帮助她们形成更加合理、健康和具有建设性的假设和规则。如运用合理假设替代可以填写功能失调性假设的合理替代练习表(表 3-13)，引导女犯思考并尝试新的替代性假设，以更好地适应和应对现实。帮助她们制订更积极、灵活和适应性的假设和规则，并鼓励她们在日常生活中实践和应用这些新的假设。假设的合理性标准是引出女犯理性的自动想法、良好的情绪状态、适应的行为表现。

表 3-13　功能失调性假设的合理替代练习表(举例)

原来习惯的假设	新的合理假设
如果没有做到让别人满意，我就会觉得我很失败	如果我已经努力了，即使没有让别人满意，我也不会觉得我很失败

这些方法旨在帮助狱内人际关系紧张女犯评估和调整她们的功能失调性假设和规则，以促进形成更积极和健康的人际关系。在整个过程中，需要与女犯建立合作性的关系，为她们提供支持和指导，以促进她们的认知改变和自我成长。

步骤六：布置家庭作业，根据情况指导女犯填写考查并挑战功能失调性规则练习表(表 3-11)、成本—效益分析表(表 3-12)和功能失调性假设的合理替代练习表(表 3-13)。

步骤七：小结和反馈，告知女犯下次将揭示负性核心信念。

第八、第九次示范谈话

治疗师：(连接上次谈话内容)我们继续结合具体的记录事项，分析你在处理人际关系问题过程中存在的中间信念，检验这个认知的不合理性，并且做一些主动的调整。上次我们分析你的中间信念，你觉得自我认知和他人的评价之间存在偏差，并且你对这个认知又绝对肯定。你回去以后思索过这个问题吗？

女犯：思索过，我觉得我如果没有做到让别人满意，他们肯定会失望。

治疗师：(挖掘关于他人评价对自己的影响的中间信念)如

果他们失望,对你来说意味着什么?

女犯:一方面我会很没有面子,另外他们会不再和我来往吧。那我就会觉得我很失败,一无是处。

治疗师:(挑战功能失调性规则)你在处理人际关系时,是不是经常使用这个标准?

女犯:是的。

治疗师:(具体化)那我们结合具体情况来分析。最近陈犯在生检会(改造生活检讨会)上指出你的饮食问题,能说说她当时具体是怎么说的吗?

女犯:她说我总是吃完饭以后,再去厕所呕吐,当着大家的面质问我为什么浪费粮食。

治疗师:(挖掘负性中间信念)你当时怎么想的?

女犯:我觉得她是在针对我,把我的饮食问题公之于众,以此让大家对我有成见。

治疗师:(合理性检验)你当时的心情怎么样?

女犯:我很烦躁,对她十分厌恶。

治疗师:(寻找例外)房间里其他人有这种情况吗?

女犯:我现在冷静下来想一想,她说我吃饭后会呕吐这个情况在监室确实只有我有。

治疗师:(应对策略评估)有想过怎么应对这种情况吗?

女犯:刚开始没想过。

治疗师:(调整负性中间信念)你现在对这件事怎么看?

女犯:同监室女犯没有义务都理解我,陈犯说的问题也没有错。她们不了解我,我应该主动向大家解释我的胃不好,也在就诊遵医嘱用药。并且我想慢慢减小订餐量,争取获得大家的理解。

治疗师:(挑战负性中间信念)你现在觉得以前的想法合理吗?

女犯：有点绝对了。

治疗师：(认知重建)如果下次再有同犯对你提出类似或者其他的问题，你该怎么做？

女犯：我应该想想我是不是确实存在这个问题，然后主动跟大家沟通，争取获得大家的理解。不能一冲动就来情绪。

治疗师：(布置家庭作业并预告下次谈话主题)今天我们一起学习了怎样检验并调整功能失调性假设和规则，回去后按照这样的调整思路多练练，并根据需要填写考查并挑战功能失调性规则练习表、成本—效益分析表和功能失调性假设的合理替代练习表。下次我们来揭示负性核心信念。

女犯：好的。

8. 第十次会谈谈话步骤

步骤一：评估当前心理状态。

步骤二：连接上次谈话内容。

步骤三：检查家庭作业完成情况。

步骤四：明确谈话主题"揭示负性核心信念"。

步骤五：进入谈话主题。

(1) 解释相关概念

当女犯已经学会调整功能失调性自动想法，掌握了负性中间信念的合理替代，并且已经获得心理调整的初步成果，身心症状有所缓解，在这种情况下可决定进入揭示负性核心信念这一阶段。核心信念是个体关于自我、他人及世界的基本信念和价值观，是更为基本和根深蒂固的信念，较中间信念更具有主导性和概括性，对个体的整体自我认知和世界观产生深远影响。狱内人际关系紧张女犯的负性核心信念可能涉及不被接受、不被爱和无价值感。她们可能持有“没有人会真正接受我”“我不值得被爱”“我是一个失败者”等负性核心信念。这些信念对她们的人际关系和情绪产生深远影响。

（2）进行相关提问

女犯对于自己的负性核心信念的领悟各不相同，有些一点就通，有些则不然，她们会感到十分困难，搞不清楚功能失调性自动想法的潜在层面存在着信念系统的支撑。所以治疗师需要花较大的工夫引导女犯，可以参考表 3-14 的提问，帮助女犯清晰地揭示和表达自己的负性核心信念。

表 3-14　揭示狱内人际关系紧张女犯负性核心信念的提问（举例）

关于自我价值的信念	① 你是否认为自己不值得被他人接受和喜欢？
	② 你觉得自己与他人相比是有缺陷的吗？
	③ 你认为自己在人际关系中无法得到满足和支持吗？
关于他人意图的信念	① 你是否认为他人对你持有敌意或不友好的态度？
	② 你觉得他人是否会伤害你或背叛你？
	③ 你对他人的意图和动机持怀疑和负面看法吗？
关于他人评判的信念	① 你认为自己会被他人评判和批评吗？
	② 你觉得自己会被他人拒绝或排斥吗？
	③ 你对他人的评价和意见是否过于敏感和重视？
关于孤独和隔离的信念	① 你是否认为自己无法与他人建立亲密关系？
	② 你觉得自己在社交场合中很难融入或感到孤独吗？
	③ 你对与他人互动和社交活动持回避和恐惧态度吗？

这些提问的目的是帮助女犯反思和探索她们对自己、他人和人际关系的负性核心信念。通过深入了解她们的思维模式和信念系统，可以揭示其人际关系紧张问题背后的根源。这将为

后续的认知重构和治疗工作提供基础。

（3）常见负性核心信念一览表

治疗师可以向女犯展示常见负性核心信念一览表（表 3-15），要求女犯参照表中对自我、对他人及对世界的负性核心信念进行自我对照，找出与自己相符的条目。如果有的女犯从一览表中找到相符的条目较多，治疗师可以要求她们指出相对重点的条目，这便于治疗师更有针对性地对她们的负性核心信念实施干预。

表 3-15　常见负性核心信念一览表

关于自我评价的负性核心信念	关于他人评价的负性核心信念	关于世界评价的负性核心信念
我无能 ① 我无能 我无能，我无力，我软弱，我受欺，我贫困，我艰难，我被动，我退缩，我被控，我尴尬，我窝囊，我绝望 ② 我无成就 我不能胜任，我不起作用，我不被信任，我不受尊重，我缺陷很多，我浑浑噩噩，我自认失败，我没有出息，我亏欠他人，我成为累赘	他人都毫无诚信，他人都十分危险，他人都难以捉摸，他人都心怀鬼胎，他人都不识好歹，他人都没有良心	这个世界杂乱无章，这个世界很不安全，这个世界腐败透顶，这个世界荒谬可笑，这个世界无药可救，这个世界末日来临
我不可爱 ① 我不可爱 我不可爱，我被嫌弃，我无魅力，我被忽视，我属多余，我真差劲，我很倒霉，我没品位 ② 我没价值 我没有价值，我不如他人，我缺点很多，我总惹麻烦，我浑身晦气，我遭受拒绝，我必被抛弃，我纯属多余		

步骤六：布置家庭作业。让女犯继续填写考查并挑战功能失调性规则练习表（表 3-11）、成本—效益分析表（表 3-12）或功能失调性假设的合理替代练习表（表 3-13）。

步骤七：小结和反馈，告知女犯下次将检验、质疑并调整负性核心信念。

第十次示范谈话

治疗师：（告知本次谈话主题、解释相关概念）今天我们学习怎样揭示负性核心信念。核心信念是人们从童年开始逐步形成的内心最深层的对自我、他人及世界的看法，具有高度概括和根深蒂固的特性。负性核心信念就是个人对自我、他人及世界的非理性的、功能失调性的核心信念。你能理解吗？

女犯：有点理解。

治疗师：（对自我评价的核心信念）你对自己的评价是怎么样的？

女犯：我的内心是有原罪的，就像当初赌博欠债后，为了达到目的不择手段。竟然让自己染上赌博恶习，感到很羞耻。

治疗师：（对他人的核心信念）你认为别人对你的评价是怎样的？

女犯：她们可能并不了解我，看到我暴饮暴食，又服用精神类药物，觉得我是连吃饭都控制不了的神经病吧。

治疗师：（证据验证）所以你对自己的评价就是你不是好人？

女犯：是的。我犯罪就是因为内心有原罪。

治疗师：（推理技术）所以你觉得这个环境里她们内心也都有原罪，你在这个环境里也会受伤害？

女犯：对的。

治疗师：（检验证据合理性）你为什么会觉得她们针对你？

女犯：因为我确实有饮食问题存在，也服用精神类药物。这点跟别人不一样。

治疗师：（对他人意图的核心信念）你觉得别人会对你的行为有恶意的评价？

女犯：对的。

治疗师：（对被评判的核心信念）你觉得自己会被同监室女犯评判吗？

女犯：会的。

治疗师：（对被否定的核心信念）你会被别人排斥和拒绝吗？

女犯：会的，如果她们知道我一个大学生竟然还曾经赌博，会更看不起我吧。

治疗师：（澄清）所以你就把自己封闭起来了？即使和他人接触也心存芥蒂。

女犯：对的，减少接触，我会少受伤害。

治疗师：（澄清）所以你对自己更多的是否定和封闭。

女犯：是的。

治疗师：（预告下次谈话主题）好的，今天我们学习了如何揭示负性核心信念，下次我们针对你的负性核心信念来做检验、质疑和调整。

女犯：好的。

9. 第十一次、第十二次会谈谈话步骤

步骤一：评估当前心理状态并打分。

步骤二:连接上次谈话内容。

步骤三:检查家庭作业完成情况。

步骤四:明确谈话主题“检验、质疑并调整负性核心信念”。

步骤五:进入谈话主题。

治疗师对于女犯负性核心信念的质疑和调整是一个十分艰难的过程,质疑实际上已经包含了部分调整的功能,所以质疑和调整往往并存于同一项干预措施中。调整负性核心信念,除可以参考或借用调整功能失调性自动想法及假设和规则的策略及方法外,还可以运用一些其他方法,包括苏格拉底式对话、行为试验、理性—情绪角色扮演、以他人为参考点、以改变的行为强化信念的改变、自我显露、重建早期记忆、重建合理信念、孔子式对话等。由于女犯负性核心信念的根深蒂固,对狱内人际关系紧张女犯的负性核心信念进行检验、质疑和调整有以下具体方法。

(1) 识别负性核心信念:参照第十次谈话,治疗师与女犯合作,共同识别出她们可能存在的负性核心信念,如“我不值得被爱”“别人总是会伤害我”等。

(2) 收集反证据:帮助女犯收集与负性核心信念相矛盾的证据。这些证据可以是过去的积极互动经验、亲密关系中的支持和关怀,以及其他人对她们的正面评价。如可以通过“以他人为参照点”的方法。

(3) 评估真实性:与女犯一起评估她们的负性核心信念的真实性和准确性。提问她们是否有足够的证据支持这些信念,或者这些信念是否受到过去经历、情绪或个人偏见的影响。

(4) 替代性解释:鼓励女犯探索替代性的解释,来挑战她们的负性核心信念。帮助她们考虑其他可能性,如情境解释、分析他人的意图和行为背后的原因等。治疗师可以引导她们思考并形成更符合实际和自我价值的信念，鼓励她们在日常生活中实践和应用这些新的信念。当女犯确认了自己存在的负性核心信念后，治疗师应和女犯一起讨论如何重建新的合理的核心信念，治疗师可以通过与女犯共同填写重建合理核心信念表（表3-16）来引导女犯形成对自己、他人及世界的新的合理的核心信念。

表3-16　重建合理核心信念表

负性核心信念	合理核心信念
我自认失败	我有些失败，但不是彻底的失败者，我也有成功的方面
他人都难以捉摸	有些人难以捉摸，大部分人可以通过沟通了解

（5）行为实验：设计行为实验，让女犯亲身体验与负性核心信念相反的情境。通过积极参与人际交往、表达需求、建立信任等方式，她们可以逐渐改变对人际关系的负面信念。

（6）反馈和反思：提供正面的反馈和指导，鼓励女犯反思她们的行为和互动方式。帮助她们认识到积极行为带来的积极反馈，并反思负性核心信念对人际关系的影响。

（7）支持网络：建立一个支持网络，包括治疗师、支持小组和亲密关系中的人。这些人可以提供情感支持、给予理解和鼓励，帮助女犯在调整负性核心信念的过程中应对挑战。

重要的是，这些方法需要在治疗师的指导下进行，并根据女犯的具体情况和需求进行个性化处理。每个女犯的负性核心信念和修复过程都是独特的，因此个性化的方法和支持是至关重要的。见表3-17。

表 3-17 核心信念作业表(举例)

<table>
<tr><td colspan="2">负性核心信念:我不如他人
当前你对负性核心信念的相信程度?(0～100%)60%
本星期你相信的最大程度?(0～100%)80%
本星期你相信的最小程度?(0～100%)60%</td></tr>
<tr><td colspan="2">合理核心信念:我有自己的优势
当前你对合理核心信念的相信程度?(0～100%)50%</td></tr>
<tr><td>驳斥负性核心信念,寻找支持合理核心信念的依据</td><td>对支持负性核心信念的依据进行改版</td></tr>
<tr><td>我有些方面不如他人,每个人都不可能十全十美
我有我自己的优势,只要我充分发挥我的优势,就能够做出好的成绩</td><td>我不如他人的方面可以调整,只要坚持努力,我的弱项就能够得到一定的改善</td></tr>
</table>

步骤六:布置家庭作业。核心信念作业表(表 3-17)通常作为家庭作业布置给女犯,要求女犯通过填写,进一步巩固重建合理核心信念的方法。

步骤七:小结和反馈,告知女犯下次将结束集中治疗阶段。

第十一、第十二次示范谈话

治疗师:(识别负性核心信念)上次谈话我们主要分析了你的负性核心信念是自我否定,并且害怕受伤害。你现在还认同这个分析吗?

女犯:认同的,我确实是这样的,觉得在这里别人知道我的弱点会伤害我。

治疗师:(收集证据)之前谈到过楚犯,你们关系还可以,她给过你关心吗?

女犯:她还是蛮关心我的,我觉得她人不坏。

治疗师:(引导发现)你觉得监室里还有类似楚犯的人吗?

女犯：有的，还有几个值星（罪犯夜间陪护人员），我的联号（罪犯互监小组人员）也不错。

治疗师：（收集证据）这些人在你改造中给过你帮助吗？

女犯：嗯，还挺多的。有时候我身体不舒服，她们还会帮我做一些包干区卫生。

治疗师：（质疑）你现在还会觉得这个监室环境会伤害你吗？或者只是个别人让你觉得会受伤害？

女犯：个别人个别事情吧。

治疗师：（评估真实性）你对这些个别人怎么看？

女犯：我觉得张犯、金犯比较爱搞是非，她们问关于我的事情我就很反感。

治疗师：（动摇负性核心信念）你觉得一个大的环境里有相处不来的人正常吗？

女犯：正常吧，我不可能得到所有人的喜欢，况且我在外面也有好朋友。

治疗师：（挑战原有负性核心信念）你现在还觉得这个环境坏人很多吗？

女犯：现在觉得同监室女犯没有绝对的好和坏吧，好像我不喜欢的只有那几个人，不是大家都针对我。而且我觉得我们监室氛围整体很好，有身体不舒服的，大家还是会互帮互助的。

治疗师：（引导）你有什么特长吗？

女犯：我会画画，我现在参加了绘画班。

治疗师：（检验新证据）在这个班里感觉怎么样？

女犯：我感觉这个我很擅长，监区的小报也展示过我的作品。

治疗师：（认知重构）你现在怎么评价自己？

女犯：我还是有优点的。

治疗师：（鼓励）是的。其实每个人都有缺点，但是不用把缺点都告诉别人，反而可以多把自己的优点和长处展示出来，从而赢得认可。不要因为有缺点，就全盘否定自己，并且不让别人了解你。

女犯：是的，我之前只关注自己感觉羞耻的赌博恶习，没想到用展示长处获得认可。

治疗师：（合理信念替代）现在你有新的想法吗？比如如何改变大家对你的印象。

女犯：我可以通过绘画班这个平台，创作好的作品，多做对大家有益的事情，从而获得认可和理解。

治疗师：（正面反馈）大家有评价过你的画吗？

女犯：有的，上次我的小报在走道中展示，警官和同监室女犯都给过我表扬。

治疗师：（情绪评估）现在感觉怎么样？

女犯：通过这样的分析，感觉很好。原来我没有那么差劲，大部分人对我还是不错的。我现在对自己的感觉很好，我也意识到了不能因为她们是罪犯，就先入为主忽略她们的优点，对她们的看法不能以偏概全。

治疗师：（布置家庭作业，预告下次谈话主题）很好，你能意识到这点很重要。说明我们的治疗很有效。下次我们将结束集中治疗阶段，也感谢你的配合。希望你继续认真填写核心信念作业表。

女犯：非常感谢警官，我觉得收获了很多，我会好好改造，积极适应监室环境。

10. 结束治疗会谈谈话步骤

步骤一:评估当前心理状态并打分。

步骤二:连接上次谈话内容。

步骤三:检查家庭作业完成情况。

步骤四:明确谈话主题"结束集中治疗阶段,进入巩固疗效、预防复发阶段"。

步骤五:进入谈话主题。

在结束集中阶段认知行为治疗后,治疗师必须继续帮助女犯维持巩固疗效,而不宜立即完全脱钩,顿时结束治疗。常用的策略是"逐步撤离"。一般的做法是从原来的每周一次的定期治疗逐渐改为隔周一次,经过一段时间再从隔周一次改为每月一次。经过这样适度地维持一个阶段,当女犯能平稳地达到康复效果时,向女犯明确表示结束整个治疗过程。当完整的认知行为治疗结束以后,治疗师的角色趋于淡化,但定期的随访仍是治疗师的职责,治疗师可以通过监区了解女犯的状况,关心女犯的改造表现以及心理健康问题的恢复情况,当女犯再次遇到一些应激事件,导致其原有心理问题的再次爆发,治疗师应给与必要的心理援助,帮助女犯调节情绪,顺利渡过难关,也以此巩固认知行为治疗效果。结束治疗后,巩固和持续维护改变的成果是至关重要的。以下是一些具体方法。

(1) 制订个人巩固计划:与女犯一起制订个人巩固计划,明确巩固目标和具体行动步骤。这个计划可以包括持续进行认知练习、应用新的沟通技巧、练习建立健康的人际关系等。

(2) 自我监测和反馈:鼓励女犯进行自我监测,观察和记录自己在人际交往中的行为和情绪反应。提醒她们定期回顾记录并进行自我评估,以发现潜在的问题或进一步改进的空间。

(3) 持续教育:提供关于人际关系、沟通技巧和情绪管理的进一步教育。可以通过个别会谈、小组讨论或提供相关资料来进行,帮助女犯保持对健康人际关系的认识和理解。

(4) 维持支持网络:建议女犯继续参与互助小组或利用互助资源,以获得持续的支持和鼓励。可以提供一个支持网络,她们可以与他人分享经验、从他人那里获得建议和互相支持。

(5) 实践和应用技巧:鼓励女犯在日常生活中实践和应用新学到的人际交往技巧。通过积极参与社交活动、主动寻求合适的人际互动机会,她们可以逐渐巩固和掌握所学的技巧。

结束治疗示范谈话

治疗师:(明确谈话主题)这将是我们本阶段最后一次治疗会谈。我将帮助你制订有针对性的计划,教给你一些沟通技巧,建立健康的人际关系。

女犯:谢谢警官。

治疗师:(制订个人巩固计划)可以每周记录人际交往感受和体会,如果有新的想法可以跟进记录,做一个对比,收集有效的经验。以一周为周期,进行自我监测,从而巩固效果。

女犯:好的,我会认真总结,因为我感觉我现在会反思我的想法了。

治疗师:(评估家庭支持系统)很好。另外你现在和父母关系如何?

女犯:我尝试着和父母主动沟通后,父母现在非常关心我,还来看我。

治疗师:(维护家庭支持网络)很好,接下来和父母保持良好的沟通,并且主动化解跟父母以前的隔阂,获得父母的理解,亲情的支撑是很重要的。

女犯：嗯，上次亲情会见时，我就主动表达了对父母的愧疚，才发现父母原来那么关心我，他们那么爱我。

治疗师：（维护环境支持网络）非常好。另外，在和同监室女犯相处中可以继续与楚犯维持良好的沟通，这是很好的锻炼机会。参加剪纸班时也可以主动和同监室女犯分享学习成果，用实力赢得大家的认可。这也是很好的锻炼自己处理人际关系的机会，获得大家的支持会让你更有自信心。

女犯：好的，我会抓住机会。警官还说如果我画得好，中秋节将我们的作品进行展示。我很期待。

治疗师：（巩固）如果后续和同监室女犯有不开心事，记得先冷静下来，不要轻易否定自己。

女犯：好的。我现在饮食问题也好转了很多，我也不怕别人讲我了。

治疗师：（实践应用）很好，争取把这种主动化解问题的方法也运用在其他问题上，从而举一反三。

女犯：好的，我感觉充满了信心。

治疗师：（自我监测和反思）相信你保持现在的节奏和心态，会化解更多的困境，建立信心是迈上新台阶的第一步。记得每周进行总结和反思。

女犯：谢谢警官，我收获很多。我也相信我会以良好心态，处理好和家人、朋友及同监室女犯的关系。

治疗师：（提供支持）后续警官也会跟进你的情况，期待你的良好反馈。加油！

女犯：好的。

第四章　治疗后评估及数据分析

一、治疗后评估

（一）评估时间：治疗后评估在治疗实施后两周内完成。

（二）评估工具：上海市监狱管理局罪犯风险需求评估量表、症状自评量表（SCL-90）、焦虑自评量表（SAS）、抑郁自评量表（SDS）、贝克抑郁量表（BDI）、汉密尔顿焦虑量表（HAMA）、汉密尔顿抑郁量表（HAMD）、服刑改造自评调查表、服刑改造他评调查表等。为方便对比，治疗前后评估所使用的量表必须一致。

二、数据分析

通过对个体治疗前后心理测量结果数据的对比，分析认知行为治疗结束后，心理测量及服刑改造中的哪些指标有明显改善，从而完成治疗个案。同时，也可以通过对照组和实验组的差异分析，来进一步论证认知行为治疗对女犯群体的矫治作用。

第四册

抑郁症女犯专用认知行为治疗操作手册

第一章 导 论

抑郁症是一种心理疾病，患者往往长期处于悲伤、无助、自责、失眠等状态，可能会对他们的思维、情绪和行为产生负面影响。抑郁症女犯可能因为多种因素而参与犯罪，例如社会经济困境、个人生活困难、药物滥用等因素。抑郁症可能使她们感到无望、失去对未来的信心，导致自我价值感降低，进而增加了她们参与犯罪的风险。认知行为疗法可以帮助女犯识别和改变这些消极的认知模式，帮助她们改善心理状况，以促进其形成健康的认知模式。

一、认知模式

抑郁症女犯的认知模式包括以下几种。

（一）消极过滤：抑郁症女犯倾向于过滤和放大负面的经历、情感和思维。她们可能会把注意力集中在失败、挫折、自责、悲伤等负面因素上，而忽视或低估积极的方面。

（二）极端思维：抑郁症女犯常常采用极端的思维方式，将事物分为极端的黑白对立。她们倾向于用“一切”“永远”“从不”等绝对性词语来描述自己和世界，而忽视中间地带。这种思维方式可能导致对事物的过度概括和夸大。

（三）自我责备：抑郁症女犯倾向于过度自责。她们可能会将失败、挫折或负面事件归咎于自己，认为自己是问题的根源，并且对自己的能力和价值感到怀疑。

（四）心理过滤：抑郁症女犯会选择性地注意和记住那些符合自己负面认知的信息，而忽视或忘记与积极认知相关的信息。这种心理过滤可能进一步加重她们对自己和世界的消极看法。

（五）负面预测：抑郁症女犯倾向于对未来持消极的预期。她们可能会认为事情永远不会改善，对自己的前景感到绝望，并且预测自己会遭遇失败、被拒绝或受伤害。

二、治疗目标

对抑郁症女犯进行认知行为治疗的目标是帮助她们改变消极的认知模式和思维方式，以形成积极的情绪和行为。以下是具体目标。

（一）识别和挑战消极思维模式：帮助女犯识别消极思维模式，例如消极过滤、极端思维和自我责备。指导她们通过挑战这些消极思维模式，逐渐改变消极思维，形成对自己和世界的正确看法。

（二）重建积极自我评价：帮助女犯重新评估自己的能力和价值。通过鼓励她们寻找和回忆积极的经历、成就和自我评价，可以逐渐改变对自己的消极观念，建立积极的自我形象。

（三）增加积极体验：鼓励女犯参与积极的活动，以增加正面情绪和乐趣。帮助她们制订目标及具体的行动计划，包括参加社交活动、培养爱好、健康运动和放松等，以改善心情和促进心理康复。

（四）掌握解决问题和应对困难的技巧：教给女犯解决问题和应对困难的技巧。指导她们学习如何识别问题、制订解决方案、评估可能的结果,并实施有效的解决策略,以减轻抑郁症状并应对生活中的挑战。

（五）预防复发和维持:帮助女犯发展和维持积极的认知和行为模式,以预防抑郁症复发。这包括提供长期的支持,帮助她们管理压力、应对挑战,提升自我管理能力并养成健康的生活方式。

三、治疗策略

认知行为治疗为抑郁症女犯提供了一系列具体的策略和技巧来改变消极的认知模式和行为方式。以下是一些常见的认知行为治疗策略。

（一）认知重建:帮助女犯识别和挑战消极的思维模式。包括教给她们如何识别消极过滤(只关注负面方面)、极端思维(黑白思维)和自我责备等不健康的思维方式。指导她们学习用更客观和积极的思维来替换这些消极思维。

（二）证据搜索:鼓励女犯寻找和收集支持积极认知的证据。可以记录下积极的经历、成就和正面的自我评价,并经常回顾这些证据,以减轻消极思维的影响。

（三）目标设定:与女犯一起设定具体、可行的目标,并制订行动计划来实现这些目标。逐步实现目标可以增强她们的成就感和自信心,有助于改善抑郁症状。

（四）情绪调节:教给女犯情绪调节技巧,以帮助她们更好地管理和调节情绪。包括深呼吸、放松练习、积极情绪引导和写情绪日志等。

（五）问题解决:帮助女犯学习有效的问题解决技巧,以应对生活中的挑战和困难。包括识别问题、生成解决方案、评估可能的后果,并实施有效的解决方案。

(六)重构自我形象:帮助女犯重新评估自己的能力、价值。可以通过学习,认识到自己的优点和过去的成就,并逐渐建立积极的自我形象。

(七)认知扭曲纠正:指导女犯识别和纠正常见的认知扭曲,如过度推断、否定正面经验以及绝对化思维等。

第二章　治疗对象筛选与治疗前评估

一、治疗对象筛选

在对抑郁症女犯进行认知行为治疗之前，可以进行一定的筛选以确保治疗的适当性和有效性。以下是一些筛选的一般原则。

（一）适应症类型：首先，需要确保女犯已经被专业医生或心理健康专家诊断为抑郁情绪和抑郁症康复期。这可以通过对她们进行全面的心理评估和临床诊断来确定。

（二）意愿和合作性：认知行为治疗需要女犯的积极参与和合作。因此，她们应表达出接受治疗的意愿，并愿意参与治疗过程中的活动和任务。

（三）认知能力：认知行为治疗通常需要进行一定程度的自我反思、思维模式的分析和改变。女犯需要具备足够的认知能力，以理解和参与治疗过程。

（四）安全性：治疗需要评估女犯的安全性，并确保她们没有严重的自杀倾向或其他紧急的精神健康问题。如果女犯存在上述情况，则需要先进行其他形式的干预或治疗。

（五）治疗适宜性：认知行为治疗是一种常见的心理治疗方法，但并不适用于所有人。在筛选对象时，治疗师需要评估女犯的个体特点、需求和治疗目标，以确定认知行为治疗是否适合她们。

（六）剩余刑期：剩余刑期在六个月以上的女犯。

这些筛选原则可以帮助治疗师确定哪些女犯适合接受认知行为治疗，为治疗对象的初步筛选提供依据。

二、治疗前评估

经筛选确定的治疗对象，在治疗前还需完成治疗前评估，目的是通过专业工具了解治疗对象的问题的相关指标信息（好比医院的各种检查）。

（一）评估时间：在对治疗对象实施治疗前两周内完成。

（二）评估工具：采用风险评估、心理测试、问卷调查与结构性访谈相结合的方式，确定治疗对象。

1. 通过上海市监狱管理局罪犯风险需求评估量表（附件七）筛选出再犯风险等级为“高风险”以上的女犯。

2. 在高风险女犯群体中，通过症状自评量表（SCL-90）、焦虑自评量表（SAS）、抑郁自评量表（SDS）、贝克抑郁量表（BDI）、汉密尔顿焦虑量表（HAMA）、汉密尔顿抑郁量表（HAMD）等心理量表（附件一至六）进行测试，根据女犯的抑郁、焦虑等心理障碍对她们进行分级分类。

3. 通过服刑改造自评调查表（附件八）、服刑改造他评调查表（附件九），筛选出服刑改造中情绪低落、自卑感、认知归因、警囚关系、囚囚关系、环境适应、违纪扣分、欠产、亲情关系、学习兴趣等 10 个服刑改造表现因子程度较高的女犯。

4. 通过结构性访谈，了解女犯的情绪问题、习惯应对问题的方法、求助的意愿、对调整认知行为的态度等，筛选出有认知行为问题、求助愿望强烈、能配合认知行为治疗的女犯。以下为结构性访谈提纲(表 4-1)。

表 4-1　结构性访谈提纲

结构性访谈提纲
① 你觉得你最近情绪怎么样？碰到哪些不愉快的事情，你能具体谈谈吗？
② 入监这么长时间你是什么感受？又是怎么想的呢？
③ 你说你睡眠不好，是怎么个不好？睡不着的时候在想些什么呢？
④ 除了睡眠，还有其他问题吗？想哭，是想到什么了吗？饮食怎么样？
⑤ 你目前在监狱里主要做什么事情？目前的服刑状态是怎么样的？
⑥ 每天的生活起居是怎么样的？平时有没有什么兴趣爱好？
⑦ 有没有轻生的念头？耳边有没有听到过有人跟你讲话的声音？
⑧ 你的这种情绪低落、睡眠不好的状态是从什么时候开始的？已经持续多久了？
⑨ 你这段时间过得也挺不容易的，你今天过来是想让我怎么帮助你呢？
⑩ 你状态这么差有没有去看过医生？医生是怎么诊断的？
⑪ 你跟家人的关系怎么样？家里人对你的情况了解吗？他们是怎么开导你的？
⑫ 如果我们向你提供帮助你是否愿意接受？
⑬ 我们想给你提供十几周时间的结构化的规范干预调整，你愿意参加吗？
⑭ 你觉得参与结构化规范干预调整有什么困难吗？你对我们安排的时间有什么想法和要求？

治疗前评估完成后，就可以正式进入认知行为治疗的会谈阶段。

第三章　认知行为治疗会谈操作流程

一、认知行为治疗会谈的基本结构

认知行为治疗会谈一般包括1次预备性会谈、12次正式会谈和1次结束治疗会谈(表4-2)。一般为每周一次会谈,结束治疗会谈可以隔一周进行。每次时间为1～1.5小时。

表4-2　认知行为治疗会谈主题内容安排表

阶段	会谈序列	会谈主题内容
预备性会谈		概要了解女犯心理问题的由来、对认知行为治疗的知晓和认同度、对治疗师的认同度;观察和判断女犯是否适合接受认知行为治疗;明确答复女犯是否接纳其实施认知行为治疗
正式会谈	1	建立治疗性关系,进行初期评估
	2	全面评估,病例概念化,确定治疗目标
	3	收集功能失调性自动想法和情绪:每日功能失调性自动想法记录表
	4	识别、归纳功能失调性自动想法:每日功能失调性自动想法记录表
	5、6	检验并调整功能失调性自动想法(苏格拉底式提问,堵不如疏):每日理性想法替代功能失调性自动想法记录表

续　表

阶段	会谈序列	会谈主题内容
正式会谈	7	挖掘负性中间信念
	8、9	检验、质疑并调整功能失调性假设和规则
	10	揭示负性核心信念：负性核心信念一览表
	11、12	检验、质疑并调整负性核心信念
结束治疗会谈		巩固提高与结束阶段，预防复发

二、认知行为治疗会谈的具体内容及流程

（一）预备性会谈

1. 预备性会谈的目标

预备性会谈不属于结构性治疗的首次会谈，这是一个具有筛选功能的会谈，通过后双方才能进入认知行为治疗的正式过程。

2. 预备性会谈的内容

（1）自我介绍和观察判断

① 治疗师介绍身份和治疗目的。

② 判断女犯是否适合接受认知行为治疗。

（2）了解女犯对认知行为治疗的知晓和认同程度

① 了解女犯对认知行为治疗的定义和目标的知晓和认同程度。

② 了解女犯对认知行为治疗的过程和时间长度的知晓和认同程度。

③ 了解女犯在认知行为治疗中参与的主动性和责任感。

(3) 了解女犯心理问题的由来和当前状况,作出初步判断

① 概要了解女犯心理问题的表现及由来。

② 了解女犯心理问题的当前状况和求助途径。

③ 了解女犯对自己的认知、情绪和行为的认知度。

(4) 考量和明确答复

① 了解女犯对治疗师的认同程度。

② 治疗师考量自己是否适合对女犯进行认知行为治疗。

③ 给女犯明确答复是否接纳女犯实施认知行为治疗。

预备性示范谈话①②

治疗师:(介绍自己)你好,我是这里的治疗师,我姓吴,今天跟你做一次会谈,想了解一下你的情况,因为你的主管警官说你存在一些负面的情绪,我看是否可以帮到你,你不用太紧张。

女犯:老师你好。我的主管警官已经和我说过想让我来做一下心理咨询,因为警官对我很好,我很信任她,所以我相信她让我过来肯定是为了我好,但我觉得我入监也已经好多年了,改造也没什么起色,感觉也就这样吧。

治疗师:(了解当前情况)好的。既然谈到你的问题,我想知道你目前面临的具体心理问题是什么?我也想知道引发这些问题的具体事件有哪些?

女犯:其实是这样的,我入监也蛮长时间了,“帽子”(无期徒刑改为有期徒刑称为“脱帽”)到现在也没脱,政策么感觉也一直

① 本册示范谈话民警为吴洁。

② 示范谈话节选自女犯认知行为治疗的真实谈话记录,目的是让操作者直观感受谈话操作流程和提问技术。

在变化，就是心里没底。其实我刚进来的时候心态还可以，觉得好好改造总归会“脱帽”的，但是后来就感觉有点不对劲了，“帽子”一直脱不掉以后就有点破罐破摔了，同一房间里的人也相处不好，老是觉得人家针对自己，就一直和人家吵架，心情也不是很好，觉得自己是不是真的就这样在这里了，觉得没什么希望了。

治疗师：（进一步探索问题的形成）好的。为了让我能更直观地了解你，对你的问题作出一个判断，你能跟我谈谈你的经历，包括成长经历、犯罪经历，还有现在的改造经历吗？

女犯：（略）

治疗师：（简要介绍认知行为治疗的目的、过程及一些相关要素）听了你的叙述，我觉得你可以尝试一下认知行为治疗，说简单点，就是通过改变你的不合理的认知来改善你目前的情绪状态。今天的会谈不属于治疗会谈，不会马上来解决你的问题，下一次我们才会进入治疗会谈的阶段，我们估计总共要完成12次谈话，每周一次，在这期间，每次谈话我们都会有一个主题，会谈结束后还会布置家庭作业。你要跟治疗师相互配合，治疗才会有效果。我们会共同制订方案、确定目标。我还想听听你对此有什么看法和打算，你觉得可以吗？

女犯：好的，那我就试试好了，就是写东西我有点不太会，我怕我写不好。

治疗师：（回答问题和提供支持）没关系的，就像你刚才跟我叙述的那样，只是一个记录的形式，你觉得不会写就告诉我，我会帮你。

女犯：好的，谢谢老师。

（二）正式会谈

1. 首次会谈谈话步骤

步骤一：评估当前心理状态并打分。

评估当前心理状态是认知行为治疗每次谈话中都要提及的话题，治疗师需要指导女犯用1～100等级打分的方式定量描述自己当下的心理状态，“1分”代表没有任何问题，“100分”代表问题最严重。

步骤二：明确谈话主题“介绍认知行为治疗原理及对女犯进行治疗初期评估”。

步骤三：进入谈话主题。

（1）介绍认知行为治疗原理

在认知行为治疗中，无论是首次谈话还是以后的每次谈话都有一个简短的开场白，要确定本次谈话的主题，聚焦谈话内容。在首次谈话中，围绕主题，治疗师可以用通俗易懂的语言给女犯介绍认知行为治疗的基本原理，让她们了解认知模式，懂得治疗师会通过改变她们不合理的、非理性的、曲解的想法和看法来调整她们的不良情绪及不适应行为，达到标本兼治的治疗目的。告知她们有哪些基本知识、有些什么要求、要怎么配合等，梳理她们的心理问题，设定治疗目标和治疗过程，引导她们配合治疗。治疗师需要清晰地告诉女犯认知行为治疗一般会经历哪几个阶段、需要花多少时间。治疗所需要的时间往往与女犯心理障碍的类型、程度、背景和个人的基础条件有直接的关系，大多数女犯的治疗需要2～4个月，对于较为严重的，如有自杀倾向的女犯，治疗时间可能需要6个月。认知行为治疗谈话一般是每周一次，两次谈话中间有一段间隔时间。为使治疗过程持续稳定，治疗师需要对女犯进行引导和指导，要求女犯在几个月的治疗期内一定要沉浸、融入到治疗之中，保持接受治疗的状态。治疗师在每次会谈中需要同步做一些记录，填写在认知行为治疗记录表（表 4-3）中。

表 4-3　认知行为治疗记录表

姓名　　　　　日期　　　　　会谈次数　　　　　编号

心理状态评估打分	
量表评定结果	
本次谈话的目标主题	
会谈内容要点	
家庭作业	
下次会谈内容预置	

（2）初期评估

初期评估需要获取女犯的主要信息，首先是女犯的基本情况，包括个人成长史、犯罪史、创伤性经历、躯体疾病史、心理疾病史、目前心理状态等；其次是女犯求助的心理问题，包括让女犯简洁表述心理问题及其由来，具体描述心理问题及自我调整情况，寻找应对资源如他人、家庭及社会支持系统，表达治疗意愿及配合程度等，治疗师由此开始考虑如何建构病例概念化及初步拟定治疗计划。对抑郁症女犯进行认知行为治疗的初期评估,通常会涉及以下内容。

① 抑郁症症状评估:了解她们的抑郁症的严重程度和持续时间;探讨她们在日常生活中的情绪状态、兴趣和动力变化等;使用相关的量表或问卷(例如,贝克抑郁量表)来评估抑郁程度。

② 自动想法和认知模式评估:了解她们的自动想法,尤其是对不同情境和事件的负面或消极反应;探究她们的认知模式,包括对自己、他人和世界的看法;通过面谈、问卷或日志记录等方式收集相关信息。

③ 中间信念和核心信念评估:了解她们可能存在的中间信念和核心信念,这些信念可能对抑郁症的形成和持续起到重要作用;了解她们对自己、他人和世界的固有信念,以及这些信念对她们的情绪和行为产生的影响。

④ 功能评估:评估她们的日常功能状况,包括劳动、学习、社交和家庭生活等方面;了解她们是否存在自我疏远、社交退缩、对生活失去兴趣和动力等抑郁症状所导致的功能受损。

⑤ 环境因素评估:考察她们的生活环境和社会支持系统;了解是否存在潜在的压力、冲突、社会隔离或孤独等因素,对她们的抑郁症产生影响。

以上评估内容的细节和具体工具的选择应根据实际情况和治疗者的需求进行调整和个性化选择。通过初期评估,治疗师能够初步了解抑郁症女犯的情况,为后续的治疗计划制订和目标设定提供依据。

(3) 以下是初期评估可能用到的相关提问(表 4-4)

表 4-4　初期评估相关提问(举例)

抑郁症症状相关提问	① 你是否常常感到情绪低落、沮丧或无助?
	② 你的抑郁症有多严重? 在日常生活中抑郁症对你的功能有何影响?
	③ 你是否感到缺乏动力、兴趣和快乐感?
	④ 你是否有睡眠问题,食欲或体重是否有变化?
	⑤ 你是否有过自杀念头或自残行为?
自动想法和认知模式相关提问	① 在负面情境中,你常常有哪些自动出现的消极想法或自我评价?
	② 你是否经常责备自己,觉得自己无用或无价值?
	③ 你是否有过度悲观甚至绝望的想法?
	④ 你是否认为别人对你持有消极看法或对你有敌意?
	⑤ 你是否经常陷入"一切都是我的错"或"我无法改变"的思维陷阱?
中间信念和核心信念相关提问	① 你是否认为自己无法取得成功或值得被爱?
	② 你是否相信自己是无能的?
	③ 你是否认为世界是危险的、不公平的或没有希望的?
	④ 你是否认为别人是不可信或不值得信任的?
	⑤ 你是否对自己和世界持有固定观念或信念?
功能和日常生活相关提问	① 你是否发现自己在工作、学习或日常活动中的动力和兴趣下降?
	② 你是否遇到了人际关系方面的困难,如社交退缩或孤立感?
	③ 你是否有能力应对日常压力和挑战? 是否感到疲倦、精力无法集中或决策困难?

续 表

环境因素和生活背景相关提问	① 你是否能得到家人的支持?
	② 你是否面临着社会压力、人际关系冲突或经济困难?
	③ 你是否有支持系统或社交网络来应对困难?
既往经历和创伤相关提问	① 你是否曾经历过创伤性事件或情感挫折?
	② 过去的经历是否对你的自我观念和情绪有深远影响?
	③ 你是否有过其他心理健康问题,如焦虑症、恐惧症等?
目标和期望提问	① 你希望在治疗中实现什么样的改变?
	② 你期望通过认知行为治疗获得哪些技能和策略?
	③ 你对自己的未来有什么希望和目标?
治疗准备和合作提问	① 你对认知行为治疗的了解程度如何?
	② 你是否愿意参与治疗并与治疗师合作?
	③ 你是否有顾虑或疑虑需要解决?

以上问题的目的是帮助治疗师初步了解抑郁症女犯,包括她们的症状、认知模式、功能状况、周边环境和目标期望。这些问题的选择和深入程度应根据个体情况和治疗目标进行调整,以确保评估的全面性和个性化。同时,治疗师还应保持敏感度和对女犯的尊重,提供安全的治疗环境。

步骤四:布置家庭作业,家庭作业是认知行为治疗中很有特色的一个必不可少的内容,既是咨访关系的体现,是心理干预的措施,也是使来访者保持沉浸在接受治疗状态的一个有效推动力。让女犯把今天所讲的内容包括心理问题记录下来,尽可能做到记录详细、有条理,并补充完善心理问题的发生发展过程。

步骤五：小结和反馈，听取女犯对此次会谈的感受，下次继续对女犯的心理问题进行深入全面的评估并协商确定治疗目标。

首次示范谈话

治疗师：（听取反馈，进一步巩固咨询关系）你好，我们又见面了。上次回去之后你感觉怎么样啊？

女犯：还可以，觉得有个人能听听我讲话蛮好的。

治疗师：那我们接着上次继续聊聊我提到的那个认知行为治疗方法。

女犯：好的。

治疗师：（确定本次谈话的主题）每次谈话其实都需要一个主题，今天主要是想和你详细说一下我们这个认知行为治疗的具体情况及操作要求和流程，有耐心听一听吗？

女犯：好的，我会仔细听的。

治疗师：（具体介绍认知行为治疗原理及工作流程）认知行为治疗其实是针对患者存在的一些功能失调性自动想法，深入挖掘其负性中间信念及负性核心信念，对其进行心理行为干预，使认知系统得到合理重建，缓解和改善因功能失调性自动想法而引发的不良情绪和不适应行为，进而建立正性核心信念。是不是感觉听上去有点复杂，其实说简单点就是把你存在的负面情绪或者行为进行识别调整，然后帮你找出出现这些情况的原因，帮助你从正面的角度去重新审视这些情况，以更好地处理你的一些负面情绪和想法。每隔一周我都会来和你聊聊你最近的情况，询问你最近是不是又有些不好的情绪或者想法了，我们一起分析产生的原因，整个过程基本会有 12 次谈话，你不需要给自己太大压力,也不会让你写很多很复杂的东西,关键在于你愿不愿意真诚地和我说说自己的心里话,不然的话我们这个治疗可能就达不到很好的效果。听懂我刚刚说的话了吗?

女犯:一开始你讲的是有点复杂,太专业了,后来你解释了一下还是能听得懂的。其实我有很多话在房间里是肯定不会和其他人讲的,但是对着警官就不一样了,我还是愿意和你说说的。

治疗师:(评估当前心理状态并打分)好的,那我们继续了。如果让你给自己的心理状态打个分,从1～100分,"1分"代表没有问题,"100分"代表问题最严重,你自己觉得可以得多少分?

女犯:嗯……我要么打个70分吧。

治疗师:(具体化)为什么这样打分啊?

女犯:因为未"脱帽"的事情还是蛮影响我的情绪的,和房间里的人也总是会出现这样那样的不开心,虽然说不至于消极到不想活了这种程度,但是有时候就会觉得监规监纪遵不遵守都一样,反正也不会有什么好的改变,就任由自己的性子了,老死在这里也无所谓了。我也蛮敏感的,性格脾气也不是很好,有点暴躁,人家说点什么,我会觉得是不是在说我的坏话。想想还有那么长的日子要在这里过也很烦。

治疗师:(负性认知模式评估)那你对改造的日常生活提得起兴趣吗?

女犯:自从觉得减刑没有希望之后就不想好好做了,觉得我做什么也改变不了现状。

治疗师:(症状持续时间的评估)你是什么时候开始对刑期有消极想法的?

女犯:主要还是进来几年后一直没"脱帽",感觉自己做什么都做不好,表现得再好好像对减刑也没什么作用,久而久之就不想好好做了，反正做了也没用，觉得一辈子在监狱里待着就待着吧。

治疗师：（情绪和应对评估）你以前也是一遇到事情就会产生消极想法、悲观情绪吗？

女犯：是的，我遇到的事情多了就会觉得自己很失败，什么事情都做不好，然后也听不进去人家的话，警官的话我也蛮反感的，不会觉得人家是对我好，特别是和相处不来的人讲话的时候情绪就特别不好。

治疗师：（环境因素和生活背景评估）那你在入狱前人际关系状态是怎样的？和家里人怎么相处的？

女犯：在外面我也是自己管自己的，不怎么和家里人沟通，也不会和他们讲太多自己的事情，父母就我一个女儿，他们也是随便我的。以前在外面，身边都是比较有钱的，我也要面子不想认输，所以后来就搞得有点太过分了，把自己搞进来了。

治疗师：（支持系统和资源评估）那现在和家里人关系怎么样啊？

女犯：有段时间基本上都不联系，也没脸面对家人，后来才和家人有联系，基本上我也只是说些自己好的事情，不会说太多在这里面的事情。

治疗师：（进一步探讨）家人对你现在的态度怎么样啊？

女犯：后来联系了之后，关系就缓和一点了，他们也没放弃我，我还是很开心的。

治疗师：（目标设定和期望）你自己希望通过这次治疗达到哪些效果呢？

女犯：至少让我对自己的改造积极点吧。

治疗师：（简单小结并布置家庭作业）好的。你主要的问题我已经了解了，主要还是在日常改造上存在一定的抑郁情绪，后续我们会针对你的这些情况进行治疗。回去之后你可以试着把今天所讲的内容包括心理问题的发生发展过程用文字记录下来,尽自己能力记录得详细一点,写得不好也没关系,下次我们一起改。

女犯:好的,我回去尽量写写。

治疗师:(听取反馈)好的。今天聊天感觉怎么样?

女犯:感觉蛮好的,我觉得我蛮愿意和你说话的,也谢谢你愿意听我说话。

治疗师:(预告下次谈话主题)我们互相配合好,相信会达到你希望的效果的。下次见面会继续对你的心理问题进行评估,然后确定我们最终要达到的效果和目标,好吗?

女犯:好的,谢谢你。

2. 第二次会谈谈话步骤

步骤一:评估当前心理状态并打分。

步骤二:连接上次谈话内容。连接上次谈话内容可以有两种方式,一种是由治疗师在回顾上次谈话内容的基础上引出本次谈话的话题,另一种是在治疗师的启发下由女犯来接上话题。

步骤三:检查家庭作业完成情况。

步骤四:明确谈话主题"继续对女犯的心理问题进行深入全面的评估及病例概念化,并确定治疗目标"。

步骤五:进入谈话主题。

(1) 全面评估

通过首次谈话,治疗师对女犯的基本情况及心理问题的产生和认知模式的形成有了大致的了解,但作为治疗师,要想帮助女犯调整认知,就要深入、细致地对女犯进行全面评估,真正了解她们情绪、行为背后的认知机理,这样才能有针对性地制订治疗方案、实施心理干预。对抑郁症女犯的心理问题进行全面深入的评估，包括以下内容。

① 情绪和心理症状评估：确定抑郁症的严重程度和类型。包括是否有轻度、中度还是重度抑郁，以及是否伴随焦虑症状等。评估自杀风险和自伤行为的历史及当前状态。

② 认知评估：分析女犯的负性思维模式和自我评价，例如自责、无助感、希望缺失等。评估认知偏见和扭曲，如过度概括、个人化、否定正面事件等。

③ 行为模式和日常功能评估：评估抑郁症对女犯日常活动、社交功能和工作能力的影响。分析睡眠模式、饮食习惯、运动等生活方式因素对抑郁症的影响。

④ 社会功能评估：评估女犯的社会支持系统，包括家庭、朋友和同事的支持程度。考虑任何潜在的社会孤立或者人际关系问题。

⑤ 过往史和家庭背景评估：了解童年时期是否有虐待、忽视或其他创伤经历，这些可能对当前的抑郁症状有影响。分析家庭中抑郁症或其他精神健康问题的遗传因素和环境因素。

以上因素可以相互作用，可能会促成抑郁症女犯的认知偏差。认知行为治疗的目标是帮助她们识别和调整这些偏差，提高对现实的客观认知，减少负面情绪和过度自我批评，从而改善心理健康状况。

(2) 病例概念化

病例概念化实际上就是一个把女犯心理问题及认知模式的来龙去脉搞清楚的过程，它贯穿整个治疗过程，也是一个不断完善的过程。当对女犯开始进行全面评估，建构病例概念化的操作就已经开始。

在认知行为治疗理论中，人的认知模式由两个层面组成，即浅表层面认知模式和潜在层面认知模式。浅表层面的认知包括自动想法；潜在层面的认知是浅表层面认知模式的基础和支撑，包括核心信念和中间信念。通常情况下，当个体遇到有压力的生活事件时，如果潜在层面的认知存在问题，就会引发和激活个体原有的功能失调性自动想法，并引起一系列不良情绪和不适应行为。反之，不良情绪和不适应行为又对潜在层面的负性认知产生反馈和强化。通过了解心理问题的形成架构，来掌握女犯的认知架构模式，通过从表层到深层收集、分析、归纳、整理信息，进一步完善女犯认知架构的来龙去脉见图 4-1。

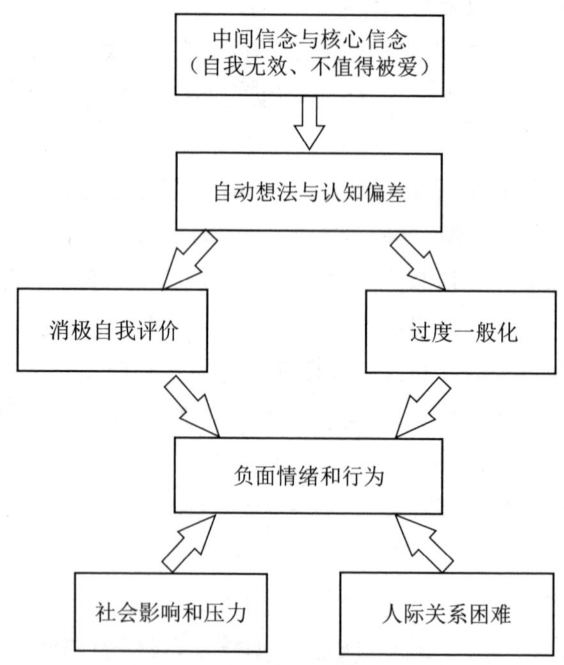

图 4-1　抑郁症心理问题的基本构架

抑郁症女犯认知行为治疗病例概念化可以从以下几个方面考虑。

① 中间信念与核心信念：探讨女犯的核心信念（如“我是无价值的”）及其衍生的中间信念（如“如果我不能完美地表现自己，我就是个失败者”）。这些负性信念驱动抑郁情绪，使女犯对自我和生活持消极态度，加剧抑郁症状。

② 自动想法与认知偏差：记录女犯在日常生活和特定情境中的自动想法（如“没有人喜欢我”）及认知偏差（如“非黑即白思维”“过度概括”）。这些负性自动想法和认知偏差直接导致抑郁情绪和行为反应，强化负性核心信念。

③ 消极自我评价：评估女犯对自己的看法，包括自我批评、自责和低自尊等。消极自我评价使女犯感到无助和绝望，进一步加重抑郁症状。

④ 过度一般化：识别女犯对负性事件的过度一般化，如“一次失败就意味着我永远不会成功”。过度一般化的思维方式会使女犯对未来持消极预期，增加无助感和抑郁情绪。

⑤ 负面情绪和行为：评估女犯的负面情绪（如悲伤、焦虑、愤怒等）及其对应的行为反应（如退缩、逃避、自残等）。负面情绪驱动不适应行为，而这些行为又进一步强化负面情绪，形成恶性循环。

⑥ 社会影响和压力：探讨女犯在监狱和外界环境中所面临的社会压力和影响，如家庭问题、法律问题、社会排斥等。社会压力和负面影响增加了女犯的心理负担，进一步加剧抑郁症状。

⑦ 人际关系困难：评估女犯的人际关系状况，包括与同监室女犯、家人、朋友的关系，识别主要的冲突和困难。人际关系困难导致孤独感和社会支持的缺乏，使女犯的抑郁情绪更加

严重。

通过对这些方面的综合考虑和分析，治疗师可以形成对抑郁症女犯的病例概念化，从而更好地理解她们的抑郁症症状和行为，并制订个性化的认知行为治疗计划。概念化过程应该是动态的，随着治疗的进行，不断修正和调整，以确保治疗的有效性和针对性。

(3) 确定治疗目标

认知行为治疗的目标是鲜明、具体的，疗效也是能评估、可检验的，是“看得见、摸得着”的，目标的确定应该由女犯和治疗师商议而定，先由女犯提出，再由治疗师给予认可。治疗目标所确定的内容是以调整女犯当前最突出的心理问题为主，从调整女犯曲解的、非理性的认知入手，从而改变不良情绪和不适应行为。一般情况下，治疗目标的范围应尽可能集中，当主要的心理问题解决以后，其他相关的问题便可迎刃而解。

步骤六：布置家庭作业，让女犯思考成长过程中家庭和社会环境对其心理问题的影响。

步骤七：小结和反馈，告知女犯下次将讲述功能失调性自动想法概念。

第二次示范谈话

治疗师：（了解症状与行为表现）这两天你的情况怎么样啊，吃饭睡觉都正常吗？

女犯：这两天还行吧。

治疗师：（了解既往情况）那以前有没有过饮食睡眠不好的情况？

女犯：有的，和人吵过架之后就睡不好。

治疗师：(关注当下)最近有没有发生让自己不开心的事情？

女犯：就是最近又有人减刑公示了，看到公示栏上她们每一次公示的进度我心里都挺难受的，想想上面什么时候才能有自己的名字啊。

治疗师：(引导自我发现技术)看到人家出榜了确实是会羡慕的，同时也会想到自己，就会有失落感，你觉得这样会给你带来哪些影响？

女犯：确实是，道理我也知道，就是有的时候会控制不住，一旦情绪上来就感觉什么都管不住了，也有可能我的脾气就是这样，容易钻牛角尖。

治疗师：(确认问题产生根源)那你有没有好好想过，自己是如何从刚入狱时比较积极的改造状态发展成现在这个样子的呢？

女犯：就是一直没"脱帽"啊，本来我是想好好改造的，但是一直没机会。

治疗师：(收集证据)你这么确定自己没有机会吗？身边有没有跟你一样情况的人？是不是也是你想象的那样呢？

女犯：这个我不清楚。

治疗师：(识别自动想法)是不是听到人家减刑的时候自己特别敏感，觉得人家可以，自己怎么却不可以？

女犯：是的，是这样的，每次只要听到与减刑有关的消息，我的情绪就特别不好。

治疗师：(收集相关信息)这两天有没有和房间里的人发生不开心的事儿？

女犯：大的冲突没有，就是人家在说谁谁谁出榜了，我就觉得她们语气里有点嘲笑我的意思，我就和她们争了两句。

治疗师：(反问技术)还是我前面说过的那句话，你这么确定吗？

女犯：你这样说确实是的，突然觉得自己蛮傻的，钻进去后就出不来了，感觉自己浪费了很多时间。

治疗师：(支持系统评估)现在家里情况怎么样？家人还是一如既往地在支持你吗？

女犯：是的，特别想到我儿子，希望他以后能考一个好大学。

治疗师：(确定治疗目标)就算是为了你儿子也要好好改造啊，我们要尽自己能力把自己调整到最好的状态。上次你说希望这次治疗能使自己对改造积极些，除了这个还希望达到什么效果呢？

女犯：先改善人际关系吧，老是和别人吵架扣分的话什么时候才能减刑啊。还有你之前说的把负面想法纠正过来，我觉得也确实很需要，心态好点了日子也会好过很多。

治疗师：(具体细化目标)那我们就先以改变人际关系为第一目标再慢慢纠正自己的错误认知，改善消极情绪，你觉得呢？

女犯：好的，我同意。

治疗师：(布置家庭作业)今天你回去之后又有作业要继续完成了，请思考一下成长过程中家庭和社会环境对自己心理的影响，不用写得太复杂，写清楚重点就可以了，也不需要文笔多好，不用太紧张。

女犯：好的，我回去试试写写看。

治疗师：(预告下次谈话主题)下次会谈将涉及功能失调性自动想法概念，我们一起学习下好吗？

女犯：好的，谢谢你了。

3. 第三次会谈谈话步骤

步骤一:评估当前心理状态并打分。

步骤二:连接上次谈话内容。

步骤三:检查家庭作业完成情况。

步骤四:明确谈话主题"识别、收集功能失调性自动想法"。

步骤五:进入谈话主题。

(1) 解释相关概念

完成认知行为治疗的心理评估及病例概念化之后,治疗师就可以进入下一个治疗程序,即识别和收集功能失调性自动想法,这是认知行为治疗进入实质性内容的开始,是能否实现认知行为调整的第一关。要准确识别功能失调性自动想法,就要先搞清楚自动想法的概念及特征,特别要区分它与情绪、一般思维的不同。

自动想法是指个体在一定的情境下,大脑自然而然涌现出的对自己、对他人及对周围环境评价性的一闪而过的念头,故又被称为"一闪念"。它的出现绝大部分先于情绪和行为,其基本形式是词汇、短语和图像,十分简洁。自动想法还有一些特定的表达形式,有疑问句式,如"我能行吗",实际表达的意思是"我可不行";还有隐含句式,如"我觉得自己好像是行尸走肉",实际表达的意思是"我的存在毫无价值";等等。尽管自动想法是自发涌现的思维流,但其根部有着信念系统的影响和支撑。

在日常生活中人们遇事都会产生自动想法,如果自动想法是合理的,那么它对人们的情绪和行为的影响就是正性的,产生的社会功能也是正常的;如果自动想法是曲解的、失真的、非理性的,那么它就会引起人们的负性情绪和不适应行为,产生的社会功能也是失调的。对于抑郁症女犯来说，自动想法可能包括以下内容："我是一个失败者，无论做什么都会失败""我对任何事情都没有兴趣，无法享受生活""我是无用的，对任何人都没有价值""没有人关心我，我是孤独的"。情绪是一种心理体验，与失调性自动想法有本质的区别，如狂喜、愤怒、哀伤、快乐等。而一般思维如解释、联想、猜测等会掺杂很多思考，没有自动想法那样简洁明了。因此，本次谈话重点是让女犯了解自动想法的概念，区分好与情绪、一般思维的不同之处，指导女犯识别和收集功能失调性自动想法。

（2）进行相关提问（表 4-5）

表 4-5 收集抑郁症女犯功能失调性自动想法的提问（举例）

① 当你感到情绪低落或沮丧时，你会有哪些具体的自动想法？
② 在一天中的不同时刻，你的自动想法会发生哪些变化？
③ 你认为自己对他人和世界的评价是怎样的？
④ 你是否常常出现消极的自我评价或自责的想法？
⑤ 你是否常常将事情过度一般化，认为一次失败就能代表自己的整体价值？
⑥ 在自动想法中，你是否经常使用否定的词语，如"永远不会""无法改变"等？
⑦ 你是否常常将负面的情绪与自己的价值和能力联系在一起？
⑧ 你是否经常产生自我比较和竞争的想法？
⑨ 当你面对困难或挫折时，你是否有想放弃的念头或感到无助？
⑩ 你是否常常预测事情的负面结果，而忽视了可能的正面结果？

这些问题旨在引导抑郁症女犯思考自己的自动想法，帮助

她们意识到负面思维模式的存在，并为治疗师提供了解她们内心世界的信息。通过深入了解自动想法，治疗师可以与她们共同来挑战这些想法，寻找证据和替代思维，以改善她们的心理健康状况。

步骤六：布置家庭作业，指导女犯填写每日功能失调性自动想法记录表（表4-6）。

表4-6　每日功能失调性自动想法记录表

日期	情境 ① 引起不良情绪和不适应行为的事件或情况 ② 引起不良情绪和不适应行为的思绪、遐想或回忆	情绪 ① 不良情绪 ② 不良情绪的程度（1～100）	功能失调性自动想法 ① 引发不良情绪和不适应行为的功能失调性自动想法 ② 对功能失调性自动想法的相信程度（0～100%）

步骤七：小结和反馈，告知女犯下次将归纳功能失调性自动想法。

第三次示范谈话

治疗师：（检查家庭作业）回去之后有思考过我布置给你的

家庭作业吗?

女犯:想过的,我觉得自己太争强好胜了,可能因为家里就我一个女儿,都是以我为中心,对我也不会讲一句重话,我想怎么样家里也不会管太多。然后到社会上之后身边的人都是有钱的,我家里刚拆迁手上也有钱,就会和他们去做些投资项目,自己也要面子,就觉得自己能做成一些事情。就像进来后和人吵架的时候,我也是一定要吵赢,一定要让别人扣分。

治疗师:(澄清)你的意思是在成长过程中太放任自己了,然后也没人会约束你、提醒你?

女犯:是的。

治疗师:(收集功能失调性自动想法)那你觉得你的问题产生的根源是什么呢?

女犯:觉得家里人要是管管我、话说得重一点的话,可能我就不会进来了。

治疗师:(进行重新归因)外因是问题产生的条件,内因是问题产生的根源,你对自己又是怎么看的呢?

女犯:自己的问题我也想过,但多少肯定会抱怨别人的。

治疗师:(收集功能失调性自动想法)那你对减刑一直减不了这件事是怎么想的?

女犯:觉得是警官不给机会、不上心;觉得我这个人在监室里无足轻重、可有可无,是队长不关心我。

治疗师:(逻辑推理技术)然后你就对你的改造开始不上心了是吗? 监规纪律要求的事情也不想好好做了?

女犯:是的,就算做了我也一直是这样的状态。

治疗师:那和同监室女犯闹得不开心跟减刑又有什么联系呢?

女犯：(进一步探讨)就是监室里有时候老犯会找新收女犯的茬，我看不惯，然后别人就会针对我，碰到事情了就会一直说我减刑减不了了什么的，我就一下子控制不住情绪了，和她们吵起来。

治疗师：(收集功能失调性自动想法)那吵完以后呢？你当时有什么想法？

女犯：就情绪一直很低落，人家说的什么“死在监狱里”这种话我就一直在脑子里想啊想，睡觉也睡不好。觉得自己真的没希望了，我就是一个失败者，就想放弃了，自己做什么也改变不了现状了。也不想听到人家说话，沉浸在自己的思绪当中，扯扯头发、剥剥指甲，人家想和我说话我也不睬别人。

治疗师：(情绪评估)当时的情绪是怎么样的？

女犯：生气、害怕。

治疗师：(解释功能失调性自动想法的定义)好的。还记得上次我和你说会讲一下功能失调性自动想法吗？自动想法就是个体在一定情境下大脑自然而然涌现出的对自己、对他人及对周围环境评价的一闪而过的念头。功能失调性自动想法就是曲解的、失真的、非理性的，会引起人们的负面情绪和不适应行为，产生失调的社会功能的自动想法。刚刚你说的“觉得自己是一个失败者，想放弃”“觉得永远改变不了现状”就是自动想法，这些想法导致你出现生气害怕的负面情绪，就是功能失调性自动想法。可以理解这些概念吗？

女犯：我大概能听得懂，就是我老觉得自己没希望要放弃，然后导致出现了负面情绪，是不是？

治疗师：(布置家庭作业)是的，差不多是这个意思。今天的主要任务就是能理解这个概念，你已经做得很好了，接下去就是要完成每日功能失调性自动想法记录表的填写，就是记录下你日常生活中产生的功能失调性自动想法，就比如说你觉得自己不行、做不好这些想法，用数字表示不良情绪的程度，等你写好之后我们下次再一起探讨，不要担心自己写得不好，只要写清楚具体的事情就可以了。

女犯：好的，我回去好好想想。

治疗师：（预告下次谈话主题）下次我们将归纳功能失调性自动想法，就是对你的这些自动想法进行归类。

女犯：好的，我知道了。

4. 第四次会谈谈话步骤

步骤一：评估当前心理状态并打分。

步骤二：连接上次谈话内容。

步骤三：检查家庭作业完成情况。

步骤四：明确谈话主题"归纳功能失调性自动想法"。

步骤五：进入谈话主题。

治疗师可以与女犯一起参照抑郁症女犯常见功能失调性自动想法类型（表 4-7）对记录在每日功能失调性自动想法记录表（表 4-6）中的自动想法进行逐一对照，并讨论，让女犯找出与自己相符的功能失调性自动想法类型。即使女犯在记录表中所记录的内容较多，但若对数日或数周的自动想法记录表进行整理分析，治疗师也不难发现女犯在"功能失调性自动想法"这一栏中所填写的内容具有集聚的倾向，治疗师可以根据功能失调性自动想法的类型对女犯的自动想法做一个基本的估测和定位，做到有所聚焦、心中有数。

表 4-7　抑郁症女犯常见功能失调性自动想法类型

① 自我无效:认为自己是无能、无价值或没有意义的人
② 不值得被爱:认为自己不值得别人的关注、关心或爱护
③ 绝对化思维:以非黑即白的方式看待事物,没有灰色地带
④ 过度一般化:基于个别的负面经验,将其普遍化为所有情况
⑤ 情绪过滤:只注意和强调负面情绪和经验,忽视正面的
⑥ 负面预测:预测未来会发生负面的情况和结果
⑦ 忽视正面经验:忽略或贬低积极的事物、成就和经历
⑧ 心理过滤:只注意或记住负面的信息,忽视或忘记正面的
⑨ 最大化/最小化:夸大负面事件和经历的重要性,忽略或轻视正面的
⑩ 过度归责:将所有的错误、挫折和问题都归咎于自己

这些功能失调性自动想法反映了抑郁症女犯的认知偏差和负面思维模式,会强化她们的抑郁症症状和功能失调。通过认知行为治疗,她们可以学习识别和挑战这些功能失调性自动想法,寻找证据和替代思维,从而改善心理健康和情绪状态。

步骤六:布置家庭作业,让女犯继续填写每日功能失调性自动想法记录表(表 4-6)。

步骤七:小结和反馈,告知女犯下次将检验并调整功能失调性自动想法。

第四次示范谈话

治疗师:(检查家庭作业)我们来看看你的表格写得怎么样?你都写了哪些内容?

女犯:这段时间的心理状态我给自己打了 70 分。一是因为与同监室女犯发生争吵,对方讲了一句我不能接受的话,什么

“死在监狱”这种话，我就一下子想起自己刑期很长，这么久都不能“脱帽”，自己没希望了，很担心害怕，晚上睡不好。

治疗师：(归纳功能失调性自动想法类型)这个事情之前你也提到过，现在我们可以按照常见功能失调性自动想法类型对记录在表格中的自动想法进行逐一对照，你认为刚才你记录的这一条可以对应哪一项？

女犯：嗯……是不是负面预测？预测未来会发生负面的情况和结果。

治疗师：是的，“觉得自己没有希望‘脱帽’了”就是功能失调性自动想法，只要发生一些相关的事情你就会将一些负面的情况自然而然地联想到自己身上，出现担心害怕的负面情绪，睡觉也睡不好。我们看下一条。

女犯：刚与同监室女犯发生口角，看到她与另一名女犯在窃窃私语而且眼睛瞟向我这边，我想她们肯定是在说我的坏话，觉得很气愤。

治疗师：我们一起来看一下，过度一般化：基于个别的负面经验，将其普遍化到所有情况。和其他人有过一次矛盾就认为他人肯定就是在针对自己，你自己认为呢？

女犯：是的，我觉得也是这样，觉得她之前说过我，现在肯定又在和别人说我坏话了。这是我第一反应，最先冒出来的想法，这个想法有些负面，导致我变得很气愤。

治疗师：说得很好，你已经能进行归纳了。下一条是“家人没有任何信件，自己也没有主动联系家人，认为家人已经不关心自己、放弃自己了。自己越想越难过，有时候还偷偷抹眼泪”。

女犯：嗯……我觉得可能是绝对化思维和心理过滤吧，这两个好像都有点，觉得只要他们不来信就是不关心我、不想管我了。

治疗师：(寻找例外技术)是啊，之前家人也是来过信的吧，他们在信中也表达了对你的关心，家人的这些关心你难道都忘了吗？心里都是这段时间他们没来信就是不关心你了这些负面的想法，还哭了是吧，可能家中有事比较忙一时没照顾到你呢？

女犯：是的，我是一遇到事情就往坏的方面想，这些不好的想法跳出来之后我就马上情绪不好。

治疗师：(释义)这些自动想法反映了你的认知偏差和负面思维模式，强化了你的抑郁症症状和功能失调，使得你的情绪和行为越来越走向不好的一面，生气、害怕、影响睡眠。之前你还说过有扯头发和剥指甲的行为是吧，这就是一个恶性循环。没事的，你也不用太着急，之后我们会学习识别和挑战这些功能失调性自动想法，寻找证据和替代思维，从而改善心理健康和情绪状态。

治疗师：(布置家庭作业)上次的回家作业你完成得不错，今天回去之后要继续填写每日功能失调性自动想法记录表，下一次我们再一起讨论。

女犯：好的。

治疗师：(预告下次谈话主题)下次我们还将检验并调整功能失调性自动想法，就是如何调整你的这些自动想法，下次我们再详谈。

女犯：好的，谢谢你。

5. 第五次、第六次会谈谈话步骤

步骤一：评估当前心理状态并打分。

步骤二:连接上次谈话内容。

步骤三:检查家庭作业完成情况。

步骤四;明确谈话主题"检验并调整功能失调性自动想法"。

步骤五:进入谈话主题。

当女犯能对自己的功能失调性自动想法进行识别时,治疗师还需和女犯一起进一步探询支持自动想法的理由,并加以质疑,要让女犯清晰地认识到自动想法所带来的功能失调,包括对情绪、对行为和对生理功能的负面效应,为后续动摇原来的想法并用合理想法替代做好准备。治疗师常用的技术有诘问驳难、探寻证据、逻辑纠错和理性替代等。这两次谈话着重阐述如何检验和调整功能失调性自动想法,这正是对浅表层面认知干预的重要一步。

治疗师在帮助女犯检验自动想法是否功能失调时有一个基本的原则,就是自动想法是否导致女犯产生不良情绪(抑郁、沮丧、焦虑、恐惧、害怕等)和不适应行为(退缩、回避、坐立不安、自伤自残等)。检验女犯功能失调性自动想法的实际效应体现在女犯对该自动想法开始产生怀疑、动摇,并为调整这种自动想法、用理性的自动想法进行替代做好准备。

对于功能失调性自动想法的调整,治疗师要用心、耐心地引导女犯进行理性思考,试着以情绪的好转为标准,采用积极的想法替代功能失调性自动想法,并体验情绪是否有变化,是否有改善。如果所采用的替代想法没有效果或效果甚微,就应该更换其他的替代想法,直到见效为止。在这个过程中,治疗师不能为女犯提供自己预置的想法,不能让女犯盲目地接受自己的观点和想法,治疗师最主要的作用是启发,常用的技术有核查客观证据、引导自我发现、质疑绝对肯定、考虑其他可能、进行重新归因、不幸中有转机等，对女犯自己想出的替代想法可以进行讨论，评估替代想法的实际效果。

对女犯功能失调性自动想法的调整过程，实际上是帮助女犯重建新的理性想法并对功能失调性自动想法进行替代的过程，最后使女犯能够做到很自然、很稳定地以理性的、合理的想法取代和覆盖功能失调性的自动想法，使女犯在情绪、行为及其他各方面都得到改善。替代想法的操作会有一定的难度，治疗师应该积极地鼓励女犯在调整中树立信心，只要女犯的情绪状态有所改善，这一结果就能成为一个正性的强化物，去强化女犯坚持不懈地用理性想法对功能失调性自动想法进行替代，同时也能逐步提高女犯对理性替代想法的相信程度。

对抑郁症女犯的功能失调性自动想法进行检验和调整是认知行为治疗的重要部分，旨在帮助她们挑战和改变负面的思维模式。治疗师可以采取挑战—动摇—替代三步法，具体方法如下。

(1) 记录自动想法：鼓励抑郁症女犯记录下她们在负面情绪出现时具体的自动想法。可以通过写日记、记录情绪日志或写思想汇报等方式进行。

(2) 检视证据：与抑郁症女犯一起检视她们的自动想法，并找出支持或反驳这些想法的证据。鼓励她们评估这些想法的客观性和合理性。

(3) 替代性思维：帮助抑郁症女犯发展替代性的、更合理的思维方式。可提供证据和事实来反驳其自动想法，鼓励她们采用更积极、客观和全面的观点。

（4）反证法：鼓励抑郁症女犯尝试反证法，即通过寻找反例和对比事例来推翻自动想法。这有助于打破她们对自己和世界的消极扭曲认知。

（5）实验性问题：提出实验性问题，帮助抑郁症女犯探索和测试其自动想法的准确性和实用性。例如，询问她们如果运用不同的思维方式，会有什么不同的感受和行为。

（6）反问自我：当抑郁症女犯表达自我否定的自动想法时，鼓励她们问自己一些问题，如是否有确凿的证据支持这种想法，是否有其他可能的解释，以及她们如何看待其他人同样的问题。

（7）持续实践：鼓励抑郁症女犯在日常生活中不断实践挑战自动想法和采用更健康的思维方式。通过持续练习，她们可以逐渐改变旧的认知模式，并培养积极的思维习惯。

（8）关于不同情境的相关思考引导抑郁症女犯注意观察自己所处的情境，并与自动想法进行关联。帮助她们意识到特定的情境可能会触发特定的自动想法，并探索不同的解释和观点。

（9）情绪监测：鼓励抑郁症女犯监测自己的情绪与自动想法之间的关系。帮助她们意识到情绪与自动想法之间的相互作用，并采用更健康的情绪调节和认知应对策略。

通过这些方法，抑郁症女犯可以逐步识别、检验和调整她们的自动想法，从而改善她们的认知模式和情绪状态。这个过程需要时间、耐心以及女犯与治疗师的密切合作，才能确保治疗过程的有效性和可持续性。

步骤六：布置家庭作业，指导女犯填写每日理性想法替代功能失调性自动想法记录表（表 4-8）。

表 4-8　每日理性想法替代功能失调性自动想法记录表

日期	情境 ① 引起不良情绪的事件或情况 ② 引起不良情绪和不适应行为的思绪、遐想或回忆	情绪 ① 不良情绪 ② 不良情绪的程度(1～100)	功能失调性自动想法 ① 激发不良情绪的功能失调性自动想法 ② 对功能失调性自动想法的相信程度(0～100%)	合理的反应 ① 写出理性替代想法 ② 对理性替代想法的相信程度(0～100%)	结果 ① 再评估对原先功能失调性自动想法的相信程度(0～100%) ② 再评估不良情绪的程度(1～100)

步骤七:小结和反馈,告知女犯下次将挖掘负性中间信念。

第五、第六次示范谈话

治疗师:(记录功能失调性自动想法)我们一起来看下你这次又记录了哪些功能失调性自动想法,这周有什么不开心的事情吗?

女犯:最近监室里有人在写材料应该就是要报减刑,每次看到她在监室里说这件事,我就觉得她在嘲讽我,动不动会和她吵两句,然后我自己又会胡思乱想了。

治疗师:(澄清)你是不是又联想到了自己,觉得自己不能"脱帽"?

女犯:是的,监室里有人报材料我就会觉得浑身不自在,情绪很低落。

治疗师:(引导发现)是单纯因为报材料这件事还是因为其他的?

女犯:因为这个人以前和我发生不开心的事时说过那种诅咒我的话,所以看到她报材料我就自然而然地觉得她是在向我炫耀,同时嘲笑我一直不能"脱帽"。

治疗师:(检验证据)那她这次又在监室里这样说了吗?

女犯:那倒没有。

治疗师:(寻找反证据)那你有听到其他人这样议论这件事情吗?

女犯:也没有。

治疗师:(替代性思维)如果哪天你能报材料减刑了,你会在房间里和同犯说这件事情吗?

女犯:我相信我肯定会的,因为这对我来说是最好的事情。

治疗师:(反问技术)那对她来说难道不也是最好的事情吗?表达自己的喜悦也是人之常情,不是吗?

女犯:是的。

治疗师:(检验证据)她说的时候有那种指桑骂槐、阴阳怪气的言语吗?

女犯:嗯,其实也没有。

治疗师:(提出实验性问题)她说的那些话如果是从其他报材料的人嘴里说出来的,你觉得是正常的话吗?

女犯:现在想想是挺正常的,没有刻意针对任何人的意思。

治疗师:(挑战原来的功能失调性自动想法)那你现在觉得自己之前的想法是不是太多虑了?只要有过一次负面经验你就将其普遍化到所有情况。

女犯:好像有点。

治疗师：(替代解释)你现在再回想一下那个人说过的话，如果换成其他人说你还会有当时的想法吗？

女犯：好像不太会了。

治疗师：(引导与情境相关的思考并重构认知)你再设想一下那个情境，那个人在很正常地讲述自己写材料的事情，你在边上听到后会有什么想法和情绪？

女犯：我会挺羡慕的，还会为她感到开心。

治疗师：(肯定)你看你是能做到的，你用合理想法替代了功能失调性自动想法。最近主管警官和你谈过心吗？

女犯：就稍微聊了两句，问了一下我最近的情况，她知道我在参加这个认知行为治疗的项目。

治疗师：(收集支持功能失调性自动想法的证据)我看表格里你写了你觉得警官不关心你，不给你“脱帽”的机会，你觉得很委屈，为什么会这样认为呢？

女犯：估计和监室里的人一直吵，警官也有点不耐烦了，对我有看法了。

治疗师：(检验证据)你说的有看法是表现在警官对你平时的管理有不公平不公正的地方、随意给你扣分吗？

女犯：这个倒没有，我们队长做事还是很认真公平的。

治疗师：(挑战原来的功能失调性自动想法)减刑“脱帽”是需要满足法定条件的，你觉得自己做到位、满足条件了吗？

女犯：做得很不够，我的财产刑到现在履行得也不多，这两年中因与人吵架等违纪行为被扣分也不少。

治疗师：(反问)那警官上报减刑是取决于哪些因素呢？只是在于警官自己想不想吗？

女犯：还是在于我自己。

治疗师:(认知重构)所以啊,"脱帽"的机会应该是谁给的呢?

女犯:机会是在我自己手上的。

治疗师:(提供支持)你说得很好,能够慢慢调整自己的想法,这也是接下来我们要学会的。回去后你填写每日理性想法替代功能失调性自动想法记录表,练习用理性想法对功能失调性自动想法进行替代,从而改变认知模式并改善你的情绪状态。如果碰到问题也不用太心急,有不清楚的地方可以随时和我沟通。

女犯:好的。

治疗师:(预告下次谈话主题)下次会挖掘你存在的负性中间信念,这个概念下次会和你详谈,回去把表格好好填一下。

女犯:好的。

6. 第七次会谈谈话步骤

步骤一:评估当前心理状态并打分。

步骤二:连接上次谈话内容。

步骤三:检查家庭作业完成情况。

步骤四:明确谈话主题"挖掘负性中间信念"。

步骤五:进入谈话主题。

(1) 解释相关概念

治疗师指导女犯成功完成对功能失调性自动想法的理性替代,只是在浅表层面进行认知干预的一个阶段性成果。由于浅表层面的认知是受潜在层面认知的作用和影响,因此,要使女犯完全消除不由自主地涌现的功能失调性自动想法,从根本上解决心理问题或心理障碍,一定要进一步调整潜在层面的认知。治疗师将开始对女犯信念系统中负性成分的挖掘、检验和调整。

信念是人们从童年开始逐步形成的对自我、他人及世界的自认为可以确信的看法，其中高度概括、根深蒂固的观念被称为核心信念。负性核心信念就是个人对自我、他人及世界的非理性的功能失调性的核心信念。在女犯的信念系统中，负性核心信念对功能失调性自动想法的影响并非直接的，而是通过功能失调性假设和规则间接影响的。在认知行为治疗的理论中，把处于中介形态的功能失调性假设和规则称为负性中间信念。假设是指没有充分依据的设定。规则是人们在成长过程中逐步形成的典式和法则，也是在社会生活中应对各种问题和事件而逐步形成的习惯及约定俗成的准则（图 4-2、表 4-9）。因此，探索、检验并矫正负性中间信念是实施潜在层面认知调整的重要一步。

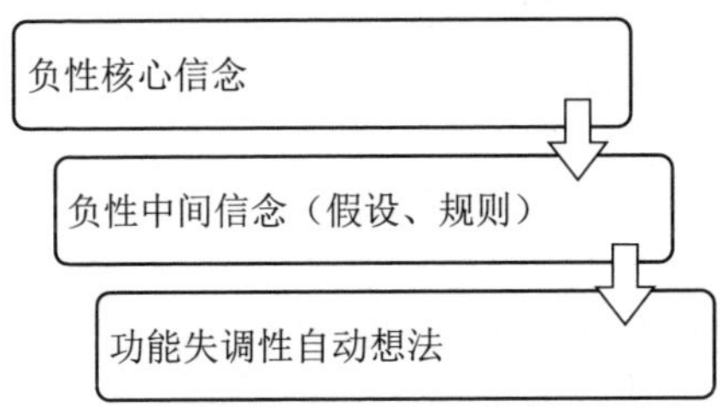

图 4-2　潜在层面认知与浅表层面认知之间的关系

表 4-9　中间信念的基本表述形式

假　设	规　则
如果……那么…… 倘若……那么…… 万一……就…… 即使……就会……	必须……

抑郁症女犯可能有以下中间信念："我一直以来都是一个失败者，这不会改变""我对任何事情都失去了兴趣，我无法改变这种情况""我觉得自己毫无价值，且无法改变这种感觉""我经历

了太多的伤害和拒绝，我注定是孤独的”。

（2）进行相关提问

治疗师指导女犯识别功能失调性假设和规则有以下几种方法：从女犯功能失调性自动想法中直接提炼负性中间信念；通过女犯提供信息中的假设内容的前提部分，设法引导女犯表达出假设内容的结论；通过直接点拨引出女犯长期固守的规则；通过逐级挖掘推导技术引出女犯的负性中间信念；通过直接询问的方法，让女犯明确表达其负性中间信念。挖掘抑郁症女犯负性中间信念可进行的提问，见表 4-10。

表 4-10 挖掘抑郁症女犯负性中间信念的提问(举例)

关于自我的提问	① 你认为自己是一个怎样的人？
	② 你对自己的价值和能力有怎样的看法？
	③ 你是否有过度要求自己的倾向？
关于世界的提问	① 你认为世界是怎样的地方？
	② 你对他人的看法和期望是怎样的？
	③ 你认为他人对你的评价和态度是怎样的？
关于未来的提问	① 你对未来的展望和期待是怎样的？
	② 你是否对未来有悲观或消极的预期？
	③ 你对自己未来的能力和成功是否有信心？
关于情感的提问	① 你对自己的情感体验有怎样的看法？
	② 你如何处理负面情绪和压力？
	③ 你认为自己的情感是否受他人影响很大？
关于控制的提问	① 你认为自己对生活的控制程度怎样？
	② 你是否认为自己能够控制自己的思维和情绪？
	③ 你对外界事件和他人行为的控制力如何看待？

这些问题可以帮助抑郁症女犯自我反思和探索内在的中间信念，也可以帮助治疗师更好地了解她们的思维模式和信念系统。在治疗过程中，治疗师可以进一步深入探讨这些中间信念，并与她们一起调整不健康的中间信念，以促进认知和情绪的改变。

步骤六：布置家庭作业，让女犯继续填写每日理性想法替代功能失调性自动想法记录表(表 4-8)。

步骤七：小结和反馈，告知女犯下次将检验、质疑并调整功能失调性假设和规则。

第七次示范谈话

治疗师：(评估当前心理状态并打分)这两天情绪怎么样？我看表格上面你给自己的情绪评价分数比之前低了。

女犯：是的，这几次和你谈过之后，我感觉自己的情绪没有像以前那么差了，碰到事情的时候我会想想你和我说过的话。

治疗师：我看表格上你还写到“当听到别人的一句话让自己敏感的时候，知道不应该因为别人的话语让自己情绪失控”，说明你已经能试着用一些理性替代想法了，今天我们会继续挖掘中间信念。

女犯：中间信念是什么意思啊？

治疗师：(解释中间信念的定义)我们一步步来慢慢解释。一个人从小到大根深蒂固的观念就是核心信念，个人对自我、他人及世界的非理性的功能失调的核心信念就是负性核心信念。负性核心信念对功能失调性自动想法的影响并非直接作用，而是通过功能失调性假设和规则间接影响的,也就是说中间信念是对自动想法的进一步解释和解读。可能有些复杂,就是你原有的根深蒂固的负面观念让你总是对自己产生一些负面的假设,这些假设导致你出现负面的想法。能听得懂吗?

女犯:是不是我老是给自己设定很多不好的假设搞得自己情绪不好?

治疗师:是这个意思,你理解得很好。下面这些问题可以帮助我们进一步了解你的中间信念。

治疗师:(挖掘关于自我的中间信念)你觉得自己是怎样的一个人?你对自己的价值和能力是怎么看的?

女犯:不是很通情达理,不听劝,觉得自己可有可无吧,自己做再多事情也改变不了现状。

治疗师:(挖掘关于世界的中间信念)那你觉得别人是怎么看待你的?

女犯:觉得她们都挺假的,反正监室里多我一个不多,少我一个不少,无足轻重吧。

治疗师:(挖掘关于未来的中间信念)那你对未来有什么展望和期待呢?

女犯:不是很有信心,感觉对未来还是挺迷茫的,毕竟"头上的帽子"还在那里。

治疗师:(挖掘关于情感的中间信念)那你觉得你的负面情绪受他人的影响大吗?

女犯:蛮多时候是的,人家说点什么我会钻牛角尖。

治疗师:(挖掘关于控制的中间信念)那你的负面情绪你觉得你能控制得住吗?

女犯：不能完全控制，有时候尽管我知道这样不好，但就是钻进去后出不来，往往还会把事情扩大化。

治疗师：（澄清）通过这些问题其实我已经大概能了解到你的一些中间信念了，不愿与人沟通，认为自己是个没有价值的人、无力改变现状、对未来没有信心。你自己认为呢？

女犯：是的，你说得很对。

治疗师：（布置家庭作业）今天你回去之后还是继续填写每日理性想法替代功能失调性自动想法记录表，下次我们会检验、质疑并调整功能失调性假设和规则。刚才的这些问题你几乎是不假思索地就回答了，说明你对这些中间信念的相信程度还是很高的，后续我们会逐步地帮助你改变现有的这些非理性信念。我们慢慢来，这个过程也会持续一段时间，一步一步来好吗？

女犯：好的，我会配合好的。

7. 第八次、第九次会谈谈话步骤

步骤一：评估当前心理状态。

步骤二：连接上次谈话内容。

步骤三：检查家庭作业完成情况。

步骤四：明确谈话主题“检验、质疑并调整功能失调性假设和规则”。

步骤五：进入谈话主题。

对抑郁症女犯功能失调性假设和规则进行检验和调整的具体方法除可以参照和借用调整功能失调性自动想法的策略及方法外，还可以运用一些其他的方法如成本—效益分析、合理假设替代等，操作步骤还是采用挑战—动摇—替代三步法，具体如下。

（1）确定功能失调性假设和规则

治疗师与抑郁症女犯合作，识别并明确她们所持有的功能失调性假设和规则。可能包括关于自我价值、他人评价、未来展望等方面的信念。

（2）收集证据和反证据，挑战功能失调性假设和规则

帮助女犯寻找证据，以验证或反驳她们的功能失调性假设和规则。她们可以回顾过去的经历、观察他人的行为，或了解他人对自己行为的反馈，以收集相关的实证证据。如挑战功能失调性规则，女犯功能失调性规则通常是以"必须"的陈述方式表达，由于这些陈述中掺杂了不合逻辑及过分概括的成分，因此要改变女犯长期形成的功能失调性"必须"的想法，治疗师单靠一味否定是难以奏效的，需要顺着女犯的逻辑循循善诱，一步步地对她们的陈述提出疑问，并给予空间，让她们多一个角度重新思考。治疗师在谈话中可以通过提出疑问的方式引导女犯思考。例如：这个规则是从什么时候开始形成的？这个规则是在怎样的情况下确立的？当时确立这样的规则有当时的情况，现在一直沿用这样的规则是否妥当？这个规则是只适合你个人呢，还是适合所有人？你真的完全是照着这个规则在做吗，规则是否有松动的时候？如果不遵循你的规则行事会产生怎样的后果？你对没有遵循你这个规则的人是怎样看待的？可以通过填写考查并挑战功能失调性规则练习表（表 4-11）的方法，对女犯的功能失调性规则进行梳理和调整。

表 4-11　考查并挑战功能失调性规则练习表

对规则“必须”的陈述：
对规则的相信程度(0～100%)： 情绪(1～100)： 成本(不利之处)： 收益(有利之处)： 在怎样的情况下确立了这个规则? 你是否要求其他人都遵循这个规则? 对这个规则用“偏好”而不是“必须”来重新表述： 通过重新表述所产生的新效果： 对规则的相信程度(0～100%)： 情绪(1～100)：

(3) 评估证据的准确性

与抑郁症女犯一起评估收集到的证据的准确性和客观性。帮助她们思考是否存在证据的选择性和倾向性，以及是否有其他解释或解决方案。

(4) 实证检验

鼓励抑郁症女犯通过观察结果，来帮助她们评估功能失调性假设和规则是否真实可靠。如成本—效益分析，有些女犯往往对于自己固守的规则很少进行反思，她们坚信这些规则是合理的，并严格地根据自己的规则处事，其实这些女犯在执行和操作这些功能失调性规则时往往要付出极高的代价和成本，所得的效益却很低，仅仅是获得遵循规则的满足感而已，虽然女犯已被这些规则搞得筋疲力尽，但还是固执己见，执迷不悟，此时治疗师可以通过成本—效益分析技术，与女犯一起“仔细算账”，来引导女犯以清醒的头脑重新审视其规则。见表 4-12。

表 4-12 成本—效益分析表(举例)

规则:我是一个罪犯,注定这一生都是一个失败者	
有利之处(效益)	不利之处(成本)
暂时减轻情绪上的负担	情绪低落
通过否认逃避缓解压力	对生活失去信心,易产生消极想法
	影响改造进程
	加重心理疾病发展程度
	让家人担心

(5) 反馈和调整

持续为抑郁症女犯提供反馈和指导,根据实践中的结果进行调整。鼓励她们记录、交流她们的观察和体验,以便加强新的观念和信念。

(6) 探索替代解释和证据

与抑郁症女犯一起探索功能失调性假设和规则的替代解释和相关证据。鼓励她们考虑其他可能性,挑战负面的解释,并寻找支持新观点的证据。根据收集到的证据、要挑战的认知偏差以及实验性行为的结果,与女犯一起重新评估和调整她们的功能失调性假设和规则。引导女犯思考并尝试新的替代性假设和规则,以更好地适应和应对现实。帮助她们制订更积极、灵活和适应性的假设和规则,并鼓励她们在日常生活中实践和应用。如合理假设替代,是在治疗师的引导下让女犯根据“合理”的要求去尝试新的假设来替代以往习惯的功能失调性假设的方法,假设的合理性标准是引出女犯理性的自动想法、良好的情绪状态、适应的行为表现。可以通过填写功能失调性假设的合理替代练习表(表 4-13)来加强练习。

表 4-13　功能失调性假设的合理替代练习表(举例)

原来习惯的假设	新的合理假设
如果没有减刑,那么我的努力都是没有成效的	如果没有减刑,只能说明我目前还没有达到减刑的条件

(7) 反证法

使用反证法来检验功能失调性假设和规则。鼓励抑郁症女犯想象最坏的情况并评估其真实性,然后探索其他可能性和积极的解释。

(8) 自然实验

鼓励抑郁症女犯进行一些小规模的实验,以测试功能失调性假设和规则的有效性。这些实验可以是行为上的改变或尝试新的应对策略,然后观察结果和反馈。

(9) 反思和总结

定期反思和总结抑郁症女犯在实践中的经验和观察。鼓励她们记录下实验结果和观察到的改变,以加深对新观念和信念的认识和理解。

(10) 持续监测和调整

持续监测抑郁症女犯的认知和情绪状态,并根据需要进行调整。提供心理健康方面的支持和指导,帮助她们应对心理障碍,进一步巩固和强化积极的认知模式。

这些方法有助于抑郁症女犯检验和调整功能失调性假设和规则,促进积极的认知和情绪的产生,进而形成健康和适应性的思维模式。重要的是根据个体情况和治疗进展来选择和调整方法,确保女犯与治疗师的密切合作。

步骤六:布置家庭作业,根据情况指导女犯填写考查并挑战功能失调性规则练习表(表 4-11)、成本—效益分析表(表 4-12)或功能失调性假设的合理替代练习表(表 4-13)。

步骤七：小结和反馈，告知女犯下次将揭示负性核心信念。

第八、第九次示范谈话

治疗师：还记得上次我们聊的中间信念吗？

女犯：记得。

治疗师：上次我们一起找到的你的中间信念有哪些呢？

女犯："觉得自己是个没有价值的人""无力改变现状""对未来没有信心"。

治疗师：（辨别功能失调性假设和规则）很好。今天我们的主题主要就是一起来检验、调整功能失调性假设和规则，也就是中间信念。从咨询开始到现在其实很多时候你都表达出"感觉自己没有价值""无力改变现状""对未来很迷茫"的想法。那你是一直有这样的想法吗？

女犯：也不是，其实就进来后才这样的，我在外面不是这样的。

治疗师：（收集证据）那你以前在外面是怎样的一种状态呢？

女犯：以前我觉得自己挺成功的，身边的朋友也都是蛮有成就的老板、律师什么的，自己搞生意也还可以。家里虽然只有我一个女儿，但是我觉得我也可以和男孩子一样有朝一日功成名就、光宗耀祖，男孩子能做的事情我也可以做。

治疗师：那时候你对自己还是比较满意的，为什么现在对自己这么没有信心呢？是不是入狱后有了心理落差，一下子没有办法适应和接受？

女犯：算是吧，一开始我觉得自己肯定也是可以做好的，但是之后就做什么也不顺，特别是你也知道的我最大的心病。

治疗师：（收集关于自我的负性中间信念）那我们现在捋一捋，你觉得没有"脱帽"对你意味着什么？

女犯：意味着我做任何事情都改变不了自己的现状。

治疗师：(评估证据的准确性)如果在以前，你会为了没有做好某件事情而认为自己没有价值吗？

女犯：那肯定不会。

治疗师：之前你说财产刑履行得不到位，那是自己不履行吗？

女犯：不是，是履行得有点少。

治疗师：那你准备如何去做好这件事情呢？

女犯：我最近在一点点履行，和家里人联系之后，他们也帮我一千一千地交钱；我参加劳动也有报酬，可以的话我也会慢慢攒一点钱就交一点。

治疗师：(寻找替代性思维)你对自己正在积极履行附加刑(财产刑)这件事是怎么看的？

女犯：每次拿到发票的时候我心里还是很开心的。

治疗师：(寻找有关价值的积极经验)那这些发票表示什么呢？

女犯：表示我在履行自己的财产刑。

治疗师：(调整功能失调性假设和规则)那你觉得履行财产刑这件事是有意义和价值的吗？

女犯：还是有的。

治疗师："不积跬步无以至千里"，长城也不是一天建成的，没有一天天的积累，哪有最后的累累硕果。你有没有觉得手中的发票在一点点变厚？

女犯：有的，这些发票我都放得好好的。

治疗师：(反思和总结)其实你是个蛮要强的人，一直想证明自己的价值，也想通过努力改变现状，但是进来后在减刑这方面打破了这个模式，所以你感到沮丧失落，偏离了之前的平衡。

女犯：是的，是这样的。

治疗师：(用成本—效益分析来挑战不合理的中间信念)所以你沉浸在自己的假设当中，认为做什么事都是没用的。其实要给自己时间和机会，要看到和昨天对比自己进步了多少，而不是对于自己做的事视而不见。看看你手中的发票，这是实实在在地在证明你的努力和价值。我们可以算一笔账，你觉得"认为自己没有价值"对你有什么有利之处和不利之处呢？

女犯：我可以借这个理由不遵守监规监纪，让自己舒服点，但是随之而来的却是警官找我谈话，还要写检查、扣分等一系列很烦的事。

治疗师：（布置家庭作业）是啊，你看你就只能享受到一时的快感，但是之后你需要额外解决多少事情啊。这也是你今天的回家作业，完成成本—效益分析表的填写，就像刚才我问你的，心里想一件事，然后罗列出不利之处和有利之处，自己可以先对比下，然后我们下次再一起分析。

女犯：好的。

8. 第十次会谈谈话步骤

步骤一：评估当前心理状态。

步骤二：连接上次谈话内容。

步骤三：检查家庭作业完成情况。

步骤四：明确谈话主题"揭示负性核心信念"。

步骤五：进入谈话主题。

（1）解释相关概念

当女犯已经学会调整功能失调性自动想法，掌握了负性中间信念的合理替代，并且已经获得心理调整的初步成果，身心症状有所缓解，在这种情况下可决定进入揭示负性核心信念这一阶段。核心信念是个体关于自我、他人及世界的基本信念和价值观，是更为基本和根深蒂固的信念，较中间信念更具有主导性和概括性，对个体的整体自我认知和世界观产生深远影响。对于抑郁症女犯来说，可能存在以下负性核心信念："我是无价值的，我注定要过着痛苦和无趣的生活""我无法改变自己的情绪和心情，永远都会感到沮丧和无助""没有人会在乎我，我是一个孤独的人""我对生活没有希望，无法看到未来"。

（2）进行相关提问

女犯对于自己的负性核心信念的领悟各不相同，有些一点就通，有些则不然，她们会感到十分困难，搞不清楚功能失调性自动想法的潜在层面存在着信念系统的支撑。所以治疗师需要花较大的工夫引导，可以通过表 4-14 的提问，帮助女犯清晰地揭示和表达自己的负性核心信念。

表 4-14　揭示抑郁症女犯负性核心信念的提问（举例）

你对自己有什么负面的核心信念或自我评价？
你觉得自己最大的缺点是什么？这种观念是如何形成的？
你是否觉得自己无用、无价值或无助？为什么会有这样的感觉？
你对自己有哪些期待？这些期待对你产生了什么样的影响？
你认为自己是一个失败者吗？是什么让你形成了这种观念？
你是否觉得自己无法掌控自己的情绪或生活？这种观念是如何形成的？
你对自己的外貌、能力或表现有怎样的负面评价？这种评价对你的心情和行为产生了什么样的影响？
你是否认为自己没有被他人接受或关爱？你如何理解这种观念的来源？
你是否认为自己无法改变或成长？这种观念是如何影响你的行动和选择的？
你认为自己没有价值或意义吗？你是如何形成这种观念的？

这些问题可以帮助抑郁症女犯自我反思并深入探索内心的负面核心信念。在提问时，重要的是保持尊重和支持，鼓励她们坦诚地表达自己的想法和感受。治疗师应当倾听，并与她们一起探索这些信念的来源、合理性和影响，以便后续的认知行为治

疗可以针对这些核心信念进行调整和重建。

（3）常见负性核心信念一览表

治疗师可以向女犯展示常见负性核心信念一览表（表 4-15），要求女犯参照表中对自我、对他人及对世界的负性核心信念的内容进行自我对照，找出与自己相符的条目。如果有的女犯从一览表中找到相符的条目较多，治疗师可以要求她们指出相对重点的条目，这便于治疗师更有针对性地对负性核心信念实施干预。

表 4-15　常见负性核心信念一览表

<table>
<tr><th>关于自我评价的
负性核心信念</th><th>关于他人评价的
负性核心信念</th><th>关于世界评价的
负性核心信念</th></tr>
<tr><td>我无能
① 我无能
我无能，我无力，我软弱，我受欺，我贫困，我艰难，我被动，我退缩，我被控，我尴尬，我窝囊，我绝望
② 我无成就
我不能胜任，我不起作用，我不被信任，我不受尊重，我缺陷很多，我浑浑噩噩，我自认失败，我没有出息，我亏欠他人，我成为累赘</td><td rowspan="2">他人都毫无诚信，
他人都十分危险，
他人都难以捉摸，
他人都心怀鬼胎，
他人都不识好歹，
他人都没有良心</td><td rowspan="2">这个世界杂乱无章，
这个世界很不安全，
这个世界腐败透顶，
这个世界荒谬可笑，
这个世界无药可救，
这个世界末日来临</td></tr>
<tr><td>我不可爱
① 我不可爱
我不可爱，我被嫌弃，
我无魅力，我被忽视，
我属多余，我真差劲，
我很倒霉，我没品位
② 我没价值
我没有价值，我不如他人，
我缺点很多，我总惹麻烦，
我浑身晦气，我遭受拒绝，
我必被抛弃，我纯属多余</td></tr>
</table>

步骤六：布置家庭作业。让女犯继续填写考查并挑战功能失调性规则练习表（表 4-11）、成本—效益分析表（表 4-12）或功能失调性假设的合理替代练习表（表 4-13）。

步骤七：小结和反馈，告知女犯下次将检验、质疑并调整负性核心信念。

第十次示范谈话

治疗师：（提供支持和指导，巩固和强化积极的认知模式）我们来看下你在成本—效益分析表中填了哪些内容："沉浸在自己的世界，认为自己没有价值"，有利之处是"可以听不到房间里的争吵"，不利之处在于"听不到警官对自己的教育，不思进取浑浑噩噩，止步不前"。

女犯：我是这样想的，现在我觉得，如果我一直沉浸在自己的世界，我就一直是这样的状态，不好好用心去做事的话，自己可能永远都不能"脱帽"。

治疗师：（解释负性核心信念）你说得很好，说明你已经能看清自己的问题所在。还记得之前我们说过的负性核心信念的解释吗？负性核心信念是一个人对自身、他人及世界的根深蒂固的、非理性的功能失调的观念。如果让你给自己做一个评价，你会怎么形容自己呢？

女犯：我以前也是很骄傲的一个人，生意也做得蛮好的，进来后因为自己的能力得不到认可慢慢变得抑郁了，越来越消极，想法也很多。

治疗师：（收集负性核心信念）那你觉得自己是个没用的人吗？

女犯：是的，特别当有些人已经几次进来了，一样是无期徒刑，来得比我晚，但是“帽子”先脱了。

治疗师：（具体化）你提到的能力得不到认可，具体是因为什么事情？

女犯：就是一开始进来的时候我还做过室长，同监室女犯也都蛮好的。但是后来人员调动过后就一直吵个不停，当然我也牵涉其中，发生蛮多事情的，再后来就没让我做室长了，我觉得蛮沮丧的。再加上自己的刑期一直没有变化，就更觉得自己什么事情都做不好。

治疗师：（澄清）所以你后来就认为自己一无是处、没有价值，做什么事情都改变不了自己的处境了。

女犯：是这样的。

治疗师：（归纳负性核心信念）这里有张表格，你可以针对自己的情况勾选一下自己符合的选项。

女犯：“无能”“不能胜任”“多余”“没有价值”“他人难以捉摸”“这个世界杂乱无章”，差不多是这些。

治疗师：好的。其实和你谈了这么多次，你的问题已经很明显了，也就是负性核心信念，你自己愿意说说吗？

女犯：“认为自己没有价值”“无力改变现状”“看不到希望”。

治疗师：（澄清）也就是“如果减刑一直不成功就证明自己是个无用的人”？

女犯：是的。

治疗师：（持续监测和调整）你说得很好。今天回去之后你也可以继续填写成本—效益分析表，或者是功能失调性假设的合理替代练习表，说简单点这两张表格就是换个角度看世界、看自己，比如“认为自己失败”，合理核心信念就是“我虽然失败过，但是我也成功过”，能听得懂吗？

女犯：可以，我回去试着写写。

治疗师：看你自己的情况，这两张表格都可以填写，你认为自己哪张表格填得顺手就填哪张。这些作业都能够进一步帮助你调整自己的负性核心信念，在循序渐进的过程中帮助你改变自己的认知。下次我们看看你的作业完成得怎么样，检验、质疑并调整负性核心信念。

女犯：好的，谢谢你。

9. 第十一次、第十二次会谈谈话步骤

步骤一：评估当前心理状态并打分。

步骤二：连接上次谈话内容。

步骤三：检查家庭作业完成情况。

步骤四：明确谈话主题“检验、质疑并调整负性核心信念”。

步骤五：进入谈话主题。

治疗师对于女犯负性核心信念的质疑和调整是一个十分艰难的过程，质疑实际上已经包含了部分调整的功能，所以质疑和调整往往并存于同一项干预措施中。调整负性核心信念，除可以参考或借用调整功能失调性自动想法及假设和规则的策略及方法外，还可以运用一些其他方法，包括苏格拉底式对话、行为试验、理性—情绪角色扮演、以他人为参考点、以改变的行为强化信念的改变、自我显露、重建早期记忆、重建合理信念、孔子式对话等。由于女犯负性核心信念根深蒂固，对抑郁症女犯的负性核心信念进行检验、质疑和调整的方法具体如下：

(1) 挖掘负性核心信念:帮助她们识别和记录负性核心信念。这些核心信念通常是消极、扭曲或不合理的,对自己、他人和世界的评价是负面的。

(2) 评估证据:鼓励她们审视负性核心信念的证据。帮助她们回顾与这些信念相关的经验和情境,如可以通过"以他人为参照点"的方法,探索是否存在其他解释或证据与之相矛盾。

(3) 质疑负性核心信念:引导她们提出关于负性核心信念的质疑和负向推理的问题。鼓励她们思考证据的充分性、合理性和客观性,并尝试从不同的角度看待问题。如运用"苏格拉底式对话",通过层层设问,帮助女犯理清思路,进行更深入的思考。

(4) 探索替代性信念,修正负性核心信念:帮助她们建立更合理和积极的替代信念。通过引导她们探索其他可能的解释、更客观的观点和更积极的自我评价,考虑其他可能性,如情境解释、他人的意图和行为背后的原因等,帮助她们逐步调整和修正负性核心信念。治疗师可以引导她们思考并形成更符合实际和自我价值的信念,并鼓励她们在日常生活中实践和应用这些新的信念。治疗师可以通过与女犯共同填写重建合理核心信念表(表 4-16)来引导女犯形成对自己、他人及世界的新的合理信念。

表 4-16 重建合理核心信念表(举例)

负性核心信念	合理核心信念
我自认失败	我有些失败,但不是彻底的失败者,我也有成功的方面
他人都难以捉摸	有些人难以捉摸,大部分人可以通过沟通了解

(5) 实践新信念:鼓励她们在日常生活中实践和应用新的积极信念。通过行为实验和反证法,帮助她们体验到新信念的有效性和对心理状态的积极影响。

(6) 自我对话和反驳:鼓励女犯学会进行积极的自我对话,以反驳内心负性核心信念的声音。如有一些女犯从理性角度明知道自己的信念是负性的,但从情感角度还是不愿放弃,在这种情况下,治疗师可采用"理性—情感角色扮演"技术来调整女犯的负性核心信念。

(7) 持续监测和调整:在认知行为治疗的过程中,持续监测和调整核心信念的改变。鼓励她们记录下新的思维模式和信念,以便能够持续关注和调整可能出现的负性反弹或思维扭曲。

(8) 心理教育和防止复发:给女犯提供相关的心理教育,帮助她们理解负性核心信念的形成和维持机制,并教授她们预防复发的技巧和策略,以应对潜在的负性信念的再次出现。如治疗师可以采用"重建早期记忆"来帮助女犯追溯负性核心信念的记忆源头,对于出错的记忆进行纠偏,对于过时的信念进行修正,并将其调整为合理信念。

在整个过程中,治疗师需要为女犯建立安全和可信任的治疗环境,尊重女犯的感受和观点。同时,逐步引导她们对负性核心信念进行深入的思考和反思,帮助她们逐渐接受和采纳更积极和有益的信念系统。这需要时间和耐心,并且可能需要针对每个女犯的具体情况采用个性化的方法。

步骤六:布置家庭作业。核心信念作业表(表 4-17)通常作为家庭作业布置给女犯,要求女犯通过填写,进一步巩固重建合理核心信念。

表 4-17　核心信念作业表(举例)

<table>
<tr><td colspan="2">负性核心信念：我不如他人
当前你对负性核心信念的相信程度？(0～100%)60%
本星期你相信的最大程度？(0～100%)80%
本星期你相信的最小程度？(0～100%)60%</td></tr>
<tr><td colspan="2">新的合理核心信念：我有自己的优势
当前你对合理核心信念的相信程度？(0～100%)50%</td></tr>
<tr><td>驳斥负性核心信念，寻找支持合理核心信念的依据</td><td>对支持负性核心信念的依据进行改版</td></tr>
<tr><td>我有些方面不如他人，每个人都不可能十全十美
我有我自己的优势，只要我充分发挥我的优势，就能够做出好的成绩</td><td>我不如他人的方面可以调整，只要坚持努力，我的弱项就能够得到一定的改善</td></tr>
</table>

步骤七：小结和反馈，告知女犯下次将结束集中治疗阶段。

第十一、第十二次示范谈话

治疗师：(检查家庭作业)我们来看一下你回家作业写了些什么。原来习惯的假设是"如果我没把事情做好那就证明我无能"，新的合理假设是"如果没把事情做好那就肯定有做得不足的地方"，你这条写得很好，已经慢慢学会换个角度想问题了。最近这段时间自己感觉如何？

女犯：感觉整个人轻松一点了，没有之前绷得那么紧了。

治疗师：还记得你上次说一开始进来的时候你还做过室长，后来人员调动后监室有争吵，然后就没再做室长的事吗？

女犯：记得。

治疗师：(挖掘负性核心信念)当时你是怎么认为的呢？

女犯：就觉得警官不信任我了，肯定是因为我没能力，然后不让我做这个室长了。

治疗师：（评估证据的合理性）刚开始做室长的时候监室内的秩序怎么样啊？

女犯：还可以的，大家相处得都挺好的。

治疗师：那警官怎么说的？

女犯：警官还是认可我的，认为我做得还可以，还鼓励我继续努力。

治疗师：（质疑负性核心信念）所以其实你还是能做好一些事情的，不是一无是处的，不是吗？

女犯：回头想想我那时候蛮稳定的，警官也会肯定我的付出，我还是能做好一些事情的。

治疗师：（挑战负性核心信念）也就是还是有价值的人，不是吗？

女犯：（微笑）是的，是这样的。

治疗师：（具体化）那后来监室内发生矛盾是因为什么呢？

女犯：人员调动，来了几个脾气蛮冲的人，不是很好相处，也蛮喜欢搞是非的，后来就因为一些日常琐事，她们不依不饶的、互相看不顺眼，一直吵个不停。

治疗师：（寻找证据）那作为室长你是怎么做的呢？

女犯：我该劝的劝、该说的也都说了，有的人就说我，讲话确实蛮难听的，我一下没忍住就和她们吵起来了。

治疗师：她们是不是说和你减刑有关的事情了？

女犯：是的，说话蛮难听的，我其实已经忍了一段时间了，后来实在没忍住。

治疗师：后来警官处理后就没让你做室长了，是吗？

女犯：是的。

治疗师：（收集证据）当时警官怎么说的？

女犯：警官说我的性格脾气不太适合，一旦违纪也影响到自己的服刑改造，就没让我做了。

治疗师：（质疑和调整）那时候你就觉得警官是不信任你了吗？

女犯：是有这么想过，不过现在想想警官肯定是为我好，那时候因为吵架扣了蛮多分的。后来不做室长后，就管好自己，扣分相对没那么多了。自己一直没“脱帽”肯定和那时候一直吵架扣分有关系，确实也怪不得其他人。想想自己沉浸在自己的世界什么都听不进去真的蛮傻的，也错过了很多机会（叹气）。

治疗师：（鼓励）其实现在你能这么想也不算太晚，一切都还是有机会的，不是吗？

女犯：是的，我现在岁数也不算太大，还有很多努力的机会。

治疗师：（总结反馈并布置家庭作业）能听到你这么说真的很为你高兴，以后的路还是要靠自己一步一步走出来的。可能还会碰到很多的问题，希望你能多用积极的思维方式，今后的道路也能越来越顺利。我们的谈话也差不多要告一个段落了，下次谈话是我们这次治疗的一个结束，但并不意味着完全的结束。今天回去之后你可以继续完成之前布置的作业，进一步巩固治疗的效果，有问题可以随时和我沟通。

女犯：回去之后我会好好写的，真的很谢谢这段时间你陪我谈心。

10. 结束治疗会谈谈话步骤

步骤一：评估当前心理状态并打分。

步骤二：连接上次谈话内容。

步骤三：检查家庭作业完成情况。

步骤四：明确谈话主题“结束集中治疗阶段，进入巩固疗效、预防复发阶段”。

步骤五：进入谈话主题。

在结束集中阶段认知行为治疗后，治疗师必须继续帮助女犯维持巩固疗效，而不宜立即完全脱钩，顿时结束治疗。常用的策略是“逐步撤离”。一般的做法是从原来的每周一次的定期治疗逐渐改为隔周一次，经过一段时间再从隔周一次改为每月一次。经过这样适度地维持一个阶段，当女犯能平稳地达到康复效果时，向女犯明确表示结束整个治疗过程。当完整的认知行为治疗结束以后，治疗师的角色趋于淡化，但定期的随访仍是治疗师的职责，治疗师可以通过监区了解女犯的状况，关心女犯的改造表现以及心理健康问题的恢复情况，当女犯再次遇到一些应激事件，导致其原有心理问题的再次爆发，治疗师应给与必要的心理援助，帮助女犯调节情绪，顺利渡过难关，也以此巩固认知行为治疗效果。确保抑郁症女犯在认知行为治疗结束后能够巩固和维持治疗效果至关重要，以下是一些具体方法。

(1) 制订维持计划：与抑郁症女犯一起制订一个个性化的维持计划。该计划应包括她们将如何应对潜在的触发因素、保持积极的认知和情绪、继续运用学到的技巧等方面。

(2) 鼓励持续的自我监测：帮助她们保持对自身情绪、思维和行为的监测。通过写日记、记录情绪日志或写思想汇报等方式，她们可以继续观察自己的心理状态，并及时调整不健康的思维模式。

(3) 继续使用认知技术：鼓励她们继续使用在认知行为治疗中学到的认知技术，如认知重构、积极思维等。提醒她们在需要时运用这些技巧来应对。

(4) 支持和资源提供:提供持续的支持和资源,以帮助抑郁症女犯保持改变的成果。包括推荐互助小组、心理健康教育和个人辅导等。确保她们知道在需要时可以寻求帮助。

(5) 建立健康的生活方式:强调健康的生活方式对心理健康的重要性。鼓励她们继续关注身体健康,包括适度运动、均衡饮食、良好的睡眠和压力管理。

(6) 长期追踪和辅导:安排定期的追踪和辅导,以评估她们的心理状况,并提供必要的支持和指导。这有助于及早发现问题并防止复发。

(7) 教育和知识普及:为抑郁症女犯提供关于抑郁症的教育和知识,帮助她们理解疾病的本质,掌握预防复发的方法,了解如何寻求帮助。

以上方法旨在帮助抑郁症女犯巩固和维持认知行为治疗的成果,实现长期的心理健康。重要的是要个性化地应用这些方法,并根据具体情况和需求进行调整。

结束治疗示范谈话

治疗师:(连接上次谈话内容)上次回去之后有继续记录吗?

女犯:我想到一些东西就记录了一点,可能没完全按照格式。

治疗师:那看看你是怎么写的吧。"家里人没主动联系我可能是因为家中事情也多,不是放弃我了""劳役的时候自己出现了一点质量问题被批评了两句能虚心接受,并不代表我什么事情都做不好,下次注意不要犯同样的问题就好"。

女犯:碰到点问题我就随便记录了两笔(挠头)。

治疗师:(继续使用认知行为治疗技术)写得挺好的。希望以后碰到问题也能按照现在的思路去考虑，之前和你谈话聊过的那些专业名词不知道你还记得多少，感兴趣的话这本认知行为治疗的书你可以拿回去继续学习，并将学到的方法运用到生活当中去。

女犯：好的，谢谢。

治疗师：(鼓励持续的自我监测)上次说过这次谈话算是这次治疗的阶段性结束，但是并不代表完全结束，后面的巩固疗效、预防复发阶段也是非常重要的。回去之后你可以准备一本日记本，把遇到的事情、想要倾诉的事情都可以写在里面，通过每一天的记录你也可以直观地观察自己的变化，及时调整不健康的思维模式，特别是遇到事情的时候，回忆一下这个阶段我们学到的一些认知行为治疗的技术，以应对负面情绪。当然，你有想跟我说的，也随时可以找我，不是说治疗结束了就不管你了，这个你也放心。

女犯：嗯，好的。如果我自己不能很好地调节的话，我很愿意找你说说，只要你不嫌我麻烦就好。

治疗师：这段时间你的饮食睡眠怎么样?

女犯：还可以，吃得下睡得着的。

治疗师：(提供支持)那挺好的，自己的身体也要随时关注好，监区组织的一些心理健康活动你可以积极主动参加，比如练练八段锦、做做冥想都是很好的，可以帮助你调适身心。要想达到最好的治疗效果光靠我们之前的谈话是远远不够的，要继续把之前学习到的东西落实到日常的生活当中，这样才能最大程度地帮助到你。我会继续关注你的情况，也希望你之后能通过自己的努力早日获得减刑的机会。

女犯：我也是这么希望的，我也相信总有一天我能有这个机会的。

治疗师：好的，那今天我们就先谈到这儿了。希望你以后的改造道路能更顺利，即使碰到挫折也能勇于面对和化解，有抑郁情绪并不可怕，可怕的是你不敢面对。目前你已经做得很好了，以后也要继续努力。

女犯：好的，我会的，真的很谢谢你。

第四章　治疗后评估及数据分析

一、治疗后评估

（一）评估时间：治疗后评估在治疗实施后两周内完成。

（二）评估工具：上海市监狱管理局罪犯风险需求评估量表、症状自评量表（SCL-90）、焦虑自评量表（SAS）、抑郁自评量表（SDS）、贝克抑郁量表（BDI）、汉密尔顿焦虑量表（HAMA）、汉密尔顿抑郁量表（HAMD）、服刑改造自评调查表、服刑改造他评调查表等。为方便对比，治疗前后评估所使用的量表必须一致。

二、数据分析

通过对个体治疗前后心理测量结果数据的对比，分析认知行为治疗结束后，心理测量及服刑改造中的哪些指标有明显改善，从而完成治疗个案。同时，也可以通过对照组和实验组的差异分析，来进一步论证认知行为治疗对女犯群体的矫治作用。

第五册

反社会型人格障碍女犯专用
认知行为治疗操作手册

第一章　导　　论

人格障碍是一种复杂的心理障碍，涉及个体在认知、情绪和行为方面的问题。对于人格障碍女犯而言，认知行为治疗可以作为一种有效的干预方法来帮助她们解决相关问题。目前我国女犯群体中涉及最多的人格障碍类型有反社会型人格障碍、偏执型人格障碍、表演型人格障碍、冲动型人格障碍和边缘性人格障碍，本手册着重讨论对反社会型人格障碍女犯的认知行为治疗。

一、认知模式

反社会型人格障碍女犯的认知模式包括以下几种。

（一）以自我为中心：女犯可能倾向于以自我为中心，缺乏对他人感受和权益的关注，将自己的利益置于他人之上。具体表现有：自我观念强，奉行“胜者为王、败者为寇”的行事准则，认为强者欺负弱者是天经地义的事，忽视社会的一切规章制度；对他人有极大的防范心理，认为“如果自己不利用他人，就会被他人利用”；行为上为求主导地位和强者形象不惜一切，甚至可以以损害他人利益和破坏社会公共秩序为代价，导致违法犯罪行为；情感表现极端，特别是在遭受挫折时，容易产生愤怒和抑郁的情绪。

（二）缺乏责任感和内疚感：女犯可能对自己的不当行为缺乏应有的内疚感和责任感，将责任归咎于外部因素，而不是自己承担个人责任。

（三）风险决策和冲动性：女犯可能倾向于冲动和冒险行为，缺乏对后果的有效评估或不会从长远考虑问题。

（四）群体认同的缺失：女犯可能在社会中感到被孤立，缺乏正常群体的认同感，可能与一些非法组织或不良社交有一定关联。

二、治疗目标

认知行为治疗的目标是帮助反社会型人格障碍女犯改变其不健康的认知模式和行为模式，以下是可能的治疗目标。

（一）道德认知重建：帮助女犯认识到她们的行为对他人的影响和后果，并培养道德意识和责任感，以提高她们对他人权益的尊重和关注。

（二）掌握后果评估和决策技能：帮助女犯学会评估行为的后果，并培养理性和理智的决策能力，以减少冲动和冒险行为的发生。

（三）掌握自我控制和情绪调节技能：帮助女犯学会管理冲动情绪，提高自我控制的能力，以避免冲动和暴力行为的发生。

（四）掌握社交技巧：帮助女犯学习积极的社交技巧，建立健康的社交关系，并促进她们认同和融入正常社会群体。

三、治疗策略

对反社会型人格障碍女犯的认知行为治疗策略包括以下几个方面。

（一）认知重构：认知行为治疗旨在帮助女犯识别和改变其负面和扭曲的认知模式。治疗师与她们一起探索其对他人行为、动机和意图的负面解释，帮助她们发现这些解释可能是基于偏见、怀疑或误解产生的，并鼓励她们寻找更加客观和积极的解释。

（二）情绪调节：反社会型人格障碍女犯可能存在情绪调节困难的问题，往往表现出冷漠、愤怒或冲动的情绪反应。治疗师可以教给她们情绪调节技巧，例如情绪认知、情绪调节策略和冲动控制方法，以帮助她们更好地管理和调节情绪。

（三）推理和决策技巧：认知行为治疗可以帮助女犯掌握有效的推理和决策技巧。治疗师可以与她们一起探讨如何考虑他人的感受、预测行为后果和考虑道德和伦理因素，通过提供决策工具和技巧，帮助她们制订更加负责和合理的决策。

（四）自我认知和责任感：认知行为治疗旨在增强女犯对自我认知和责任感的理解。治疗师可以帮助她们审视自己的行为和影响，并帮助她们识别和承担自己的责任。这有助于她们加强对他人的关注，以及对自身行为后果的考虑。

（五）社交技能培训：反社会型人格障碍女犯可能缺乏正常的社交技能，这影响了她们与他人的互动。可以为她们提供社交技能培训，例如进行有效沟通、解决冲突、建立健康关系等技巧的学习和实践。

第二章　治疗对象筛选与治疗前评估

一、治疗对象筛选

在对反社会型人格障碍女犯进行认知行为治疗对象的筛选时，需综合考虑以下因素。

（一）适应症评估：确保被筛选的女犯已经接受了专业的心理问题诊断评估，并被诊断为反社会型人格障碍。反社会型人格障碍的诊断标准，至少需要符合以下所列问题的3项：①冲动，②易激惹，③易暴力，④冷漠，⑤不负责任，⑥逃避责任，⑦关系短暂，⑧不尊重事实，⑨缺乏罪恶感。

（二）罪行的严重性：根据犯罪行为的严重性和危害程度，确定是否适合进行认知行为治疗。这可能需要考虑女犯的犯罪历史、犯罪行为和风险评估。

（三）动机和治疗意愿：评估女犯对治疗的动机和治疗意愿。认知行为治疗通常需要受治者的积极参与和合作，因此需要确保女犯有治疗意愿。

（四）潜在受益和可治疗性：评估女犯的潜在受益和可治疗性。尽管反社会型人格障碍具有挑战性，但某些女犯可能仍然能够从认知行为治疗中受益。这需要综合考虑她们的个体特点和支持系统。

（五）其他严重精神障碍：存在其他严重精神障碍的女犯应

排除,因为认知行为治疗可能不适用于那些精神障碍。

(六) 安全性和风险管理:评估女犯的安全性和风险管理。认知行为治疗需要在安全的环境下进行,并需要适当的风险管理计划,以确保治疗过程中的安全性。

(七) 剩余刑期:剩余刑期在六个月以上的女犯才适合接受认知行为治疗。

这些筛选原则可以帮助治疗师确定哪些女犯适合接受认知行为治疗,为治疗对象的初步筛选提供依据。

二、治疗前评估

经筛选确定的治疗对象,在治疗前还需完成治疗前评估,目的是通过专业工具了解治疗对象的问题的相关指标信息(好比医院的各种检查)。

(一) 评估时间:在对治疗对象实施治疗前两周内完成。

(二) 评估工具:采用风险评估、心理测试、问卷调查与结构性访谈相结合的方式,确定治疗对象。

1. 通过上海市监狱管理局罪犯风险需求评估量表(附件七)筛选出再犯风险等级为“高风险”以上的女犯。

2. 在高风险女犯群体中,通过症状自评量表(SCL-90)、焦虑自评量表(SAS)、抑郁自评量表(SDS)、贝克抑郁量表(BDI)、汉密尔顿焦虑量表(HAMA)、汉密尔顿抑郁量表(HAMD)等心理量表(附件一至六)进行测试,根据女犯的抑郁、焦虑等心理障碍对她们进行分级分类。

3. 通过服刑改造自评调查表(附件八)、服刑改造他评调查表(附件九),筛选出服刑改造中情绪低落、自卑感、认知归因、警囚关系、囚囚关系、环境适应、违纪扣分、欠产、亲情关系、学习兴趣等 10 个服刑改造表现因子程度较高的女犯。

4. 通过结构性访谈，了解女犯的情绪问题、习惯应对问题的方法、求助的意愿、对调整认知行为的态度等，筛选出有认知行为问题、求助愿望强烈、能配合认知行为治疗的女犯。以下为结构性访谈提纲(表 5-1)。

表 5-1 结构性访谈提纲

① 你觉得你最近情绪怎么样？碰到哪些不愉快的事情，你能具体谈谈吗？
② 入监这么长时间你是什么感受？又是怎么想的呢？
③ 你说你睡眠不好，是怎么个不好？睡不着的时候在想些什么呢？
④ 除了睡眠，还有其他问题吗？想哭，是想到什么了吗？饮食怎么样？
⑤ 你目前在监狱里主要做什么事情？目前的服刑状态是怎么样的？
⑥ 每天的生活起居是怎么样的？平时有没有什么兴趣爱好？
⑦ 有没有轻生的念头？耳边有没有听到过有人跟你讲话的声音？
⑧ 你的这种情绪低落、睡眠不好的状态是从什么时候开始的？已经持续多久了？
⑨ 你这段时间过得也挺不容易的，你今天过来是想让我怎么帮助你呢？
⑩ 你状态这么差有没有去看过医生？医生是怎么诊断的？
⑪ 你跟家人的关系怎么样？家里人对你的情况了解吗？他们是怎么开导你的？
⑫ 如果我们向你提供帮助，你是否愿意接受？
⑬ 我们想给你提供十几周时间的结构化的规范干预调整，你愿意参加吗？
⑭ 你觉得参与结构化规范干预调整有什么困难吗？你对我们安排的时间有什么想法和要求？

治疗前评估完成后，就可以正式进入认知行为治疗的会谈阶段。

第三章　认知行为治疗会谈操作流程

一、认知行为治疗会谈的基本结构

认知行为治疗会谈一般包括 1 次预备性会谈、12 次正式会谈和 1 次结束治疗会谈(表 5-2)。一般为每周一次会谈,结束治疗会谈可以隔一周进行。每次时间为 1～1.5 小时。

表 5-2　认知行为治疗会谈主题内容安排表

阶段	会谈序列	会谈主题内容
预备性会谈		概要了解女犯心理问题的由来、对认知行为治疗的知晓和认同度、对治疗师的认同度;观察和判断女犯是否适合接受认知行为治疗;明确答复女犯是否接纳其实施认知行为治疗
正式会谈	1	建立治疗性关系,进行初期评估
	2	全面评估,病例概念化,确定治疗目标
	3	收集功能失调性自动想法和情绪:每日功能失调性自动想法记录表
	4	识别、归纳功能失调性自动想法:每日功能失调性自动想法记录表
	5、6	检验并调整功能失调性自动想法(苏格拉底式提问,堵不如疏):每日理性想法替代功能失调性自动想法记录表

续 表

阶段	会谈序列	会谈主题内容
正式会谈	7	挖掘负性中间信念
	8、9	检验、质疑并调整功能失调性假设和规则
	10	揭示负性核心信念：负性核心信念一览表
	11、12	检验、质疑并调整负性核心信念
结束治疗会谈		巩固提高与结束阶段，预防复发

二、认知行为治疗会谈的具体内容及流程

（一）预备性会谈

1. 预备性会谈的目标

预备性会谈不属于结构性治疗的首次会谈，这是一个具有筛选功能的会谈，通过后双方才能进入认知行为治疗的正式过程。

2. 预备性会谈的内容

（1）自我介绍和观察判断

① 治疗师介绍身份和治疗目的。

② 判断女犯是否适合接受认知行为治疗。

（2）了解女犯对认知行为治疗的知晓和认同程度

① 了解女犯对认知行为治疗的定义和目标的知晓和认同程度。

② 了解女犯对认知行为治疗的过程和时间长度的知晓和认同程度。

③ 了解女犯在认知行为治疗中参与的主动性和责任感。

(3) 了解女犯心理问题的由来和当前状况，作出初步判断

① 概要了解女犯心理问题的表现及由来。

② 了解女犯心理问题的当前状况和求助途径。

③ 了解女犯对自己的认知、情绪和行为的认知度。

(4) 考量和明确答复

① 了解女犯对治疗师的认同程度。

② 治疗师考量自己是否适合对女犯进行认知行为治疗。

③ 给女犯明确答复是否接纳女犯实施认知行为治疗。

预备性示范谈话[①②]

治疗师：(介绍自己)你好，我姓孟，是这里的心理治疗师，很高兴你来找我咨询，我也希望我能帮到你。我想先听听你目前有哪些困扰？接着，我会根据你的情况进行提问，便于我了解相关信息，可以吗？

女犯：好的。

治疗师：(解释)首先，我想让你知道，这是一个安全的空间，你可以在这里坦诚地表达自己的想法和感受。我并不会评判你，而是希望帮助你找到应对生活困境的方法。

女犯：好的。

治疗师：(了解女犯对认知行为治疗的知晓度)我想了解一下你对认知行为治疗有什么了解，以及你对参与治疗的期望是什么？

女犯：我知道认知行为治疗是一种心理治疗方法，关注的是

---

① 本册示范谈话民警为孟瑛。

② 示范谈话节选自女犯认知行为治疗的真实谈话记录，目的是让操作者直观感受谈话操作流程和提问技术。

人们的思维和行为之间的关系。我希望它能够帮我更好地了解自己，也许能改变一些我不喜欢的行为和想法。

治疗师：（简要介绍认知行为治疗）非常好，你对认知行为治疗的理解很准确。在治疗过程中，我们将一起探讨你的思维模式和行为，看看是否有一些模式是可以改变的，从而改善你的生活质量。在这个过程中，我将会提出一些问题，希望你能够尽量真实地回答，这样我才能更好地了解你的情况。

女犯：好的，我会尽量配合的。

治疗师：（介绍认知行为治疗工作流程）认知行为治疗有严格的工作流程，本次会谈是预备性会谈，主要是了解你的问题及相关情况，并对你的问题作出判断，从下次开始，我们就要着手解决你的问题，我们整个流程会有 12 次谈话，每周一次，每次都有不同的谈话主题，希望你能跟我好好合作，共同来达成你的目标，好吗？

女犯：好的。

治疗师：（强调保密性与治疗原则）此外，我想强调的是，在治疗过程中，你的隐私将会被严格保密。我只会在你同意的情况下与他人分享治疗内容，除非有紧急情况需要我采取行动以保护你或他人的安全。这是法律和伦理要求，也是我对你的责任。

女犯：我理解。

治疗师：（了解治疗预期）最后，我想问一下，你有没有任何特别想要在治疗中达到的目标？

女犯：我希望能够控制一下我的脾气，还有就是不再随便打架，希望能够学会更好地与人相处。

治疗师：（明确治疗关系）这是一个非常具体和实际的目标，

我们将会一起努力朝着这个目标前进。在接下来的治疗中，我将会引导你探索冲动行为的触发因素，帮助你找到更好的应对方式。如果有任何问题或者困扰，随时都可以跟我沟通。我们会携手度过整个治疗过程。

女犯：好的，我愿意。

（二）正式会谈

1. 首次会谈谈话步骤

步骤一：评估当前心理状态并打分。

评估当前心理状态是认知行为治疗每次谈话中都要提及的话题，治疗师需要指导女犯用 1～100 等级打分的方式定量描述自己当下的心理状态，“1 分”代表没有任何问题，“100 分”代表问题最严重。

步骤二：明确谈话主题“介绍认知行为治疗原理及对女犯进行治疗初期评估”。

步骤三：进入谈话主题。

（1）介绍认知行为治疗原理

在认知行为治疗中，无论是首次谈话还是以后的每次谈话都有一个简短的开场白，要确定本次谈话的主题，聚焦谈话内容。在首次谈话中，围绕主题，治疗师可以用通俗易懂的语言给女犯介绍认知行为治疗的基本原理，让她们了解认知模式，懂得治疗师会通过改变她们不合理的、非理性的、曲解的想法和看法来调整她们的不良情绪及不适应行为，达到标本兼治的治疗目的。告知她们有哪些基本知识、有些什么要求、要怎么配合等，梳理她们的心理问题，设定治疗目标和治疗过程，引导她们配合治疗。治疗师需要清晰地告诉女犯认知行为治疗一般会经历哪几个阶段、需要花多少时间。治疗所需要的时间往往与女犯心理障碍的类型、程度、背景和个人的基础条件有直接的关系，大多数女犯的治疗需要 2～4 个月，对于较为严重的，如有自杀倾向的女犯，治疗时间可能需要 6 个月。认知行为治疗谈话一般是每周一次，两次谈话中间有一段间隔时间。为使治疗过程持续稳定，治疗师需要对女犯进行引导和指导，要求女犯在几个月的治疗期内一定要沉浸、融入到治疗之中，保持接受治疗的状态。治疗师在每次会谈中需要同步做一些记录，填写在认知行为治疗记录表(表 5-3)中。

表 5-3 认知行为治疗记录表

姓名　　　　　日期　　　　　会谈次数　　　　　编号

心理状态评估打分	
量表评定结果	
本次谈话的目标主题	
会谈内容要点	
家庭作业	
下次会谈内容预置	

(2) 初期评估

初期评估需要获取女犯的主要信息，首先是女犯的基本情况，包括个人成长史、犯罪史、创伤性经历、躯体疾病史、心理疾病史、目前心理状态等；其次是女犯求助的心理问题，包括让女犯简洁表述心理问题及其由来，具体描述心理问题及自我调整情况，寻找应对资源如他人、家庭及社会支持系统，表达治疗意愿及配合程度等，治疗师由此开始考虑如何建构病例概念化及初步拟定治疗计划。对反社会型人格障碍女犯进行认知行为治疗初期评估，通常会涉及以下内容。

① 个人信息：需要收集她们的年龄、文化、家庭背景、行为特征、人际关系和过去的犯罪史等信息。

② 认知评估：评估女犯的认知模式。包括识别她们是否具有操纵他人、冷漠、无情、漠视他人权益的认知模式，以及是否存在负向思维、缺乏责任感和同理心等认知问题。

③ 行为评估：评估女犯的问题行为和犯罪行为。收集关于她们过去的违法犯罪行为、冲动行为、操纵欺骗行为和冲突行为等方面的信息，了解问题行为的频率、严重程度和动机。

④ 功能评估：评估女犯在日常生活功能方面的困难。包括对社交适应困难、工作或学习困难、人际沟通障碍等方面的评估，了解她们在各个功能领域的问题和需求。

⑤ 内在动机评估：评估女犯对治疗的内在动机。了解她们是否愿意改变自己的行为模式、寻求帮助和接受治疗。

⑥ 风险评估：评估女犯的再犯风险和危险性。包括评估她们的暴力倾向、冲动行为、犯罪历史和反社会行为等因素，以确定治疗过程中需要采取的风险管理措施。

初期评估的结果将指导治疗师确定治疗的重点、目标和策略，以及预估治疗的可能效果和可能遇到的挑战。同时，评估还可以帮助治疗师与女犯建立有效的治疗联盟，并为女犯提供恰当的支持和指导。

（3）以下是对反社会型人格障碍女犯进行治疗初期评估时可能用到的提问（表 5-4）

表 5-4 初期评估提问(举例)

① 你是否认为自己的犯罪行为是正当的或有合理解释的？你对违法犯罪行为有何看法？
② 你是否曾经有过冷漠或无视他人权益的情况？你对此有何解释？
③ 你在决策时是否常常忽视长远后果，并更加关注即时的满足或利益？能具体点吗？
④ 你是否认为社会规则和道德标准对你不适用或不重要？能具体谈谈吗？
⑤ 你对别人的情绪和感受是否缺乏理解或同理心？你理解他人的观点或感受是否有困难？能具体谈一下吗？
⑥ 你在与他人互动时是否经常感到无聊或缺乏兴趣？你是否有难以建立和维持亲密关系的困难？能举个例子吗？
⑦ 你是否常常合理化自己的行为，并认为别人会做同样的事情？能具体说一下吗？
⑧ 你是否经常感到愤怒、冲动或易怒？你对自己的情绪调节能力有何看法？能具体谈谈吗？
⑨ 你是否存在一定程度的自大、优越感？能具体谈谈吗？
⑩ 你是否愿意接受治疗并改变自己的行为和思维模式？能具体谈谈吗？

这些问题旨在帮助治疗师评估女犯的认知模式和行为模式，以及她们对治疗的接受程度。通过初期评估结果，治疗师可以更好地了解女犯心理问题的本质，并制订相应的治疗计划。

步骤四：布置家庭作业。家庭作业是认知行为治疗中很有特色的一个必不可少的内容，既是咨访关系的体现，是心理干预的措施，也是使女犯保持沉浸在接受治疗状态的一个有效推动力。本次的家庭作业是让女犯把今天所讲的内容包括自己的心理问题用文字记录下来，尽可能做到记录详细、有条理，并补充完善心理问题的发生发展过程。

步骤五:小结和反馈,听取女犯对此次会谈的感受,下次继续对女犯的心理问题进行深入全面的评估并协商确定治疗目标。

首次示范谈话

治疗师:(情绪打分)你好,今天我们就正式开始认知行为治疗,这是治疗的首次谈话。这周你过得怎么样?如果用“1 分”代表没有任何问题,“100 分”代表问题最严重,你可以打多少分?

女犯:50 分。

治疗师:(具体化)能具体谈谈你目前的情绪状态吗?

女犯:我总觉得别人都在针对我,所以我常常生气。我觉得世界对我不公平。

治疗师:(释义和问题探索)我听出来你感受到了很大的压力,感觉不公平。生气是一种正常的情绪,但如果它变得无法控制,就可能会影响到我们的生活。除了生气,还有哪些其他情绪或者问题让你感到困扰?

女犯:我经常觉得孤独,但我也不喜欢和别人相处。我觉得他们都不理解我,也没人能理解我。

治疗师:(解释与引导)孤独感确实是一种很难受的情绪。你不是唯一一个感受到孤独的人,而且这种感觉是可以被理解和缓解的。在我们的治疗中,我希望能够帮你找到一些应对孤独感的方法,也让你更好地了解自己。除了生气和孤独,你还有其他方面希望在治疗中得到改善吗?

女犯:我知道我经常做出一些不好的决定,但我就是控制不住自己。我想改变,但我不知道从哪里开始。

治疗师:(详细了解犯罪历史)能具体谈谈你是如何走上犯罪道路的吗?

女犯:(略)

治疗师:(引入认知行为治疗)你能意识到自己的行为需要改变,这是一个很重要的开始。在认知行为治疗中,我们将会一起探讨你的思维模式和行为的关系,找出一些可能导致你做出决定的观念,并尝试找到合理的、替代性的思维模式来看待问题和应对挑战。我会引导你学习一些应对冲动的技巧。在整个治疗过程中,我将会尊重你的节奏,确保你在治疗中感到安全和得到支持。

女犯:好的,我希望能够找到一种更好的方式来应对自己的问题。

治疗师:(布置家庭作业并预告下次谈话主题)非常好,我相信在我们的合作下,你可以找到更好的方法来应对生活中的挑战。在接下来的治疗中,我们将会一起探索这些问题,并且逐步制订具体的治疗计划。回去后你把今天所讲的内容用文字写下来,没有讲到的信息你也可以补充一下,内容最好详细点,在写的过程中你也可以思考一下困扰你的问题是怎么产生的,跟你自身有没有关系。下次谈话我们将继续对你的问题做深入评估并确定治疗目标。你看你还有什么问题吗?

女犯:没有其他问题了。

2. 第二次会谈谈话步骤

步骤一:评估当前心理状态并打分。

步骤二:连接上次谈话内容。连接上次谈话内容可以有两种方式，一种是由治疗师在回顾上次谈话内容的基础上引出本次谈话的话题，另一种是在治疗师的启发下由女犯来接上话题。

步骤三：检查家庭作业完成情况。

步骤四：明确谈话主题“继续对女犯的心理问题进行深入全面的评估及病例概念化，并确定治疗目标”。

步骤五：进入谈话主题。

（1）全面评估

通过首次谈话，治疗师对女犯的基本情况及心理问题的产生和认知模式的形成有了大致的了解，但作为治疗师要想帮助女犯调整认知，就要深入、细致地对女犯进行全面评估，真正搞清楚女犯情绪、行为背后的认知机理，这样才能有针对性地制订治疗方案、实施心理干预。对反社会型人格障碍女犯的心理问题进行全面深入的评估，包括如下内容。

① 行为特征：女犯可能表现出反社会型人格障碍的典型行为特征，如冷漠无情、漠视他人权益、操纵欺骗他人、冲动、违法犯罪等。她们可能缺乏内疚感、责任感和同理心，往往追求个人利益的满足而忽视他人的需求及后果。

② 社会适应问题：女犯可能在社会适应方面遇到困难。她们可能难以与他人建立稳定的关系，经常与他人发生冲突、争吵或伤害他人，导致她们在社会中被孤立和排斥。

③ 问题行为的根源：女犯的问题行为可能源自早期的环境因素，如不稳定的家庭背景、暴力虐待经历、缺乏家庭支持和不正确的社会化过程等。这些因素可能对她们的价值观、行为模式和人际关系产生了负面影响。

④ 缺乏自控力:女犯可能存在自控的困难。她们可能难以控制冲动的情绪,容易陷入冲动行为,并缺乏对行为后果的适当评估和规划。

⑤ 治疗挑战:女犯的反社会型人格障碍通常被认为是难以治疗的,因为她们通常有对治疗的抵触心理,不愿改变。她们可能缺乏内在的动机和意愿去改变自己的行为模式。

需要指出的是,反社会型人格障碍女犯的认知偏差是与其心理特征和人格障碍相关的,并且每个个体的情况有所不同。治疗和干预应综合考虑个体的特点,并且提供心理咨询、认知行为治疗和社会技能培训等,帮助她们改变认知偏差。

(2) 病例概念化

病例概念化实际上就是一个把女犯心理问题及认知模式的来龙去脉搞清楚的过程,它贯穿整个治疗过程,也是一个不断完善的过程。当对女犯开始全面评估,建构病例概念化的操作就已经开始。

在认知行为治疗理论中,人的认知模式由两个层面组成,即浅表层面认知模式和潜在层面认知模式。浅表层面的认知包括自动想法;潜在层面的认知是浅表层面认知模式的基础和支撑,包括核心信念和中间信念。通常情况下,当个体遇到有压力的生活事件时,如果潜在层面的认知存在问题,就会引发和激活个体原有的功能失调性自动想法,并引起一系列不良情绪和不适应行为。反之,不良情绪和不适应行为又对潜在层面的负性认知产生反馈和强化。通过了解心理问题的形成架构,来掌握女犯的认知架构模式,通过从表层到深层收集、分析、归纳、整理信息,进一步完善女犯认知架构的来龙去脉。见图 5-1。

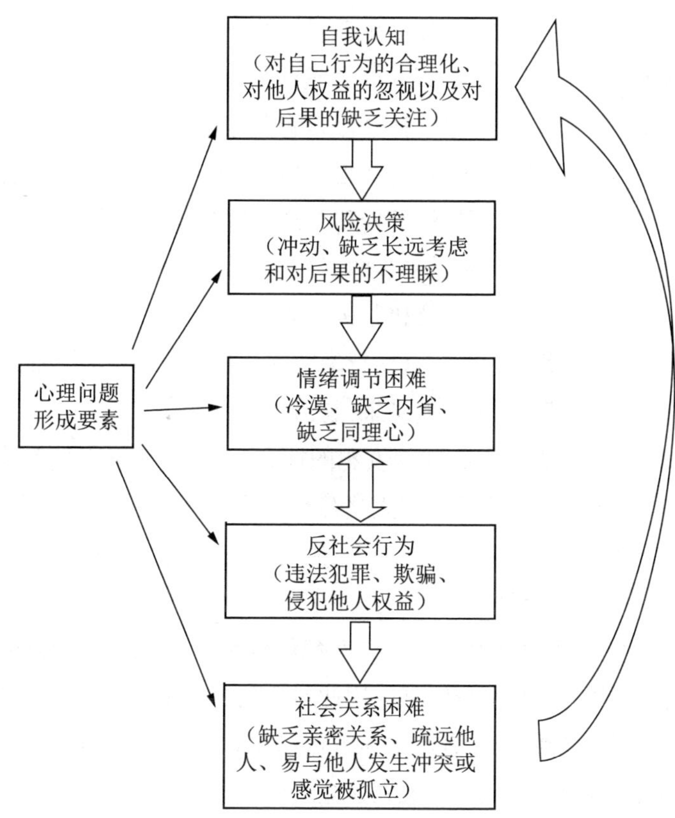

图 5-1　反社会型人格障碍心理问题的基本构架

反社会型人格障碍女犯认知行为治疗病例概念化，可以从以下几个方面考虑。

① 自我认知：评估女犯的自我认知，包括对自己的看法、自我价值感、自我认同等。反社会型人格障碍的女犯通常存在自我认知扭曲，可能低估自己的价值或过分自负，影响其行为和决策。

② 风险决策：探讨女犯在不同情境下的决策过程，尤其是高风险行为的决策模式。这些女犯往往倾向于冲动、冒险的决策方式，忽视后果，导致反社会行为的发生。

③ 情绪调节困难：评估女犯在情绪调节方面的能力，包括对愤怒、焦虑、抑郁等情绪的处理方式。情绪调节困难可能导致情绪爆发、冲动行为和进一步的反社会行为。

④ 反社会行为：记录和分析女犯的反社会行为模式，包括犯罪行为、暴力行为等。这些行为往往是自我认知扭曲、风险决策不当和情绪调节困难的结果，是治疗的重点。

⑤ 社会关系困难：探讨女犯的社会关系，包括家庭关系、朋友、同事关系等。反社会型人格障碍的女犯通常在社会关系中存在困难，可能表现为人际冲突、孤立、信任问题等，这些困难进一步强化了其反社会行为。

这些是反社会型人格障碍女犯的病例概念化的一般方面。每个个体的情况都是独特的，因此对于具体个案的概念化，还需要考虑更多的背景信息和个体特点。在对反社会型人格障碍女犯进行治疗时，重点可以放在建立治疗联盟、培养责任感和同理心、提供冲动控制技能，以及提供社会支持和适当监管等方面。综合治疗方法，如认知行为治疗、心理教育和社交技能训练等，可能有助于促进女犯的行为改变和认知提升。

(3) 确定治疗目标

认知行为治疗的目标是鲜明、具体的，疗效也是能评估、可检验的，是“看得见、摸得着”的，目标应该由女犯和治疗师商议确定，先由女犯提出，再由治疗师给予认可。治疗目标所确定的内容是以调整女犯当前最突出的心理问题或心理障碍为主，从调整女犯曲解的非理性的认知入手，改变不良情绪和不适应行为。一般情况下，治疗目标的范围应尽可能集中，当主要的心理问题解决以后，其他相关的问题便可迎刃而解。

步骤六：布置家庭作业，让女犯思考成长过程中家庭和社会环境对心理问题的影响。

步骤七：小结和反馈，告知女犯下次将讲述功能失调性自动想法的概念。

第二次示范谈话

治疗师：（问题形成根源探索）你好，很高兴你参加今天的会谈。在接下来的时间里，希望我们可以一起探讨一些关于你的生活和情感的问题。首先，我想了解一下你的个人成长经历。可以告诉我一些关于你童年经历、家庭背景和成长环境的事情吗？

女犯：我的童年挺混乱的。我父母离婚了，然后我就被送到亲戚家里。那里的人对我也不好，我总觉得自己被抛弃了。

治疗师：（情绪及行为评估）明白了，你的童年经历确实对你的情绪和行为产生了影响。现在，你觉得自己的主要问题是什么？有哪些行为模式或者思维模式让你感到困扰？

女犯：我总觉得别人都是在欺骗我，所以我觉得我得保护自己。我不相信任何人，也不在乎别人的感受。如果有人惹到我，我就会很生气，然后可能就会与其产生争执、冲突。

治疗师：（解释）你描述的这种持续的不信任感和冲动行为确实是你当前面临的主要问题。在认知行为治疗中，我们会一起探讨你的思维模式，特别是那些导致你产生不信任感和冲动的思维。现在,我想和你一起尝试进行一个病例概念化,以便更深入地了解你的问题。(治疗师和女犯一起分析事件,探讨触发事件、思维、情绪、行为,以及事件之间的关联)

女犯:(略)

治疗师:(病例概念化)通过讨论,我们可以看到,你的不信任感和冲动行为通常是由于你认为别人在欺骗你,所以你觉得需要保护自己。这种思维模式可能源自你童年时期就产生的被抛弃感,导致你现在也难以信任他人。在治疗中,我们将会一起探索这些思维,并尝试找到更健康的应对方式。

女犯:那我应该怎么做呢?

治疗师:(明确治疗目标)我们的治疗目标将包括帮助你更好地理解自己的思维模式,学会辨别哪些是真实的情况,哪些是你内心的恐惧在作祟。然后,我们将会一起学习一些具体的应对策略,比如认识到冲动的迹象、学习冷静下来的方法,以及建立更健康的人际关系。在治疗的过程中,我将会支持你、鼓励你,并提供技巧和工具,帮助你达到这些目标。

女犯:我愿意尝试一下,也许我真的需要改变一下。

治疗师:(提供支持)我很高兴听到你的决定。治疗是一个共同努力的过程,相信在我们的合作下,你能够收获更健康、更积极的生活方式。在接下来的治疗中,我们将会逐步探索这些问题,制订具体的治疗计划,并且在每一步都会有我的支持和指导。如果在治疗过程中有任何问题或者困扰,请随时与我沟通。我们会共同努力,让你有更好的生活。

女犯:好的,我还是很期待的。

3. 第三次会谈谈话步骤

步骤一：评估当前心理状态并打分。

步骤二：连接上次谈话内容。

步骤三：检查家庭作业完成情况。

步骤四：明确谈话主题“识别、收集功能失调性自动想法”。

步骤五：进入谈话主题。

（1）解释相关概念

完成认知行为治疗的心理评估及病例概念化之后，治疗师就可以进入下一个治疗程序，即识别和收集功能失调性自动想法，这是认知行为治疗进入实质性内容的开始，是能否实现认知行为调整的第一关。要准确识别功能失调性自动想法，就要先搞清楚自动想法的概念及特征，特别要区分它与情绪、一般思维的不同。

自动想法是指个体在一定的情境下，大脑自然而然涌现出的对自己、对他人及对周围环境评价性的一闪而过的念头，故又被称为“一闪念”。它的出现绝大部分先于情绪和行为，其基本形式是词汇、短语和图像，十分简洁。自动想法还有一些特定的表达形式，有疑问句式，如“我能行吗”，实际表达的意思是“我可不行”；还有隐含句式，如“我觉得自己好像是行尸走肉”，实际表达的意思是“我的存在毫无价值”；等等。尽管自动想法是自发涌现的思维流，但其根部有着信念系统的影响和支撑。

在日常生活中人们遇事都会产生自动想法，如果自动想法是合理的，那么它对人们的情绪和行为的影响就是正性的，产生的社会功能也是正常的；如果自动想法是曲解的、失真的、非理性的，那么它就会引起人们的负性情绪和不适应行为，产生的社会功能也是失调的。反社会型人格障碍女犯可能有与冷漠、无视他人权益和不负责任有关的功能失调性自动想法。例如，她们可能会有"别人不重要，我只关心自己""规则和社会规范不适用于我""我可以为了自己的利益而伤害他人"等自动想法。情绪是一种心理体验，与失调性自动想法有本质的区别，如狂喜、愤怒、哀伤、快乐等。而一般思维如解释、联想、猜测等会掺杂很多思考，没有自动想法那样简洁明了。因此，本次谈话重点是让女犯了解自动想法的概念，区分好与情绪、一般思维的不同之处，指导女犯识别和收集功能失调性自动想法。

（2）进行相关提问（表 5-5）

表 5-5 收集反社会型人格障碍女犯功能失调性自动想法的提问（举例）

① 你在参与违法犯罪活动时，有没有产生内疚或后悔的情绪？能具体谈谈吗？
② 你是否认为自己的行为是正当的或有合理解释的？能具体举个例子吗？
③ 在伤害他人或做违法的事情之前，你是否曾考虑过可能带来的后果？
④ 你是否觉得别人不值得你关心或考虑，导致你对他们的权益漠不关心？能具体谈谈吗？
⑤ 你是否认为自己比别人更聪明、更有权力或更能掌控局面？能具体举个例子吗？
⑥ 在与他人互动时，你是否经常感到无聊或缺乏兴趣？能具体说说吗？
⑦ 你是否认为社会规则和道德标准对你不适用或不重要？能具体谈谈吗？
⑧ 你是否常常合理化自己的行为，认为别人会做同样的事情？能举例说一下吗？
⑨ 在处理冲突或争议时，你是否经常选择使用激进或暴力的手段？能举个例子吗？
⑩ 你对他人的情绪是否缺乏理解或同理心？能具体谈谈吗？

这些问题旨在引导女犯思考和表达她们对自己行为的想法和态度。重要的是倾听她们的回答，并在适当的情况下深入探讨，以更全面地了解她们的思维模式和自动想法。

步骤六：布置家庭作业，指导女犯填写每日功能失调性自动想法记录表（表 5-6）。

表 5-6　每日功能失调性自动想法记录表

日期	情境 ① 引起不良情绪和不适应行为的事件或情况 ② 引起不良情绪和不适应行为的思绪、遐想或回忆	情绪 ① 不良情绪 ② 不良情绪的程度（1～100）	功能失调性自动想法 ① 引发不良情绪和不适应行为的功能失调性自动想法 ② 对功能失调性自动想法的相信程度（0～100%）

步骤七：小结和反馈，告知女犯下次将归纳功能失调性自动想法。

第三次示范谈话

治疗师：（解释）你好，很高兴你参加今天的会谈。在认知行为治疗中，我们将会一起探讨你的思维模式，特别是那些可能导致你不信任他人和冲动行事的思维。首先，我想和你谈谈自动想法。这些是在我们意识之外，不自觉地出现在我们脑海中的想法。它们通常是一种即时的反应，但有时候会曲解现实。我想请你回想一些最近让你生气或者不安的情境，看看你当时的自动想法是什么。

女犯：上次和一个人发生口角，我就觉得她是故意想让我难堪的。

治疗师：（识别、收集功能失调性自动想法）非常好，这是一个很好的例子。你当时的自动想法是她是故意想让你难堪。让我们来仔细看看这个自动想法，你有没有其他可能的解释，或者这种想法是如何影响你的情绪和行为的？

女犯：我觉得她就是看不惯我，所以才故意挑衅我。我当时就很生气，然后就想打她。

治疗师：（替代性解释思维）明白了，你的自动想法是她对你怀有敌意。这种想法导致了你的生气和冲动行为。现在我们来看看是否有其他可能的解释。也许她当时的表现是因为其他原因，而不一定是针对你。我们可以一起探讨一下这种情况的其他解释，帮助你看到不同的角度。

女犯：可能她当时心中确实有别的事情，不一定是故意的。

治疗师：（认知重构）正是，你现在考虑到了其他可能性。这是一个很好的开始。在治疗中，我们将会继续学习挑战这些自动想法的技巧，帮助你更客观地看待事情，减轻因为曲解的想法而引发的负面情绪。下次当你遇到类似的情境时，我鼓励你尝试停下来，问问自己是否有其他可能的解释，这样你就能够更好地控制自己的情绪和行为了。

女犯：我会试试的。

治疗师：（布置家庭作业并预告下次谈话主题）今天，我们简单介绍了功能失调性自动想法的概念以及怎么收集，下一次谈话我们要对你所收集的功能失调性自动想法进行归纳，你收集的内容多一点，也方便我们聚焦问题的类型，今天回去后你继续按照表格内容做好功能失调性自动想法的收集工作。

女犯：好的。

治疗师：（小结及反馈）很好。我相信通过练习，你会越来越熟练地挑战这些功能失调性自动想法，从而更好地应对类似的情境。如果在练习中有任何问题或者困扰，随时都可以和我沟通。我们会共同努力，让你的思维模式变得更加健康和积极。

女犯：好的。

4. 第四次会谈谈话步骤

步骤一：评估当前心理状态并打分。

步骤二：连接上次谈话内容。

步骤三：检查家庭作业完成情况。

步骤四：明确谈话主题“归纳功能失调性自动想法”。

步骤五：进入谈话主题。

治疗师可以与女犯一起参照反社会型人格障碍女犯常见功能失调性自动想法类型（表 5-7）对记录在每日功能失调性自动想法记录表（表 5-6）中的自动想法进行逐一对照，并进行讨论，让女犯找出与自己自动想法相符的功能失调性自动想法，即使女犯在记录表中所记录的内容较多，但若对数日或数周的自动想法记录表进行整理分析，治疗师也不难发现女犯在“功能失调性自动想法”这一栏中所填写的内容具有集聚的倾向，治疗师可以根据功能失调性自动想法的类型对女犯的自动想法有一个基本的估测和定位，做到有所聚焦，心中有数。

表 5-7 反社会型人格障碍女犯常见功能失调性自动想法类型

① 骄傲和自大：认为自己比他人更聪明、更强大，无需遵守规则或受制于他人
② 欺骗和操纵他人：倾向于欺骗和操纵他人以获取个人利益，不顾他人的权益和感受
③ 冷漠和缺乏同理心：对他人的痛苦或困境缺乏关心和同情，对他人的需要和情感不敏感
④ 冲动和冒险：追求刺激和冒险的行为，缺乏对后果的考虑和责任感
⑤ 逃避责任：对自己的行为后果不承担责任，逃避承担法律和道德责任
⑥ 敌对和攻击他人：容易与他人发生冲突和争吵，倾向于使用攻击和暴力的方式解决问题
⑦ 缺乏远见和计划性：缺乏长期目标和规划，更关注即时满足和个人利益
⑧ 羞辱和贬低他人：以羞辱和贬低他人来建立自己的优越感和权威

以上仅是一些常见的功能失调性自动想法类型，每个女犯的情况可能有所不同。反社会型人格障碍女犯往往表现出对社会规范和他人权益的漠视和侵犯，对治疗的挑战较大。在治疗中，关键是帮助她们意识到自己的问题行为和错误的思维模式，并培养责任感、同理心，使其掌握有效的问题解决策略。同时，强调正面的行为和价值观，并提供适当的社会支持和监督，以减少反社会行为和促进积极的社会适应。

步骤六：布置家庭作业，让女犯继续填写每日功能失调性自动想法记录表（表 5-6）。

步骤七：小结和反馈，告知女犯下次将检验并调整功能失调性自动想法。

第四次示范谈话

治疗师:(识别、收集功能失调性自动想法)你好,很高兴你参加今天的会谈。在我们的治疗中,我们将学习识别和挑战那些可能导致你产生负面情绪和行为的自动想法。首先,我想请你回想一下最近让你产生生气、焦虑或者其他不愉快情绪的情境。可以告诉我当时你的想法是什么吗?

女犯:我听到一个同监室女犯对我的评价,她说我做事情总是太冲动,不懂得控制自己。我当时就觉得她是在贬低我。

治疗师:(挑战功能失调性自动想法)好的,这是一个很好的例子。你的自动想法是他在贬低你。现在,让我们一起看看这个想法是否存在曲解。我们可以问自己一些问题,比如"有没有其他的解释?""我有证据证明这个想法是真的吗?""如果我换个角度看这件事,会有不同的结论吗?"你觉得有没有其他可能性的解释?

女犯:或许他只是想提醒我注意自己的行为,而不是贬低我。

治疗师:(收集证据支持新的想法)很好,你现在考虑到了其他可能性。这个过程就是挑战自动想法的一步。你曾经认为是对你的攻击的想法,现在变成了可能是出于关心的提醒。这种认知对你的情绪和行为可能有什么影响呢?

女犯:如果我把这种想法当作是他关心我而不是攻击我的话,我可能会更冷静地考虑他的建议,而不是马上就生气。

治疗师:(归纳类型)你对照一下表,看看你的功能失调性自动想法属于哪种类型。

女犯：应该是“冲动和冒险”，“敌对和攻击他人”也有点。

治疗师：（鼓励练习）没错，你归纳得非常准确。通过改变你的思维模式，你可以更好地控制你的情绪和行为。在未来的类似情境中，尝试意识到这种功能失调性自动想法的出现，然后问问自己是否有其他可能性的解释。这样的练习可以帮助你逐渐改变那些导致负面情绪和行为的思维模式。

女犯：我会试试的。

治疗师：（布置家庭作业并预告下次谈话主题）很好。我相信通过练习，你会越来越熟练地挑战这些功能失调性自动想法，从而更好地应对类似的情境。回去后你继续做好功能失调性自动想法的收集，这将有助于你做归纳和调整。我们下一次谈话的主题是“检验并调整功能失调性自动想法”，如果在练习中有任何问题或者困扰，随时都可以和我沟通。我们会共同努力，让你的思维模式变得更加健康和积极。

女犯：好的。

5. 第五次、第六次会谈谈话步骤

步骤一：评估当前心理状态并打分。

步骤二：连接上次谈话内容。

步骤三：检查家庭作业完成情况。

步骤四：明确谈话主题“检验并调整功能失调性自动想法”。

步骤五：进入谈话主题。

当女犯能对自己的功能失调性自动想法进行识别时，治疗师还需和女犯一起进一步探询支持自动想法的理由，并加以质疑，要让女犯清晰地认识到自动想法所带来的功能失调，包括对情绪、对行为和对生理功能的负面效应，为后续动摇原来的想法并用合理想法替代做好准备。治疗师常用的技术有诘问驳难、探寻证据、逻辑纠错和理性替代等。这两次谈话着重阐述如何检验和调整功能失调性自动想法，这正是对浅表层面认知干预的重要一步。

治疗师在帮助女犯检验自动想法是否功能失调时有一个基本的原则，就是自动想法是否导致女犯产生不良情绪（抑郁、沮丧、焦虑、恐惧、害怕等）和不适应行为（退缩、回避、坐立不安、自伤自残等）。检验女犯功能失调性自动想法的实际效应体现在女犯对该自动想法开始产生怀疑、动摇，并为调整这种自动想法、用理性的自动想法进行替代做好准备。

对于功能失调性自动想法的调整，治疗师要用心、耐心地引导女犯进行理性思考，试着以情绪的好转为标准，采用积极的想法替代功能失调性自动想法，并体验情绪是否有变化，是否有改善。如果所采用的替代想法没有效果或效果甚微，就应该更换其他的替代想法，直到见效为止。在这个过程中，治疗师不能为女犯提供自己预置的想法，不能让女犯盲目地接受自己的观点和想法，治疗师最主要的作用是启发，常用的技术有核查客观证据、引导自我发现、质疑绝对肯定、考虑其他可能、进行重新归因、不幸中有转机等，对女犯自己想出的替代想法可以进行讨论，评估替代想法的实际效果。

对女犯功能失调性自动想法的调整过程，实际上是帮助女犯重建新的理性想法并对功能失调性自动想法进行替代的过程，最后使女犯能够做到很自然、很稳定地以理性的、合理的想法取代和覆盖功能失调性的自动想法，使女犯在情绪、行为及其他各方面都得到调整。替代想法的操作会有一定的难度，治疗师应该积极地鼓励女犯在调整中树立信心，只要女犯的情绪状态有所改善，这一结果就能成为一个正性的强化物，去强化女犯坚持不断地用理性想法对功能失调性自动想法进行替代，同时也能逐步提高女犯对理性替代想法的相信程度。

对反社会型人格障碍女犯的功能失调性自动想法进行检验和调整是一项复杂的任务，因为这种人格障碍会导致对他人权益和社会规范的漠视。尽管对这样的人格障碍进行全面的改变是困难的，但以下策略可能有助于检验和调整她们的自动想法。

治疗师可以通过挑战—动摇—替代三步法，具体方法如下。

（1）识别功能失调性自动想法：与女犯合作，帮助她们识别在与他人互动中出现的负面自动想法。这些自动想法可能会导致敌对、欺骗、利用他人或无视他人权益等。

（2）收集证据：与女犯一起探索这些自动想法的证据。询问她们是否有实际的证据支持这些想法，或者是否存在其他积极和合理的解释或观点。

（3）调整认知：尽可能引导女犯审视这些自动想法对她们自身和他人的影响。提出问题，让她们探索是否有过度一般化、忽略正面行为等倾向。

（4）探索替代性思维：与女犯合作，帮助她们更深入地了解自己的行为对他人和自身的影响。引导她们思考行为的后果和可能导致积极结果的替代方法。

（5）培养共情能力：鼓励女犯开发和培养共情能力。包括帮助她们理解他人的情感和需求，并从中获得新的视角和洞察力。

需要强调的是，治疗反社会型人格障碍是一项复杂且持久的工作,需要专业的心理治疗师或心理学家的指导和支持。他们可以根据具体情况制订个性化的治疗计划,并在整个过程中提供必要的指导和监督。

步骤六:布置家庭作业,指导女犯填写每日理性想法替代功能失调性自动想法记录表(表5-8)。

表5-8　每日理性想法替代功能失调性自动想法记录表

日期	情境 ①引起不良情绪的事件或情况 ②引起不良情绪和不适应行为的思绪、遐想或回忆	情绪 ①不良情绪 ②不良情绪的程度(1～100)	功能失调性自动想法 ①激发不良情绪的功能失调性自动想法 ②对功能失调性自动想法的相信程度(0～100%)	合理的反应 ①写出理性替代想法 ②对理性替代想法的相信程度(0～100%)	结果 ①再评估对原先功能失调性自动想法的相信程度(0～100%) ②再评估不良情绪的程度(1～100)

步骤七:小结和反馈,告知女犯下次将挖掘负性中间信念。

第五、第六次示范谈话

治疗师:(收集功能失调性自动想法)你好,很高兴你参加今天的会谈。在认知行为治疗中,我们将学习识别、检验和调整那些可能导致你负面情绪和行为的自动想法。首先，我想请你回想一下最近让你感到不安或者愤怒的情境。可以告诉我当时你的自动想法是什么吗？

女犯：我在劳动时看到一个同犯盯着我看，我就觉得她要对我做什么坏事。

治疗师：(证据验证)明白了，你的自动想法是她在暗示你或者对你有敌意。现在，我们来一起看看这个想法是否存在曲解。我们可以问自己一些问题，比如“我有证据证明这个想法是真的吗？”

女犯：好像没有。

治疗师：(寻找替代性解释)你觉得有没有其他可能性的解释？这种想法是否过于消极？

女犯：或许她只是看到我，而不是有意暗示什么。我现在觉得我可能误解了她的表情。

治疗师：(收集证据支持新的想法)很好，你的自我反思非常重要。你曾经认为她对你有敌意，现在你认识到可能只是一个误解。这种新的认识对你的情绪和行为可能有什么影响呢？

女犯：如果我不再对每一个人都怀有敌意，我可能会更放松，不会时刻感觉被威胁。

治疗师：(引导发现)是的，改变功能失调性自动想法可以减轻你的焦虑和愤怒。在未来的类似情境中，尝试意识到这种功能失调性自动想法的出现，然后问问自己是否有其他可能性的解释。这样的练习可以帮助你逐渐改变那些导致负面情绪和行为的思维模式。

女犯：我会试试的。

治疗师：(布置家庭作业并预告下次谈话主题)今天我们学

习了怎么挑战和调整功能失调性自动想法，你可以学着练练，我相信通过练习，你会越来越熟练地挑战这些想法，从而更好地应对类似的情境。如果在练习中有任何问题或者困扰，随时都可以和我沟通。我们会共同努力，让你的思维模式变得更加健康和积极。回去后你填写每日理性想法替代功能失调性自动想法记录表，下次谈话主题是挖掘负性中间信念。

女犯：好的。

6. 第七次会谈谈话步骤

步骤一：评估当前心理状态并打分。

步骤二：连接上次谈话内容。

步骤三：检查家庭作业完成情况。

步骤四：明确谈话主题“挖掘负性中间信念”。

步骤五：进入谈话主题。

(1) 解释相关概念

治疗师指导女犯成功完成对功能失调性自动想法的理性替代，只是在浅表层面进行认知干预的一个阶段性成果。由于浅表层面的认知是受潜在层面认知的作用和影响，因此，要使女犯完全消除不由自主地涌现的功能失调性自动想法，从根本上解决心理问题或心理障碍，一定要进一步调整潜在层面的认知。治疗师将开始对女犯信念系统中负性成分的挖掘、检验和调整。

信念是人们从童年开始逐步形成的对自我、他人及世界的自认为可以确信的看法，其中高度概括、根深蒂固的观念被称为核心信念。负性核心信念就是个人对自我、他人及世界的非理性的功能失调性的核心信念。在女犯的信念系统中，负性核心信念对功能失调性自动想法的影响并非直接的，而是通过功能失调性假设和规则间接影响的。在认知行为治疗的理论中，把处于中介形态的功能失调性假设和规则称为负性中间信念。假设是指没有充分依据的设定。规则是人们在成长过程中逐步形成的典式和法则，也是在社会生活中应对各种问题和事件而逐步形成的习惯及约定俗成的准则（图 5-2、表 5-9）。因此，探索、检验并矫正负性中间信念是实施潜在层面认知调整的重要一步。

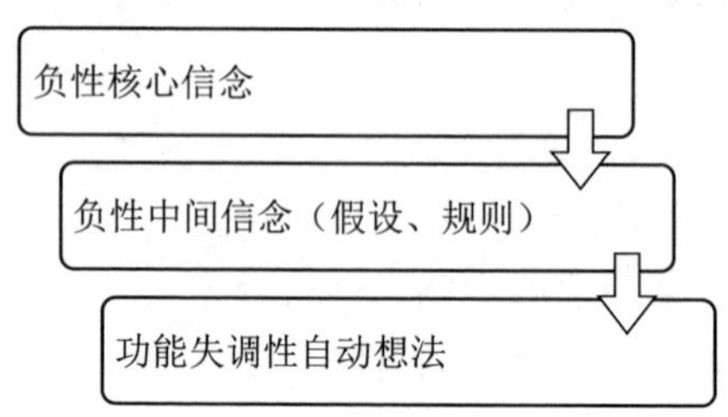

图 5-2 潜在层面认知与浅表层面认知之间的关系

表 5-9 中间信念的基本表达形式

假　设	规　则
如果……那么…… 倘若……那么…… 万一……就…… 即使……就会……	必须……

反社会型人格障碍女犯的中间信念可能包括利己主义、不受社会法律约束和过度的权力欲望。她们的假设是“如果别人可以欺骗我，那么我也能欺骗他们”“如果我不警惕、排斥、操纵、剥削或攻击他人，就会被别人欺负”；她们的规则是“我是绝对特殊的个体，可以拥有特权，其他人也会认同这个事实”。她们可能相信“只有通过欺骗和操控他人才能获得成功”“规则和道德束缚对我无效”“我应该掌握并行使权力来满足自己的欲望”等。这些中间信念支持她们的反社会行为和不负责任的做事态度。

(2) 进行相关提问(表 5-10)

治疗师指导女犯识别功能失调性假设和规则有以下几种方法:从女犯功能失调性自动想法中直接提炼负性中间信念;通过女犯提供信息中的假设内容的前提部分,设法引导女犯表达出假设内容的结论;通过直接点拨引出女犯长期固守的规则;通过逐级挖掘推导技术引出女犯的负性中间信念;通过直接询问的方法,让女犯明确表达其负性中间信念。挖掘反社会型人格障碍女犯负性中间信念可进行如下提问,见表 5-10。

表 5-10 挖掘反社会型人格障碍女犯中间信念的提问(举例)

① 你对其他人和社会的认知是怎样的?你认为其他人对你有何影响?
② 你认为自己与他人之间的关系是怎样的?你对他人有何期望和期待?
③ 你对道德规范和社会规则的看法是什么?你觉得这些规范和规则对你是否适用?
④ 你认为自己对他人的权利和感受负有什么责任?你是否将他人的需求和权益考虑在内?
⑤ 你对自己的行为和决策是否有内疚感或道德约束?你觉得自己有没有义务遵守社会规范?
⑥ 你是否认为欺骗、操纵或伤害他人是可以接受的行为?你对这些行为的合理性有何看法?能具体谈谈吗?
⑦ 你是否认为自己是受害者,而采取反社会行为是为了保护自己或获得自己应得的?能具体举个例子吗?
⑧ 你对社会中的权力和控制的看法是怎样的?你觉得自己有权利使用这些力量吗?
⑨ 其他人对你的评价和看法对你有何影响?你是否认为自己需要得到他人的认可和尊重?
⑩ 你认为通过改变行为和信念可以实现更健康和积极的生活吗?你对自己的未来有何期待?

这些问题可以帮助女犯反思和探索她们的中间信念，深入了解她们对他人和社会的看法，以及她们的道德标准和伦理价值观。同时，这也为治疗师提供了了解女犯思维模式和认知偏差的机会，以便进行相关的干预和调整。请注意，处理反社会型人格障碍的工作应由经验丰富的专业人士（如心理治疗师）进行，并结合其他治疗方法来帮助女犯建立更积极和健康的信念和行为模式。

步骤六：布置家庭作业，让女犯继续填写每日理性想法替代功能失调性自动想法记录表(表5-8)。

步骤七：小结和反馈，告知女犯下次将检验、质疑并调整功能失调性假设和规则。

第七次示范谈话

治疗师：(谈话主题及解释定义)你好，很高兴你参加今天的会谈。在我们的治疗中，我们将尝试了解更深层次的思维模式，这些模式可能在你的生活中起到了重要作用。今天谈话的主题是“挖掘负性中间信念”。中间信念是介于自动想法与核心信念之间的一层认知，通常是以假设和规则的形式存在的。假设是指没有充分依据的设定。规则是人们在成长发展过程中逐步被内化形成的典式和法则，也是在社会生活中应对各种问题和事件而逐步形成的习惯及约定俗成的准则。中间信念带有一定的普遍性，相对于自动想法，它不受具体情境的影响。今天，我们就收集一下这些规律性、普遍性的想法。能理解吗？

女犯：能理解一点。

治疗师：(挖掘负性中间信念)首先，我想请你思考一下，当你感到特别愤怒、沮丧或者焦虑的时候，你内心常常会对自己说些什么？

女犯：我会觉得自己一无是处，觉得没有人会喜欢我，也觉得世界上没有人可以信任。

治疗师：(解释)明白了。这些可能是你的负性中间信念。它们可能在你很小的时候就形成了，可能源自童年时期的经历或者家庭环境。这种信念可能影响了你对自己、他人和世界的看法。让我们来看看，这些信念是否在你生活的其他领域也有体现，比如工作、友谊或者爱情关系。

女犯：是的，我总觉得别人看不起我，所以在生活中也不敢表现出自信。朋友不多，因为我总是觉得别人对我没好意。

治疗师：(具体化)能具体谈谈吗？

女犯：(略)

治疗师：(小结和反馈)这是一个很好的观察。你的这些负性中间信念似乎影响了你生活的各个方面。在治疗中，我们将会一起深入挖掘这些信念的根源，看看它们是否真的符合现实，或者它们是否只是你童年时期形成的一种防御机制。我们将会一起尝试找到证据，看看这些信念是否真的站得住脚。

女犯：我希望能够摆脱这些消极的信念。

治疗师：(提供支持)我理解你的愿望，而且我相信在治疗的过程中，你可以逐渐摆脱这些消极的信念。我们将会一起探讨这些信念，并且尝试用更积极和健康的信念来替代它们。这可能需要时间和努力，但我会一直在你的身边支持你。在接下来的治疗中，如果你有任何负面信念出现，请随时与我沟通。我们将会一起分析它们，并且找到更积极的替代方式。

女犯：好的，我会尽力的。

治疗师：(布置家庭作业并预告下次谈话主题)很好，我相信你有能力做到。今天我们一起挖掘了一些负性中间信念，下次我们会进行相应调整功能失调性假设和规则。回去后你可以继续填写每日理性想法替代功能失调性自动想法记录表，多练习会对调整负性中间信念有帮助。在治疗的过程中，不要害怕挑战自己的信念，因为这是改变的第一步。

女犯：好的。

7. 第八次、第九次会谈谈话步骤

步骤一：评估当前心理状态。

步骤二：连接上次谈话内容。

步骤三：检查家庭作业完成情况。

步骤四：明确谈话主题"检验、质疑并调整功能失调性假设和规则"。

步骤五：进入谈话主题。

对反社会型人格障碍女犯功能失调性假设和规则进行检验和调整，除可以参照和借用调整功能失调性自动想法的策略及方法外，还可以运用一些其他的方法如成本—效益分析、合理假设替代等，操作步骤还是采用挑战—动摇—替代三步法，具体如下。

(1) 确定功能失调性假设和规则

与女犯合作，共同探索她们的反社会行为相关的功能失调性假设和规则。包括她们对他人权益、个人需求以及行为模式和社交互动等方面的信念。

(2) 收集证据

帮助女犯寻找证据，以验证或反驳她们的功能失调性假设和规则。她们可以回顾过去的经历、观察他人的行为，或了解他人对自己行为的反馈，以收集相关的实证证据。如挑战功能失调性规则，女犯功能失调性规则通常是以"必须"的陈述方式表达，由于这些陈述中掺杂了不合逻辑及过分概括的成分，因此要改变女犯长期形成的功能失调性"必须"的想法，治疗师单靠一味否定是难以奏效的，需要顺着女犯的逻辑循循善诱，一步步地对她们的陈述进行质疑，并给予空间，让她们多一个角度重新思考。治疗师在谈话中可以通过提出疑问的方式引导女犯思考。例如：这个规则是从什么时候开始形成的？这个规则是在怎样的情况下确立的？当时确立这样的规则有当时的情况，现在一直沿用这样的规则是否妥当？这个规则是只适合你个人呢，还是适合所有人？你真的完全是照着这个规则在做吗，规则是否有松动的时候？如果不遵循你的规则行事会产生怎样的后果？你对没有遵循你这个规则的人是怎样看待的？可以通过填写考查并挑战功能失调性规则练习表（表 5-11）的方法，对女犯的功能失调性规则进行梳理和调整。

表 5-11　考查并挑战功能失调性规则练习表

对规则“必须”的陈述：
对规则的相信程度（0～100%）： 情绪（1～100）： 成本（不利之处）： 收益（有利之处）： 在怎样的情况下确立了这个规则？ 你是否要求其他人都遵循这个规则？ 对这个规则用“偏好”而不是“必须”来重新表述： 通过重新表述所产生的新效果： 对规则的相信程度（0～100%）： 情绪（1～100）：

（3）挑战认知偏差

与女犯一起识别和挑战可能存在的认知偏差，如自我中心思维、认知歪曲或无视他人权益等。通过引导她们思考替代性解释和观点，帮助她们更客观地看待自己的行为和对他人的影响。治疗师应引导女犯认识到自己的信念与现实生活不适应，同时，设法让她们寻找新的适应性信念予以替代。最常用的是新旧信念对比法，可以是与已产生的结果进行对比，也可以是与未产生的但可以预测的结果进行对比，不管是哪种方式，目的都是为了削弱功能失调性信念，强化合理适应性信念。可以书面表格形式记录比对。

（4）实证检验

鼓励女犯进行实验性行为，以检验她们的功能失调性假设和规则的有效性。包括尝试采用合适的行为替代、练习与他人合作、尊重他人的权益、参与社会责任活动等。如成本—效益分析，有些女犯很少对自己固守的规则进行反思，她们坚信自己的规则是合理的，并严格地根据自己的规则处事。其实，她们在执行这些功能失调性规则时往往要付出极高的代价和成本，但所得的效益却很低，仅仅是获得遵循规则的满足感而已。这些女犯虽然已被这些规则搞得筋疲力尽，但还是固执己见，执迷不悟，此时治疗师可以通过成本—效益分析技术，与女犯一起“仔细算账”，引导女犯以清醒的头脑重新审视其规则。见表5-12。

表5-12　成本—效益分析表(举例)

规则：如果我不先发制人，就会被她们欺负。	
有利之处（效益）	不利之处（成本）
自我满足	心理问题进一步升级
自我合理化	人际关系冲突显现
	影响改造进程
	不被社会接纳，社会认同感低

（5）记录和反思

女犯在实验性行为中的体验和反馈非常重要。鼓励她们记录下在尝试新的行为方式时的感受和结果，并帮助她们进行反思和分析。还可以通过活动检测，设计相应表格记录活动的内容、状态、变化、进度等，目的是让她们更直观感受自己行为发生的过程和带来的影响，在实践中产生改变的意愿；丰富活动，多增加一些积极有益的活动，从中体验心理满足和价值实现；预演排练，对一些老问题、老情况，治疗师应理解女犯的现实困难，帮助她们设计一些应对方案，如情景模拟、角色扮演、自信训练等；共同面对，对于一些重大问题，治疗师应与个体共同面对；评定成绩，在治疗过程中治疗师要对女犯进行动态评定，及时反馈她们取得的进步和存在的问题，让个体切实感受到自己的变化，有助于巩固治疗成果。

（6）调整假设和规则

根据收集到的证据、挑战的认知偏差以及实验性行为的结果，与女犯一起重新评估和调整她们的功能失调性假设和规则。帮助她们形成更加合理、健康和社会适应性的假设和规则。反社会型人格障碍女犯最显著的行为特征就是冲动行事、不加思考，所以让她们在遇事时能“放慢脚步”“停一停”，是治疗师的责任。治疗师一是要让她们对将要发生的事情做个预估，二是要引导她们将关注点从眼前利益转移到长远利益，适度延迟满足，获取更大的回报。引导女犯思考并尝试新的替代性假设规则，以更好地适应和应对现实。帮助她们制订更积极、灵活和适应性的假设和规则，并鼓励她们在日常生活中实践和应用。如合理假设替代，就是在治疗师的引导下，女犯根据“合理”的要求去尝试新的假设来替代以往习惯的功能失调性假设。假设的合理性标准是引出女犯理性的自动想法、良好的情绪状态、适应的行为表现。进行合理假设替代练习,可以填写功能失调性假设的合理替代练习表(表 5-13)。

表 5-13 功能失调性假设的合理替代练习表(举例)

原来习惯的假设	新的合理假设
如果我不提前出击的话,就会被欺负	如果我不提前出击,不代表我就会被欺负

这些方法需要由经验丰富的专业人士(如心理治疗师)与女犯合作完成,对她们进行指导。

步骤六:布置家庭作业,让女犯根据情况填写考查并挑战功能失调性规则练习表(表 5-11)、成本—效益分析表(表 5-12)和功能失调性假设的合理替代练习表(表 5-13)。

步骤七:小结和反馈,告知女犯下次将揭示负性核心信念。

第八、第九次示范谈话

治疗师:(收集负性中间信念)你好,很高兴你参加今天的会谈。在我们的治疗中,我们将会共同探讨一些可能影响你情绪和行为的思维模式。首先,我想请你回忆一下,当你感到愤怒、焦虑或者有其他不适时,你内心常常会对自己说些什么?

女犯:我会觉得别人都在针对我,所以我得提前出击,否则就会被欺负。

治疗师:(解释、收集证据和反证据)明白了,你的思维模式是防御性的,似乎你认为只有通过攻击性的行为才能保护自己。这种模式可能源自童年时期的经历,但在现实生活中,它可能会导致冲突和孤立。让我们来看看这种模式是否存在功能失调性假设和规则。你认为这种模式对你有什么好处，以及有什么不利之处？

女犯：我觉得这样做可以让别人知道我不好惹，不敢招惹我。

治疗师：（证据验证）这是一个很常见的想法，但是让我们来检验一下。你认为这种方式真的解决了问题吗？或者它只是暂时地让你感觉好一些，而实际上可能增加了周围人的敌意？

女犯：或许是的，有时候我发现别人更加远离我了。

治疗师：（挑战功能失调性假设和规则）正是，这是一个很好的观察。这种防御性的行为可能让他人与你保持距离，导致你更加孤立。在治疗中，我们将会一起探讨一些更积极的应对方式，帮助你建立更健康的人际关系。我们将会挑战这些功能失调性假设和规则，尝试找到更适应现实生活的方法。你愿意尝试一些新的方式吗？

女犯：是的，我希望能够有更好的人际关系。

治疗师：（布置家庭作业并预告下次谈话主题）非常好，我很高兴听到你的决定。今天我们一起学习了怎样检验并调整功能失调性假设和规则，回去后按照这样的调整思路多练练，并根据需要填写考查并挑战功能失调性规则练习表、成本—效益分析表或功能失调性假设的合理替代练习表，下次我们来挖掘负性核心信念。在接下来的治疗中，我们将会一起学习一些沟通技巧、冲突解决策略和情绪调节方法，帮助你更好地应对社交场合中的挑战。如果在学习和实践中有任何问题或者困扰，请随时与我沟通。我们会共同努力,让你的人际关系变得更加健康和积极。

女犯:好的。

8. 第十次会谈谈话步骤

步骤一:评估当前心理状态。

步骤二:连接上次谈话内容。

步骤三:检查家庭作业完成情况。

步骤四:明确谈话主题“揭示负性核心信念”。

步骤五:进入谈话主题。

(1) 解释相关概念

当女犯已经学会调整功能失调性自动想法,掌握了负性中间信念的合理替代,并且已经获得心理调整的初步成果,身心症状有所缓解,在这种情况下可决定进入揭示负性核心信念这一步。核心信念是个体关于自我、他人及世界的基本信念和价值观,是更为基本和根深蒂固的信念,较中间信念更具有主导性和概括性,对个体的整体自我认知和世界观产生深远影响。反社会型人格障碍女犯的负性核心信念可能涉及自私、无情和权力至上。她们可能持有“以自我为中心是合理和正当的”“我无需顾及他人的感受和权益”“权力和控制是成功和满足的关键”等。这些信念塑造了她们的人格特征和行为方式。

(2) 进行相关提问

女犯对于自己的负性核心信念的领悟各不相同,有些一点就通,有些则不然,她们会感到十分困难,搞不清楚功能失调性自动想法的潜在层面存在着信念系统的支撑。所以治疗师需要花较大的工夫引导女犯,可以通过表 5-14 的提问,帮助女犯清晰地揭示和表达自己的负性核心信念。

表 5-14　揭示反社会型人格障碍女犯负性核心信念的提问(举例)

关于他人和社会规则的信念	① 你是否认为他人是不值得信任的，只会伤害你或利用你？
	② 你觉得社会规则和道德价值观对你不适用或无关紧要吗？
	③ 你对他人的行为是否持怀疑、敌对或漠不关心的态度？
关于权力和控制的信念	① 你认为自己需要掌握权力和控制他人才能保护自己吗？
	② 你觉得通过欺骗、操纵和威胁他人来达到自己的目的是正当的吗？
	③ 你对自己的能力和权力持有过高的评估或自负的态度吗？
关于责任和后果的信念	① 你是否认为你的行为后果对你不重要或无关紧要？
	② 你觉得自己不需要为自己的行为负责或承担后果吗？
	③ 你对他人的痛苦或受伤害持冷漠或无关紧要的态度吗？
关于自我形象和价值的信念	① 你认为自己是一个不受规则束缚、与众不同的人吗？
	② 你觉得自己在社会中的地位和影响力比他人更重要吗？
	③ 你对自己的行为和人格持有正当化或否定责任的态度吗？

这些提问的目的是帮助女犯反思和探索她们对自我、他人和世界的负性核心信念。通过深入了解她们的思维模式和信念系统，可以揭示潜藏在其反社会型行为背后的根源。这将为后续的认知重构和治疗工作提供基础。请注意，这些问题最好由经验丰

富的专业人士(如心理治疗师)来提出,以确保恰当且有效。

(3) 常见负性核心信念一览表

治疗师可以向女犯展示常见负性核心信念一览表(表 5-15),要求女犯参照表中对自我、他人和世界的负性核心信念的内容进行自我对照,找出与自己相符的条目。如果有的女犯从一览表中找到相符的条目较多,治疗师可以要求她们指出相对重点的条目,这便于治疗师更有针对性地对负性核心信念实施干预。

表 5-15 常见负性核心信念一览表

<table>
<tr><th>关于自我评价的
负性核心信念</th><th>关于他人评价的
负性核心信念</th><th>关于世界评价的
负性核心信念</th></tr>
<tr><td>我无能
① 我无能
我无能,我无力,我软弱,我受欺,我贫困,我艰难,我被动,我退缩,我被控,我尴尬,我窝囊,我绝望
② 我无成就
我不能胜任,我不起作用,我不被信任,我不受尊重,我缺陷很多,我浑浑噩噩,我自认失败,我没有出息,我亏欠他人,我成为累赘</td><td rowspan="2">他人都毫无诚信,
他人都十分危险,
他人都难以捉摸,
他人都心怀鬼胎,
他人都不识好歹,
他人都没有良心</td><td rowspan="2">这个世界杂乱无章,
这个世界很不安全,
这个世界腐败透顶,
这个世界荒谬可笑,
这个世界无药可救,
这个世界末日来临</td></tr>
<tr><td>我不可爱
① 我不可爱
我不可爱,我被嫌弃,
我无魅力,我被忽视,
我属多余,我真差劲,
我很倒霉,我没品位
② 我没价值
我没有价值,我不如他人,
我缺点很多,我总惹麻烦,
我浑身晦气,我遭受拒绝,
我必被抛弃,我纯属多余</td></tr>
</table>

步骤六：布置家庭作业。让女犯继续填写考查并挑战功能失调性规则练习表(表5-11)、成本—效益分析表(表5-12)或功能失调性假设的合理替代练习表(表5-13)。

步骤七：小结和反馈，告知女犯下次将检验、质疑并调整负性核心信念。

第十次示范谈话

治疗师：(告知本次谈话主题、解释相关概念)今天我们学习怎样揭示负性核心信念。核心信念是人们从童年开始逐步形成的内心最深层的对自我、他人和世界的看法，具有高度概括和根深蒂固的特性。负性核心信念就是个人对自我、他人和世界的非理性的、功能失调性的核心信念。你能理解吗?

女犯：有点理解。

治疗师：(自我评价的核心信念)首先，我想请你回想一下，当你感到特别沮丧、焦虑或者愤怒的时候，你内心常常会告诉自己些什么?

女犯：我觉得我是个失败者，没有人会喜欢我，我永远不可能成功。

治疗师：(探索信念形成原因)谢谢你诚实表达这些感受。你的核心信念似乎涉及自我价值和成功的问题。让我们来深入探讨一下，这些信念是什么时候形成的，它们与你的童年经历或者其他生活事件有关吗?

女犯：我从小就觉得自己不如别人，我父母也总是批评我，觉得我不够好。

治疗师：(解释)明白了，你的家庭环境可能在形成这些信念中起到了作用。这种感觉可能一直伴随着你，影响了你的自尊和自信。在治疗中,我们将会一起探讨这些信念的真实性。我们将尝试找到证据,看看这些信念是否真的符合现实,或者它们是否只是你早期经历的产物,不一定代表你的真实情况。

女犯:我希望能够摆脱这种自我贬低的感觉。

治疗师:(反馈并提供支持)我完全理解你的愿望,而且我相信在治疗的过程中,你可以逐渐改变这些负性的核心信念。我们将会一起探讨这些信念,并且尝试用更积极、更健康的信念来替代它们。这可能需要时间和努力,但我会一直在你的身边支持你。在接下来的治疗中,如果你发现这些信念再次出现,请随时与我沟通。我们将会一起分析它们,并且找到更积极的替代方式。

女犯:好的,我会尝试的。

治疗师:(小结并预告下次谈话主题)非常好,我相信你有能力做到。在治疗的过程中,不要害怕挑战自己的信念,因为这是改变的第一步。我会一直陪伴着你,帮助你走出这种自我贬低的感觉,形成更积极、更健康的自我认知。如果有任何问题或者困扰,随时都可以和我沟通。今天我们学习了如何揭示负性核心信念,下次我们将针对你的负性核心信念来做调整。

9. 第十一次、第十二次会谈谈话步骤

步骤一:评估当前心理状态并打分。

步骤二:连接上次谈话内容。

步骤三:检查家庭作业完成情况。

步骤四:明确谈话主题"检验、质疑并调整负性核心信念"。

步骤五:进入谈话主题。

治疗师对于女犯负性核心信念的质疑和调整是一个十分艰

难的过程，质疑实际上已经包含了部分调整的功能，所以质疑和调整往往并存于同一项干预措施中。调整负性核心信念，除可以参考或借用调整功能失调性自动想法及假设和规则的策略及方法外，还可以运用一些其他方法，包括苏格拉底式对话、行为试验、理性—情绪角色扮演、以他人为参考点、以改变的行为强化信念的改变、自我显露、重建早期记忆、重建合理信念、孔子式对话等。对反社会型人格障碍女犯负性核心信念进行检验、质疑和调整的具体方法可能会面临一些挑战，因为这类女犯往往缺乏内省和责任感。以下方法可以作为参考。

(1) 识别负性核心信念：与女犯合作，努力识别她们可能存在的负性核心信念，如冷漠、自私、无视他人权益等。

(2) 收集现实反馈：帮助女犯收集来自他人的现实反馈，以评估她们的行为和信念是否与他人的观点和经验相符。如可以通过“以他人为参照点”的方法。可以通过治疗小组、家庭成员、朋友等多方面的参与来实现。

(3) 挑战思维模式：引导女犯质疑并挑战负性核心信念。询问她们是否有证据支持这些信念，以及这些信念是否在她们的日常生活中带来积极结果。鼓励她们考虑其他解释和观点，来挑战她们的负性核心信念。帮助她们考虑其他可能性，如情境解释、分析他人的意图和行为背后的原因等。治疗师可以引导她们思考并形成更符合实际和自我价值的信念，并鼓励她们在日常生活中实践和应用这些新的信念。当女犯确认了自己存在的负性核心信念后，治疗师应和女犯一起讨论如何重建新的合理的核心信念，治疗师可以通过与女犯共同填写重建合理核心信念表（表 5-16）来引导她们形成对自己、他人和世界的新的合理信念。

表 5-16 重建合理核心信念表(举例)

负性核心信念	合理核心信念
我自认失败	我有些失败,但不是彻底的失败者,我也有成功的方面
他人都难以捉摸	有些人难以捉摸,大部分人可以通过沟通了解

(4) 角色扮演:通过角色扮演的方式,让女犯亲身体验他人的感受。这可以帮助她们更好地理解他人的需求、情感和权益,从而调整自己的负性核心信念。

(5) 强调责任和后果:强调女犯的责任和行为后果,帮助她们认识到自己的行为对他人和社会造成的影响。这可以促使她们重新考虑和调整负性核心信念。

(6) 社会技能训练:提供社会技能训练,帮助女犯学习更有效地与他人交往,理解他人的情感和需要,并发展更健康的人际关系。

(7) 长期治疗和监督:由专业人士提供长期的治疗和监督,帮助女犯持续检验和调整负性核心信念。这需要结合心理教育和行为干预等方法。

需要强调的是,反社会型人格障碍女犯的改变可能是一个长期而复杂的过程。专业的心理治疗师和其他相关专业人员应该提供适当的支持和指导,确保在治疗过程中合理而有效地进行检验、质疑和调整负性核心信念。

步骤六:布置家庭作业。核心信念作业表(表 5-17)通常作为家庭作业布置给女犯,要求女犯通过填写,进一步巩固重建合理核心信念的方法。

表 5-17　核心信念作业表(举例)

<table>
<tr><td colspan="2">负性核心信念:我不如他人
当前你对负性核心信念的相信程度?(0～100%)60%
本星期你相信的最大程度?(0～100%)80%
本星期你相信的最小程度?(0～100%)60%</td></tr>
<tr><td colspan="2">新的合理核心信念:我有自己的优势
当前你对合理核心信念的相信程度?(0～100%)50%</td></tr>
<tr><td>驳斥负性核心信念,寻找支持合理核心信念的依据</td><td>对支持负性核心信念的依据进行改版</td></tr>
<tr><td>我有些方面不如他人,每个人都不可能十全十美
我有我自己的优势,只要我充分发挥我的优势,就能够做出好的成绩</td><td>我不如他人的方面可以调整,只要坚持努力,我的弱项就能够得到一定的改善</td></tr>
</table>

步骤七:小结和反馈,告知女犯下次将结束集中治疗阶段。

第十一、第十二次示范谈话

治疗师:(识别负性核心信念)你好,很高兴你参加今天的会谈。在我们的治疗中,我们将探讨一些可能影响你情绪和行为的负性核心信念。首先,我想请你回想一下,当你感到特别沮丧、焦虑或者愤怒的时候,你内心通常会告诉自己些什么?

女犯:我会觉得我不值得被爱,我不值得成功,我是个失败者。

治疗师:(收集证据)谢谢你真诚地讲出这些感受。这些核心信念似乎涉及自我价值和成功的问题。在认知行为治疗中,我们将一起检验这些信念。首先,我们来看看是否有证据支持这些信念。你有没有成功的经历?有没有人爱过和关心过你?

女犯:有一些人关心我,但我总觉得他们是因为某种目的,不是真心的。

治疗师:(证据验证)这是一个常见的担忧。让我们一起来质疑这种想法。你有没有证据证明他们的关心不是真心的?这种怀疑是不是源于你对人际关系的不信任?

女犯:可能有点不信任,但我总觉得别人是有所图的。

治疗师:(寻找例外)这种怀疑可能是你对过去经历的一种应激反应。然而,这并不意味着所有的人都是不真诚的。在治疗中,我们将尝试挑战这种负性核心信念,寻找对抗性证据,看看是否有人真心关心过你,你是否有成功的经历。我们还将尝试改变这种思维模式,用更积极、更健康的信念来替代它们。

女犯:我愿意尝试,但我觉得很难相信别人。

治疗师:(提供支持)我完全理解你的感受。改变这种信念确实需要时间和努力。在治疗中,我将会支持你。

女犯:好的。

治疗师:(揭示负性核心信念)你说你觉得自己不值得被爱,是吗?

女犯:是的,我总觉得别人不可能真心喜欢我。

治疗师:(收集证据)那么,让我们来看看这个信念的起源。你有什么具体的经历或事件让你觉得自己不值得被爱?

女犯:我小的时候,父母总是批评我,觉得我不够好。

治疗师:(寻找例外)这些童年经历确实可能影响你的自我价值观。但是,这并不意味着你真的不值得被爱。有没有人在你生活中给过你正面的反馈?朋友、家人或者其他人?

女犯:有一些朋友,但是我总觉得他们是因为需要我帮忙,而不是真心喜欢我。

治疗师:(替代思维)这种怀疑可能来自你对别人动机的担忧。但是,这也是一种推断,而不是事实。你能否想象一种情况，别人可能因为你的品质、友善或者其他特点而喜欢你？

女犯：或许，但我觉得很难相信。

治疗师：（行为实验）这是可以理解的，信念的改变需要时间。我们可以一步一步地来。你可以尝试在日常生活中留意那些对你友好、支持你的人，看看是否能找到一些证据，证明你是值得被爱的。我们也可以一起探讨你的过去，看看这种不值得被爱的信念是否真的符合实际，或者它是否只是一种过去经历的反映。

女犯：我愿意尝试，但是我不确定能成功。

治疗师：（布置家庭作业，预告下次谈话主题）没关系，我们的目标不是立刻改变你的信念，而是逐渐建立一个健康的自我认知。在这个过程中，我会一直陪伴你，帮助你挑战这些负性核心信念。当你感到困扰或者不安的时候，请随时和我沟通。我们将会一起探索积极的信念，让你的自我认知更加健康和积极。下次我们将结束集中治疗阶段，也感谢你的配合。希望你继续认真填写核心信念作业表。

女犯：好的。

10. 结束治疗会谈谈话步骤

步骤一：评估当前心理状态并打分。

步骤二：连接上次谈话内容。

步骤三：检查家庭作业完成情况。

步骤四：明确谈话主题"结束集中治疗阶段，进入巩固疗效、预防复发阶段"。

步骤五：进入谈话主题。

在结束集中阶段治疗后，治疗师必须继续帮助女犯维持巩固疗效，而不宜立即完全脱钩，顿时结束治疗。常用的策略是"逐步撤离"。一般的做法是从原来的每周一次的定期治疗逐渐改为隔周一次，经过一段时间再从隔周一次改为每月一次。经过这样适度地维持一个阶段，当女犯能平稳地达到康复效果时，向女犯明确表示结束整个治疗过程。当完整的认知行为治疗结束以后，治疗师的角色趋于淡化，但定期的随访仍是治疗师的职责，治疗师可以通过监区了解女犯的状况，关心女犯的改造表现以及心理健康问题的恢复情况，当女犯再次遇到一些应激事件，导致其原有心理问题的再次爆发，治疗师应给与必要的心理援助，帮助女犯调节情绪，顺利渡过难关，也以此巩固认知治疗成果。针对反社会型人格障碍女犯的认知行为治疗结束后，巩固和维持改变的成果至关重要。以下是一些具体方法。

（1）制订个人巩固计划：与女犯一起制订个人巩固计划，明确巩固目标和具体行动步骤。这个计划可以包括继续练习认知技巧、应用替代性思维、掌握情绪调控策略等。

（2）练习情境适应：鼓励女犯积极参与现实生活情境，练习应对挑战的能力。这可以通过角色扮演、情境模拟或真实情境再现来进行。

（3）情绪管理技巧：提供情绪管理技巧的培训和实践，帮助女犯学会有效地识别、理解和调节自己的情绪。这包括情绪识别、情绪放松和情绪调节策略的应用练习。

（4）社交技巧训练：帮助女犯掌握积极的社交技巧，包括有效的沟通、倾听技巧，解决冲突和建立健康关系的技巧。通过角色扮演、情境模拟和社交互动，提供反馈和指导。

（5）心理教育和认知重构：提供关于反社会型人格障碍的心理教育，帮助女犯了解自身问题。通过认知重构，帮助她们质疑和调整负性核心信念和认知偏差。

(6) 持续监测:安排定期的复查和追踪,以评估女犯的进展并提供必要的支持。持续监测可以帮助她们保持对自身行为和思维模式的关注,并有助于向她们提供必要的干预和调整。

(7) 提供长期治疗和支持:考虑提供长期的治疗和支持,以确保女犯持续获得帮助和指导。这可以包括个别治疗、互助小组、社区资源或其他适当的支持网络。

结束治疗示范谈话

治疗师:(小结)首先,我想感谢你在过去的几个月里付出了这么多努力,参与认知行为治疗。在我们的谈话中,你展现出了巨大的勇气和决心,努力挑战和改变了一些不健康的思维模式。你对自己的问题作出了积极的探索,这是非常值得称赞的。

女犯:谢谢你的支持。这几个月来,我确实学到了很多,也更了解自己了。

治疗师:(反馈)你的进步真的是非常显著的。我们一起克服了很多困难,你也学会了应对负面情绪和不健康思维的方法。现在,我想和你一起回顾一下,在治疗中你认为自己最大的收获是什么?

女犯:我觉得我学会了更好地控制自己的脾气,也开始尝试相信别人,而不总是怀疑他们的动机。

治疗师:(持续监测)这真的是很了不起的成就。你的自控能力和对人际关系的信任度都有了很大的提升。请记住,这只是一个开始。在治疗结束后,你可能会面临新的挑战。但是,你现在拥有了处理这些挑战的技能。当你遇到困难时,回想一下你在治疗中学到的策略,并且尽快寻求支持,不要犹豫。

女犯：我会的。我也意识到，要保持进步，我需要持续地努力。

治疗师：(提供支持)是的。治疗的结束并不意味着问题会立刻消失，但是你现在拥有了应对问题的技能和信心。请时刻记住，你是有能力克服困难的。以后如果你觉得需要，我们随时可以再次安排会面。同时，建议你保持社交联系，积极寻求支持，不要独自面对问题。任何时候如果你需要帮助，都可以联系我。我相信你有能力变得更健康、更积极。祝你一切顺利！

女犯：我会的，谢谢你的建议和支持。

第四章　治疗后评估及数据分析

一、治疗后评估

（一）评估时间:治疗后评估在治疗实施后两周内完成。

（二）评估工具:上海市监狱管理局罪犯风险需求评估量表、症状自评量表(SCL-90)、焦虑自评量表(SAS)、抑郁自评量表(SDS)、贝克抑郁量表(BDI)、汉密尔顿焦虑量表(HAMA)、汉密尔顿抑郁量表(HAMD)、服刑改造自评调查表、服刑改造他评调查表等。为方便对比,治疗前后评估所使用的量表必须一致。

二、数据分析

通过对个体治疗前后心理测量结果数据的对比,分析认知行为治疗结束后,心理测量及服刑改造中的哪些指标有明显改善,从而完成治疗个案。同时,也可以通过对照组和实验组的差异分析,来进一步论证认知行为治疗对女犯群体的矫治作用。

第六册

涉毒女犯专用认知行为治疗操作手册

第一章　导　　论

涉毒女犯是指参加与毒品相关的犯罪活动的女性罪犯。这些女性可能与毒品的生产、贩卖、传递、使用或其他相关活动有关。

涉毒女犯的涉案原因各不相同，包括个人因素（如药物成瘾、经济困难、心理问题等）、社会经济因素（如贫困、社会边缘化等）、社交因素（如与毒品相关的人际关系）等。

对于涉毒女犯，认知行为治疗也可以作为一种有效的心理治疗方法，帮助她们改变不健康的认知和行为模式，提高自我意识和自我管理能力，从而减少对毒品的依赖，降低参与犯罪活动的风险。

一、认知模式

涉毒女犯的认知模式是指她们有关毒品使用和相关行为的思维方式和信念系统。这些认知模式可以对她们的毒品使用和相关行为产生重要影响。以下是涉毒女犯可能存在的认知模式。

（一）否定后果：涉毒女犯可能倾向于否定或轻视毒品使用的负面后果。她们可能忽视健康问题、法律后果和社会影响，对毒品的危害性认识不够。

（二）自我解脱：一些涉毒女犯可能认为使用毒品是一种逃避现实或解脱痛苦的手段。她们可能相信使用毒品能够减轻压力、缓解负面情绪或提供快感，并期望通过使用毒品获得自我满足。

（三）自我怀疑和无助感：涉毒女犯常有自我怀疑、低自尊和无助感，可能认为使用毒品是唯一能够应对困境、改变情绪或掌控生活的方式。

（四）社交影响：涉毒女犯可能受到社交环境和同伴的影响，将使用毒品视为融入群体或获得认同的途径。她们可能认为使用毒品是一种社交行为，与社交关系紧密相关。

（五）缺乏替代策略：涉毒女犯可能缺乏有效的替代策略来应对生活中的困难、负面情绪或压力。她们可能相信使用毒品是唯一的解决方案，缺乏健康的应对技巧和应对资源。

二、治疗目标

对涉毒女犯进行认知行为治疗的目标是帮助她们改变与毒品相关的认知模式和行为方式，以减少毒品使用，降低犯罪风险。以下是对涉毒女犯认知行为治疗的目标。

（一）识别和调整不健康的思维模式：帮助涉毒女犯识别和挑战与毒品相关的误解和错误的认知。通过教育和信息传达，帮助她们理解毒品成瘾是一种疾病，以及毒品使用和犯罪行为的后果。

（二）自我效能提升：支持和鼓励女犯建立对自己能够改变和戒除毒品的信心和信念。帮助她们制订小目标并逐步实现，以增强自我效能感和自我控制能力。

（三）调整应对策略：帮助女犯识别和改变不健康的应对方

式，如逃避、自我惩罚或寻求即时满足。鼓励她们发展积极的应对策略，如寻求支持、使用积极的应对技巧或寻找替代活动等。

（四）目标设定和行为改变：与涉毒女犯一起设定具体、可衡量的戒毒和康复目标，帮助她们制订行动计划，并提供支持和指导，以实现这些目标。可以包括建立健康的生活方式、建立稳定的社交支持网络和寻找积极的兴趣爱好等。

（五）形成团体支持和互助小组：鼓励涉毒女犯参与团体支持和互助小组，与其他有类似经历的人分享经验并获得支持，增强戒毒动力和社会支持系统。

（六）防止复发：为涉毒女犯提供预防复发的策略。帮助她们制订应对诱惑和高风险情境的策略，并提醒她们寻求支持和维持康复的重要性。

三、治疗策略

对涉毒女犯进行认知行为治疗时，可以采用以下具体策略。

（一）信息教育：提供有关毒品成瘾对身体和心理健康的负面影响的教育。帮助女犯了解毒品成瘾是一种疾病，分析毒品使用与犯罪行为的关联性。

（二）认知重建：帮助女犯识别和挑战与毒品相关的错误认知和观念。鼓励她们探索和质疑可能存在的误解，如对毒品的幻想、逃避现实的信念等，并逐步转变为客观和健康的认知。

（三）风险评估和应对：帮助女犯识别与毒品使用和犯罪行为相关的风险和诱因。教给她们识别和应对诱发毒品使用的情境和内部触发因素的技巧，如应对压力、处理负面情绪等。

（四）情绪管理：教给女犯情绪调节技巧，帮助她们更好地应对负面情绪（如焦虑、愤怒和沮丧等）。可以包括放松技巧、情绪调节练习、认知重构等。

（五）团体支持：鼓励女犯参与团体支持和互助小组，与其他有类似经历的人分享经验并获得支持。这种支持系统可以提供情感支持、康复资源和戒毒成功的榜样。

（六）意识观察：指导女犯观察自己的思维、情绪和身体感受，使其增强对自身内在体验的觉察。通过意识观察，她们可以更好地认识到毒品使用和犯罪行为与负面情绪和内在需求之间的关系。

（七）持续支持：提供长期的支持和监督，确保涉毒女犯在治疗过程中得到持续的支持和指导。包括进行定期的个别治疗、参加互助小组接受相关心理辅导等。

第二章　治疗对象筛选与治疗前评估

一、治疗对象筛选

在对涉毒女犯进行认知行为治疗对象筛选时，可以考虑以下因素。

（一）适应症类型：女犯必须有明确的毒品使用问题，可能包括滥用毒品、对毒品成瘾或依赖。

（二）意愿和合作性：女犯必须表达接受治疗的意愿，并愿意积极参与治疗过程中的活动和任务。她们的合作性和主动性对治疗的有效性至关重要。

（三）稳定性和安全性：评估女犯的稳定性和安全性。她们是否有持续的稳定改造、稳定的社会支持系统和基本需求得到满足，以确保治疗过程的稳定性。

（四）心理健康评估：进行全面的心理评估，以确定女犯是否还存在其他严重的心理健康问题，如严重精神疾病或创伤后应激障碍等。这可以帮助治疗师确定是否需要其他形式的心理治疗或并发症处理。

（五）认知能力：评估女犯的认知能力和理解能力，以确定她们是否能够理解和参与认知行为治疗过程。认知行为治疗通常需要进行一定的自我反思、思维模式的分析和改变。

（六）剩余刑期：剩余刑期在六个月以上的女犯。

这些筛选原则可以帮助治疗师确定哪些女犯适合接受认知行为治疗，为治疗对象的初步筛选提供依据。

二、治疗前评估

经筛选确定的治疗对象，在治疗前还需完成治疗前评估，目的是通过专业工具了解治疗对象的问题的相关指标信息（好比医院的各种检查）。

（一）评估时间：在对治疗对象实施治疗前两周内完成。

（二）评估工具：采用风险评估、心理测试、问卷调查与结构性访谈相结合的方式，确定治疗对象。

1. 通过上海市监狱管理局罪犯风险需求评估量表（附件七）筛选出再犯风险等级为“高风险”以上的女犯。

2. 在高风险女犯群体中，通过症状自评量表（SCL-90）、焦虑自评量表（SAS）、抑郁自评量表（SDS）、贝克抑郁量表（BDI）、汉密尔顿焦虑量表（HAMA）、汉密尔顿抑郁量表（HAMD）等心理量表（附件一至六）进行测试，根据女犯的抑郁、焦虑等心理障碍对她们进行分级分类。

3. 通过服刑改造自评调查表（附件八）、服刑改造他评调查表（附件九），筛选出服刑改造中情绪低落、自卑感、认知归因、警囚关系、囚囚关系、环境适应、违纪扣分、欠产、亲情关系、学习兴趣等 10 个服刑改造表现因子程度较高的女犯。

4. 通过结构性访谈，了解女犯的情绪问题、习惯应对问题的方法、求助的意愿、对调整认知行为的态度等，筛选出有认知行为问题、求助愿望强烈、能配合认知行为治疗的女犯。以下为结构性访谈提纲（表 6-1）。

表 6-1　结构性访谈提纲

① 你觉得你最近情绪怎么样？碰到哪些不愉快的事情，你能具体谈谈吗？
② 入监这么长时间你是什么感受？又是怎么想的呢？
③ 你说你睡眠不好，是怎么个不好？睡不着的时候在想些什么呢？
④ 除了睡眠，还有其他问题吗？想哭，是想到什么了吗？饮食怎么样？
⑤ 你目前在监狱里主要做什么事情？目前的服刑状态是怎么样的？
⑥ 每天的生活起居是怎么样的？平时有没有什么兴趣爱好？
⑦ 有没有轻生的念头？耳边有没有听到过有人跟你讲话的声音？
⑧ 你的这种情绪低落、睡眠不好的状态是从什么时候开始的？已经持续多久了？
⑨ 你这段时间过得也挺不容易的，你今天过来是想让我怎么帮助你呢？
⑩ 你状态这么差有没有去看过医生？医生是怎么诊断的？
⑪ 你跟家人的关系怎么样？家里人对你的情况了解吗？他们是怎么开导你的？
⑫ 如果我们向你提供帮助，你是否愿意接受？
⑬ 我们想给你提供十几周时间的结构化的规范干预调整，你愿意参加吗？
⑭ 你觉得参与结构化规范干预调整有什么困难吗？你对我们安排的时间有什么想法和要求？

治疗前评估完成后，就可以正式进入认知行为治疗的会谈阶段。

第三章　认知行为治疗会谈操作流程

一、认知行为治疗会谈的基本结构

认知行为治疗会谈一般包括1次预备性会谈、12次正式会谈和1次结束治疗会谈(表6-2)。一般为每周一次会谈,结束治疗会谈可以隔一周进行。每次时间为1～1.5小时。

表6-2　认知行为治疗会谈主题内容安排表

阶段	会谈序列	会谈主题内容
预备性会谈		概要了解女犯心理问题的由来、对认知行为治疗的知晓和认同度、对治疗师的认同度;观察和判断女犯是否适合接受认知行为治疗;明确答复女犯是否接纳其实施认知行为治疗
正式会谈	1	建立治疗性医患关系,进行初期评估
	2	全面评估,病例概念化,确定治疗目标
	3	收集功能失调性自动想法和情绪:每日功能失调性自动想法记录表
	4	识别、归纳功能失调性自动想法:每日功能失调性自动想法记录表
	5、6	检验并调整功能失调性自动想法(苏格拉底式提问,堵不如疏):每日理性想法替代功能失调性自动想法记录表

续　表

阶段	会谈序列	会谈主题内容
正式会谈	7	挖掘负性中间信念
	8、9	检验、质疑并调整功能失调性假设和规则
	10	揭示负性核心信念：负性核心信念一览表
	11、12	检验、质疑并调整负性核心信念
结束治疗会谈		巩固提高与结束阶段，预防复发

二、认知行为治疗会谈的具体内容及流程

（一）预备性会谈

1. 预备性会谈的目标

预备性会谈不属于结构性治疗的首次会谈，这是一个具有筛选功能的会谈，通过后双方才能进入认知行为治疗的正式过程。

2. 预备性会谈的内容

（1）自我介绍和观察判断

① 治疗师介绍身份和治疗目的。

② 判断女犯是否适合接受认知行为治疗。

（2）了解女犯对认知行为治疗的知晓和认同程度

① 了解女犯对认知行为治疗的定义和目标的知晓和认同程度。

② 了解女犯对认知行为治疗的过程和时间长度的知晓和认同程度。

③ 了解女犯在认知行为治疗中参与的主动性和责任感。

（3）了解女犯心理问题的由来和当前状况，作出初步判断

① 概要了解女犯心理问题的表现及由来。

② 了解女犯心理问题的当前状况和求助途径。

③ 了解女犯对自己的认知、情绪和行为的认知度。

(4) 考量和明确答复

① 了解女犯对治疗师的认同程度。

② 治疗师考量自己是否适合对女犯进行认知行为治疗。

③ 给女犯明确答复是否接纳女犯实施认知行为治疗。

预备性示范谈话①②

治疗师:(介绍自己)你好,我姓吕,是这里的心理治疗师,很高兴你来找我咨询,我也希望能帮到你。首先,我想先听听你目前有哪些困扰。接着,我会根据你的情况进行提问,便于我了解相关信息,可以吗?

女犯:我觉得自己没出息,人生很失败。(具体内容略)

治疗师:(了解涉毒史)简要说一下你的犯罪过程好吗?

女犯:我男友让我从广东那边把毒品带到上海,并让我交给他人,但是还没来得及给他人就被抓获了。我说了你可能不信,我真的从头到尾都没有获得一分钱。

治疗师:(社会关系评估)你与男友的关系怎么样?

女犯:男友对我很好,方方面面都很照顾我,也不会经常指使我去做什么,我在家也没什么事情,每天就是等他回来,或者去逛逛街,或者吸毒打发时间,他从不限制我吸毒的量。

治疗师:(收集证据)你说你没有从中赚取一分钱,但是你男

---

① 本册示范谈话民警为吕冬雪。

② 示范谈话节选自女犯认知行为治疗的真实谈话记录,目的是让操作者直观感受谈话操作流程和提问技术。

友供你吃喝等生活一切开销，是通过什么方式获得的呢？

女犯：我男友他还开了公司，也能挣钱的。

治疗师：（验证证据）你的意思是男友给你花的钱是他公司挣的，不是通过贩毒？

女犯：我不是这个意思。

治疗师：但其实内心还是有这种想法是吗？

女犯：没有的。

治疗师：（对毒品认知的评估）你对毒品怎么看？

女犯：我对毒品真的不了解，而且那时候身边的人都吸，我就认为是很正常的事情，什么也不懂。入狱后通过学习，我知道了毒品的危害。

治疗师：（导入认知行为治疗）听了你的情况后，我觉得你可以尝试一下认知行为治疗，对于多数心理问题，它是首选疗法。你觉得怎么样？

女犯：好的，我想试一下。

治疗师：（简要介绍认知行为治疗）认知行为治疗简单地说就是对功能失调性自动想法、负性信念进行调整和转变，比如“毒品是我唯一能够逃离痛苦或现实的途径”，或者你前面说的“毒品是我用来打发时间的，我没有毒瘾，对我影响不大”，这些都是功能失调性自动想法，我们要对其进行识别和调整。

女犯：（沉默）如果参加我需要做什么吗？

治疗师：（介绍认知行为治疗工作流程）认知行为治疗有严格的工作流程，本次会谈是预备性会谈，主要是了解你的问题及相关情况，并对你的问题作出判断，从下次开始，我们就要着手解决你的问题，我们整个流程一般有 10～12 次谈话，每周一次，每次有不同的谈话主题，希望你能跟我好好合作，我们共同来达成你的目标,好吗?

女犯:好的。

治疗师:(回答问题和提供支持)这次主要是了解你的情况,以及你的意愿,如果你愿意,后面可能会有12次的正式谈话,这12次谈话是逐步深入的,对你的要求只有一点,就是要全程配合,在谈话过程中有任何疑惑都可以提出来,不要有任何心理负担,这不是对你改造好坏的评价。

女犯:那我愿意参加的。

(二) 正式会谈

1. 首次会谈谈话步骤

步骤一:评估当前心理状态并打分。

评估当前心理状态是认知行为治疗每次谈话中都要提及的话题,治疗师需要指导女犯用1~100等级打分的方式定量描述自己当下的心理状态,“1分”代表没有任何问题,“100分”代表问题最严重。

步骤二:明确谈话主题“介绍认知行为治疗原理及对女犯进行治疗初期评估”。

步骤三:进入谈话主题。

(1) 介绍认知行为治疗原理

在认知行为治疗中,无论是首次谈话还是以后的每次谈话都有一个简短的开场白,要确定本次谈话的主题,聚焦谈话内容。在首次谈话中,围绕主题,治疗师可以用通俗易懂的语言给女犯介绍认知行为治疗的基本原理,让她们了解认知模式,懂得治疗师会通过改变她们不合理的、非理性的、曲解的想法和看法来调整她们的不良情绪及不适应行为,达到标本兼治的治疗目的。告知她们有哪些基本知识、有些什么要求、要怎么配合等，梳理她们的心理问题，设定治疗目标和治疗过程，引导她们配合治疗。治疗师需要清晰地告诉女犯认知行为治疗一般会经历哪几个阶段、需要花多少时间。治疗所需要的时间往往与女犯心理障碍的类型、程度、背景和个人的基础条件有直接的关系，大多数女犯的治疗需要 2～4 个月，对于较为严重的，如有自杀倾向的女犯，治疗时间可能需要 6 个月。认知行为治疗谈话一般是每周一次，两次谈话中间有一段间隔时间。为使治疗过程持续稳定，治疗师需要对女犯进行引导和指导，要求女犯在几个月的治疗期内一定要沉浸、融入到治疗之中，保持接受治疗的状态。治疗师在每次会谈中需要同步做一些记录，填写在认知行为治疗记录表(表 6-3)中。

表 6-3　认知行为治疗记录表

姓名　　　　　日期　　　　　会谈次数　　　　　编号

心理状态评估打分	
量表评定结果	
本次谈话的目标主题	
会谈内容要点	
家庭作业	
下次会谈内容预置	

(2) 初期评估

初期评估需要获取女犯的主要信息，首先是女犯的基本情况，包括个人成长史、犯罪史、创伤性经历、躯体疾病史、心理疾病史、目前心理状态等；其次是女犯求助的心理问题，包括让女犯简洁表述心理问题及其由来，具体描述心理问题及自我调整情况，寻找应对资源如他人、家庭及社会支持系统，表达治疗意愿及配合程度等，治疗师由此开始考虑如何建构病例概念化及初步拟定治疗计划。对涉毒女犯进行认知行为治疗的初期评估时，通常会涉及以下内容。

① 涉毒行为评估：了解她们的涉毒行为的类型、频率和持续时间，探究她们使用毒品的动机和诱因，评估她们对涉毒行为的态度和观念。

② 自动想法和认知模式评估：探讨她们与涉毒行为相关的自动想法，包括对毒品的欲望、自我评价和应对策略等方面；了解她们对使用毒品的认知模式，包括使用毒品的风险和后果等方面。

③ 中间信念和核心信念评估：初步探究她们可能存在的中间信念和核心信念，这些信念可能对涉毒行为的形成和维持起到重要作用；了解她们对自己、毒品和生活的固有信念，以及这些信念对她们的行为和决策产生的影响。

④ 与使用毒品相关的社会功能评估：评估她们在毒品使用方面的社会功能状况，包括对工作、学习、人际关系和健康等方面的影响；了解她们是否存在对毒品依赖、戒断症状严重和行为控制困难等问题。

⑤ 环境因素评估：考察她们的社会环境、家庭背景和人际关系，评估潜在的可能导致或维持涉毒行为的诱因、压力和挑战。

通过初期评估，治疗师可以初步地了解涉毒女犯的情况，包括她们的涉毒行为、认知模式和心理状态等方面。这将有助于治疗师为女犯制订个性化的治疗计划，设定目标和选择治疗策略。评估内容的具体细节和工具的选择应根据实际情况和女犯的需求进行个性化调整。

（3）以下是对涉毒女犯进行初期评估时可能用到的相关提问（表 6-4）

表 6-4　初期评估提问（举例）

涉毒行为评估	① 你何时开始使用毒品？使用的频率和剂量是怎样的？
	② 你使用毒品的原因是什么？是为了逃避现实、应对压力，还是其他原因？
	③ 你是否曾试图戒掉毒瘾？是否有过戒断症状或复发？
自动想法和认知模式评估	① 在使用毒品时，你有哪些常常出现的自动想法或自我评价？
	② 你是否认为毒品能够解决你的问题或让你逃避问题？
	③ 你是否存在对毒品依赖和无法控制使用的行为？
中间信念和核心信念评估	① 你是否持有关于毒品、自己和世界的特定信念和观念？
	② 你是否认为毒品是唯一能够带来快乐或满足感的方式？
	③ 你是否认为你无法改变毒品使用的习惯？
社会功能和日常生活评估	① 毒品使用对你的工作、学习和人际关系有何影响？
	② 你是否发现自己在使用毒品后的社会功能和生活动力下降？
	③ 你是否遇到了与毒品使用相关的法律或财务问题？
心理健康和支持系统评估	① 你是否存在其他心理健康问题，如焦虑、抑郁或创伤后应激障碍等？
	② 你是否拥有支持系统，如家人、朋友或治疗师等？
	③ 你是否曾尝试过其他治疗方法或戒毒计划？

续 表

目标和期望评估	① 你希望在治疗中实现什么样的改变？
	② 你期望通过认知行为治疗获得哪些技能和策略？
	③ 你对自己的未来有什么希望和目标？
毒品使用的触发因素评估	① 你在何种情况下更容易使用毒品？是特定的环境、人际关系或情绪状态触发了你的使用行为？
	② 你是否意识到使用毒品时的情绪和自我评价变化？
毒品使用后果评估	① 毒品使用对你的身体健康有何影响？是否有身体不适或健康问题出现？
	② 你是否承受过与毒品使用相关的负面后果，如家庭破裂、工作丢失或法律问题等？
治疗意愿和治疗准备评估	① 你对接受认知行为治疗的意愿如何？
	② 你是否愿意与治疗师合作，共同制订治疗计划？
	③ 你是否有顾虑或困惑需要解决？

这些问题将帮助治疗师了解涉毒女犯的毒品使用认知模式、触发因素、后果以及对治疗的态度和准备程度。根据女犯的回答，治疗师可以进一步评估治疗的紧急性、初定个性化的认知行为治疗方案。在整个过程中，治疗师需要对女犯保持尊重和非判断性的态度，与女犯建立信任和合作关系，以促进女犯的自我成长。

步骤四：布置家庭作业，家庭作业是认知行为治疗中很有特色的一个必不可少的内容，既是咨访关系的体现，是心理干预的措施，也是使女犯保持沉浸在接受治疗状态的一个有效推动力。让女犯把今天所讲的内容包括心理问题用文字记录下来，尽可能做到记录详细、有条理，并补充心理问题的发生发展过程。

步骤五：小结和反馈，听取女犯对此次会谈的感受，下次继续对女犯的心理问题进行深入全面的评估并协商确定治疗目标。

首次示范谈话

治疗师：(情绪评估)你好，今天我们就正式开始进入认知治疗的阶段，这是治疗的首次谈话。这周你过得怎么样？如果用"1 分"代表没有任何问题，"100 分"代表问题最严重，你可以打几分？

女犯：50 分。

治疗师：(了解当前情况)嗯。这周有发生什么事情吗？

女犯：(略)

治疗师：(探究使用毒品的动机和诱因)能谈谈第一次接触毒品是什么时候吗？

女犯：大学期间来上海找表姐玩，通过表姐认识的男友(涉毒)。一开始只是看着他们吸毒，后来接触越来越多的人都是吸毒的，发现吸毒好像就跟吸烟一样，感觉很常态，所以有次晚上打麻将困了，朋友邀请我吸毒提神，我就吸了，确实提神，第二天也没什么感觉。

治疗师：(涉毒态度和观念评估)上学期间学习过与毒品相关的常识吗？

女犯：有的，但是一开始想的是别人吸毒，和自己没关系，后来发现周围的人都在吸，男友也是吸毒的，自己想融入他们的圈子，就尝试吸了。第一次也很忐忑，后来吸了几次，发现也没什么事情，就放下心了。

治疗师：(家庭环境、社会支持系统评估)你母亲知道这件事情吗？她是什么态度？

女犯:我最对不起的就是我母亲,事发前她不知道我吸毒,只知道我交了一个男友,她不同意,但是也没有逼迫我分手。当时我眼里只有我男友一人,虽然他比我大很多,但是他对我很好,很关心我,还教我怎么保护自己。

治疗师:(自动想法和认知模式评估)你觉得男友在哪些方面对你好?

女犯:一开始他只是在我们的住处存放毒品,外出交易时,他会让我开车到远处,说不想把我牵连进去,只让我有什么事及时给他打电话,那时候没有想那么多,就觉得他是在保护我。还会教我一个人在家时,如果碰到断电了,可能是被公安拉闸了,让我不要开门,处理掉毒品就好。

治疗师:(对问题的进一步探究)除了在毒品这方面,还有其他方面吗?

女犯:他在其他方面对我真的很好。我从小父母离异,被判给父亲,但是父亲根本就不要我,在法院门口就丢下我走了,我一直跟在母亲身边,母亲可能对我有些愧疚,对我特别好,比对妹妹还要好。但是男友对我的好和母亲不一样,经常把我带在身边,即使去外地,也会让他"妹妹"陪着我,时刻想知道我在做什么。

治疗师:(评估吸毒频率、时间)你们住处一直有毒品,你担心、害怕吗?一般你多久吸一次?

女犯:一开始确实很忐忑,但是他告诉我没事,慢慢发现确实没什么事情,我也就放心了。至于多久吸一次,没有规律,有时候几天一次,有时候天天吸,毒品就在家里,想吸就有。

治疗师:(毒品使用相关功能评估)吸毒前后,你的身心有没有受到影响?

女犯：感觉没有什么大的影响，除了吸毒以后整个人可能比较沉闷了，不是很想出门，不过那时候每天都围着男友转，本来也不在乎其他的。入狱后感觉记忆力有一些退步了，吸毒以前我的记忆力可好了，也不知道是受吸毒影响，还是因为我年纪大了。

治疗师：（收集证据）除了记忆力下降，其他方面真的一点变化也没有吗？

女犯：瘾我觉得没有，回老家就不会吸。变化我真没有什么感觉，要说有，我不知道有一件事算不算。

治疗师：（具体化）什么事情？

女犯：有次和一个小姐妹一起吸毒，分开后，她还和我通话说已经回到家了，语气什么的都很正常。第二天就发现她吃安眠药死在宾馆。我知道这件事情的时候内心居然没有任何的波动，我不知道算不算。

治疗师：（澄清）你是说你的感情变得很冷漠、很麻木不仁，是吗？

女犯：有这种感觉。

治疗师：（布置家庭作业）回去以后你可以仔细想一想自己是怎么一步步走上吸毒这条路的，吸毒又给自己带来了哪些变化。

女犯：好的。

2. 第二次会谈谈话步骤

步骤一：评估当前心理状态并打分。

步骤二：连接上次谈话内容。连接上次谈话内容可以有两种方式，一种是由治疗师在回顾上次谈话内容的基础上引出本次谈话的话题，另一种是在治疗师的启发下由女犯来接上话题。

步骤三：检查家庭作业完成情况。

步骤四：明确谈话主题“继续对女犯的心理问题进行深入全面的评估及病例概念化，并确定治疗目标”。

步骤五：进入谈话主题。

(1) 全面评估

通过首次谈话，治疗师对女犯的基本情况及心理问题的产生和认知模式的形成有了大致的了解，但作为治疗师要想帮助女犯调整认知，就要深入、细致地对女犯进行全面评估，真正搞清楚女犯情绪、行为背后的认知机理，这样才能有针对性地制订治疗方案、实施心理干预。对涉毒女犯的心理问题进行深入全面的评估，包括以下内容。

① 毒品使用模式：了解涉毒女犯使用毒品的类型、频率、剂量以及使用方式；探索使用毒品的触发因素，如社交场合、情绪波动、压力等。

② 社会功能受损和生活影响：评估毒品使用对她们生活功能造成的影响，包括工作、学习、家庭和社交关系等；考虑她们是否遇到过与毒品使用相关的法律问题、健康问题或财务问题。

③ 中间信念和核心信念：探讨涉毒女犯与毒品使用相关的中间信念，如对毒品的依赖性、自我解脱、自我怀疑等观念；分析与毒品使用行为相关的核心信念，如自我无效、无法改变等。

④ 心理健康问题：了解涉毒女犯是否存在其他心理健康问题，如焦虑、抑郁、创伤后应激障碍等。考虑毒品使用与她们的心理健康问题之间的关系。

⑤ 支持系统和康复资源：评估她们的社会支持系统，包括

家庭、朋友、康复机构等；探讨她们可用的康复资源，如戒毒计划、心理治疗、药物辅助治疗等。

这些因素可以相互作用，使涉毒女犯形成认知偏差，对毒品使用相关行为产生影响。认知行为治疗的目标是帮助她们识别和调整这些偏差，增强对毒品使用的正确认知，提高风险评估能力，并掌握情绪调节和应对策略，以促进认知改变。

（2）病例概念化

病例概念化实际上就是一个把女犯心理问题及认知模式的来龙去脉搞清楚的过程，它贯穿整个治疗过程，也是一个不断完善的过程。当对女犯开始进行全面评估，建构病例概念化的操作就已经开始。

在认知行为治疗理论中，人的认知模式由两个层面组成，即浅表层面认知模式和潜在层面认知模式。浅表层面的认知包括自动想法；潜在层面的认知是浅表层面认知模式的基础和支撑，包括核心信念和中间信念。通常情况下，当个体遇到有压力的生活事件时，如果潜在层面的认知存在问题，就会引发和激活个体原有的功能失调性自动想法，并引起一系列不良情绪和不适应行为。反之，不良情绪和不适应行为又对潜在层面的负性认知产生反馈和强化。通过了解心理问题的形成架构，来掌握女犯的认知架构模式，通过从表层到深层收集、分析、归纳、整理信息，进一步完善女犯认知架构的来龙去脉。见图 6-1。

涉毒女犯认知行为治疗病例概念化可以从以下方面考虑。

① 中间信念与核心信念：探讨涉毒女犯的核心信念（如“我不值得被爱”）和由此衍生的中间信念（如“只有通过吸毒我才能感到放松”）。这些信念支撑了她们对毒品的依赖，影响她们对自身和生活的整体看法，形成恶性循环。

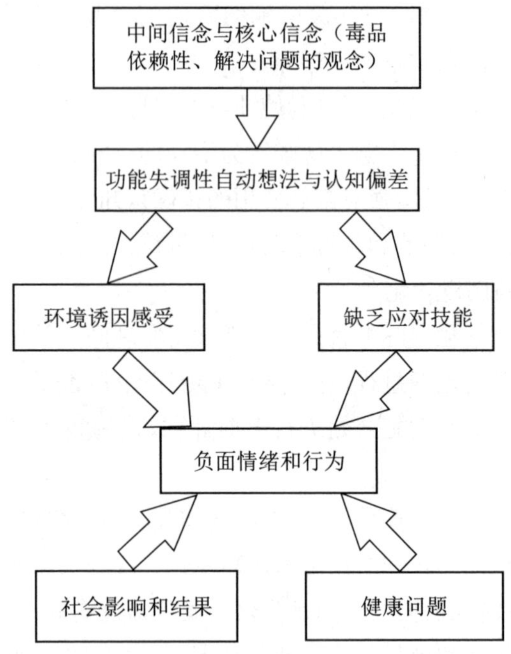

图 6-1　涉毒女犯认知模式的基本构架

② 自动想法与认知偏差：记录女犯在毒品诱惑或压力情境中出现的自动想法（如“我忍不住了”、“这次不会有问题”）及认知偏差（如“非黑即白思维”）。这些自动想法和认知偏差直接引发涉毒行为，阻碍了理性思维和健康决策。

③ 环境诱因感受：评估女犯对环境中的诱因（如毒品可得性、同伴压力、特定场所）的感受和反应。环境中的诱因容易激发她们的涉毒行为，增加复吸的风险，难以脱离毒品环境。

④ 缺乏应对技能：识别女犯在面对压力、冲突和诱惑时的应对策略，评估其应对技能的缺乏情况。缺乏有效的应对技能使她们更容易依赖毒品作为解决问题和情绪调节的方式。

⑤ 负面情绪和行为：评估女犯常见的负面情绪（如焦虑、抑郁、愤怒）及其对应的行为反应（如吸毒、逃避、冲动行为）。负面情绪驱动涉毒行为，而涉毒行为又加剧了负面情绪，形成恶性循环。

⑥ 社会影响和结果：探讨涉毒行为对女犯的社会关系、就业、法律问题等方面的影响和结果。社会影响和负面结果进一步强化了她们的负性核心信念和中间信念，增加心理压力和涉毒行为的频率。

⑦ 健康问题：评估女犯因涉毒行为导致的身体和心理健康问题，如成瘾症状、健康恶化、精神障碍等。健康问题加剧了对毒品的依赖，减少了脱毒的动力和能力，增加了治疗的复杂性。

通过对这些方面的综合考虑和分析，可以帮助治疗师形成对涉毒女犯的病例概念化，从而更好地理解她的毒品使用行为、相关的信念和心理健康问题，并制订个性化的认知行为治疗计划。概念化过程应该是动态的，随着治疗的进行，不断修正和调整，以确保治疗的有效性和针对性。

（3）确定治疗目标

认知行为治疗的目标是鲜明、具体的，疗效也是能评估、可检验的，是“看得见、摸得着”的，目标应该由女犯和治疗师商议确定，先由女犯提出，再由治疗师给予认可。治疗目标所确定的内容是以调整女犯当前最突出的心理问题或心理障碍为主，从调整女犯曲解的非理性的认知入手，改变不良情绪和不适应行为。一般情况下，治疗目标的范围应尽可能集中，当主要的心理问题解决以后，其他相关的问题便可迎刃而解。

步骤六：布置家庭作业，让女犯思考成长过程中家庭和社会环境对心理问题的影响。

步骤七：小结和反馈，告知女犯下次将讲述功能失调性自动想法的概念。

第二次示范谈话

治疗师：（检查家庭作业）我们一起来看看上次布置给你的家庭作业的完成情况。

治疗师：（进一步深入了解）上次说到你是大学期间来上海玩的，后面没有去学校，没有被发现吗？

女犯：学校管得很松，只要一段时间里回去几天就行，所以没有被发现，后来慢慢我就不想回学校了，但还是被发现了。母亲知道我交男朋友了，不同意，也劝我回去上学，但是我不愿意，她也没强迫我，母亲很爱我。

治疗师：（探索原生家庭的影响）你就不怕母亲伤心吗？父母离异后，你与父亲的关系怎么样？

女犯：没有这么想过，我觉得母亲不会生我的气，她永远在我身后。关于我父亲，自他把我丢在法院门口后，我只见过他一次，也不想与他联系，甚至有些恨他。我母亲对他很好，他却欺骗我母亲，骗走了所有的钱，还在外面养“小三”，对我们也不管不顾。虽然一开始母亲带着我们很艰难，但是最后都慢慢好起来了，生活也很好，我还会偶尔帮助母亲谈生意呢（这时该犯整个人表现得很开心，也能感觉到她有幸福感）。

治疗师：（病例概念化）我能感受到你母亲对你的爱。想问一下当时母亲劝你的时候你是怎么想的？你说男友对你的爱与母亲对你的爱不一样，能具体谈谈吗？

女犯：母亲可能对我有愧疚，对我特别好，我需要什么都会给我，我也很听话，不想给母亲增加负担，经常会帮助母亲干活，周围人都夸我。虽然在母亲面前我很开心，但是在男友面前我可以很随性，他会批评我，会教我一些事情，而且我觉得他是个有魅力、有能力和有品位的人，我很欣赏他。

治疗师：你很崇拜他吗？

女犯：是的，我确实很崇拜他。

治疗师：（质疑）难道他做的任何事情包括吸毒，你也都能接受吗？

女犯：一开始也没想着去碰，后来慢慢感觉吸毒和抽烟一样，就没想其他的，也可以认识到很多人。

治疗师：（社会功能评估）不上学，也没有工作，上海也没有要好的朋友，那你每天做什么呢？

女犯：一开始有几个好朋友，但是每次和她们出去玩，男友会不开心，慢慢就不和她们联系了。然后每天关注点都在男友身上，在家等他回来，有时候和他的"妹妹"出去逛街，有时候他也会带我出去。

治疗师：（质疑）每天都围绕男友，在家等着他回来，不会累吗？

女犯：当时不觉得，也会和他吵架。有一次我和母亲打电话，她说给我买机票让我回去，但是我拒绝了。

治疗师：舍不得？

女犯：有舍不得，但也有害怕。

治疗师：（收集功能失调性自动想法）害怕家里人嫌弃你？

女犯：不是，母亲和妹妹不会嫌弃我的，我们感情很好。只是就这样一无所有地回去，害怕周围人会嘲笑我，以前他们都说我母亲养了一个好女儿，长大后会帮她减轻负担，结果我没有。

治疗师：那你有没有想过，你原本来上海是为了旅游看世界的，顺便看看有没有机遇帮助母亲减轻负担，怎么慢慢就忘记了？

女犯：当时我年纪轻，轻易相信了别人。

治疗师：（引导发现）所以你认为走到这一步仅仅是轻易相信别人吗？

女犯：应该还有法律意识淡薄吧。

治疗师：（治疗预期评估）你希望通过认知行为治疗解决什么问题？

女犯：我想改变现状，不要再逃避。

治疗师：如果你的问题解决了，你的生活会有哪些改变？

女犯：自己应该会有信心一点吧。

治疗师：（明确治疗目标）好的，我们就把治疗目标定为：调整对毒品的不健康认知，遇事不逃避，也不要轻易否定自己，相信自己可以改善目前的状态。当然，我们在治疗过程中会把总的目标再细分、具体化。你看这样可以吗？

女犯：好的。

治疗师：（布置家庭作业）今天回去之后又有作业要继续完成了，思考一下成长过程中家庭和社会环境对自己心理的影响，不用写得太复杂，写清楚重点就可以了，也不需要文笔多好，不用太紧张。

女犯：好的，我回去试着写写看。

治疗师：（预告下次谈话主题）下次我们将讲述功能失调性自动想法概念，我们一起学习一下好吗？

女犯：好的，谢谢你了。

3. 第三次会谈谈话步骤

步骤一：评估当前心理状态并打分。

步骤二：连接上次谈话内容。

步骤三：检查家庭作业完成情况。

步骤四：明确谈话主题“识别、收集功能失调性自动想法”。

步骤五：进入谈话主题。

(1) 解释相关概念

完成认知行为治疗的心理评估及病例概念化之后，治疗师就可以进入下一个治疗程序，即识别和收集功能失调性自动想法，这是认知行为治疗进入实质性内容的开始，是能否实现认知行为调整的第一关。要准确识别功能失调性自动想法，就要先搞清楚自动想法的概念及特征，特别要区分它与情绪、一般思维的不同。

自动想法是指个体在一定的情境下，大脑自然而然涌现出的对自己、对他人及对周围环境评价性的一闪而过的念头，故又被称为“一闪念”。它的出现绝大部分先于情绪和行为，其基本形式是词汇、短语和图像，十分简洁。自动想法还有一些特定的表达形式，有疑问句式，如“我能行吗”，实际表达的意思是“我可不行”；还有隐含句式，如“我觉得自己好像是行尸走肉”，实际表达的意思是“我的存在毫无价值”；等等。尽管自动想法是自发涌现的思维流，但其根部有着信念系统的影响和支撑。

在日常生活中人们遇事都会产生自动想法，如果自动想法是合理的，那么它对人们的情绪和行为的影响就是正性的，产生的社会功能也是正常的；如果自动想法是曲解的、失真的、非理性的，那么它就会引起人们的负性情绪和不适应行为，产生的社会功能也是失调的。对于涉毒女犯来说，自动想法可能包括以下内容：“只有通过毒品才能让我感到快乐和满足”“没有毒品我无法面对现实和生活的压力”“毒品是我唯一能够逃避痛苦和负面情绪的途径”“我已经太堕落了，再也戒不掉毒品了”。情绪是一种心理体验，与失调性自动想法有本质的区别，如狂喜、愤怒、哀伤、快乐等。而一般思维如解释、联想、猜测等会掺杂很多思考，没有自动想法那样简洁明了。因此，本次谈话重点是让女犯了解自动想法的概念，区分好与情绪、一般思维的不同之处，指导女犯识别和收集功能失调性自动想法。

(2) 收集涉毒女犯功能失调性自动想法，可以进行以下相关提问(表 6-5)

表 6-5　收集涉毒女犯功能失调性自动想法的提问(举例)

① 你在使用毒品时，会有哪些具体的自动想法？
② 当你面对诱惑或压力时，你会有什么自动想法？
③ 在使用毒品前和使用毒品后，你的自动想法是否有所不同？
④ 你认为毒品对你的生活和未来有何影响？你对此有何自动想法？
⑤ 你是否常常对自己的毒品使用行为进行合理化解释或辩解？
⑥ 你是否经常有内疚或自责的自动想法？
⑦ 你是否认为使用毒品是唯一能帮助你应对困难和负面情绪的途径？
⑧ 你是否有过过度乐观的自动想法，认为毒品不会对你造成严重后果？
⑨ 当你尝试戒除毒品时，你是否会出现放弃戒毒或无法成功戒毒的自动想法？
⑩ 你是否常常预测戒除毒品有困难并认为自己的戒断能力不足？

这些问题旨在引导涉毒女犯思考自己的自动想法，帮助她们意识到对毒品的认知偏差和自我欺骗的存在，也有助于治疗师了解她们的内心世界。通过深入了解女犯的自动想法，治疗师可以与她们合作来挑战这些想法，探索替代性的认知，帮助她们认识到毒品使用的风险和负面后果，并掌握积极的应对策略。

步骤六：布置家庭作业，指导女犯填写每日功能失调性自动想法记录表(表 6-6)。

表 6-6　每日功能失调性自动想法记录表

日期	情境 ① 引起不良情绪和不适应行为的事件或情况 ② 引起不良情绪和不适应行为的思绪、遐想或回忆	情绪 ① 不良情绪 ② 不良情绪的程度(1～100)	功能失调性自动想法 ① 引发不良情绪和不适应行为的功能失调性自动想法 ② 对功能失调性自动想法的相信程度(0～100%)

步骤七：小结和反馈，告知女犯下次将归纳功能失调性自动想法。

第三次示范谈话

治疗师：(解释)今天，我们的谈话主题是收集功能失调性自动想法。我先来解释一些概念，自动想法是指个体在一定的情境下，大脑自然而然涌现出的对自己、对他人及对周围环境评价性的一闪而过的念头，故又称为“一闪念”，其基本形式是词汇、短语、图像。那么，功能失调性自动想法是指曲解的、失真的、非理性的，会引起人们负性情绪和不适应行为，产生失调的社会功能的自动想法。那怎么收集呢，这里有张表你可以参考一下。

女犯：好的。

治疗师：（收集自动想法）你在使用毒品时，会有哪些自动想法？

女犯：什么烦恼都没有，很放松，只想着开心。

治疗师：（检验证据）那现实生活是怎么样的呢？

女犯：那肯定会有烦心事，不可能什么烦恼都没有。

治疗师：（对比法）面对压力和诱惑时，你在使用毒品前后，会有哪些不一样的想法？

女犯：有一些不一样吧。吸毒之前遇到问题我的心态很好，会积极想办法或者找人解决，解决后会很有成就感，很开心。吸毒以后好像没什么压力，没什么特别想要的，一般生活中需要的东西都能买得起，男友虽然管得也严，但是我买什么只要让他知道就行，不会不允许我买，最多不允许我转很多钱给他人。唯一的压力就是想要获得男友更多的关注，希望他多陪陪自己。

治疗师：（收集证据）你觉得毒品对你的过去和未来的生活有什么影响？

女犯：如果当初没有吸毒，听母亲的话回去上学，我应该会找一份自己喜欢的工作，陪在母亲身边，也帮助家里减轻一点负担，而不是现在这样，很后悔。

治疗师：（考虑其他可能）后悔对你意味着什么？如果你没有吸毒，你的人生会是怎样的状态？

女犯：对不起母亲，每次想到母亲都会很自责，她那么相信我，结果我让她失望了。我原本可以有一个很好的人生，结果最美好的时间都在监狱里度过，后悔。

治疗师：(收集功能失调性自动想法)再聊聊你第一次运毒的经历，当时你是怎么想的？

女犯：男友让我过去看一下那边是否正常，后面能不能正常出货，没有说让我带毒品回来，只是临走时那边的人说让我带一公斤回来看看质量，想着一公斤也不多，就拿回来了，没有想那么多。

治疗师：(质疑)你觉得一公斤的毒品不多？

女犯：现在我知道一公斤其实量是很大的，但是那时候男友他们后备箱经常都是十几斤的，而且一公斤包起来没有多大体积，所以当他们让我带一公斤回来时，我觉得没多少就拿着了。而且我也没有运输毒品的想法，平时男友都不会让我接触这些交易。

治疗师：(收集功能失调性自动想法)你怎么解释运输毒品这件事？

女犯：我家在黑龙江佳木斯，是边城，靠近其他国家，小时候老家那边环境很杂的，有走私汽车的、印假钞的，等等，我知道这些事都是犯法的，但是我觉得只要自己不做就行了，和自己无关，所以对于毒品我也是抱有这样的想法。

治疗师：(布置家庭作业并预告下次谈话主题)今天我们简单介绍了功能失调性自动想法的概念以及怎么收集，下一次谈话我们要对你所收集的功能失调性自动想法进行归纳，你收集的内容多一点，也方便我们聚焦问题的类型。今天回去后你继续按照表格内容做好功能失调性自动想法的收集工作。

女犯：好的。

4. 第四次会谈谈话步骤

步骤一：评估当前心理状态并打分。

步骤二:连接上次谈话内容。

步骤三:检查家庭作业完成情况。

步骤四:明确谈话主题"归纳功能失调性自动想法"。

步骤五:进入谈话主题。

治疗师可以与女犯一起参照涉毒女犯常见功能失调性自动想法类型(表 6-7)对记录在每日功能失调性自动想法记录表(表 6-6)中的自动想法进行逐一对照,并讨论,让女犯找出与自己相符的功能失调性自动想法类型。即使女犯在记录表中所记录的内容较多,但若对数日或数周的自动想法记录表进行整理分析,治疗师也不难发现女犯在"功能失调性自动想法"这一栏中所填写的内容具有集聚的倾向,治疗师可以根据功能失调性自动想法的类型对女犯的自动想法有一个基本的估测和定位,做到有所聚焦,心中有数。

表 6-7 涉毒女犯常见功能失调性自动想法类型

① 合理化和辩解:认为毒品使用是合理的,可以解决问题或减轻痛苦
② 自我放纵:认为自己应该追求个人享受,不必考虑后果
③ 无法戒除:相信自己无法摆脱毒品依赖,认为戒断毒品是不可能的
④ 自我否定:贬低自己,认为自己没有价值,不值得别人帮助自己摆脱毒瘾
⑤ 绝对化思维:以非黑即白的方式看待事物,无法看到灰色地带
⑥ 毒品为唯一出路:相信毒品是能让自己快乐或解决问题的唯一途径
⑦ 短期满足优先:只注重短期的快感和满足,忽视长远的后果
⑧ 逃避现实:使用毒品作为逃避现实困境、情绪问题或压力的方式
⑨ 自我欺骗:否认毒品的负面影响,忽视自己的问题和依赖
⑩ 思维定式:陷入反复思考对毒品成瘾的思维定式中

这些自动想法反映了涉毒女犯的认知偏差和社会功能失调，体现出她们对毒品使用的依赖。通过认知行为治疗，她们可以学习识别和挑战这些功能失调性自动想法，寻找替代思维和应对策略，从而减少使用毒品的欲望，养成健康的生活方式。

步骤六：布置家庭作业，让女犯继续填写每日功能失调性自动想法记录表（表 6-6）。

步骤七：小结和反馈，告知女犯下次将检验并调整功能失调性自动想法。

第四次示范谈话

治疗师：（检查家庭作业）我们来看一下你的家庭作业做得怎么样？

治疗师：（毒品使用触发因素评估）你在知道男友有家庭时，你是怎么想的？

女犯：我一直下不了离开他的决心，放不下这段感情。那段时间自己整个人很焦虑，很难过，不知道该怎么办。他对我真的不错，还和我讨论过生孩子，所以我一直期待和他结婚生子，直到知道他有家庭时，我整个人都蒙了，也不知道找谁，每天就浑浑噩噩，在家吸毒，想要忘记这些事情。

治疗师：（归纳功能失调性自动想法类型）我们对照一下表格，这属于哪种类型，应该算是“逃避现实”，你觉得呢？

女犯：应该是的。

治疗师：（收集功能失调性自动想法）你对自己找份工作、独立生活这件事怎么看？

女犯：我没有存款，平时买东西用的都是男友的卡，我买什么他都知道，他也不允许我转出大额的钱到自己或他人的卡上。就算我找到了工作，但是在发工资前，租房、生活费都是需要钱的。

治疗师:(检验证据的合理性)你没有想过找母亲寻求帮助,或者可以先借钱渡过眼前的难关,等找到工作以后挣钱再还吗?

女犯:原本出来就是为了减轻家里的负担,如果这样就是给母亲增加了压力,我不想。

治疗师:(质疑)是不想还是不愿意离开男友给你提供的物质条件?你犹豫是不是也有这方面的原因。

女犯:可能是有的,所以当时就拖着,不知道怎么办,每天吸毒的量越来越大,结果自己也越来越焦虑。

治疗师:(归纳功能失调性自动想法类型)这个应该算是"合理化和辩解"。

女犯:"短期满足优先"也有点像。

治疗师:(布置家庭作业并预告下次谈话主题)今天我帮你把一些功能失调性自动想法进行了归类,你也知道了你主要存在哪些类型的功能失调性自动想法,回去后你继续填写每日功能失调性自动想法记录表。下次我们对你的功能失调性自动想法进行检验、调整,你看怎么样?

女犯:好的。

5. 第五次、第六次会谈谈话步骤

步骤一:评估当前心理状态并打分。

步骤二:连接上次谈话内容。

步骤三:检查家庭作业完成情况。

步骤四:明确谈话主题"检验并调整功能失调性自动想法"。

步骤五:进入谈话主题。

当女犯能对自己的功能失调性自动想法进行识别时,治疗师还需和女犯一起进一步探询支持自动想法的理由,并加以质疑，要让女犯清晰地认识到自动想法所带来的功能失调，包括对情绪、对行为和对生理功能的负面效应，为后续动摇原来的想法并用合理想法替代做好准备。治疗师常用的技术有诘问驳难、探寻证据、逻辑纠错和理性替代等。这两次谈话着重阐述如何检验和调整功能失调性自动想法，这正是对浅表层面认知干预的重要一步。

治疗师在帮助女犯检验自动想法是否功能失调时有一个基本的原则，就是自动想法是否导致女犯产生不良情绪（抑郁、沮丧、焦虑、恐惧、害怕等）和不适应行为（退缩、回避、坐立不安、自伤自残等）。检验女犯功能失调性自动想法的实际效应体现在女犯对该自动想法开始产生怀疑、动摇，并为调整这种自动想法、用理性的自动想法进行替代做好准备。

对于功能失调性自动想法的调整，治疗师要用心、耐心地引导女犯进行理性思考，试着以情绪的好转为标准，采用积极的想法替代功能失调性自动想法，并体验情绪是否有变化，是否有改善。如果所采用的替代想法没有效果或效果甚微，就应该更换其他的替代想法，直到见效为止。在这个过程中，治疗师不能为女犯提供自己预置的想法，不能让女犯盲目地接受自己的观点和想法，治疗师最主要的作用是启发，常用的技术有核查客观证据、引导自我发现、质疑绝对肯定、考虑其他可能、进行重新归因、不幸中有转机等，对女犯自己想出的替代想法可以进行讨论，评估替代想法的实际效果。

对女犯功能失调性自动想法的调整过程，实际上是帮助女犯重建新的理性想法并对功能失调性自动想法进行替代的过程，最后使女犯能够做到很自然、很稳定地以理性的、合理的想法取代和覆盖功能失调性的自动想法，使女犯在情绪、行为及其他各方面都得到改善。替代想法的操作会有一定的难度，治疗师应该积极地鼓励女犯在调整中树立信心，只要女犯的情绪状态有所改善，这一结果就能成为一个正性的强化物，去强化女犯坚持不断地用理性想法对功能失调性自动想法进行替代，同时也能逐步提高女犯对理性替代想法的相信程度。

对涉毒女犯的功能失调性自动想法进行检验和调整同样是认知行为治疗的重要部分。治疗师可以通过挑战—动摇—替代三步操作，具体方法如下。

(1) 记录自动想法：鼓励涉毒女犯记录下她们在使用毒品或面对触发因素时的自动想法。这可以通过写日记、记录情绪日志或写思想汇报等方式进行。

(2) 检视证据：与涉毒女犯一起检视她们的自动想法，并找出支持或反驳这些想法的证据。帮助她们评估这些想法的客观性和合理性，以及与使用毒品的后果之间的关联。

(3) 替代性思维：帮助涉毒女犯发展替代性的、更合理的思维方式。提供证据和事实来反驳自动想法，鼓励她们采用积极、客观和全面的观点。

(4) 反证法：鼓励涉毒女犯尝试反证法，即通过寻找反例和对比事例来推翻自动想法。这有助于打破她们对毒品使用的扭曲认知。

(5) 实验性问题：提出实验性问题，帮助涉毒女犯探索和测试其自动想法的准确性和实用性。例如，询问她们是否有其他解决问题或应对压力的方式，以及采用不同的方式会有什么不同的结果。

(6) 自我效能增强：帮助涉毒女犯培养自我效能感，即相信自己有能力戒除毒瘾和改变自己的思维方式。通过强调个人资源、过去的成功经验和应对策略的有效性来提升她们的自信心。

(7) 持续实践:鼓励涉毒女犯在日常生活中不断实践挑战自动想法和采用更积极的思维方式。通过持续练习,她们可以逐渐改变旧的认知模式,并培养积极的认知模式。

重要的是治疗师要与女犯建立合作关系,在治疗过程中为其提供支持和指导。根据具体情况和个体需求,选择合适的策略和方法,帮助涉毒女犯检验和调整功能失调性自动想法。

步骤六:布置家庭作业,指导女犯填写每日理性想法替代功能失调性自动想法记录表(表 6-8)。

表 6-8 每日理性想法替代功能失调性自动想法记录表

日期	情境 ① 引起不良情绪的事件或情况 ② 引起不良情绪和不适应行为的思绪、遐想或回忆	情绪 ① 不良情绪 ② 不良情绪的程度(1~100)	功能失调性自动想法 ① 激发不良情绪的功能失调性自动想法 ② 对功能失调性自动想法的相信程度(0~100%)	合理的反应 ① 写出理性替代想法 ② 对理性替代想法的相信程度(0~100%)	结果 ① 再评估对原先功能失调性自动想法的相信程度(0~100%) ② 再评估不良情绪的程度(1~100)

步骤七:小结和反馈,告知女犯下次将挖掘负性中间信念。

第五、第六次示范谈话

治疗师:(收集功能失调性自动想法)前面你一直强调自己对毒品没瘾,那毒品对你究竟意味着什么呢?当你面对它的诱惑时,你会有哪些自动想法?

女犯:没有受它诱惑,我只是无事可做,第一时间就想到吸毒来打发时间。后来知道男友有家庭后很痛苦,因为我很重视这段感情,不舍得放弃这段感情,就想着吸毒能够让自己不去想这些事情,假装这些事情远离了自己,自己也就不会痛苦了。

治疗师:(检验证据的合理性)你觉得毒品能够让你逃避现实、远离痛苦,那最后事情解决了吗?

女犯:没有,每次清醒后还是要面对,所以就想一直吸毒,不让自己清醒。

治疗师:(引导自我发现)不清醒不代表事情就能解决,而你宁愿通过毒品逃离现实,也不愿意离开男友,是不是害怕离开后你就没有毒品可以吸食了?

女犯:当时没有想过这些,只是不想让自己去想这些事情而已。

治疗师:(质疑)那是基于你不缺毒品,想吸哪种,吸多少,什么时候吸,你都可以自己决定,而这些和你男友在一起时都是可以实现的。如果这些都没有了呢?后面你如果再想吸食毒品,需要自己去买,你身上又没有钱,那时候你会怎么办?你想过这些没有。

女犯:(沉默)这些没有想过。

治疗师:(反问)而你男友为你提供的毒品、日常生活的开销等经济支持,都是毒资,你说自己运输毒品没有获得一分钱,但是你享受的一切难道不是男友的毒资支持的吗?

女犯:是靠交易毒品赚来的,以前我并没有想过这些。

治疗师:(质疑)你说在上海自己吸食毒品是为了打发时间,但是在母亲身边时,你可以积极帮助母亲做一些事情。那为什么在上海生活不找一份工作,或者留在家帮助母亲,这样也是你减轻家庭负担的一种方式,也符合你说的出来想要减轻家庭负担的想法。

女犯:我也不知道,一开始确实想着出来看看有没有机遇,到时候能够让母亲不那么辛苦,结果接触毒品后慢慢就把这些忘记了,这应该就是毒品给我的后遗症。

治疗师:(自我效能增强)其实机遇可以通过自己努力获得。你想过吗,你从小跟在母亲身边耳濡目染,甚至可以帮助母亲和别人谈生意,说明你有一定的能力,且性格外向,只要你慢慢努力,好好上完大学,相信你慢慢就会通过你的双手获得你想要的生活。

女犯:真的可以吗?我试试看。

治疗师:(替代性思维)那你现在有没有新的想法来替代原来的想法呢?

女犯:毒品不仅没有让我解决现实问题,反而让我触犯法律,产生更大的恶果,我还是要面对现实,不能逃避,逃避不能解决问题。

治疗师:(布置家庭作业并预告下次谈话主题)今天我们学习了怎么挑战和调整功能失调性自动想法,你可以学着练练,回去后填写每日理性想法替代功能失调性自动想法记录表,下次谈话主题是挖掘负性中间信念。

女犯:好的。

6. 第七次会谈谈话步骤

步骤一:评估当前心理状态并打分。

步骤二:连接上次谈话内容。

步骤三:检查家庭作业完成情况。

步骤四:明确谈话主题“挖掘负性中间信念”。

步骤五:进入谈话主题。

(1) 解释相关概念

治疗师指导女犯成功完成对功能失调性自动想法的理性替代,只是在浅表层面进行认知干预的一个阶段性成果。由于浅表层面的认知是受潜在层面认知的作用和影响,因此,要使女犯完全消除不由自主地涌现的功能失调性自动想法,从根本上解决心理问题或心理障碍,一定要进一步调整潜在层面的认知。治疗师将开始对女犯信念系统中负性成分的挖掘、检验和调整。

信念是人们从童年开始逐步形成的对自我、他人及世界的自认为可以确信的看法,其中高度概括、根深蒂固的观念被称为核心信念。负性核心信念就是个人对自我、他人及世界的非理性的功能失调性的核心信念。在女犯的信念系统中,负性核心信念对功能失调性自动想法的影响并非直接的,而是通过功能失调性假设和规则间接影响的。在认知行为治疗的理论中,把处于中介形态的功能失调性假设和规则称为负性中间信念。假设是指没有充分依据的设定。规则是人们在成长过程中逐步形成的典式和法则,也是在社会生活中应对各种问题和事件而逐步形成的习惯及约定俗成的准则(图 6-2、表 6-9)。因此,检验、质疑并调整负性中间信念是实施潜在层面认知调整的重要一步。对于涉毒女犯来说,负性中间信念可能包括以下内容:“我无法应对生活中的挑战和压力,只能依赖毒品”“毒品是唯一能够让我快乐和满足的方式”“我已经过了改变的时机,再戒毒也没有意义”。

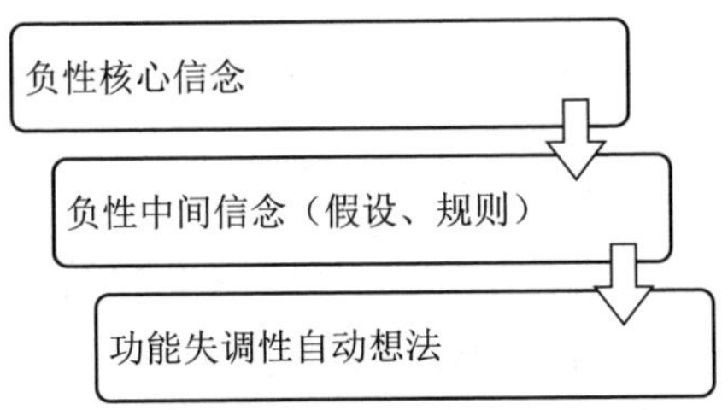

图 6-2　潜在层面认知与浅表层面认知之间的关系

表 6-9　中间信念的基本表达形式

假　　设	规　　则
如果……那么…… 倘若……那么…… 万一……就…… 即使……就会……	必须……

(2) 进行相关提问(表 6-10)

治疗师指导女犯识别功能失调性假设和规则有以下几种方法:从女犯功能失调性自动想法中直接提炼负性中间信念;通过女犯提供信息中的假设内容的前提部分,设法引导女犯表达出假设内容的结论;通过直接点拨引出女犯长期固守的规则;通过逐级挖掘推导技术引出女犯的负性中间信念;通过直接询问的方法,让女犯明确表达其负性中间信念。挖掘涉毒女犯负性中间信念可进行如下提问,见表 6-10。

表 6-10　挖掘涉毒女犯中间信念的提问(举例)

关于毒品使用	① 你认为毒品在你的生活中扮演了怎样的角色?
	② 你对毒品使用的动机和期望是什么?
	③ 你认为毒品对你的情绪、压力和问题解决能力有何影响?

续 表

关于自我价值	① 你对自己的价值和能力有怎样的看法？
	② 你认为毒品使用与你的自尊和自信有何关联？
	③ 你是否对自己的价值感和未来存有悲观观念？
关于应对方式	① 你认为毒品使用是你应对生活困难的有效方式吗？
	② 你是否认为自己没有其他应对压力和情绪的方法？
	③ 你对戒毒和采用健康的应对压力方式有何顾虑或不确定性？
关于社会支持	① 你认为周围人对你的毒品使用有何看法？
	② 你觉得身边的人对你戒毒和改变生活方式的支持程度如何？
	③ 你是否感到孤独和缺乏支持？
关于未来展望	① 你对戒毒和改变生活方式的未来展望是怎样的？
	② 你对自己成功戒毒的信心如何？
	③ 你认为摆脱毒品对你未来生活的重要性如何？

这些问题可以帮助涉毒女犯深入思考她们对毒品使用的信念和动机，以及对自我和未来的看法。治疗师可以通过探讨这些中间信念，帮助她们认识到毒品使用对自身和生活的负面影响，并引导她们寻找健康和积极的应对方式，激发她们对自我和未来的希望。

步骤六：布置家庭作业，让女犯继续填写每日理性想法替代功能失调性自动想法记录表（表 6-8）。

步骤七：小结和反馈，告知女犯下次将检验、质疑并调整功能失调性假设和规则。

第七次示范谈话

治疗师：（谈话主题及解释定义）今天谈话的主题是“挖掘负性中间信念”。中间信念是介于自动想法与核心信念之间的一层认知，通常是以假设和规则的形式存在。假设是指没有充分依据的设定。规则是人们在成长过程中逐步形成的典式和法则，也是在社会生活中应对各种问题、困难和事件而逐步形成的习惯及约定俗成的准则。中间信念带有一定的普遍性，相对于自动想法，它不受具体情境的影响。今天，我们就收集一下这些规律性、普遍性的想法。能理解吗？

女犯：能理解一点。

治疗师：（关于毒品使用的中间信念）还记得你使用毒品的动机和期望是什么吗？

女犯：一开始是想要融入男友他们的圈子，希望多交朋友，看看有没有机遇。后来慢慢就忘记了初心，就靠毒品来打发时间，或者逛逛街，没有其他事情可做，也没想去找事情做，改变现状。

治疗师：（关于毒品使用的中间信念）你觉得毒品对你有影响吗？比如情绪、抗压能力或解决问题能力等方面。

女犯：容易焦虑，一开始是围绕男友转，希望他多陪我。后面得知他有家庭，不能和我结婚后，我不知道怎么办，一直和他吵架，就想通过毒品让自己睡过去，不要去想这些事情。但是发现吸食后还是会清醒，会烦躁。感觉自己承受压力的能力都变小了，遇事只会焦躁，不知道如何解决。

治疗师：（关于自我价值的中间信念）你对自己的价值和能力有什么看法？

女犯:是有一些怀疑和不自信,吸毒前的自己不是这样的,高中的时候还想过以后长大了要帮母亲把生意慢慢做好、做大,结果最后我什么也没去做,对未来也没什么展望,只想着眼前的事。

治疗师:(关于毒品使用的中间信念)你对吸毒成瘾怎么看?

女犯:我吸过冰毒、海洛因等好几种毒品,我都没有成瘾到非它们不可,入狱到现在我也没有想着要吸毒,也没有到需要戒毒的地步。

治疗师:(质疑绝对肯定)仅因为你吸过一些不同的毒品,就认定以后面对其他各种新型的毒品时一定不会成瘾?你每天都会看新闻,也经常观看远离毒品的视频,相信你也看到了很多新型的毒品,看到现在出现的新型毒品你有什么感受?

女犯:我确实没有想到会有这么多新型毒品出来,让人很惊讶,而且这些新型毒品和之前的完全不一样,完全想象不到,它们不仅形状各种各样,让人难以发现,而且就连结构也不一样,和我原来吸食的完全不一样,让我感觉很吃惊,很新奇。

治疗师:(实验性问题)如果你接触了这些毒品,还能保证你一定不会对其产生依赖吗?

女犯:这个就很难说了。

治疗师:(关于应对方式的中间信念)你认为使用毒品是你应对生活困难的有效方式吗?

女犯:好像使用毒品会使自己好受一些。

治疗师:(检验证据)使用毒品后问题有没有解决呢?

女犯:没有。

治疗师:(关于应对方式的中间信念)你是否认为自己没有其他应对压力和情绪的方法,比如和母亲沟通?

女犯:不想让她烦恼,也害怕她失望。

治疗师：(对未来展望的中间信念)你对改变生活有何展望?

女犯：我没有学历，没有工作经验，正经的朋友几乎没有联系了，除了吸毒，我不知道该怎么办。

治疗师：(布置家庭作业并预告下次谈话主题)今天我们一起挖掘了一些负性中间信念，下次我们会进行相应调整。回去后你可以继续填写每日理性想法替代功能失调性自动想法记录表，多练习会对调整负性中间信念有帮助。

女犯：好的。

7. 第八次、第九次会谈谈话

步骤一：评估当前心理状态。

步骤二：连接上次谈话内容。

步骤三：检查家庭作业完成情况。

步骤四：明确谈话主题"检验并调整功能失调性假设和规则"。

步骤五：进入谈话主题。

对涉毒女犯功能失调性假设和规则进行检验和调整，除可以参照和借用调整功能失调性自动想法的策略及方法外，还可以运用一些其他的方法如成本—效益分析、合理假设替代等，操作步骤还是采用挑战—动摇—替代三步法，具体如下。

(1) 辨识功能失调性假设和规则

在第七次谈话中，治疗师与涉毒女犯合作，明确她们的功能失调性假设和规则。可能涉及自我价值、人际关系、自我控制等方面的信念。

(2) 收集证据

帮助女犯寻找证据，以验证或反驳她们的功能失调性假设和规则。她们可以回顾过去的经历、观察他人的行为，或了解他人对自己行为的反馈，以收集相关的实证证据。如挑战功能失调性规则，女犯功能失调性规则通常是以“必须”的陈述方式表达，由于这些陈述中掺杂了不合逻辑及过分概括的成分，因此要改变女犯长期形成的功能失调性“必须”的想法，治疗师单靠一味否定是难以奏效的，需要顺着女犯的逻辑循循善诱，一步步地对她们的陈述进行质疑，并给予空间，让她们多一个角度重新思考。治疗师在谈话中可以通过提出疑问的方式引导女犯思考。例如：这个规则是从什么时候开始形成的？这个规则是在怎样的情况下确立的？当时确立这样的规则有当时的情况，现在一直沿用这样的规则是否妥当？这个规则是只适合你个人呢，还是适合所有人？你真的完全是照着这个规则在做吗，规则是否有松动的时候？如果不遵循你的规则行事会产生怎样的后果？你对没有遵循你这个规则的人是怎样看待的？可以通过填写考查并挑战功能失调性规则练习表（表 6-11）的方法，对女犯的功能失调性规则进行梳理和调整。

表 6-11 考查并挑战功能失调性规则练习表

对规则“必须”的陈述：
对规则的相信程度（0～100%）： 情绪（1～100）： 成本（不利之处）： 收益（有利之处）： 在怎样的情况下确立了这个规则？ 你是否要求其他人都遵循这个规则？ 对这个规则用“偏好”而不是“必须”来重新表述： 通过重新表述所产生的新效果： 对规则的相信程度（0～100%）： 情绪（1～100）：

（3）评估证据的准确性

与涉毒女犯一起评估所收集到的证据的准确性和客观性。帮助她们思考是否存在对证据的选择性和倾向性，以及是否有其他解释或解决方案。

（4）行为实验

鼓励涉毒女犯尝试新的行为和应对策略，以评估其对功能失调性假设和规则的影响。通过行为实验，她们可以亲身体验新的方式是否更符合现实和有益。如成本—效益分析，有些女犯对自己固守的规则很少进行反思，她们坚信自己规则是合理的，并严格地根据自己的规则处事，其实，这些女犯在执行和操作这些功能失调性规则时往往要付出极高的代价和成本，所得的效益却很低，仅仅是获得遵循规则的满足感而已。女犯虽然已被这些规则搞得筋疲力尽，但还是固执己见，执迷不悟，此时治疗师可以通过成本—效益分析技术，与女犯一起“仔细算账”，来引导女犯以清醒的头脑重新审视其规则。见表6-12。

表6-12　成本—效益分析表（举例）

规则：吸毒让我身心放松，少想点烦恼事	
有利之处（效益）	不利之处（成本）
逃避现实、自我解脱	容易产生一系列心理问题和精神问题
自我怀疑、减少无助感	影响阻碍改造进程
	身体素质下降
	影响家庭和子女教育

（5）替代性假设和规则的培养

引导女犯思考并尝试新的替代性假设和规则，以更好地适应和应对现实。帮助她们制订更积极、灵活和适应性的假设和规则，并鼓励她们在日常生活中实践和应用。如合理假设替代，就是在治疗师的引导下让女犯根据“合理”的要求去尝试新的假设来替代以往习惯的功能失调性假设，假设的合理性标准是引出女犯理性的自动想法、良好的情绪状态、适应的行为表现。运用合理假设替代可以通过填写功能失调性假设的合理替代练习表（表 6-13）加强练习。

表 6-13　功能失调性假设的合理替代练习表（举例）

原来习惯的假设	新的合理假设
如果没有毒品，我很难面对生活中的压力和困难	如果没有毒品，我可以通过其他更积极的方式面对困难和压力

（6）反思和总结

定期反思和总结实践中的经验和观察。鼓励涉毒女犯记录下实验结果和观察到的改变，以加深对新假设和规则的认识和理解。

（7）持续监测和调整

持续监测涉毒女犯的认知和情绪状态，并根据需要进行调整。提供支持和指导，帮助她们应对挑战和障碍，并进一步巩固和强化积极的认知模式。

通过这些方法，涉毒女犯可以逐渐检验和调整功能失调性假设和规则，改变消极的思维方式，培养积极、适应性的思维方式。重要的是根据个体情况和治疗进展选择和调整方法，确保与治疗师的密切合作和支持。

步骤六：布置家庭作业，根据情况指导女犯填写考查并挑战功能失调性规则练习表（表 6-11）、成本—效益分析表（表 6-12）和功能失调性假设的合理替代练习表（表 6-13）。

步骤七：小结和反馈，告知女犯下次将揭示负性核心信念。

第八、第九次示范谈话

治疗师:(考虑其他可能)想象一下如果你来上海游玩后,回去好好上学,你会有什么样的人生。

女犯:我应该会在大学里学习到很多知识,认识很多的朋友,甚至会交到一个好的男朋友,工作、结婚、生活,我会接触很多不同的人,每年至少带母亲出去旅游一次。

治疗师:(行为实验)如果毕业后因为现实的一些问题而要与男友分开,你会怎么做?

女犯:虽然我应该会很伤心,但是我有自己想要做的事情,身边应该也会有朋友陪着,说不定我会出去旅游一趟,回来心情就会整顿好,重新出发,最多就是慢慢恢复。

治疗师:(引出替代性思维)你是怎么想的呢?

女犯:因为我有自己要做的事情呀,而且之前我那些要好的朋友一定会安慰我陪伴我,我本来就是一个开朗的人。

治疗师:(引导)也就是说你的人生并不是只要或只有感情,你可以有其他的事情可做。

女犯:是的,但是放弃一段感情不是轻而易举的。

治疗师:(成本—效益分析)如果你没有这段感情,你的人生会发生怎样的改变呢?

女犯:我也许不会入狱,但我的生活可能会不如意。

治疗师:可能会有哪些不如意呢?

女犯:我没有工作过,没有挣钱的能力,找工作会困难,甚至要回家靠母亲养着。

治疗师:(考虑其他可能)这是你想的最差的结果,也许你也会有机遇,生活得很好。远离毒圈对你来说意味着什么?

女犯:远离男友的圈子,回家就不会主动去吸食,而且母亲是一直想让我回家的。

治疗师:(强调)也就是说回家后既远离了毒品,也满足了母亲的意愿,何乐而不为。

女犯:但是我害怕被老家认识的人说道,害怕给母亲丢脸。

治疗师:(反问)难道吸毒运毒,被他人知道,不会被说道吗?

女犯:会,所以一直不敢让家里知道。

治疗师:(反馈)不敢让家人知道,就是说明你知道毒品是更不被人接受的,回家后就可以远离它,也让你时刻警醒要远离它。

女犯:是,但那时候舍不得男友,所以总是在家待一段时间,他叫我回去我就回去了。

治疗师:还记得你入监时多大吗?

女犯:不到 29 岁,出去后我都要 55 岁了,我真的很后悔,觉得不值得,最好的年纪都在这里面度过,也失去陪伴母亲的时间,让母亲每天为我担心。

治疗师:(调整负性中间信念)通过以上分析,两种选择的有利和不利,哪种你更愿意接受?

女犯:那应该是第一种,在外面至少我可以慢慢努力,就算挣不到钱,但是家人在身边,想见就能见。

治疗师:(布置家庭作业并预告下次谈话主题)今天我们一起学习了怎样检验并调整负性中间信念,回去后你按照这样的调整思路多练练,并根据需要填写考查并挑战功能失调性规则练习表、成本—效益分析表和功能失调性假设的合理替代练习表,下次我们来揭示负性核心信念。

女犯:好的。

8. 第十次会谈谈话步骤

步骤一:评估当前心理状态。

步骤二:连接上次谈话内容。

步骤三:检查家庭作业完成情况。

步骤四:明确谈话主题“揭示负性核心信念”。

步骤五:进入谈话主题。

(1) 解释相关概念

当女犯已经学会调整功能失调性自动想法,掌握了负性中间信念的合理替代,并且已经获得心理调整的初步成果,身心症状有所缓解,在这种情况下可决定进入揭示负性核心信念这一阶段。核心信念是个体关于自我、他人和世界的基本信念和价值观,是更为基本和根深蒂固的信念,较中间信念更具有主导性和概括性,对个体的整体自我认知和世界观产生深远影响。对于涉毒女犯来说,可能存在以下负性核心信念:“我无法摆脱毒瘾,无法改变自己的生活”“我没有价值,我注定要沉沦于毒品中”“毒品是我唯一能够找到快乐和满足的途径”。

(2) 进行相关提问

女犯对于自己的负性核心信念的领悟各不相同,有些一点就通,有些则不然,她们会感到十分困难,搞不清楚负性自动想法的潜在层面存在着信念系统的支撑。所以治疗师需要花较大的工夫引导,可以通过表 6-14 的提问,帮助女犯清晰地揭示和表达自己的负性核心信念。

表 6-14　揭示涉毒女犯负性核心信念的提问(举例)

① 你是否有关于自己的负面认知或自我评价?你认为自己有哪些不足之处?
② 你觉得自己是否无法改变或无法摆脱毒品的影响?你是如何形成这种观念的?

续 表

③ 你是否认为自己没有价值或感到生活没有意义？你是如何看待自己在社会中的角色和地位的？
④ 你是否觉得自己没有能力戒除毒品或改变生活方式？这种观念是如何形成的？
⑤ 你是否认为自己无法被他人接受或理解？你觉得自己在人际关系中有哪些困难？
⑥ 你对自己有哪些负面的评价？这些评价对你的情绪和行为有何影响？
⑦ 你认为自己是一个失败者吗？你是如何定义成功和失败的？你对自己的成就有何期待？
⑧ 你认为自己是否无法掌控自己的冲动或欲望？你觉得自己在毒品使用方面有何困扰？
⑨ 你是否觉得自己无法获得他人的支持或帮助？你认为自己是否有能力寻求改变和康复？
⑩ 除了使用毒品，你认为自己有其他身份和价值吗？

这些问题可以帮助涉毒女犯反思自己的负性核心信念，并探索这些信念的来源和影响。治疗师应当以支持性和理解的方式提问，鼓励她们将自己的想法和感受表达出来。通过深入探讨，涉毒女犯可以更清楚地认识到自己的负性核心信念，并为后续的认知行为治疗提供基础，以重建积极和健康的信念系统。

（3）常见负性核心信念一览表

治疗师可以向女犯展示常见负性核心信念一览表（表 6-15），要求女犯参照表中对自我、对他人及对世界的负性核心信念的内容进行自我对照，找出与自己相符的条目。如果有的女犯从一览表中找到相符的条目较多，治疗师可以要求她们指出相对重点的条目，这便于治疗师更有针对性地对负性核心信念实施干预。

表 6-15　常见负性核心信念一览表

<table>
<tr><th>关于自我评价的
负性核心信念</th><th>关于他人评价的
负性核心信念</th><th>关于世界评价的
负性核心信念</th></tr>
<tr><td>我无能
① 我无能
我无能，我无力，我软弱，我受欺，我贫困，我艰难，我被动，我退缩，我被控，我尴尬，我窝囊，我绝望
② 我无成就
我不能胜任，我不起作用，我不被信任，我不受尊重，我缺陷很多，我浑浑噩噩，我自认失败，我没有出息，我亏欠他人，我成为累赘</td><td rowspan="2">他人都毫无诚信，
他人都十分危险，
他人都难以捉摸，
他人都心怀鬼胎，
他人都不识好歹，
他人都没有良心</td><td rowspan="2">这个世界杂乱无章，
这个世界很不安全，
这个世界腐败透顶，
这个世界荒谬可笑，
这个世界无药可救，
这个世界末日来临</td></tr>
<tr><td>我不可爱
① 我不可爱
我不可爱，我被嫌弃，
我无魅力，我被忽视，
我属多余，我真差劲，
我很倒霉，我没品位
② 我没价值
我没有价值，我不如他人，
我缺点很多，我总惹麻烦，
我浑身晦气，我遭受拒绝，
我必被抛弃，我纯属多余</td></tr>
</table>

步骤六：布置家庭作业。让女犯继续填写考查并挑战功能失调性规则练习表（表 6-11）、成本—效益分析表（表 6-12）或功能失调性假设的合理替代练习表（表 6-13）。

步骤七：小结和反馈，告知女犯下次将检验、质疑并调整负性核心信念。

第十次示范谈话

治疗师：(告知本次谈话主题、解释相关概念)今天我们学习怎样揭示负性核心信念。核心信念是人们从童年开始逐步形成的内心最深层的对自我、他人及世界的看法，具有高度概括和根深蒂固的特性。负性核心信念就是个人对自我、他人及世界的非理性的、功能失调性的核心信念。你能理解吗？

女犯：有点理解。

治疗师：(关于自我认知的核心信念)你认为自己是一个失败者吗？你是如何定义成功和失败的？

女犯：我就是真的很失败，很无能啊，在狱外的时候什么都没有为家里做过，还让母亲时刻为我担心；现在入狱了，不知道母亲周围的人有没有对她说一些不好听的话，妹妹身边的同事会不会嫌弃她，不和她交朋友。我给家里丢脸了，不仅没有尽到女儿的责任，还增加家里的负担。

治疗师：(收集证据)那是什么让你产生这种信念的呢？

女犯：面对男友的欺骗，我不敢果断离开，因为一旦离开，自己没有毕业没有工作，只能靠家里养。老家的人都以为我在外面工作挣钱，因为自我小时候，他们就对母亲说我是个很能干的人，我长大母亲会享我的福，母亲对我期望很高。

治疗师：(检验证据)因为你觉得自己没有达到那些人的期望，所以你觉得自己是失败的，能具体谈谈吗？

女犯：我高中就开始跟着母亲和别人谈生意，甚至有好几次都是我和他人谈生意，我也觉得自己将来一定会有一番事业，结果呢？入狱，与母亲大墙相隔，每次相见都要母亲从遥远的老家赶来，这还不失败吗？

治疗师：(关于自我价值的核心信念)关于自己你还有哪些负性信念或自我评价？你觉得你有能力改变现状吗？

女犯：我大学没毕业就和男友在一起，一直靠他养着，其间没有工作，忘记理想。我是一个除了吸毒，没有做过其他事情的人，我不认为我有什么能力改变自己的生活。

治疗师：(关于他人支持的核心信念)你觉得有人能给你提供支持和帮助吗？

女犯：那还是靠母亲啊，不是能靠自己的能力去改变的。而且即使母亲给我钱重新开始，但我一没工作经历，二没文化学历，更何况我还吸毒，别人远离我还来不及，怎么会相信我、录用我呢？社会上那么多人，要也肯定要其他人。

治疗师：(关于他人评价的核心信念)你觉得别人会怎么看待你？

女犯：国家对毒品的打击一直很严厉，社会上对毒品也很厌恶甚至痛恨，如果被他人知道我不仅吸毒还运毒，我一定会被远离和警惕，我不觉得自己还能创造生命价值。

治疗师：(预告下次谈话主题)好的。今天我们学习了如何揭示负性核心信念，下次我们针对你的负性核心信念来做调整。

女犯：好的。

9. 第十一次、第十二次会谈谈话步骤

步骤一：评估当前心理状态并打分。

步骤二：连接上次谈话内容。

步骤三：检查家庭作业完成情况。

步骤四：明确谈话主题“检验、质疑并调整负性核心信念”。

步骤五：进入谈话主题。

治疗师对于女犯负性核心信念的质疑和调整是一个十分艰难的过程，质疑实际上已经包含了部分调整的功能，所以质疑和调整往往并存于同一项干预措施中。调整负性核心信念，除可以参考或借用调整功能失调性自动想法及假设和规则的策略及方法外，还可以运用一些其他方法，包括苏格拉底式对话、行为试验、理性—情绪角色扮演、以他人为参考点、以改变的行为强化信念的改变、自我显露、重建早期记忆、重建合理信念、孔子式对话等。对涉毒女犯的负性核心信念进行检验、质疑和调整的具体方法可以包括以下内容。

(1) 辨识负性核心信念：通过第十次谈话，治疗师与涉毒女犯合作，识别和记录负性核心信念。这些信念可能与她们自我认知、毒品使用、自我价值等有关。

(2) 评估证据：与涉毒女犯一起评估这些负性核心信念的证据。帮助她们回顾与这些信念相关的经历和情境，观察他人的行为，如可以通过"以他人为参考点"的方法，并鼓励她们思考是否存在其他可能的解释或证据。

(3) 质疑负性核心信念：引导涉毒女犯提出关于负性核心信念的质疑和负向推理的问题。帮助她们思考证据的可靠性、合理性和客观性，并尝试从不同的角度重新审视问题。如运用"苏格拉底式对话"，通过层层设问，帮助女犯理清思路，进行更深入的思考。

(4) 探索替代性信念：与涉毒女犯合作，探索积极的替代性信念。通过引导她们寻找新的证据和正面的经历，帮助她们逐步调整和修正负性核心信念。并鼓励她们在日常生活中实践和应用这些新的信念。可以通过与女犯共同填写重建合理核心信念表(表 6-16)来引导女犯形成对自己、他人及世界的新的合理的核心信念。

表 6-16　重建合理核心信念表(举例)

负性核心信念	合理核心信念
我自认失败	我有些失败,但不是彻底的失败者,我也有成功的方面
他人都难以捉摸	有些人难以捉摸,大部分人可以通过沟通了解

(5) 验证新信念:鼓励涉毒女犯在日常生活中实践和应用新的核心信念,通过行为实验和实际经验,验证新信念的有效性,并逐渐形成积极的思维方式和行为模式。

(6) 自我对话和反驳:鼓励女犯学会进行积极的自我对话,以反驳心中负性核心信念的声音。如有一些女犯从理性角度明知道自己的信念是负性的,但从情感角度还是不愿放弃,在这种情况下,治疗师可采用"理性—情感角色扮演"技术来调整女犯的负性核心信念。

(7) 持续支持和监测:在治疗过程中,持续提供支持并监测涉毒女犯对负性核心信念的调整和改变。鼓励她们与治疗师保持沟通,交流观察到的变化和困惑,以便治疗师能够及时作出调整以应对可能出现的困难。

(8) 心理教育和防止复发:给女犯提供相关的心理教育,帮助她们理解负性核心信念的形成和维持机制,并教授她们预防复发的技巧和策略,以应对潜在的负性信念的再次出现。如治疗师可以采用"重建早期记忆"来帮助女犯追溯负性核心信念的记忆源头,对于出错的记忆进行纠偏,对于过时的信念进行修正,并将其调整为合理信念。

需要注意的是,每个涉毒女犯的情况都是独特的,因此具体的方法和策略可能需要根据个体情况进行调整。治疗师应该以尊重和关怀的态度与女犯合作,并根据她们的需要和目标制订具体的治疗计划。

步骤六:布置家庭作业。核心信念作业表(表 6-17)通常作为家庭作业布置给女犯,要求女犯通过填写,练习,进一步巩固重建合理核心信念的方法。

表 6-17　核心信念作业表(举例)

<table>
<tr><td colspan="2">负性核心信念:我不如他人
当前你对负性核心信念的相信程度?(0～100%)60%
本星期你相信的最大程度?(0～100%)80%
本星期你相信的最小程度?(0～100%)60%</td></tr>
<tr><td colspan="2">新的合理核心信念:我有自己的优势
当前你对合理核心信念的相信程度?(0～100%)50%</td></tr>
<tr><td>驳斥负性核心信念,寻找支持合理核心信念的依据</td><td>对支持负性核心信念的依据进行改版</td></tr>
<tr><td>我有些方面不如他人,每个人都不可能十全十美
我有我自己的优势,只要我充分发挥我的优势,就能够做出好的成绩</td><td>我不如他人的方面可以调整,只要坚持努力,我的弱项就能够得到一定的改善</td></tr>
</table>

步骤七:小结和反馈,并告知女犯下次将结束集中治疗阶段。

第十一、第十二次示范谈话

治疗师:(本次谈话主题)今天我们要进入认知行为治疗的最后一个调整阶段了,也是最关键、最困难的一个阶段。我们一起来学习怎么做,好吗?

女犯:好的。

治疗师:(识别负性核心信念)你的负性核心信念是“劳役方面做得没有别人优秀,你觉得自己很失败”。你能具体谈谈吗?

女犯:是,我所在流水线的劳动产量总是没有别人的高,我很着急,明明我和另一个同监室女犯同时做的线长,但是她就是做得比我好。我这边之前是质量问题,现在是产量不行,我感觉自己很没用,很没出息,什么都做不好。

治疗师:(寻找证据)那你分析过原因是什么吗?

女犯:我仔细想过,因为之前出现过质量问题,怕再出现问题,所以对质量方面很关注,然后就忽略了产量方面,顾前不顾后,感觉自己做不好。

治疗师:(检查证据合理性)那后面还出现过质量问题吗?

女犯:没有了,现在我们质量提高了很多,做得比之前好了,就是产量没有其他流水线多,感觉我不能两头兼顾,别人做得都不错。

治疗师:(引导自我发现)说明你是能做好的,只是时间问题。如果再给你一段时间,你能做得比现在好吗?

女犯:应该会比现在做得好,但是不一定做得比别人好。

治疗师:(替代思维)这表明你一直在进步,并不是原地踏步。和他人比较是可以的,但也要全面看待自己,只要你比原来做得好,那就是在向好的方向改变。这并不代表你失败,你不如别人。

女犯:感觉同监室女犯都很优秀,我有挫败感。

治疗师:(以他人为参考点)你觉得别人是天生优秀还是经过努力后变得优秀?跟你的情况有不一样吗?

女犯:这个我没想过。

治疗师:(反馈)改变不是一蹴而就的,只要自己慢慢改变就好了。你现在还确信自己不如别人、自己很失败吗?

女犯:不会,我会尽自己努力去做好,即使我不知道会不会成功。

治疗师:(实践新的信念)同样的,入狱前你觉得自己的人生很失败,后果自己在承担,现在你也在慢慢改变,等刑释出去以后你可以从头开始,遇到困难,不要任其发展,要找到原因,解决它。

女犯:我之前的人生很失败,我也找到了很多自己没出息的原因,我喜欢逃避,没有吃苦精神,没有意志力,我会慢慢改变,从现在做起。

治疗师:(布置家庭作业,预告下一次谈话主题)今天我们学习了如何调整负性核心信念,希望你回去后照着这个思路练习调整技术。下一次谈话是最后一次谈话,我们会对整个治疗做个回顾和总结。

女犯:好的。

10. 结束治疗会谈

步骤一:评估当前心理状态并打分。

步骤二:连接上次谈话内容。

步骤三:检查家庭作业完成情况。

步骤四:明确谈话主题"结束集中治疗阶段,进入巩固疗效、预防复发阶段"。

步骤五:进入谈话主题。

在结束集中阶段认知行为治疗后,治疗师必须继续帮助女犯维持巩固疗效,而不宜立即完全脱钩,顿时结束治疗。常用的策略是"逐步撤离"。一般的做法是从原来的每周一次的定期治疗逐渐改为隔周一次，经过一段时间再从隔周一次改为每月一次。经过这样适度地维持一个阶段，当女犯能平稳地达到康复效果时，向女犯明确表示结束整个治疗过程。当完整的治疗结束以后，治疗师的角色趋于淡化，但定期的随访仍是治疗师的职责，治疗师可以通过监区了解女犯的状况，关心女犯的改造表现以及心理健康问题的恢复情况，当女犯再次遇到一些应激事件，导致其原有心理问题再次爆发，治疗师应给予必要的心理援助，帮助女犯调节情绪，顺利渡过难关，也以此巩固认知治疗成果。当涉毒女犯完成认知行为治疗后，巩固和维持改变的成果至关重要。以下是一些具体方法。

(1) 支持网络和社交联系：鼓励涉毒女犯建立和维护支持网络和社交联系。包括与家人、朋友或支持小组保持联系。这些人际关系可以为女犯提供情感支持，帮助她们应对潜在的应激事件。

(2) 保持健康的生活方式：鼓励涉毒女犯保持健康的生活方式，包括良好的饮食习惯、适度的运动和规律的睡眠。健康的生活方式可以对身体和心理健康产生积极影响，并有助于巩固治疗成果。

(3) 持续学习和提升：鼓励涉毒女犯持续学习，不断提升个人技能。这可以帮助她们建立自尊和自信，拓宽生活圈。

(4) 心理支持和心理疏导：提供持续的心理支持和心理疏导，让涉毒女犯知道她们可以随时寻求帮助。可以通过定期的个人咨询或组建支持小组或利用狱内资源来实现。

(5) 应用认知技能：鼓励涉毒女犯将学到的认知技能用到日常生活中。包括意识到负面自动想法的出现，并运用证据来质疑和调整这些想法，以产生更积极的思维模式。

(6) 心理健康自我管理:教给涉毒女犯心理健康自我管理的方法和技巧。包括自我监测情绪变化的能力,学会应对压力和负面情绪的策略,以及建立积极的自我关注和自我照顾的习惯。

(7) 定期复查和回顾:安排定期的复查和回顾,以评估治疗成果的持续性和进展。可以是定期的面对面回访。以检查治疗效果是否持久和解决新出现的问题。同时,对过去的治疗进程进行回顾,强调所取得的成就和继续努力的重要性。

以上方法旨在帮助涉毒女犯巩固和维持认知行为治疗的成果,以实现长期的健康稳定。重要的是根据女犯的个体需求和个性化情况应用这些方法,并为她们提供持续的支持和指导。

结束治疗示范谈话

治疗师:(回顾)你的认知行为治疗整个过程结束,现在感觉怎么样?

女犯:对自己的认知更加清晰了。一直以来都在后悔,自己不该吸毒,不该如此没有出息,觉得自己的人生很失败,但是却不敢承认,甚至不敢想象以后的事情,也从未认为以后可以通过自己的努力改变生活,但是现在明确知道了自己身上存在的问题,对自己的过去和未来有了更清晰的定位,以后不会轻易否定自己。

治疗师:(巩固)以后遇到某件事情,你做得没有别人好时,你会怎么想?

女犯:我会找原因,看看对方哪些方面值得我学习,然后改正,只要自己在进步,那么我就不是最差的。

治疗师:面对他人的提醒或批评时,会逃避或不耐烦吗?

女犯：我现在不这样了，反而觉得说出来会轻松很多，不会内耗。

治疗师：(家庭支持系统构建)如果你母亲这次在电话中说想要来见你，你有什么打算？

女犯：以前是害怕面对母亲，也怕母亲看到我伤心；现在好些了，通过电话很多话我能够说出来，不过她现在年纪大了，等以后妹妹有空的时候带她过来，不然我也不放心。

治疗师：(提供支持)这次谈话结束后，集中治疗就结束了，后面会不定期找你，或者你觉得有需要可随时找我谈。希望你回去后把治疗过程中学习到的方法运用到日常生活中去。

女犯：我会的。

第四章　治疗后评估及数据分析

一、治疗后评估

（一）评估时间：治疗后评估在治疗实施后两周内完成。

（二）评估工具：上海市监狱管理局罪犯风险需求评估量表、症状自评量表（SCL-90）、焦虑自评量表（SAS）、抑郁自评量表（SDS）、贝克抑郁量表（BDI）、汉密尔顿焦虑量表（HAMA）、汉密尔顿抑郁量表（HAMD）、服刑改造自评调查表、服刑改造他评调查表等。为方便对比，治疗前后评估所使用的量表必须一致。

二、数据分析

通过对个体治疗前后心理测量结果数据的对比，分析认知行为治疗结束后，心理测量及服刑改造中的哪些指标有明显改善，从而完成治疗个案。同时，也可以通过对照组和实验组的差异分析，来进一步论证认知行为治疗对女犯群体的矫治作用。

第七册

亲情关系修复女犯专用
认知行为治疗操作手册

第一章　导　　论

亲情关系修复是一种以调整家庭认知行为问题为目标的认知行为治疗，尤其对女犯来说，很多女犯的犯罪行为与早期的负面家庭经历有关，这些经历可能导致她们与家人的关系破裂。因此，帮助女犯修复亲情关系可以有助于她们重建家庭支持系统，并减少将来犯罪的可能性。

一、认知模式

亲情关系修复女犯的认知模式有以下特点。

（一）该类型女犯具有亲情关系缺失或破裂的负性体验，例如孤独、无助、沮丧等。

（二）该类型女犯对亲情关系有错误信念和认知偏差，例如过度依赖、过度理想化、过度自责等。

（三）该类型女犯不知如何应对亲情关系中的问题和挑战，缺乏解决亲情关系问题的技能和策略。

二、治疗目标

亲情关系修复女犯的认知行为治疗目标通常包括以下几方面。

（一）重新建立亲情关系，包括加强与亲人之间的联系和沟通，以及增进家庭感情。

（二）修正错误的信念和认知偏差，例如减少过度依赖、减少过度自责、减少过度理想化，形成对自己和家人的正确认知。

（三）掌握解决亲情关系问题的技巧，例如积极沟通、妥善处理矛盾和建立良好的沟通方式等。

三、治疗策略

通过认知行为治疗帮助女犯实现亲情修复，治疗师通常会用到以下技术和策略。

（一）认知重构：帮助女犯检视其对亲情关系的错误信念和认知偏差，并帮助她们将之转变成正确和健康的信念。

（二）沟通技巧训练：帮助女犯学会有效的沟通技巧，以增强与亲人之间的联系和理解。

（三）情绪调节技能训练：帮助女犯学会处理负面情绪，以增强她们的情感适应能力。

（四）解决问题技能训练：帮助女犯学会解决亲情关系中出现的问题，以巩固家庭关系和强化家庭功能。

第二章　治疗对象筛选与治疗前评估

一、治疗对象筛选

在对亲情关系修复女犯进行认知行为治疗对象筛选时，可以考虑以下因素：

（一）适应证类型：评估女犯在亲情关系中存在的问题的性质和严重程度。了解她们是否存在亲子关系破裂、亲密关系冲突或不良亲密关系等问题。亲情关系评估可分为会晤评估和量表评估。进行会晤评估时，根据认知行为治疗的评估要求，治疗师需要进一步了解女犯的成长史及与家人互动交往的一些基本信息，可以要求女犯把谈话中提到的信息用表（表 7-1）的形式整理出来。

表 7-1　成长发展历程基本信息表

序号	时间	情境	情绪（1～100）	行为、反应

进行量表评估时，为了能够定性或定量地对女犯家庭关系进行评估，我们采用家庭功能评定量表（附件十），来收集整个家

庭系统的各个方面的资料，该量表是一个具有筛选功能的问卷，其目的是简单有效地找到家庭系统中可能存在的问题。

（二）动机和治疗意愿：评估女犯接受治疗的动机和治疗意愿。了解她们对修复亲情关系和改善与亲人间关系的意愿和积极性。

（三）自我反省和意识水平：评估女犯对自己在亲情关系中的角色和影响的认识水平。了解她们是否能够意识到自己的行为对亲情关系产生的负面影响。

（四）情绪调节能力：评估女犯的情绪调节能力和应对机制。了解她们是否能够适当管理情绪，以及是否存在情绪失控或冲动行为。

（五）责任感和改变意愿：评估女犯对自身行为的责任感和改变的意愿。了解她们是否愿意承担修复亲情关系的责任，并努力改变自己的行为。

（六）安全性考虑：评估女犯修复亲情关系可能存在的安全问题。考虑她们的行为是否涉及暴力、威胁或其他形式的危害。

（七）支持系统和资源评估：评估女犯的社会支持系统和可利用的资源。了解她们是否有支持网络和能够提供帮助的资源，以支持她们在修复亲情关系过程中的改变。

（八）剩余刑期：剩余刑期在六个月以上的女犯。

这些筛选原则可以帮助治疗师确定哪些女犯适合接受认知行为治疗，为治疗对象的初步筛选提供依据。

二、治疗前评估

经筛选确定的治疗对象，在治疗前还需完成治疗前评估，目的是通过专业工具了解治疗对象的问题的相关指标信息（好比医院的各种检查)。

(一) 评估时间:在对治疗对象实施治疗前两周内完成。

(二) 评估工具:采用风险评估、心理测试、问卷调查与结构性访谈相结合的方式,确定治疗对象。

1. 通过上海市监狱管理局罪犯风险需求评估量表(附件七),筛选出再犯风险等级为"高风险"以上的女犯。

2. 在高风险女犯群体中,通过症状自评量表(SCL-90)、焦虑自评量表(SAS)、抑郁自评量表(SDS)、贝克抑郁量表(BDI)、汉密尔顿焦虑量表(HAMA)、汉密尔顿抑郁量表(HAMD)等心理量表(附件一至六)进行测试,根据女犯的抑郁、焦虑等心理障碍对她们进行分级分类。

3. 通过服刑改造自评调查表(附件八)、服刑改造他评调查表(附件九),筛选出服刑改造中情绪低落、自卑感、认知归因、警囚关系、囚囚关系、环境适应、违纪扣分、欠产、亲情关系、学习兴趣等 10 个服刑改造表现因子程度较高的女犯。

4. 通过结构性访谈,了解女犯的情绪问题、习惯应对问题的方法、求助的意愿、对调整认知行为的态度等,筛选出有认知行为问题、求助愿望强烈、能配合认知行为治疗的女犯。以下为结构性访谈提纲(表 7-2)。

表 7-2　结构性访谈提纲

① 你觉得你最近情绪怎么样?碰到哪些不愉快的事情,你能具体谈谈吗?
② 入监这么长时间你是什么感受?又是怎么想的呢?
③ 你说你睡眠不好,是怎么个不好?睡不着的时候在想些什么呢?
④ 除了睡眠,还有其他问题吗?想哭,是想到什么了吗?饮食怎么样?

续 表

⑤ 你目前在监狱里主要做什么事情？目前的服刑状态是怎么样的？
⑥ 每天的生活起居是怎么样的？平时有没有什么兴趣爱好？
⑦ 有没有轻生的念头？耳边有没有听到过有人跟你讲话的声音？
⑧ 你的这种情绪低落、睡眠不好的状态是从什么时候开始的？已经持续多久了？
⑨ 你这段时间过得也挺不容易的，你今天过来是想让我怎么帮助你呢？
⑩ 你状态这么差有没有去看过医生？医生是怎么诊断的？
⑪ 你跟家人的关系怎么样？家里人对你的情况了解吗？他们是怎么开导你的？
⑫ 如果我们向你提供帮助你是否愿意接受？
⑬ 我们想给你提供十几周时间的结构化的规范干预调整，你愿意参加吗？
⑭ 你觉得参与结构化规范干预调整有什么困难吗？你对我们安排的时间有什么想法和要求？

治疗前评估完成后，就可以正式进入认知行为治疗的会谈阶段。

第三章　认知行为治疗会谈操作流程

一、认知行为治疗会谈的基本结构

认知行为治疗会谈一般包括 1 次预备性会谈、12 次正式会谈和 1 次结束治疗会谈(表 7-3)。一般为每周一次会谈,结束治疗会谈可以隔一周进行。每次时间为 1～1.5 小时。

表 7-3　认知行为治疗会谈主题内容安排表

阶段	会谈序列	会谈主题内容
预备性会谈		概要了解女犯心理问题的由来、对认知行为治疗的知晓和认同度、对治疗师的认同度;观察和判断女犯是否适合接受认知行为治疗;明确答复女犯是否接纳其实施认知行为治疗
正式会谈	1	建立治疗性医患关系,进行初期评估
	2	全面评估,病例概念化,确定治疗目标
	3	收集功能失调性自动想法和情绪:每日功能失调性自动想法记录表
	4	识别、归纳功能失调性自动想法:每日功能失调性自动想法记录表
	5、6	检验并调整功能失调性自动想法(苏格拉底式提问,堵不如疏):每日理性想法替代功能失调性自动想法记录表

续 表

阶段	会谈序列	会谈主题内容
正式会谈	7	挖掘负性中间信念
	8、9	检验、质疑并调整功能失调性假设和规则
	10	揭示负性核心信念:负性核心信念一览表
	11、12	检验、质疑并调整负性核心信念
结束治疗会谈		巩固提高与结束阶段,预防复发

二、认知行为治疗会谈的具体内容及流程

(一) 预备性会谈

1. 预备性会谈的目标

预备性会谈不属于结构性治疗的首次会谈,这是一个具有筛选功能的会谈,通过后双方才能进入认知行为治疗的正式过程。

2. 预备性会谈的内容

(1) 自我介绍和观察判断

① 治疗师介绍身份和治疗目的。

② 判断女犯是否适合接受认知行为治疗。

(2) 了解女犯对认知行为治疗的知晓和认同程度

① 了解女犯对认知行为治疗的定义和目标的知晓和认同程度。

② 了解女犯对认知行为治疗的过程和时间长度的知晓和认同程度。

③ 了解女犯在认知行为治疗中参与的主动性和责任感。

(3) 了解女犯心理问题的由来和当前状况，作出初步判断

① 概要了解女犯心理问题的表现及由来。

② 了解女犯心理问题的当前状况和求助途径。

③ 了解女犯对自己的认知、情绪和行为的认知度。

(4) 考量和明确答复

① 了解女犯对治疗师的认同程度。

② 治疗师考量自己是否适合对女犯进行认知行为治疗。

③ 给女犯明确答复是否接纳女犯实施认知行为治疗。

预备性示范谈话①②

治疗师：(介绍自己)你好，我姓孙，是这里的心理治疗师，很高兴你来找我咨询，我也希望能帮到你。首先，我想先听听你目前有哪些困扰。接着，我会根据你的情况进行提问，便于我了解相关信息，可以吗?

女犯：好的。

治疗师：(了解亲情关系存在的问题)对于你的情况，我从你的主管民警那里大致有所了解，你能再给我详细讲一下现在家中的情况吗?

女犯：因为案子的事情，我婆婆还是不原谅我，前段时间法院判决下来了，民事官司我败诉了，我已经没有钱了，还让我赔

---

① 本册示范谈话民警为孙雪。

② 示范谈话节选自女犯认知行为治疗的真实谈话记录，目的是让操作者直观感受谈话操作流程和提问技术。

我婆婆那么多钱。入狱前我已经签过字，自愿放弃与丈夫的共同财产，但婆家人还在逼我。我妹妹想去看一下我儿子，但我大姑姐把我儿子藏起来不让我家人看。我不明白为什么她们就不肯放过我？

治疗师：（评估与原生家庭的关系）你跟你父母关系怎么样？

女犯：其实我爹妈一开始就不看好我这段婚姻，我结婚后就没怎么联系过家人，也没回过家。我这次犯罪了，更加没脸去见我爹妈了。

治疗师：（家庭支持系统评估）你前面说你妹妹去看你儿子，那你娘家人现在在外面帮你处理事情吗？

女犯：是的，我的官司现在就靠我娘家人去处理，这让我更加内疚，我没对家里付出什么，娘家人却那么帮我。我为婆家付出了很多，但他们连孩子都不让我家人见。

治疗师：（评估自我改变的意愿）父母为你做了这么多事，你想过怎么来回报他们吗？

女犯：我只能拜托我妹妹、弟弟尽孝，出狱后我可能会找个地方自生自灭，我没脸去见他们，他们肯定也恨我。

治疗师：（评估亲情关系修复目标）对于你身边这些亲人，你想跟谁修复亲情关系？

女犯：我最想见的是我儿子，然后是我婆婆和大姑姐，毕竟我儿子还需要她们养。对于我娘家人，我只能说我从心里感谢他们，我不知如何报答他们。

治疗师：（导入认知行为治疗）听了你的情况后，我觉得你可以尝试一下认知行为治疗，在亲情关系修复方面，它有比较好的疗效。你觉得怎么样？

女犯：好的，我想试一下。

治疗师：（简要介绍认知行为治疗）认知行为治疗简单地说就是通过调整功能失调性自动想法，以及负性信念，来改善不良情绪和有偏差的行为。

女犯：（沉默）如果参加，我需要做什么吗？

治疗师：（介绍认知行为治疗工作流程）认知行为治疗有严格的工作流程，本次会谈是预备性会谈，主要是了解你的问题及相关情况，并对你的问题作出判断，从下次开始，我们就要着手解决你的问题，我们整个流程一般有 12 次谈话，每周一次，每次都有不同的谈话主题，希望你能跟我好好合作，我们共同来达成你的目标，好吗？

女犯：好的。

治疗师：（回答问题和提供支持）这次主要是了解你的情况，以及你的意愿。如果你愿意，后面的 12 次谈话是逐步深入的，对你的要求只有一点，就是要全程配合，在谈话过程中有任何疑惑都可以提出来，不要有任何心理负担，这不是对你改造好坏的评价。

女犯：那我愿意参加的。

（二）正式会谈

1. 首次会谈谈话步骤

步骤一：评估当前心理状态并打分。

评估当前心理状态是认知行为治疗每次谈话中都要提及的话题，治疗师需要指导女犯用 1～100 等级打分的方式定量描述自己当下的心理状态，“1 分”代表没有任何问题，“100 分”代表问题最严重。

步骤二:明确谈话主题“介绍认知行为治疗原理及对女犯进行治疗初期评估”。

步骤三:进入谈话主题。

(1) 介绍认知行为治疗原理

在认知行为治疗中,无论是首次谈话还是以后的每次谈话都有一个简短的开场白,要确定本次谈话的主题,聚焦谈话内容。在首次谈话中,围绕主题,治疗师可以用通俗易懂的语言给女犯介绍认知行为治疗的基本原理,让她们了解认知模式,懂得治疗师会通过改变她们不合理的、非理性的、曲解的想法和看法来调整她们的不良情绪及不适应行为,达到标本兼治的治疗目的。告知她们有哪些基本知识、有些什么要求、要怎么配合等,梳理她们的心理问题,设定治疗目标和治疗过程,引导她们配合治疗。治疗师需要清晰地告诉女犯认知行为治疗一般会经历哪几个阶段、需要花多少时间。治疗所需要的时间往往与女犯心理障碍的类型、程度、背景和个人的基础条件有直接的关系,大多数女犯的治疗需要 2～4 个月,对于较为严重的,如有自杀倾向的女犯,治疗时间可能需要 6 个月。认知行为治疗谈话一般是每周一次,两次谈话中间有一段间隔时间。为使治疗过程持续稳定,治疗师需要对女犯进行引导和指导,要求女犯在几个月的治疗期内一定要沉浸、融入到治疗之中,保持接受治疗的状态。治疗师在每次会谈中需要同步做一些记录,填写在认知行为治疗记录表(表 7-4)中。

表 7-4 认知行为治疗记录表

姓名　　　　日期　　　　会谈次数　　　　编号

心理状态评估打分	
量表评定结果	
本次谈话的目标主题	
会谈内容要点	
家庭作业	
下次会谈内容预置	

（2）初期评估

初期评估需要获取女犯的主要信息，首先是女犯的基本情况，包括个人成长史、犯罪史、创伤性经历、躯体疾病史、心理疾病史、目前心理状态等；其次是女犯求助的心理问题，包括让女犯简洁表述心理问题及其由来，具体描述心理问题及自我调整情况，寻找应对资源如他人、家庭及社会支持系统，表达治疗意愿及配合程度等，治疗师由此开始考虑如何建构病例概念化及初步拟定治疗计划。对亲情关系修复女犯进行认知行为治疗的初期评估，具体内容如下。

① 家庭背景评估：评估女犯的家庭背景，包括家庭结构、亲子关系、家庭氛围和家庭成员之间的互动模式等。了解家庭中

存在的冲突、争吵、暴力或虐待等问题。

② 亲情关系评估:评估女犯与家庭成员之间的亲情关系的特点和问题。了解她们与父母、兄弟姐妹或其他亲属之间的情感连接、沟通方式、互动模式和冲突问题等。

③ 认知评估:评估女犯的认知模式和思维方式。了解她们对亲情关系的认知、信念和期望,以及是否存在负向的认知模式、过度一致性思维或消极自我评价等。

④ 情绪评估:评估女犯在亲情关系中的情绪体验和情绪调节能力。了解她们在亲情关系中是否存在焦虑、愤怒、沮丧等负面情绪,并了解她们应对这些情绪的方式和策略。

⑤ 人际交往评估:评估女犯在人际交往中的困难和技能。了解她们与家庭成员之间沟通和冲突解决的方式,以及是否存在社交障碍、人际关系问题或行为问题。

⑥ 家庭关系冲突的归因评估:家庭关系冲突的归因评估也分为会晤评估和量表评估,进行会晤评估时,治疗师往往会受女犯单方面的先入为主的叙述所影响,对问题原因作出片面的判断。所以,治疗师在会晤中应该注意以下一些要点:第一治疗师要在接纳女犯讲述自己问题的同时,引导她们把握重点,求重避轻、求实避虚、求近避远地使问题能一目了然地摊开在台面上。二是治疗师应帮助女犯在叙述中不断地进行梳理,把一些不确定、不客观的内容,暂时放置一边,要求女犯把事实和结果表达得更加清晰。三是治疗师要对女犯进行适度的引导,让女犯在对问题进行归因时不要忽略了自我的因素。四是治疗师应让女犯清楚理解进行归因的目的是通过对归因的分析,让女犯发现归因中的缺陷,从而启发她们进行重新归因的动机和操作。进行量表评估时,家庭冲突不仅与家庭成员关系有关,还与家庭教

养、婚姻关系、家庭成员在处置家庭突发事件的固定思维模式有关，所以，我们采用了《父母教养方式问卷》（见附件十一），该量表对于评估家庭关系冲突的归因有一定的价值。

⑦ 目标评估：了解她们对亲情关系的期望和需求，以及她们愿意为修复关系付出的努力。

通过初期评估，治疗师可以了解女犯的家庭背景、亲情关系问题和认知、情绪特点。这将有助于制订个性化的治疗计划，确定治疗的重点、目标和策略。评估的结果还将指导治疗师与女犯建立有效的治疗联盟，为女犯提供恰当的支持、教育和指导，以帮助她们修复亲情关系，形成健康和具有支持性的家庭互动模式。

（3）对亲情关系修复女犯进行初期评估可能会用到的提问（表 7-5）

表 7-5 初期评估提问（举例）

① 你与家庭成员之间的关系如何？你与父母、兄弟姐妹或其他亲属之间是否存在关系紧张、冲突或疏离问题？
② 你对与亲人联系是否有兴趣或渴望？你是否有意愿修复这些关系？
③ 你是否意识到过去的行为对亲情关系造成了影响？你是否表示过悔意或愿意作出改变？
④ 你是否与家人保持着沟通？如果是的话，这种沟通是否积极和有效，是否有助于修复亲情关系？
⑤ 你是否已经采取行动来修复亲情关系？你是否主动寻求过家庭咨询、参与和解或采取其他行动来改善与家人的关系？
⑥ 你是否意识到修复亲情关系的重要性？你是否理解亲情关系对未来的重要性？
⑦ 你是否需要额外的支持或资源来帮助你修复亲情关系？你是否需要指导、教育或咨询来处理与家人的关系？
⑧ 过去或现在你是否有任何对亲情关系造成伤害的行为？你是否已经意识到这些行为的后果，是否有意愿避免重复这种伤害？

这些问题旨在了解女犯在亲情关系方面的初期情况，以及她们对修复亲情关系的态度和意愿。根据回答，治疗师可以制订更具体的干预计划，为她们提供必要的支持和资源，帮助她们修复亲情关系。请注意，这些问题仅供参考，具体评估的内容可能会因个体而有所不同。

步骤四：布置家庭作业。家庭作业是认知行为治疗中很有特色的一个必不可少的内容，既是咨访关系的体现，是心理干预的措施，也是使女犯保持沉浸在接受治疗状态的一个有效推动力。让女犯把今天所讲的内容包括自己的心理问题用文字记录下来，尽可能做到记录详细、有条理，并补充完善心理问题的发生发展过程。

步骤五：小结和反馈，听取女犯对此次会谈的感受，下次继续对女犯的心理问题进行深入全面的评估并协商确定治疗目标。

首次示范谈话

治疗师：（情绪评估）你好，今天我们就正式开始认知行为治疗，这是治疗的首次谈话。这周你过得怎么样？如果用“1 分”代表没有任何问题，“100 分”代表问题最严重，你可以打几分。

女犯：50 分。

治疗师：（连接上次谈话并告知本次谈话主题）通过上次的会谈我也了解了一些你对婆家与娘家人的想法，这次我想通过一些具体的问题来进一步了解你的情况，希望你能毫无保留地说出自己的真实想法，这样才能有助于我们一起制订治疗方案与目标。你同意吗？

女犯：好的。

治疗师：（家庭婚姻关系评估）上次你说你父母反对你的婚姻，能具体谈谈吗？

女犯：我父母虽然没什么文化，但是对我们子女都很关心，没有因为我是老大而偏心弟弟妹妹。可惜我读书不好，没考上大学，后来去浙江打工，经我大姑姐介绍认识了我老公。但我爹妈认为我老公太听家里的话，而且两地生活习惯差距太大，结婚后肯定不幸福，但我不听，情愿与父母再也不来往也要结婚。果然婚后老公很听婆婆的话，大姑姐又爱插手我们夫妻的生活，我和老公经常为琐事争吵，看在孩子的分上我没有提出离婚。

治疗师：（应对策略评估）你跟你父母说过你的婚姻生活吗？

女犯：嫁出去的女儿泼出去的水，我怎么能因为我婚后生活不好而麻烦我父母呢？况且我父母虽然对我们很不错，但我父母两个人之间的关系也很差，我更不想因为我的事情打扰他们。

治疗师：（支持系统评估）现在你入狱了，那你与娘家人联系吗？

女犯：我不太想麻烦我娘家人，我结婚已经给我父母丢脸了，现在又坐牢，更让我父母在老家抬不起头，我没脸联系他们。

治疗师：（亲情关系问题评估）那对于你婆家这边你怎么想？

女犯：我老公的死是个意外，我没有想杀他，吵架时他打我，拿刀是因为我一时生气。说实话，我现在常会想当初跟我老公一起走了也好。我婆家不原谅我的行为，我也能理解，毕竟婆家也就这一个儿子，但我不能理解的是为什么我大姑姐要剥夺我看我儿子的权利……（女犯沉默一下）算了，孩子估计也不想有我这样一个妈吧，我婆婆和大姑姐应该会好好照顾我儿子的。

治疗师：（对亲情关系修复期望评估）你之前有努力去修复关系吗？

女犯：我婆婆那根本联系不上，我写过信但都没有回应。我好想知道我孩子现在是什么情况。

治疗师：（进一步探究）那现在你的民事官司进展怎么样？

女犯：我婆家还是以各种理由和我打官司，要各种赔偿，他们败诉了就上诉，我真心感到很烦。每次我决定平复心情改造时，就会收到起诉状，然后我就会不开心，控制不好自己的情绪，和房间里的人吵架。

治疗师：（治疗目标评估）你想通过咨询达到什么效果？

女犯：我希望能出去后自己带孩子，但我婆婆现在让我赔钱，我哪来钱赔。结婚后我就是家庭主妇，钱都在老公手里。案子开庭时我已经签署过放弃所有财产的协议，婆家现在还让我赔两百多万元，这就是在故意刁难我嘛！以前过日子的时候他们就爱插手我们夫妻的生活，让我和老公不愉快，我现在坐牢了还要折磨我。

治疗师：（布置家庭作业并预告下次谈话主题）回去后你把今天所讲的内容用文字写下来，如果想起没有讲到的信息你也可以补充一下，内容最好详细点，在写的过程中你也可以思考一下困扰你的问题是怎么产生的，跟你自身有没有关系。下次谈话我们将继续对你的问题做深入评估并确定治疗目标。你看你还有什么问题吗？

女犯：没有其他问题了。

2. 第二次会谈谈话步骤

步骤一：评估当前心理状态并打分。

步骤二：连接上次谈话内容。连接上次谈话内容可以有两种方式，一种是由治疗师在回顾上次谈话内容的基础上引出本次谈话的话题，另一种是在治疗师的启发下由女犯来接上话题。

步骤三：检查家庭作业完成情况。

步骤四：明确谈话主题“继续对女犯的心理问题进行深入全面的评估及病例概念化，并确定治疗目标”。

步骤五：进入谈话主题。

（1）全面评估

通过首次谈话，治疗师对女犯的基本情况及心理问题的产生和认知模式的形成有了大致的了解，但作为治疗师要想帮助女犯调整认知，就要深入、细致地对女犯进行全面评估，真正搞清楚女犯情绪、行为背后的认知机理，这样才能有针对性地制订治疗方案、实施心理干预。对亲情关系修复女犯的心理问题需进行全面深入的评估，包括以下具体内容。

① 破裂的亲情关系：女犯可能与家庭成员之间存在破裂、紧张或冲突的亲情关系。这可能是由过去的争吵、失信行为、伤害或其他家庭问题导致的。

② 信任问题：女犯与家庭成员之间可能存在信任问题。她们可能因为过去的行为或事件而失去了家人的信任，这可能导致亲人关系疏远、产生疑虑和隔阂。

③ 沟通障碍：女犯与家庭成员之间可能存在沟通障碍。她们可能缺乏有效的沟通技巧，无法表达自己的感受、需求和意图，或者无法倾听和理解家人的观点和情感。

④ 情绪问题：女犯可能有情绪调节困难，表现出愤怒、冲动、冷漠或情绪不稳定等问题。这些情绪问题可能会影响她们与家人之间的交流和互动，导致亲情关系进一步破裂。

⑤ 和解和修复目标：在修复亲情关系的过程中，女犯可能希望恢复与家人之间建立信任、增进理解和共情，并通过积极的互动和支持来加强彼此之间的联系。

（2）病例概念化

病例概念化实际上就是一个把女犯心理问题及认知模式的来龙去脉搞清楚的过程，它贯穿整个治疗过程，也是一个不断完善的过程。当对女犯开始进行全面评估，建构病例概念化的操作就已经开始。

在认知行为治疗理论中，人的认知模式由两个层面组成，即浅表层面认知模式和潜在层面认知模式。浅表层面的认知包括自动想法；潜在层面的认知是浅表层面认知模式的基础和支撑，包括核心信念和中间信念。通常情况下，当个体遇到有压力的生活事件时，如果潜在层面的认知存在问题，就会引发和激活个体原有的功能失调性自动想法，并引起一系列不良情绪和不适应行为。反之，不良情绪和不适应行为又对潜在层面的负性认知产生反馈和强化。通过了解心理问题的形成架构，来掌握女犯的认知架构模式，通过从表层到深层收集、分析、归纳、整理信息，进一步完善女犯认知架构的来龙去脉见图 7-1。

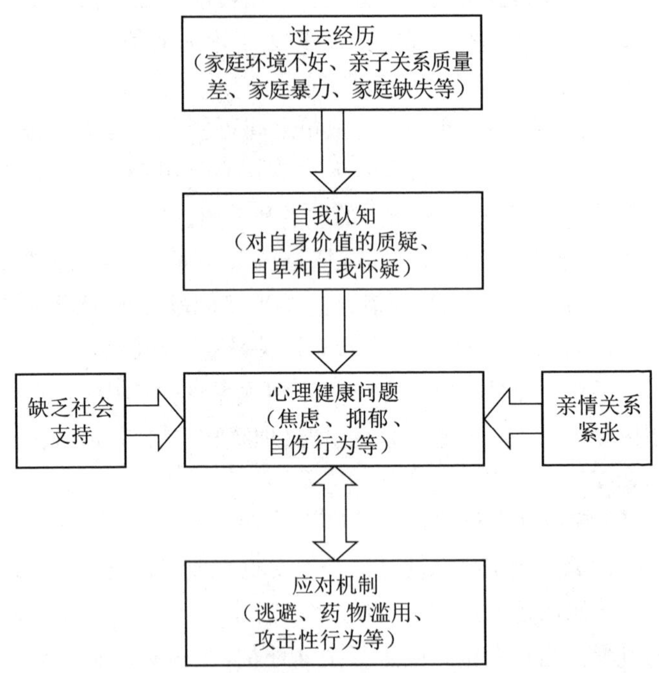

图 7-1 亲情关系修复女犯心理问题构架图

亲情关系修复女犯认知行为治疗病例概念化可以从以下几个方面考虑。

① 过去经历：探讨女犯的家庭背景和成长经历，包括与家人的关系史、重要事件、创伤经历等。过去的负性经历，如家庭暴力、忽视、离异等，可能形成对亲情关系的负面认知和情感反应。

② 自我认知：评估女犯对自身的看法，包括自我价值感、对家庭角色的认知、责任感等。负面的自我认知，如自责、自卑或内疚，可能阻碍亲情关系的修复，导致回避或敌对行为。

③ 心理健康问题：评估女犯的心理健康状况，包括焦虑、抑郁、愤怒等情绪问题，以及诊断的心理障碍。未解决的心理健康问题会加剧亲情关系的紧张，影响女犯的情绪稳定和行为反应。

④ 应对机制：识别女犯面对家庭冲突和压力的应对策略，如逃避、对抗、沉默等。不良的应对机制会导致亲情关系进一步恶化，形成恶性循环，阻碍关系修复。

⑤ 缺乏社会支持：探讨女犯的社会支持网络，包括朋友、社区资源等。缺乏社会支持可能导致女犯在亲情关系修复过程中感到孤立无援，增加心理压力和无助感。

⑥ 亲情关系紧张：评估当前与家人关系的状态，识别主要冲突点和压力源。亲情关系的紧张和冲突会直接影响女犯的情绪和行为反应，增加其心理困扰。

亲情关系的冲突是家庭成员认知系统共同作用的结果(图7-2)。治疗师可以从家庭成员的认知中找原因，了解女犯的认知模式，帮助她们重建认知结构：要帮助女犯认识到自己与家庭成员之间存在的差异和分歧，包括对外来刺激的应对方式、对家庭的理解和期望，一旦遭遇重大事件，这些差异和分歧就会被激活和显现，成为冲突发生的驱动力。

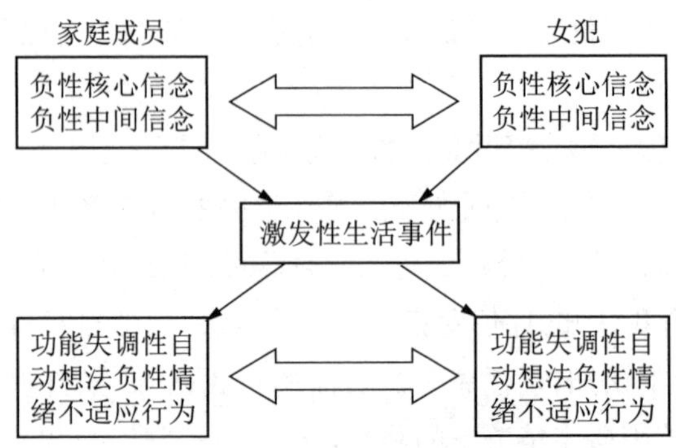

图 7-2 亲情关系冲突发生过程

(3) 确定治疗目标

认知行为治疗的目标是鲜明、具体的,疗效也是能评估、可检验的,是“看得见、摸得着”的,目标应该由女犯和治疗师商议确定,先由女犯提出,再由治疗师给予认可。治疗目标所确定的内容是以调整女犯当前最突出的心理问题或心理障碍为主,从调整女犯曲解的非理性的认知入手,改变不良情绪和不适应行为。一般情况下,治疗目标的范围应尽可能集中,当主要的心理问题解决了,其他相关的问题便可迎刃而解。

步骤六:布置家庭作业,让女犯思考成长过程中家庭和社会环境对心理问题的影响。

步骤七:小结和反馈,告知女犯下次将讲述功能失调性自动想法的概念。

第二次示范谈话

治疗师:(明确谈话主题)看了一下你的作业,你能按照要求完成,这点很好,说明你有改变现状的想法。这次我们还是继续上次的内容,一起明确你想修复的亲情。

女犯：好的。

治疗师：（治疗目标评估）可以看到你现在面临的是两个亲情问题，你内心最想解决的是哪个？

女犯：我想解决和婆家的问题，这样我就能看到我儿子了。

治疗师：（对亲情关系认知模式评估）你与婆家之间的关系对你来说意味着什么？

女犯：婆家人不原谅我，那我就一点希望也没了，我不知道接下来的路该怎么走。

治疗师：（进一步探索问题的形成）好的。那你能详细说一下你之前和婆家人是怎么相处的吗？

女犯：我觉得我老公是缺乏安全感的人，他听到那种越南新娘跑路的事，就觉得我也会卷款跑掉，因此经济上对我管得很严。而且他说话让人很寒心又爱嚼舌根，总在朋友面前贬低我。我婆婆不管事，都听我大姑姐的，我家的存折什么的也被我老公拿去放在大姑姐那里，为了家里的琐事我常和老公吵架。

治疗师：（原生家庭影响评估）你的原生家庭对你的婚姻生活有什么影响吗？

女犯：我结婚前是很幸福的，父母给了我满满的安全感。但我结婚后父母变得感情不和，经常争吵，我爸还出轨了，因此两人长期分居，我妈妈一度靠捡垃圾为生。他们的生活已经一团乱了，我不能再因我的婚姻生活打扰他们。再加上我丈夫一直给我灌输“嫁出去的女儿泼出去的水”这种观念，一开始我还会为此跟我丈夫争吵，后来有了儿子，我也不想为这种事吵架影响小孩，就慢慢不与娘家联系了，我丈夫也就不会为这类事与我吵架了。

治疗师：（情绪评估）你的家庭问题对你目前的改造有什么影响吗？

女犯：一得知家中的事，我的心情就不好，尤其是某个同监室女犯,她讲我时的嘴脸真像我大姑姐,我就忍不住和她吵架。

治疗师:(明确治疗目标)好的,你的大致情况我也有所了解了。我觉得根据你说的情况,你对婆家和娘家的态度与想法都需要改变,但我们治疗时间有限,不可能一下子解决所有问题,所以,我们先解决最重要的问题。那我们接下来治疗的目标就放在你与婆家之间关系的修复上,你觉得如何?

女犯:好的,我可以试试。

3. 第三次会谈谈话步骤

步骤一:评估当前心理状态并打分。

步骤二:连接上次谈话内容。

步骤三:检查家庭作业完成情况。

步骤四:明确谈话主题"识别、收集功能失调性自动想法"。

步骤五:进入谈话主题。

(1) 解释相关概念

完成认知行为治疗的心理评估及病例概念化之后,治疗师就可以进入下一个治疗程序,即识别和收集功能失调性自动想法,这是认知行为治疗进入实质性内容的开始,是能否实现认知行为调整的第一关。要准确识别功能失调性自动想法,就要先搞清楚自动想法的概念及特征,特别要区分它与情绪、一般思维的不同。

自动想法是指个体在一定的情境下,大脑自然而然涌现出的对自己、对他人及对周围环境评价性的一闪而过的念头,故又被称为"一闪念"。它的出现绝大部分先于情绪和行为,其基本形式是词汇、短语和图像,十分简洁。自动想法还有一些特定的表达形式,有疑问句式,如"我能行吗",实际表达的意思是"我可不行";还有隐含句式,如"我觉得自己好像是行尸走肉",实际表达的意思是"我的存在毫无价值";等等。尽管自动想法是自发涌现的思维流，但其根部有着信念系统的影响和支撑。

在日常生活中，人们遇事都会产生自动想法，如果自动想法是合理的，那么它对人们的情绪和行为的影响就是正性的，产生的社会功能也是正常的；如果自动想法是曲解的、失真的、非理性的，那么它就会引起人们的负性情绪和不适应行为，产生的社会功能也是失调的。亲情关系修复女犯可能会出现与亲情关系修复和家庭重建有关的自动想法，例如“我无法与我的家人建立更亲密的关系”“我无法得到家人的原谅和支持”“我即使努力改变自己也难以争取家人的认可”等。

情绪是一种心理体验，与失调性自动想法有本质的区别，如狂喜、愤怒、哀伤、快乐等。而一般思维如解释、联想、猜测等会掺杂很多思考，没有自动想法那样简洁明了。因此，本次谈话重点是让女犯了解自动想法的概念，区分好与情绪、一般思维的不同之处，指导女犯识别和收集功能失调性自动想法。

(2) 收集亲情关系修复女犯功能失调性自动想法，可以进行以下相关提问(表 7-6)

表 7-6　收集亲情关系修复女犯功能失调性想法的提问(举例)

① 在与亲人互动时，你有哪些主要的自动想法或内心对话?
② 你对亲人的自动评价或假设是什么? 你是否认为亲人不信任、不理解或不接受你?
③ 你是否有关于自己在亲情关系中的角色或地位的功能失调性自动想法，认为自己亲情关系是不可修复的或无法改变的?
④ 你是否有关于亲情关系修复过程的自动想法，认为修复需要时间、努力或可能会遇到障碍?
⑤ 你是否有关于亲人的意图或态度的功能失调性自动想法，认为亲人对你持有敌对、冷漠或不信任的态度?
⑥ 你是否有关于自己能力或价值的功能失调性自动想法，认为自己不配得到亲人的爱、支持和原谅?

续 表

⑦ 你是否有关于亲情关系修复成功或失败的自动想法，认为成功修复是不可能的或注定会失败的？
⑧ 你是否有关于自己对亲情关系修复的控制或能力的功能失调性自动想法，认为自己无法影响或改变亲人的态度或行为？

这些问题旨在了解女犯在亲情关系修复方面的功能失调性自动想法或认知偏差。通过收集她们的自动想法，可以识别出可能阻碍亲情关系修复的认知模式，并帮助她们在治疗中挑战这些负面思维，形成积极认知模式。请注意，这些问题仅供参考，具体的自动想法可能因个体和情境而异。

步骤六：布置家庭作业，指导女犯填写每日功能失调性自动想法记录表(表 7-7)。

表 7-7 每日功能失调性自动想法记录表

日期	情境 ① 引起不良情绪和不适应行为的事件或情况 ② 引起不良情绪和不适应行为的思绪、遐想或回忆	情绪 ① 不良情绪 ② 不良情绪的程度(1～100)	功能失调性自动想法 ① 引发不良情绪和不适应行为的功能失调性自动想法 ② 对功能失调性自动想法的相信程度(0～100%)

步骤七:小结和反馈,告知女犯下次将归纳功能失调性自动想法。

第三次示范谈话

治疗师:(解释)今天。我们的谈话主题是收集功能失调性自动想法。我先来解释一下一些概念。自动想法是指个体在一定的情境下,大脑自然而然涌现出的对自己、对他人及对周围环境评价的一闪而过的念头,故又被称为“一闪念”,其基本形式是词汇、短语、图像。功能失调性自动想法是指曲解的、失真的、非理性的,会引起人们负性情绪和不适应行为,产生失调的社会功能的自动想法。那怎么收集呢,这里有张表你可以参考一下。

女犯:好的。

治疗师:(收集对亲情关系修复认知的自动想法)你认为你与婆家关系修复的主要问题在哪里?

女犯:我觉得我大姑姐管事情管得太多,都嫁出去了还插手娘家的事。我婆婆不管事,就听她的。

治疗师:(收集对亲情关系修复预期的自动想法)之前你一直说想和婆家修复关系,你有信心吗?

女犯:我知道我犯了严重的错误,他们不原谅我,我也能理解,但我不能接受的是他们剥夺我见孩子的权利,还拼命让我赔钱。说实话,对和婆家搞好关系我还是很犹豫的,目前来看我公婆可能会松口,但我大姑姐就是“搅屎棍”,是她不准我家人去看孩子,还要跟我打官司。

治疗师:(收集对亲情关系修复控制力的自动想法)你觉得自己有改变婆家态度的能力吗?

女犯:我现在在坐牢,什么也做不了,就只能靠我娘家人去。

听说我父母去了，但被我婆家人赶了出来，他们还打我父母，我听了真是又气又难受。

治疗师：（收集对亲情关系修复应对策略的自动想法）那你入狱至今为修复亲情关系做出过什么努力吗？

女犯：一开始给婆家写过信，没回复后我就再也没写了。

治疗师：（收集功能失调性自动想法）你怎么看待你目前的处境？有哪些内心对话？

女犯：我坐牢给娘家人丢脸了，而且我现在也没钱，如果我的民事官司打输了，我儿子以后能不能要回来都成问题，我可能也没有能力去养我父母？我真的不配当他们的女儿。

治疗师：（布置家庭作业并预告下次谈话主题）今天我们简单介绍了功能失调性自动想法的概念以及怎么收集，下一次谈话我们要对你所收集的功能失调性自动想法进行归纳，你收集的内容多一点，也方便我们聚焦问题的类型。今天回去后你继续按照表格内容做好功能失调性自动想法的收集工作。

女犯：好的。

4. 第四次会谈谈话步骤

步骤一：评估当前心理状态并打分。

步骤二：连接上次谈话内容。

步骤三：检查家庭作业完成情况。

步骤四：明确谈话主题“归纳功能失调性自动想法”。

步骤五：进入谈话主题

治疗师可以与女犯一起参照女犯常见功能失调性自动想法类型（表 7-8）对记录在“每日功能失调性自动想法记录表”（表 7-7）中的自动想法进行逐一对照，并讨论，让女犯找出与自己相符的功能失调性自动想法类型。即使女犯在记录表中所记录的内容较多，但若对数日或数周的自动想法记录表进行整理分析，治疗师也不难发现女犯在“功能失调性自动想法”这一栏中所填写的内容具有集聚的倾向，治疗师可以根据功能失调性自动想法的类型对女犯的自动想法有一个基本的估测和定位，做到有所聚焦、心中有数。

表 7-8　亲情关系修复女犯常见功能失调性自动想法类型

① 孤独与孤立感：感到与亲人之间的关系疏远，觉得自己被排斥或被遗忘
② 自责与内疚：认为自己的行为和选择导致了亲情关系的破裂，责怪自己对家人造成了伤害
③ 恐惧和担心：担心失去亲人的爱和支持，担心无法修复破裂的关系，害怕孤独一人
④ 无助感：觉得自己无法改变亲情不和的关系，感到无力解决问题和改变现状
⑤ 愤怒与怨恨：对亲人抱有愤怒和怨恨情绪，认为他们对自己不公平或背叛了自己
⑥ 自我贬低：觉得自己不值得被爱和被关心，认为在亲情关系中自己没有尽到应尽的责任
⑦ 看透和绝望：对亲情关系失去信心，认为关系无法修复或恢复到以前的状态
⑧ 过度一般化：将个别负面的亲情经历普遍应用到所有亲情关系上
⑨ 忽略积极信息：忽视或无视与家人之间的积极互动和关系
⑩ 过滤注意：过度关注和放大亲情关系中的负面事件和冲突
⑪ 过度推断：在缺乏证据的情况下作出负面的推断和假设
⑫ 想当然地思考：基于个人主观感受而不考虑其他可能的解释
⑬ 情感性推理：根据情绪和情感来判断亲情关系的价值和质量

这些是对亲情关系修复女犯常见的功能失调性自动想法的归纳，实际情况可能因个体而异。在认知行为治疗中，女犯可以通过检验和调整这些自动想法来改善对亲情关系的认知，并培养更积极、健康的态度和信念。

步骤六：布置家庭作业，让女犯继续填写每日功能失调性自动想法记录表（表7-7）。

步骤七：小结和反馈，告知女犯下次将检验并调整功能失调性自动想法。

第四次示范谈话

治疗师：（检查家庭作业）你好。我知道你在修复亲情关系方面可能面临挑战。我们来看一下你的家庭作业做得怎么样？在我们深入探讨之前，我想了解一下你在这方面的具体问题。你能告诉我一些你在与家人交往时的感受和体验吗？

女犯：我觉得他们对我还是心怀恶意，不相信我能够改变。我试图改变，但他们总是看到我过去的错误。

治疗师：（收集功能失调性自动想法）明白了。在亲情关系中，你感受到的是被误解和不被信任。这些感受可能触发了一些自动想法。你能告诉我一些你在这种情境下常常出现的自动想法吗？

女犯：比如，当我试图与他们沟通时，他们的表情总是很冷淡，我就觉得他们根本不相信我，觉得自己一无是处。

治疗师：（归纳功能失调性自动想法类型）这是一个很典型的例子。我们可以将这种自动想法归纳为“孤独感和无助感”类型。在治疗中，我们将学习如何识别和处理这种类型的自动想法。首先，我们可以一起来分析一下这些自动想法是否有被曲解的可能性，也就是说，有没有其他的解释，而不是他们不相信你。

女犯：也许他们有自己的担忧，不是针对我。

治疗师：（引导发现）正是，这是一个很重要的观察。在人际关系中，我们往往倾向于以自己为中心去解释别人的行为。然而，每个人都有自己的担忧和情绪，他们的行为可能并不完全是针对你的。在治疗中，我们将学习如何挖掘这些自动想法背后的真相，逐渐认识到自己的想法并不一定等同于事实。我们还会一起练习一些技巧，帮助你更客观地看待家人的行为和态度。

女犯：我希望能够改善和他们的关系。

治疗师：（提供支持）我们将一起来应对这些挑战。这需要时间和练习，但我相信你能够掌握这些技巧。如果在实践中遇到任何困难，可随时向我求助。我们将一起学习，帮助你建立更健康、更积极的亲情关系。

女犯：我知道了。

治疗师：（布置家庭作业并预告下次谈话主题）回去后你继续填写每日功能失调性自动想法记录表。在接下来的治疗中，我们将会一起来探索这些自动想法背后的逻辑，并寻找证据来支持或者反驳它们。同时，我将会教你一些技巧，帮助你更好地应对这些曲解。我们下一次谈话的主题是“检验并调整功能失调性自动想法”。

女犯：谢谢，我会努力的。

5. 第五次、第六次会谈谈话步骤

步骤一：评估当前心理状态并打分。

步骤二：连接上次谈话内容。

步骤三:检查家庭作业完成情况。

步骤四;明确谈话主题“检验并调整功能失调性自动想法”。

步骤五:进入谈话主题。

当女犯能对自己的功能失调性自动想法进行识别时,治疗师还需和女犯一起进一步探询支持自动想法的理由,并加以质疑,要让女犯清晰地认识到自动想法所带来的功能失调,包括对情绪、对行为和对生理功能的负面效应,为后续动摇原来的想法并用合理想法替代做好准备。治疗师常用的技术有诘问驳难、探寻证据、逻辑纠错和理性替代等。这两次谈话着重阐述如何检验和调整功能失调性自动想法,这正是对浅表层面认知干预的重要一步。

治疗师在帮助女犯检验自动想法是否功能失调时有一个基本的原则,就是自动想法是否导致女犯产生不良情绪(抑郁、沮丧、焦虑、恐惧、害怕等)和不适应行为(退缩、回避、坐立不安、自伤自残等)。检验女犯功能失调性自动想法的实际效应体现在女犯对该自动想法开始产生怀疑、动摇,并为调整这种自动想法、用理性的自动想法进行替代做好准备。

对于功能失调性自动想法的调整,治疗师要用心、耐心地引导女犯进行理性思考,试着以情绪的好转为标准,采用积极的想法替代功能失调性自动想法,并体验情绪是否有变化,是否有改善。如果所采用的替代想法没有效果或效果甚微,就应该更换其他的替代想法,直到见效为止。在这个过程中,治疗师不能为女犯提供自己预置的想法,不能让女犯盲目地接受自己的观点和想法,治疗师最主要的作用是启发,常用的技术有核查客观证据、引导自我发现、质疑绝对肯定、考虑其他可能、进行重新归因、不幸中有转机等,对女犯自己想出的替代想法可以进行讨论，评估替代想法的实际效果。

对女犯功能失调性自动想法的调整过程，实际上是帮助女犯重建新的理性想法并对功能失调性自动想法进行替代的过程，最后使女犯能够做到很自然、很稳定地以理性的、合理的想法取代和覆盖功能失调性的自动想法，使女犯在情绪、行为及其他各方面都得到调整。替代想法的操作会有一定的难度，治疗师应该积极地鼓励女犯在调整中树立信心，只要女犯的情绪状态有所改善，这一结果就能成为一个正性的强化物，去强化女犯坚持不断地用理性想法对功能失调性自动想法进行替代，同时也能逐步提高女犯对理性替代想法的相信程度。

对亲情关系修复女犯的自动想法进行检验和调整是认知行为治疗的重要部分，治疗师可以采取挑战—动摇—替代三步操作，以下是一些方法。

(1) 识别自动想法：与女犯合作，帮助她们识别在亲情关系中出现的功能失调性自动想法。这些自动想法可能涉及对亲人的负面评价、对亲密关系的怀疑、对自身能力或价值的怀疑等。

(2) 收集证据：与女犯一起收集证据，询问她们这些证据是否支持这些想法，或者是否存在其他更积极的解释或观点。

(3) 检验想法的合理性：与女犯合作，评估她们的功能失调性自动想法的合理性。提出问题，引导她们思索自己的自动想法是否有过度一般化、过滤信息或忽略正面经历的倾向。

(4) 寻找替代想法：帮助女犯寻找替代性的、更积极和合理的想法。鼓励她们考虑其他可能性和解释，尤其是那些能够促进亲情关系修复和增进的想法。

(5) 收集证据支持替代想法：鼓励女犯收集证据，以支持她们的替代想法。可以包括回顾过去的正面亲情经历、观察当前亲情关系的改善或与亲人的积极互动，以及寻求他人的支持和反馈。

(6) 实践和反思：鼓励女犯在实际生活中尝试采用新的替代想法，并帮助她们反思和评估这些想法的有效性。与她们一起探索采用新想法的结果，并根据反馈进行必要的调整和修改。

这个过程需要治疗师与女犯建立良好的合作关系，为其提供支持和鼓励，并在治疗过程中持续进行评估和反馈。

步骤六：布置家庭作业，指导女犯填写每日理性想法替代功能失调性自动想法记录表（表7-9）。

表7-9 每日理性想法替代功能失调性自动想法记录表

日期	情境 ① 引起不良情绪的事件或情况 ② 引起不良情绪和不适应行为的思绪、遐想或回忆	情绪 ① 不良情绪 ② 不良情绪的程度(1～100)	功能失调性自动想法 ① 激发不良情绪的功能失调性自动想法 ② 对功能失调性自动想法的相信程度(0～100%)	合理的反应 ① 写出理性替代想法 ② 对理性替代想法的相信程度(0～100%)	结果 ① 再评估对原先功能失调性自动想法的相信程度(0～100%) ② 再评估不良情绪的程度(1～100)

步骤七：小结和反馈，告知女犯下次将挖掘负性中间信念。

第五、第六次示范谈话

治疗师:(明确本次谈话主题)今天我们来一起探讨如何调整你的自动想法。

女犯:好的。

治疗师:(归纳自动想法类型)你在记录中写道:"等我出去我儿子已经大了,对于我这样的母亲他肯定不会认我,就算他认我,我也没有能力去抚养他。"你自己来分析一下这个想法属于哪种类型吧。

女犯:有点"过度推断"的思维在里面。

治疗师:(寻找依据)你有这样想法的依据是什么?

女犯:我犯罪了,也没钱,婆家又不让我娘家去接触小孩,那孩子肯定不认我。

治疗师:(检验证据合理性)那你回想一下,你在入狱前和孩子的关系怎么样?

女犯:我儿子很乖很听话,从小都是我带的,当我和丈夫吵架的时候儿子都会安慰我。

治疗师:(质疑)这样看来你儿子与你的关系非常亲密,你们有很好的亲子关系,他从你这里感受过母爱,怎么会说不认就不认呢?

女犯:未来的事说不准,可能会有坏结果。

治疗师:(收集相反的证据)那同样也会有好结果发生。另外你纠结自己没有钱这点是不是也缺乏一定依据。虽然你的钱都赔偿你婆家了,但你有手有脚,出去后完全可以通过自己的劳动赚钱。

女犯:我的能力赚不了多少钱,我给不了家人好的物质享受。

治疗师:(引导发现)你了解过家人的真实想法吗?他们对你是怎样的期待?

女犯:我妹妹和妹夫为了能帮到我,特意从河南老家搬到浙江打工,我感到非常惭愧,觉得对不起他们。

治疗师:(反问)难道他们做了这么多,只是为了听一句"对不起"吗?

女犯:他们是为了我以后能好好地生活。

治疗师:(替代思维)那你现在有没有新的想法来替代原来的想法呢?

女犯:我出去后,能和家人团聚,这是最重要的。我还年轻,通过努力还能创造财富。

治疗师:(证据支持替代想法)换一种积极的想法,你感觉怎么样?

女犯:这样想我觉得舒服多了。

治疗师:(布置家庭作业并预告下次谈话主题)今天我们学习了怎么挑战和调整功能失调性自动想法,你可以学着练练,回去后填写每日理性想法替代功能失调性自动想法记录表,下次谈话主题是挖掘负性中间信念。

女犯:好的。

6. 第七次会谈谈话步骤

步骤一:评估当前心理状态并打分。

步骤二:连接上次谈话内容。

步骤三:检查家庭作业完成情况。

步骤四:明确谈话主题"挖掘负性中间信念"。

步骤五:进入谈话主题。

(1) 解释相关概念

治疗师指导女犯成功完成对功能失调性自动想法的理性替代,只是在浅表层面进行认知干预的一个阶段性成果。由于浅表层面的认知是受潜在层面认知的作用和影响,因此,要使女犯完全消除不由自主地涌现的功能失调性自动想法,从根本上解决心理问题或心理障碍,一定要进一步调整潜在层面的认知。治疗师将开始对女犯信念系统中负性成分的挖掘、检验和调整。

信念是人们从童年开始逐步形成的对自我、他人及世界的自认为可以确信的看法,其中高度概括、根深蒂固的观念被称为核心信念。负性核心信念就是个人对自我、他人及世界的非理性的功能失调性的核心信念。在女犯的信念系统中,负性核心信念对功能失调性自动想法的影响并非直接的,而是通过功能失调性假设和规则间接影响的。在认知行为治疗的理论中,把处于中介形态的功能失调性假设和规则称为负性中间信念。假设是指没有充分依据的设定。规则是人们在成长过程中逐步形成的典式和法则,也是在社会生活中应对各种问题和事件而逐步形成的习惯及约定俗成的准则(图 7-3、表 7-10)。因此,检验、质疑并调整负性中间信念是实施潜在层面认知调整的重要一步。

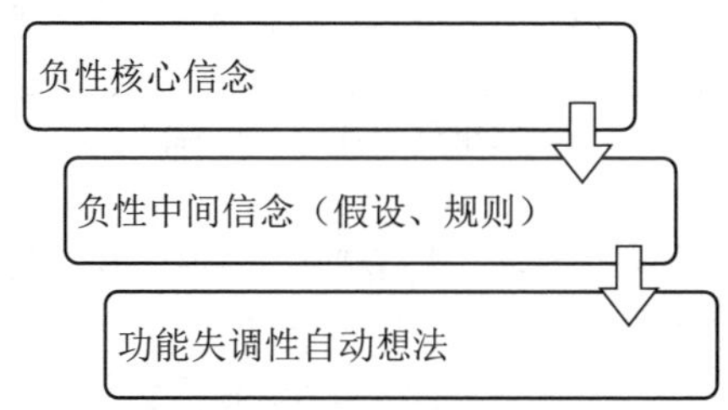

图 7-3　潜在层面认知与浅表层面认知之间的关系

表 7-10 中间信念的基本表述形式

假　设	规　则
如果……那么…… 倘若……那么…… 万一……就…… 即使……就会……	必须……

亲情关系修复女犯的负性中间信念可能涉及无助、冲突和亲密。她们可能相信“无法改变家人的态度”“我不配得到家人的原谅”“家庭冲突是不可调和的”等。这些负性中间信念阻碍她们在修复亲情关系中的积极行动。

（2）进行相关提问

治疗师指导女犯识别功能失调性假设和规则有以下几种方法：从女犯功能失调性自动想法中直接提炼负性中间信念；通过女犯提供信息中的假设内容的前提部分，设法引导女犯表达出假设内容的结论；通过直接点拨引出女犯长期固守的规则；通过逐级挖掘推导技术引出女犯的负性中间信念；通过直接询问的方法，让女犯明确表达其负性中间信念。挖掘亲情修复女犯负性中间信念可进行如下提问，见表 7-11。

表 7-11 挖掘亲情关系修复女犯负性中间信念的提问（举例）

① 你对亲情关系的信念是什么？你认为亲情关系对你的重要性是什么？
② 你对自己在亲情关系中的角色和责任有何看法？你觉得自己在亲情关系中的行为是否合适？
③ 你对亲情关系中的信任和互助有何期望？你认为亲情关系中的支持和依赖是可靠的吗？
④ 你对自己和亲人之间的情感表达和沟通有何看法？你觉得自己能够有效地表达和理解亲人的情感吗？

续　表

⑤ 你认为亲情关系中的冲突和挑战是不可避免的,还是可以解决的?你对自己解决冲突和面对挑战的能力有何信心?
⑥ 你对家庭中的规则和亲人间的界限有何看法?你认为遵守家庭规则对于建立健康的亲情关系是否重要?
⑦ 你对过去的亲情关系经历有何反思?你认为这些经历对你当前的亲情关系有何影响?
⑧ 你对自己和亲人之间的情感需求有何认识?你觉得满足这些需求对于建立亲情关系的重要性是什么?
⑨ 你认为改善亲情关系的可能性有多大?你认为通过改变自己的行为和信念可以实现亲情关系的修复吗?
⑩ 你对未来亲情关系的期待是什么?你认为修复和建立健康的亲情关系可以给生活带来怎样的影响?

这些问题可以帮助女犯反思自己对亲情关系的信念、期望和需求。同时,也为治疗师提供了洞察她们的思维模式和认知偏差的机会,以便进行相关的干预和调整。请注意,处理亲情关系修复的工作应由经验丰富的专业人士(如心理治疗师)进行,并结合其他治疗方法,如家庭治疗和情绪调节技巧,来帮助女犯建立健康和具有支持性的亲情关系模式。

步骤六:布置家庭作业,让女犯继续填写每日理性想法替代功能失调性自动想法记录表(表 7-9)。

步骤七:小结和反馈,告知女犯下次将检验、质疑并调整中间信念。

第七次示范谈话

治疗师:(谈话主题及解释定义)今天谈话的主题是"挖掘负性中间信念"。中间信念是介于自动想法与核心信念之间的一层认知模式，通常是以假设和规则的形式存在的。假设是指没有充分依据的设定；规则是人们在成长过程中逐步形成的典式和法则，也是在社会生活中应对各种问题和事件而逐步形成的习惯及约定俗成的准则。中间信念带有一定的普遍性，相对于自动想法，它不受具体情境的影响。今天，我们就收集一下这些规律性、普遍性的想法。能理解吗？

女犯：能理解一点。

治疗师：（挖掘关于亲情关系角色的中间信念）之前你也说过你娘家的生活模式和你婆家的生活模式，其实差异是非常大的，那你觉得你在其中是怎样的角色，发挥什么作用呢？你觉得你之前与亲人相处的模式是否健康？

女犯：我结婚后没有关心过我娘家人，这点我很欠缺。同样对待我婆家人我不应该一味忍让，现在看来我有很多需要改进的地方。

治疗师：（进一步探索问题形成的原因）你对过去的亲情关系经历有何反思？你认为这些经历对你当前的亲情关系有何影响？

女犯：我觉得夫妻之间就应该像我父母之前那样，双方都可以出去赚钱养家，不要一方依靠另一方，我接受不了我婆家的这种夫妻关系。

治疗师：（挖掘关于亲情关系冲突的中间信念）平时你和你婆家的冲突应该不少吧，那你认为这些冲突是不可避免的还是可以解决的？如果能解决你对自己的能力有何信心？

女犯：我觉得避免不了，我和我丈夫从小生活习惯就不一样，为了适应婆家，我已经在生活习惯上都作出让步了，但他们没有为了我作出任何改变。

治疗师：（挖掘关于亲情互动模式的中间信念）那你对家庭

中的规则和界限有何看法？你认为遵守家庭规则对于建立健康的亲情关系是否重要？

女犯：我认为长辈不应该插手小夫妻家中的事情，我没有把家里的事情告诉我父母，那我丈夫也不应该在婆家面前说我的不是。如果他也像我一样做，那我们的小家肯定很幸福。

治疗师：（挖掘关于亲情关系冲突应对策略的中间信念）当你丈夫把小家的事情告诉你婆家后，你一般怎么处理的？

女犯：和他吵架，没有别的方法。

治疗师：（挖掘对亲情关系修复预期的中间信念）那你对改善亲情关系的可能性有何看法？

女犯：我婆家那种专横的态度我觉得需要改变，尤其在我丈夫死后他们对我的种种伤害。

治疗师：（挖掘关于自我效能的中间信念）如果改变你的行为和信念能帮助你修复亲情关系吗？

女犯：我不能确定，我觉得我婆家肯定不会原谅我。

治疗师：（挖掘关于亲情关系修复目标的中间信念）你对未来亲情关系的期待和目标是什么？

女犯：带着我的儿子一起生活，给我儿子和娘家人创造好的生活。

治疗师：（布置家庭作业并预告下次谈话主题）今天我们一起挖掘了一些与亲情关系相关的中间信念，下次我们会进行相应调整。回去后你可以继续填写每日理性想法替代功能失调性自动想法记录表，多练习练习会对矫正负性中间信念有帮助。

女犯：好的。

7. 第八次、第九次会谈谈话步骤

步骤一:评估当前心理状态。

步骤二:连接上次谈话内容。

步骤三:检查家庭作业完成情况。

步骤四:明确谈话主题"检验并调整功能失调性假设和规则"。

步骤五:进入谈话主题。

负性中间信念是家庭发生矛盾的根源,所以,调整负性信念系统是从根本上解决家庭矛盾的唯一途径。每个家庭都会有一些长期积累的不成文的独有的生活规则,是家庭关系动力系统的组成部分:有些是积极的,有利于家庭成员的和睦相处及家庭的良性发展;有些是消极的,不利于家庭成员融洽相处,造成家庭矛盾的产生。治疗师要帮助女犯思考如何淡化或去除这些规则,或者以新的合理的规则来替代。对亲情关系修复女犯功能失调性假设和规则进行检验和调整除可以参照和借用调整功能失调性自动想法的策略及方法外,还可以运用一些其他的方法如成本—效益分析、合理假设替代等,操作步骤还是采用挑战—动摇—替代三步法,具体如下。

(1) 确定功能失调性假设和规则

与女犯合作,共同探索她们所持有的有关亲情关系修复中的功能失调性假设和规则。可能包括她们对亲情关系的信念、期望和行为模式等方面的思考。

(2) 收集证据

帮助女犯寻找证据,以验证或反驳她们的功能失调性假设和规则。她们可以回顾过去的经历、观察他人的行为,或了解他人对自己行为的反馈,以收集相关的实证证据。如挑战功能失调性规则,女犯功能失调性规则通常是以"必须"的陈述方式表达，由于这些陈述中掺杂了不合逻辑及过分概括的成分，因此要改变女犯长期形成的功能失调性"必须"的想法，治疗师单靠一味否定是难以奏效的，需要顺着女犯的逻辑循循善诱，一步步地对她们的陈述进行质疑，并给予空间，让她们多一个角度重新思考。治疗师在谈话中可以通过提出疑问的方式引导女犯思考。例如：这个规则是从什么时候开始形成的？这个规则是在怎样的情况下确立的？当时确立这样的规则有当时的情况，现在一直沿用这样的规则是否妥当？这个规则是只适合你个人呢，还是适合所有人？你真的完全是照着这个规则在做吗，规则是否有松动的时候？如果不遵循你的规则行事会产生怎样的后果？你对没有遵循你这个规则的人是怎样看待的？可以通过填写考查并挑战功能失调性规则练习表（表 7-12）的方法，对女犯的功能失调性规则进行梳理和调整。

表 7-12　考查并挑战功能失调性规则练习表

对规则"必须"的陈述：
对规则的相信程度（0～100%）： 情绪（1～100）： 成本（不利之处）： 收益（有利之处）： 在怎样的情况下确立了这个规则？ 你是否要求其他人都遵循这个规则？ 对这个规则用"偏好"而不是"必须"来重新表述： 通过重新表述所产生的新效果： 对规则的相信程度（0～100%）： 情绪（1～100）：

（3）探索亲情关系模式

与女犯一起探索她们亲情关系中的模式。可能包括家庭传承、沟通风格、角色期待等方面的分析和反思。如降低感知偏误，可以通过家庭成员之间多一些主动的表达、正面的感知理解。

（4）挑战认知偏差

与女犯一起识别和挑战可能存在的认知偏差，如过度一般化、情绪化推理或黑白思维等。通过引导她们思考替代性解释和观点，帮助她们更客观地看待亲情关系修复的假设和规则。

（5）实验性行为

鼓励女犯进行实验性行为，以检验她们功能失调性假设和规则的有效性。可以尝试运用新的沟通方式与亲人相处、改变亲情关系中的角色期待或探索建立新的亲密关系等。例如沟通技巧训练，这是认知行为治疗的一个技术，首先要明确表达意愿、爱好和需求，避免转弯抹角、含糊其辞，让家人产生误解；二是要积极应答和正确反应，有利于沟通实际效果的产生；三是确立沟通目标。通过观察结果，来帮助她们评估功能失调性假设和规则是否真实可靠。如成本—效益分析，有些女犯往往很少对自己固守的规则进行反思，她们坚信自己的规则是合理的，并严格地根据自己的规则处事，其实，她们在执行和操作这些功能失调性规则时往往要付出极高的代价和成本，所得的效益却很低，仅仅是获得遵循规则的满足感而已。女犯虽然已被这些规则搞得筋疲力尽，但还是固执己见、执迷不悟。此时治疗师可以通过成本—效益分析技术，与女犯一起“仔细算账”，引导女犯以清醒的头脑重新审视其规则（表7-13）。

（6）记录反馈和反思

女犯在实验性行为中的体验和反馈非常重要。治疗师应鼓励她们记录下在尝试新的亲情关系模式时的感受、行为和结果，并帮助她们进行反思和分析。

表 7-13　成本—效益分析表(举例)

规则:我让家人失望了,无论我怎么弥补他们都没用了	
有利之处(效益)	不利之处(成本)
简单处理家庭矛盾	焦虑、失落
暂时逃避冲突关系	缺乏社会支持系统
	影响改造进程
	影响家庭关系

(7) 调整假设和规则

根据收集到的证据、挑战的认知偏差以及实验性行为的结果,与女犯一起重新评估和调整她们的功能失调性假设和规则。帮助她们形成更加合理、健康的假设和规则。引导女犯思考并尝试新的替代性假设和规则,以更好地适应和应对现实。帮助她们制订更积极、灵活和适应性的假设和规则,并鼓励她们在日常生活中实践和应用。如合理假设替代,就是在治疗师的引导下让女犯根据"合理"的要求去尝试新的假设来替代以往习惯的功能失调性假设的方法。假设的合理性标准是引出女犯理性的自动想法、良好的情绪状态、适应的行为表现。运用合理假设替代可以填写功能失调性假设的合理替代练习表(表 7-14)。

表 7-14　功能失调性假设的合理替代练习表(举例)

原来习惯的假设	新的合理假设
如果婆家一直跟我打民事官司,我们的关系就永远无法调和	如果角色互换,也能够理解我婆婆目前的心情,并不代表我们的关系就从此无法调和了

这些方法需要由经验丰富的专业人士(如心理治疗师)与女犯进行合作,并对其进行指导,而且应结合家庭系统治疗、情绪调节技巧和沟通技巧等综合的治疗方法。

步骤六:布置家庭作业,让女犯根据情况指导填写考查并挑战功能失调性规则练习表(表 7-12)、成本—效益分析表(表 7-13)或功能失调性假设的合理替代练习表(表 7-14)。

步骤七:小结和反馈,告知女犯下次将揭示负性核心信念。

第八、第九次示范谈话

治疗师:(明确本次谈话主题)上次我们一起探讨了你的中间信念,其中有负性的,也有正性的,而且对与家人的相处方式你有着自己的规则,那我们这次来看一下你的这些规则是否合理,如不合理我们一起探讨如何调整。

女犯:好的。

治疗师:(挖掘负性中间信念)从你的角度来看,你非常希望与婆家的相处模式和你与娘家的一样,并且你也一直按照这个标准去要求你丈夫和婆婆,当他们的行为和你的标准出现偏差时,你只会用吵架的方式去解决问题。

女犯:我没有发现这个问题,我就一直觉得与婆家人沟通不了,觉得他们不可理喻。就像这次他们不停地和我打民事官司一样,我已经把钱都给他们了,他们还是不放过我,还要抢走我的儿子。

治疗师:(收集证据)你想一下,当你与婆家人争吵时先停下来的是谁?当生活中出现矛盾时你心平气和地与家人沟通过吗?还是一上来就吵架?

女犯：吵架时先停下的是我丈夫，遇到矛盾时我就会上火，想到我丈夫从来不听我的话就更加生气，现在想想发生事情的时候，我从来没有好声好气地跟婆家人沟通过。

治疗师：(换位思考引导自我发现)那我们换一个角度来看，如果你是受害者家属你怎么办？比如有人伤害了你的儿子你怎么想？

女犯：……我丈夫也是我婆婆的儿子。

治疗师：(挑战认知偏差)所以说，你婆婆现在的行为从这个角度看是可以理解的，是一种发泄式的补偿行为。

女犯：的确，如果有人伤害我儿子，我也会报复的。

治疗师：(替代思维)那你现在有没有更好的想法来看待你与婆家的关系呢？

女犯：我应该理解婆婆的行为，她这样是因为痛失儿子导致的，她也需要时间来治愈伤痛。

治疗师：(布置家庭作业并预告下次谈话主题)今天我们一起学习了怎样检验并调整负性中间信念，回去后按照这样的调整思路多练练，并根据需要填写考查并挑战功能失调性规则练习表、成本—效益分析表或功能失调性假设的合理替代练习表，下次我们来揭示负性核心信念。

女犯：好的。

8. 第十次会谈谈话步骤

步骤一：评估当前心理状态。

步骤二：连接上次谈话内容。

步骤三：检查家庭作业完成情况。

步骤四：明确谈话主题“揭示负性核心信念”。

步骤五:进入谈话主题。

(1) 解释相关概念

当女犯已经学会调整功能失调性自动想法,掌握了负性中间信念的合理替代,并且已经获得心理调整的初步成果,身心症状有所缓解,在这种情况下可决定进入揭示负性核心信念这一阶段。核心信念是个体关于自我、他人及世界的基本信念和价值观,是更为基本和根深蒂固的信念,较中间信念更具有主导性和概括性,对个体的整体自我认知和世界观产生深远影响。亲情关系修复女犯的负性核心信念可能涉及爱、信任和改变。她们可能持有"爱是不可靠的或会带来痛苦的""与他人建立亲密关系会让自己变得脆弱或受伤""对和解和修复亲情关系持悲观态度或缺乏信心"等负性核心信念。这些信念可能阻碍她们修复亲情关系的进程。

(2) 进行相关提问

女犯对于自己的负性核心信念的领悟各不相同,有些一点就通;有些则不然,她们会感到十分困难,搞不清楚功能失调性自动想法的潜在层面存在着信念系统的支撑。所以治疗师需要花较大的工夫引导,可以通过表 7-15 的提问,帮助女犯清晰地揭示和表达自己的负性核心信念。

表 7-15 揭示亲情关系修复女犯负性核心信念的提问(举例)

关于自我价值和爱的信念	① 你是否认为自己不配得到亲人的爱和关心?
	② 你觉得自己与他人相比是有缺陷的吗?
	③ 你是否认为爱是不可靠的或会带来痛苦的?
关于亲密关系和信任的信念	① 你是否认为亲密关系是不可靠的或会导致你受伤?
	② 你觉得他人是否会背叛你或对你不忠诚?
	③ 你对他人的真诚持怀疑态度和负面看法吗?

续　表

关于自我保护和回避的信念	① 你是否认为与他人建立亲密关系会让自己变得脆弱或受伤？
	② 你觉得自己需要与他人保持距离和独立才能避免受伤害吗？
	③ 你对向他人坦露内心感受和表达需求持保守或回避的态度吗？
关于和解和修复的信念	① 你认为与亲人之间的关系是否无法修复？
	② 你觉得自己无法原谅他人或接受他人的道歉吗？
	③ 你对修复亲情关系持悲观态度或缺乏信心吗？

这些提问的目的是帮助女犯反思和探索她们对自己、亲情关系和爱的负性核心信念。通过深入了解她们的思维模式和信念系统，可以揭示潜藏在其亲情关系修复困难背后的根源。这将为后续的认知重构和治疗工作提供基础。请注意，这些问题最好由经验丰富的专业人士（如心理治疗师）来引导和处理，以确保恰当且有效的处理和干预。

(3) 常见负性核心信念一览表

治疗师可以向女犯展示常见负性核心信念一览表（表 7-16），要求女犯参照表中对自我、对他人及对世界的负性核心信念的内容进行自我对照，找出与自己相符的条目。如果有的女犯从一览表中找到相符的条目较多，可以要求她们指出相对重点的条目，这便于治疗师更有针对性地对负性核心信念实施干预。

步骤六：布置家庭作业。让女犯继续填写考查并挑战功能失调性规则练习表（表 7-12）、成本—效益分析表（表 7-13）或功能失调性假设的合理替代练习表（表 7-14）。

表 7-16　常见负性核心信念一览表

关于自我评价的负性核心信念	关于他人评价的负性核心信念	关于世界评价的负性核心信念
我无能 ① 我无能 我无能,我无力,我软弱,我受欺,我贫困,我艰难,我被动,我退缩,我被控,我尴尬,我窝囊,我绝望 ② 我无成就 我不能胜任,我不起作用,我不被信任,我不受尊重,我缺陷很多,我浑浑噩噩,我自认失败,我没有出息,我亏欠他人,我成为累赘	他人都毫无诚信,他人都十分危险,他人都难以捉摸,他人都心怀鬼胎,他人都不识好歹,他人都没有良心	这个世界杂乱无章,这个世界很不安全,这个世界腐败透顶,这个世界荒谬可笑,这个世界无药可救,这个世界末日来临
我不可爱 ① 我不可爱 我不可爱,我被嫌弃,我无魅力,我被忽视,我属多余,我真差劲,我很倒霉,我没品位 ② 我没价值 我没有价值,我不如他人,我缺点很多,我总惹麻烦,我浑身晦气,我遭受拒绝,我必被抛弃,我纯属多余		

步骤七:小结和反馈,告知女犯下次将检验、质疑并调整负性核心信念。

第十次示范谈话

治疗师:(告知本次谈话主题、解释相关概念)今天我们学习怎样揭示负性核心信念。核心信念是人们从童年开始逐步形成的内心最深层的对自我、他人及世界的看法,具有高度概括和根深蒂固的特性。负性核心信念就是个人对自我、他人及世界的非理性的、功能失调性的核心信念。你能理解吗?

女犯:有点理解。

治疗师:(对自我价值的核心信念)虽然你的婚姻生活从某方面来说是不幸的,但你觉得自己配得到亲人的爱和关心吗?

女犯:目前来说我不清楚,毕竟我犯了大错,如果婆家不原谅我,那我肯定是不配的。

治疗师:(关于爱的核心信念)你觉得爱是不可靠或者会带来痛苦的吗?

女犯:对我娘家的爱肯定不会,但对我婆家并不是。有时我在想当初和我丈夫结婚就是个错误,如果我不爱他,不和他结婚,是不是就不会有悲剧发生了呢?

治疗师:(关于亲密关系的核心信念)那你觉得亲密关系是不可靠的或会导致受伤吗?

女犯:相互伤害的亲密关系是会受伤啊,就像我和我婆家。

治疗师:(关于信任的核心信念)你觉得他人是否会背叛你或者对你不忠诚?

女犯:会。

治疗师:(关于信任的核心信念)你对他人的真诚持怀疑态度和负面看法吗?

女犯:有时会,和我吵过架的人如果来关心我,我会觉得他是有目的的。

治疗师:(关于自我保护的核心信念)你觉得自己需要与他人保持距离和独立才能避免受伤害吗?

女犯:是的。

治疗师:(关于回避的核心信念)你愿意向别人坦露自己的

内心感受和表达自己的需求吗?

女犯:不太愿意。

治疗师:(关于修复的核心信念)那你对修复你和你婆家的关系有信心吗?

女犯:很难说,我愿意与他们修复关系,就怕他们不接受我。

治疗师:(关于和解的核心信念)你觉得自己能原谅别人和接受别人对你的道歉吗?

女犯:可以。

治疗师:(归纳负性核心信念)好的。我这里有一张负性核心信念表,你来对照一下哪些与你的想法符合。

女犯:“我不被信任,没有受到尊重”“他人都没良心”,这两个符合我的想法。

治疗师:(预告下次谈话主题)好的。那我们下次就针对你这两个核心信念来做调整。

女犯:好的。

9. 第十一次、第十二次会谈谈话步骤

步骤一:评估当前心理状态并打分。

步骤二:连接上次谈话内容。

步骤三:检查家庭作业完成情况。

步骤四:明确谈话主题“检验、质疑并调整负性核心信念”。

步骤五:进入谈话主题。

治疗师对于女犯负性核心信念的质疑和调整是一个十分艰难的过程,质疑实际上已经包含了部分调整的功能,所以质疑和调整往往并存于同一项干预措施中。调整负性核心信念,除可以参考或借用调整功能失调性自动想法及假设和规则的策略及方法外，还可以运用一些其他方法，包括苏格拉底式对话、行为试验、理性—情绪角色扮演、以他人为参考点、以改变的行为强化信念的改变、自我显露、重建早期记忆、重建合理信念、孔子式对话等。对亲情关系修复女犯负性核心信念进行检验、质疑和调整的方法具体如下。

(1) 识别负性核心信念

与女犯合作，一起识别出她们可能存在的负性核心信念。这些信念可能涉及自我价值、爱与被爱的能力以及亲情关系的可修复性等方面。

(2) 收集证据

帮助女犯收集和整理与负性核心信念相矛盾的证据。这些证据可以是过去的正面经历、亲情关系改善的成功案例或他人的支持等。

(3) 评估真实性

与女犯一起评估她们的负性核心信念的真实性和准确性。询问她们是否有足够的证据支持这些信念，或者这些信念是否受到个人经历、情绪或误解的影响。如运用“苏格拉底式对话”通过层层设问，帮助女犯理清思路，进行更深入的思考。

(4) 替代性解释

帮助女犯培养替代性的解释和观点，来挑战她们的负性核心信念。鼓励她们考虑其他可能性和解释，如情境解释、分析他人的意图和行为背后的原因等，以便建立更加积极和健康的信念系统。治疗师可以引导她们思考并形成更符合实际和自我价值的信念，并鼓励她们在日常生活中实践和应用这些新的信念。当女犯确认了自己存在的负性核心信念后，治疗师应和女犯一起讨论如何重建新的合理的核心信念。治疗师可以通过与女犯共同填写重建合理核心信念表(表7-17)来引导女犯形成对自己、他人及世界的新的合理信念。

表7-17 重建合理核心信念表(举例)

负性核心信念	合理核心信念
我自认失败	我有些失败,但不是彻底的失败者,我也有成功的方面
他人都难以捉摸	有些人难以捉摸,大部分人可以通过沟通了解

(5) 经验实践

鼓励女犯在与亲人相处中实践和体验积极的互动和修复亲情关系,可能包括与亲人沟通、表达需求、建立信任和共享情感等。通过实践,女犯可以逐渐改变和调整她们的信念。

(6) 支持网络

指导女犯建立一个支持网络,其中可以包括亲人、治疗师、互助小组等,以为女犯提供情感支持和鼓励。这个支持网络可以帮助女犯在亲情关系修复的过程中应对挑战和困难。

(7) 持续反思和调整

鼓励女犯持续反思和调整,以确保负性核心信念的持续改变。这可能需要持续的治疗、个人练习和日常实践。

(8) 心理教育和防止复发

给女犯提供相关的心理教育,帮助她们理解负性核心信念的形成和维持机制,并教授她们预防复发的技巧和策略,以应对潜在的负性信念的再次出现。如治疗师可以采用“重建早期记忆”来帮助女犯追溯负性核心信念的记忆源头,对于出错的记忆进行纠偏,对于过时的信念进行修正,并将其调整为合理信念。

重要的是,这些方法需要在专业人士(如心理治疗师)的指导下进行,并根据女犯的具体情况和需求进行个性化处理。每个女犯的负性核心信念和亲情关系修复过程都是独特的,因此个性化的方法和支持是至关重要的。

步骤六:布置家庭作业。核心信念作业表(表7-18)通常作为家庭作业布置给女犯,要求女犯通过填写,进一步巩固重建合理核心信念的方法。

表7-18　核心信念作业表(举例)

<table>
<tr><td colspan="2">负性核心信念:我不如他人
当前你对负性核心信念的相信程度?(0～100%)60%
本星期你相信的最大程度?(0～100%)80%
本星期你相信的最小程度?(0～100%)60%</td></tr>
<tr><td colspan="2">新的合理核心信念:我有自己的优势
当前你对合理核心信念的相信程度?(0～100%)50%</td></tr>
<tr><td>驳斥负性核心信念,支持合理核心信念的依据</td><td>对支持负性核心信念的依据进行重新改版</td></tr>
<tr><td>我有些方面不如他人,每个人都不可能十全十美
我有我自己的优势,只要我充分发挥我的优势,就能够做出好的成绩</td><td>我不如他人的方面可以调整,只要坚持努力,我的弱项就能够得到一定的改善</td></tr>
</table>

步骤七:小结和反馈,告知女犯下次将结束集中治疗阶段。

第十一、第十二次示范谈话

治疗师:(明确本次谈话主题)这次我们一起来对你上次谈话的内容做一个分析,找出其中的负性核心信念并做调整。

女犯:好的。

治疗师:(收集证据)通过上次的谈话,我了解到你觉得自己不被婆家信任、不受尊重,对于这一点我需要你来回忆一下,以前与你婆家相处的时候,有什么事情能证明这点?

女犯:嗯,我婆家不让我管钱,我老公把家里的钱都放在我大姑姐那里。

治疗师:(澄清)你的意思是你家赚的钱都在你大姑姐手里,然后你大姑姐定期给你家发生活费吗?

女犯:不是,是我老公把家里多余的钱都给我大姑姐去投资了,我大姑姐很会赚钱。

治疗师:(检验证据合理性)那这样看来你丈夫的行为也是一种正常的理财方式,他的出发点也是想增加家庭的收入,为这个家好,只不过方式让你难以接受。

女犯:这样看来是的。

治疗师:(反驳)你觉得你比你大姑姐更会理财吗?

女犯:没有。

治疗师:(替代思维)那你现在怎么看待这个问题?

女犯:我对婆家人的看法失之偏颇,婆家并没有掌控我家的经济大权,因此我不被信任有点不符合实际。

治疗师:(情绪评估)现在感觉怎么样?

女犯:通过这样的分析,我感觉好多了。其实,我与婆家的矛盾没有这么不可调和,这些年,他们对我好的地方还是挺多的。虽然目前因为案子,大家闹得不开心,但只要大家站在对方的立场多考虑,相信矛盾会慢慢化解的。

治疗师:(布置家庭作业,预告下次谈话主题)很好,你能意识到这点很重要。说明我们的治疗很有效。下次我们将结束集中治疗阶段,也感谢你的配合。希望你继续认真填写核心信念作业表。

女犯:非常感谢警官,我觉得收获了很多,我会努力的。

10. 结束治疗会谈谈话步骤

步骤一:评估当前心理状态并打分。

步骤二:连接上次谈话内容。

步骤三:检查家庭作业完成情况。

步骤四:明确谈话主题"结束集中治疗阶段,进入巩固疗效、预防复发阶段"。

步骤五:进入谈话主题。

在结束集中阶段认知行为治疗后,治疗师必须继续帮助女犯维持巩固疗效,而不宜立即完全脱钩,顿时结束治疗。常用的策略是"逐步撤离"。一般的做法是从原来的每周一次的定期治疗逐渐改为隔周一次,经过一段时间再从隔周一次改为每月一次。经过这样适度地维持一个阶段,当女犯能平稳地达到康复效果时,向女犯明确表示结束整个治疗过程。当完整的治疗结束以后,治疗师的角色趋于淡化,但定期的随访仍是治疗师的职责,治疗师可以通过监区了解女犯的状况,关心女犯的改造表现以及心理健康问题的恢复情况,当女犯再次遇到一些应激事件,触发女犯原有心理问题的再次爆发,治疗师应给予必要的心理援助,帮助女犯调节情绪,顺利渡过难关,也以此巩固认知治疗成果。结束亲情关系修复女犯的认知行为治疗后,巩固和持续维护改变的成果是非常重要的。以下是一些具体方法。

(1) 制订个人巩固计划:与女犯一起制订个人巩固计划,明确巩固目标和具体行动步骤。这个计划可以包括继续练习积极的沟通技巧、冲突解决策略和建立健康亲情关系的行为。

（2）情绪管理和冲突解决：继续培养女犯的情绪管理和冲突解决技巧，帮助她们更好地处理亲情关系中的负面情绪和冲突。

（3）促进情感表达和倾听：强调情感表达和倾听的重要性，帮助女犯学会坦诚地表达自己的感受和需求，并尊重他人的感受和需求。提供情感表达和倾听技巧的培训和指导。

（4）维护支持网络：鼓励女犯与支持网络保持联系，包括亲密伴侣、家人、朋友或互助小组成员。这些人可以提供情感支持、理解和鼓励，帮助女犯在亲情关系中持续得到支持。

（5）定期复查和追踪：安排定期的复查和追踪，以评估女犯在亲情关系中的进展，并提供必要的支持和指导。这可以帮助她们保持对自身行为和亲情关系的关注，并及时调整和干预。

（6）持续练习和应用：鼓励女犯持续练习和应用在治疗中学到的修复亲情关系的技巧。通过实践和应用，她们可以巩固新的行为模式，并逐渐建立健康的亲情关系。

结束治疗示范谈话

治疗师：（收集反馈）通过这段时间的治疗，你目前最大的感受和想法是什么？

女犯：通过治疗，我认识到自己之前的那些负能量不仅妨碍了我和家人的亲情关系，也让我与同监室女犯相处不好。我也认识到在平时改造中要对自己有信心，很多事情我其实能做好，并且做得也不差。所以今后我要相信自己，同时要和别人多沟通，与同监室女犯和睦相处。现在我的精神面貌好转，找回了自信心，也乐意与别人交流，我也体会到别人对我的关心、关怀。

我想好好改造，争取早点回家，早点见到我的儿子和家人。有了改造目标，每天都有满满的希望。

治疗师：（持续实践，巩固成果）治疗其实只是教给你一些方法，关键是以后当你遇到类似困难时也要学会自我调节，以好的心情去面对改造生活。我建议你还是继续练习积极的沟通技巧，及时记录自己的情况，及时向我反馈，我这也会持续关注你的治疗情况。

女犯：好的。

治疗师：（建立家庭支持系统）既然你现在愿意与家人沟通联系了，那是否可以考虑主动给家人写写信？

女犯：其实我已经准备下个月见我妹妹和我弟弟，我想当面感谢一下他们在外帮助我处理官司。对于我儿子那里，我会做好心理准备去面对一切困难的，不管婆家未来是不是会接受我，我都会努力去化解矛盾。

治疗师：（鼓励）期待你接下来的改造生活会有新的改变，也期待看到你能获得新生与进步。

女犯：谢谢，我会努力的。

第四章　治疗后评估及数据分析

一、治疗后评估

（一）评估时间：治疗后评估在治疗实施后两周内完成。

（二）评估工具：上海市监狱管理局罪犯风险需求评估量表、症状自评量表（SCL-90）、焦虑自评量表（SAS）、抑郁自评量表（SDS）、贝克抑郁量表（BDI）、汉密尔顿焦虑量表（HAMA）、汉密尔顿抑郁量表（HAMD）、服刑改造自评调查表、服刑改造他评调查表等。为方便对比，治疗前后评估所使用的量表必须一致。

二、数据分析

通过对个体治疗前后心理测量结果数据的对比，分析认知行为治疗结束后，心理测量及服刑改造中的哪些指标有明显改善，从而完成治疗个案。同时，也可以通过对照组和实验组的差异分析，来进一步论证认知行为治疗对女犯群体的矫治作用。

第八册

回归焦虑女犯专用认知行为治疗操作手册

第一章　导　　论

回归焦虑是指女犯在离开监狱之前，对即将面临的回归社会生活感到焦虑和不安。这种焦虑往往与对改变、未知和挑战的不确定相关，可能表现为紧张、不安、恐惧、睡眠不好、体虚等症状，可能会影响女犯在回归社会过程中的情绪状态、行为和适应能力。认知行为治疗可以帮助女犯应对回归焦虑，通过认知重构、应对技巧和社交技巧的训练，她们可以增强自信心、减轻焦虑情绪，以更积极、适应性的方式应对回归社会的挑战。

一、认知模式

回归焦虑女犯的认知模式，一般具有以下特点。

（一）负面自我评价：她们可能对自己持有负面的评价，认为自己无法成功适应社会环境，对自己的能力和价值产生怀疑。

（二）未来预期差：她们可能对回归社会后的生活感到担忧和不安，预期会面临各种困难、挫折和失败，对未来缺乏积极展望。

（三）社交焦虑：她们可能对与他人的社交互动感到紧张和不安，担心被拒绝、被评判或与他人产生冲突，因而避免社交活动。

（四）安全感缺乏：她们可能对自身的安全缺乏信心，担心会遭遇危险、暴力或再次陷入犯罪环境，对未知环境存有恐惧。

（五）自责与内疚：她们可能对自己过去的错误和犯罪行为感到内疚和自责，对过去的过错难以释怀，认为自己不该得到新的机会。

（六）失败观念：她们可能倾向于将失败归因于自身固有的缺陷或能力不足，缺乏应对困难和挑战的信心，预期自己无法成功应对。

二、治疗目标

对于回归焦虑女犯，认知行为治疗的目标是帮助她们识别和改变消极的认知模式，并发展积极和适应性的认知模式。包括以下内容。

（一）识别和挑战负面思维：帮助女犯识别自己的负面思维，如自我怀疑、自责或对未来的悲观预期。通过指导和练习，引导她们挑战这些负面思维，并寻找更客观、积极的替代性思维。

（二）增强自信和自我价值感：帮助女犯发展积极的自我评价和自我认知，增强她们对自身能力和价值的信心。通过探索过去的成功经验和个人优点，培养自尊和自信。

（三）调整对社交互动的态度：帮助女犯改变对社交互动的负面观念，提升社交技巧和自信心。通过角色扮演、社交技巧训练和情景模拟等方法，帮助她们逐渐克服社交焦虑，建立积极的人际关系。

（四）面对过去的错误减少内疚：帮助女犯面对过去的错误和内疚情绪，理解犯罪行为背后的原因，并培养接受自己过去的能力。通过情绪调节和自我宽恕的技巧，摆脱过度的内疚感，迈向更健康的未来。

（五）制订具体目标和行动计划：与女犯共同制定具体的目标和行动计划，以应对回归社会前的焦虑。鼓励她们制订可行的步骤和解决方案，并提供支持和指导，确保她们在实施计划时能够坚持和取得进展。

三、治疗策略

在对回归焦虑女犯进行认知行为治疗时，可以采用以下具体策略。

（一）教育和认知重构：为女犯提供应对回归社会前焦虑的教育，帮助她们理解焦虑的起源和维持机制。引导她们通过认知重构，识别并挑战负面的自我评价和不适应的思维模式。

（二）情绪调节和应对技巧：教给女犯情绪调节技巧，如深呼吸、渐进式肌肉放松和正念练习。帮助她们学会应对焦虑情绪的技巧，如积极思考、重构思维等。

（三）自我观察和记录：鼓励女犯记录焦虑情绪的触发因素、身体反应和相关思维。通过自我观察和记录，并与治疗师一起分析，她们可以更好地了解焦虑的模式和影响因素。

（四）替代性思维模式：帮助女犯发展替代性思维模式，以取代负面的自我评价和悲观的思维。鼓励她们寻找积极的证据和合理的解释，培养积极的思考方式。

（五）社交技巧训练：提供社交技巧训练，帮助女犯克服社交焦虑，改善人际关系。通过角色扮演、情境模拟和反馈训练等方法，以提高她们的社交能力和自信心。

（六）家庭和社会支持：鼓励女犯与家人、朋友和支持团体建立联系，寻求他们的支持和理解。提供家庭治疗或社会支持服务，以辅助她们对回归社会前焦虑的处理和应对。

（七）复发预防和维持治疗：帮助女犯识别可能的复发风险因素，并制订应对策略。提供维持治疗，如定期的复诊和支持性治疗，以帮助她们在回归社会后持续应对焦虑情绪。

第二章　治疗对象筛选与治疗前评估

一、治疗对象筛选

在对回归焦虑女犯进行认知行为治疗对象的筛选时，可以考虑以下因素。

（一）适应症类型：评估女犯回归社会前所产生的不安、焦虑。了解她们焦虑的严重程度、频率，以及对日常生活和社交功能的影响等。

（二）动机和治疗意愿：评估女犯接受治疗的动机和治疗意愿。了解她们是否愿意寻求帮助，并积极参与治疗以减轻焦虑。

（三）自我反省和意识水平：评估女犯对自身焦虑的认识水平。了解她们是否能够意识到焦虑的源头、触发因素和焦虑反应，以及焦虑对自己和他人的影响。

（四）情绪调节能力：评估女犯的情绪调节能力和应对机制。了解她们是否能够适当管理焦虑情绪，并具备有效的应对策略。

（五）自我责任和改变意愿：评估女犯对自身焦虑问题的责任感和改变的意愿。了解她们是否愿意承担减轻焦虑的责任，并积极寻求改变。

（六）安全性考虑：评估女犯减轻焦虑过程中的安全性。考虑她们是否存在自我伤害、威胁他人或潜在危险的行为。

（七）支持系统和资源评估：评估女犯的社会支持系统和可利用的资源。了解她们是否有可靠的支持网络和能够提供帮助的资源，以支持她们在减轻焦虑过程中的思想及行为转变。

（八）剩余刑期：剩余刑期在六个月以上的女犯。

这些筛选原则可以帮助治疗师确定哪些女犯适合接受认知行为治疗，为治疗对象的初步筛选提供依据。

二、治疗前评估

经筛选确定的治疗对象，在治疗前还需完成治疗前评估，目的是通过专业工具了解治疗对象的问题的相关指标信息（好比医院的各种检查）。

（一）评估时间：在对治疗对象实施治疗前两周内完成。

（二）评估工具：采用风险评估、心理测试、问卷调查与结构性访谈相结合的方式，确定治疗对象。

1. 通过上海市监狱管理局罪犯风险需求评估量表（附件七），筛选出再犯风险等级为“高风险”以上的女犯。

2. 在高风险女犯群体中，通过症状自评量表（SCL-90）、焦虑自评量表（SAS）、抑郁自评量表（SDS）、贝克抑郁量表（BDI）、汉密尔顿焦虑量表（HAMA）、汉密尔顿抑郁量表（HAMD）等心理量表（附件一至六）进行测试，根据女犯的抑郁、焦虑等心理障碍对她们进行分级分类。

3. 通过服刑改造自评调查表（附件八）、服刑改造他评调查表（附件九），筛选出服刑改造中情绪低落、自卑感、认知归因、警囚关系、囚囚关系、环境适应、违纪扣分、欠产、亲情关系、学习兴趣等 10 个服刑改造表现因子程度较高的女犯。

4. 通过结构性访谈，了解女犯的情绪问题、习惯应对问题的方法、求助的意愿、对调整认知行为的态度等，筛选出有认知行为问题、求助愿望强烈、能配合认知行为治疗的女犯。以下为结构性访谈提纲（表 8-1）。

表 8-1　结构性访谈提纲

① 你觉得你最近情绪怎么样？碰到哪些不愉快的事情？你能具体谈谈吗？
② 入监这么长时间你是什么感受？又是怎么想的呢？
③ 你说你睡眠不好，是怎么个不好？睡不着的时候在想些什么呢？
④ 除了睡眠，还有其他问题吗？想哭，是想到什么了吗？饮食怎么样？
⑤ 你目前在监狱里主要做什么事情？目前的服刑状态是怎么样的？
⑥ 每天的生活起居是怎么样的？平时有没有什么兴趣爱好？
⑦ 有没有轻生的念头？耳边有没有听到过有人跟你讲话的声音？
⑧ 你的这种情绪低落、睡眠不好的状态是从什么时候开始的？已经持续多久了？
⑨ 你这段时间过得也挺不容易的，你今天过来是想让我怎么帮助你呢？
⑩ 你状态这么差有没有去看过医生？医生是怎么诊断的？
⑪ 你跟家人的关系怎么样？家里人对你的情况了解吗？他们是怎么开导你的？
⑫ 如果我们向你提供帮助，你是否愿意接受？
⑬ 我们想给你提供十几周时间的结构化的规范干预调整，你愿意参加吗？
⑭ 你觉得参与结构化规范干预调整有什么困难吗？你对我们安排的时间有什么想法和要求？

治疗前评估完成后，就可以正式进入认知行为治疗的会谈阶段。

第三章　认知行为治疗会谈操作流程

一、认知行为治疗会谈的基本结构

认知行为治疗会谈一般包括1次预备性会谈、12次正式会谈和1次结束治疗会谈(表8-2)。一般为每周一次会谈,结束治疗会谈可以隔一周进行。每次时间为1～1.5小时。

表8-2　认知行为治疗会谈主题内容安排表

阶段	会谈序列	会谈主题内容
预备性会谈		概要了解女犯心理问题的由来、对认知行为治疗的知晓和认同度、对治疗师的认同度;观察和判断女犯是否适合接受认知行为治疗;明确答复女犯是否接纳其实施认知行为治疗
正式会谈	1	建立治疗性医患关系,进行初期评估
	2	全面评估,病例概念化,确定治疗目标
	3	收集功能失调性自动想法和情绪:每日功能失调性自动想法记录表
	4	识别、归纳功能失调性自动想法:每日功能失调性自动想法记录表
	5、6	检验并调整功能失调性自动想法(苏格拉底式提问,堵不如疏):每日理性想法替代功能失调性自动想法记录表

续　表

阶段	会谈序列	会谈主题内容
正式会谈	7	挖掘负性中间信念
	8、9	检验、质疑并调整功能失调性假设和规则
	10	揭示负性核心信念:负性核心信念一览表
	11、12	检验、质疑并调整负性核心信念
结束治疗会谈		巩固提高与结束阶段,预防复发

二、认知行为治疗会谈的具体内容及流程

(一) 预备性会谈

1. 预备性会谈的目标

预备性会谈不属于结构性治疗的首次会谈,这是一个具有筛选功能的会谈,通过后双方才能进入认知行为治疗的正式过程。

2. 预备性会谈的内容

(1) 自我介绍和观察判断

① 治疗师介绍身份和治疗目的。

② 判断女犯是否适合接受认知行为治疗。

(2) 了解女犯对认知行为治疗的知晓和认同程度

① 了解女犯对认知行为治疗的定义和目标的知晓和认同程度。

② 了解女犯对认知行为治疗的过程和时间长度的知晓和认同程度。

③ 了解女犯在认知行为治疗中参与的主动性和责任感。

(3) 了解女犯心理问题的由来和当前状况,作出初步判断

① 概要了解女犯心理问题的表现及由来。

② 了解女犯心理问题的当前状况和求助途径。

③ 了解女犯对自己的认知、情绪和行为的认知度。

(4) 考量和明确答复

① 了解女犯对治疗师的认同程度。

② 治疗师考量自己是否适合对女犯进行认知行为治疗。

③ 给女犯明确答复是否接纳女犯实施认知行为治疗。

预备性示范谈话①②

治疗师:(介绍自己)你好,我姓周,是这里的心理治疗师,很高兴你来找我咨询,我也希望能帮到你。首先,我想先听听你目前有哪些困扰?还有不到半年你就能回家了,你应该非常期待回到妈妈和弟弟身边吧?是否做好了回家的准备呢?接下来,我会根据你的情况进行提问,便于我了解你的相关信息,可以吗?

女犯:离明年1月1日越来越近,我的心情又激动又有点担忧。离开家已经16年多了,一想起我熟悉的那些地方,我就鼻子发酸,真的很想很想家人和朋友们,终于盼到回家的这一天了,我等待了那么久。但又为自己今后的生活发愁,最近几年(泰国)经济不景气,弟弟原来开的小酒吧也维持不下去了,本来

---

① 本册示范谈话民警为周欣慧。

② 示范谈话节选自女犯认知行为治疗的真实谈话记录,目的是让操作者直观感受谈话操作流程和提问技术。

都说好我回家后就去弟弟的店里帮忙，现在只能靠我自己了，弟弟也在外面重新打工。虽然妈妈说家里养我没问题的，让我放心，但我不想再成为他们的累赘，我想要独立。

治疗师：(了解将来打算)你想要自食其力的想法很好，那你对未来就业有什么打算吗?

女犯：我想过很多，我大学里学的是考古系博物馆专业，工作具体来说分两种：一是野外发掘，需要去泰、柬边境等外地工作，很辛苦，报酬也不高；二是看佛牌。老实说这些我都不喜欢，所以我应该不会找这种专业方面的工作。然后我又想到，自己在上海那么多年，中文沟通还是可以的，我又喜欢看动画片。中国的动漫现在做得很好，我可以把这些动漫翻译成泰文，挂到网络上去。还有妈妈建议我可以去做中文老师，教当地的学生学习中文，但我有点不自信，我的中文说说还可以，要是让我书写还是差了点。

治疗师：(进一步了解回归期望的具体问题)看来你的确为工作的事情考虑了很多，不过你有意向的工作也需要方方面面的准备，比如网络翻译作品，前提是取得这些动漫作品的翻译授权，授权费也是一笔不小的开支，你有进一步的打算吗?

女犯：我会争取合法授权，虽然我也知道这些实现起来都有点困难……我所设想的东西碰到现实都那么难以实现(低头沮丧)，最近我因此感到很烦躁，晚上入睡也很慢，一想到回家，除了与家人重逢的喜悦，更多的是为以后的生活担忧。

治疗师：(导入认知行为治疗)听了你的情况后，我觉得你可以尝试一下认知行为治疗，对于多数心理问题，它是首选疗法。你觉得怎么样?

女犯:好的,我想试一下。

治疗师:(简要介绍认知行为治疗)我们大家在日常生活中,多多少少都会受到一些情绪困扰,认知行为治疗简单地说就是通过改变非理性的认知来改善情绪以及有偏差的行为。

女犯:如果有科学的方法能帮助我,我愿意配合警官接受治疗。

治疗师:(介绍认知行为治疗工作流程)认知行为治疗有严格的工作流程,本次会谈是预备性会谈,主要是了解你的心理问题及相关情况,并对你的心理问题作出判断,从下次开始,我们就要着手解决你的心理问题。我们整个流程会有12次谈话,每周一次,每次都有不同的谈话主题,希望你能跟我好好合作,共同来达成你的目标,好吗?

女犯:好的。

治疗师:(明确回复和提供支持)这次主要是了解你的情况,以及你的意愿。如果你愿意,后面会有12次正式谈话,这12次谈话是逐步深入的。对你的要求只有一点,就是要全程配合。在谈话过程中有任何疑惑都可以提出来,不要有任何心理负担,这不是对你改造好坏的评价。

女犯:那我愿意参加。

(二) 正式会谈

1. 首次会谈谈话步骤

步骤一:评估当前心理状态并打分。

评估当前心理状态是认知行为治疗每次谈话中都要提及的话题,治疗师需要指导女犯用1~100等级打分的方式定量描述自己当下的心理状态,“1 分”代表没有任何问题,“100 分”代表问题最严重。

步骤二:明确谈话主题“介绍认知行为治疗原理及对女犯进行治疗初期评估”。

步骤三:进入谈话主题。

(1) 介绍认知行为治疗原理

在认知行为治疗中,无论是首次谈话还是以后的每次谈话都有一个简短的开场白,要确定本次谈话的主题,聚焦谈话内容。在首次谈话中,围绕主题,治疗师可以用通俗易懂的语言给女犯介绍认知行为治疗的基本原理,让她们了解认知模式,懂得治疗师会通过改变她们不合理的、非理性的、曲解的想法和看法来调整她们的不良情绪及不适应行为,达到标本兼治的治疗目的。告知她们有哪些基本知识、有些什么要求、要怎么配合等,梳理她们的心理问题,设定治疗目标和治疗过程,引导她们配合治疗。治疗师需要清晰地告诉女犯认知行为治疗一般会经历哪几个阶段、需要花多少时间。治疗所需要的时间往往与女犯心理障碍的类型、程度、背景和个人的基础条件有直接的关系,大多数女犯的治疗需要 2～4 个月,对于较为严重的,如有自杀倾向的女犯,治疗时间可能需要 6 个月。认知行为治疗谈话一般是每周一次,两次谈话中间有一段间隔时间。为使治疗过程持续稳定,治疗师需要对女犯进行引导和指导,要求女犯在几个月的治疗期内一定要沉浸、融入到治疗之中,保持接受治疗的状态。治疗师在每次会谈中需要同步做一些记录,填写在认知行为治疗记录表(表 8-3)中。

表 8-3 认知行为治疗记录表

姓名　　　　　　日期　　　　　　会谈次数　　　　　　编号

心理状态评估打分	
量表评定结果	
本次谈话的目标主题	
会谈内容要点	
家庭作业	
下次会谈内容预置	

（2）初期评估

初期评估需要获取女犯的主要信息，首先是女犯的基本情况，包括个人成长史、犯罪史、创伤性经历、躯体疾病史、心理疾病史、目前心理状态等；其次是女犯求助的心理问题，包括让女犯简洁表述心理问题及其由来，具体描述心理问题及自我调整情况，寻找应对资源如他人、家庭及社会支持系统，表达治疗意愿及配合程度等，治疗师由此开始考虑如何建构病例概念化及初步拟定治疗计划。对回归焦虑女犯进行认知行为治疗的初期评估，通常会涉及以下内容。

① 焦虑症状评估：评估女犯焦虑症状的类型、发生频率和严重程度。了解她们是否出现身体不适、紧张、恐惧、担忧、恐慌等症状，并对其焦虑症状影响日常生活和社会功能的程度进行评估。

② 回归焦虑评估：评估女犯回归焦虑的触发因素和特点。了解她们回归焦虑的具体情境、思维、情绪和行为反应，并对其回归焦虑的认知模式进行分析。

③ 认知评估：评估女犯的认知模式和思维方式。了解她们的负性思维、自我评价和认知扭曲等。

④ 情绪调节能力评估：评估女犯的情绪调节能力。了解她们应对焦虑情绪的方式，包括自我安抚、放松技巧、问题解决和寻求支持的能力。

⑤ 情境适应能力评估：评估女犯在不同情境下的适应能力。了解她们在面对不同环境、人际关系和压力时的反应和应对方式，以及是否存在特定情境下的回归焦虑触发因素。

⑥ 功能评估：评估女犯在日常生活功能方面的困难。了解她们在工作、学习、社交和家庭生活等方面的功能障碍和改善需求。

通过初期评估，治疗师可以了解女犯的焦虑症状、回归焦虑特点和影响因素。这将有助于制订个性化的治疗计划，确定治疗的重点、目标和策略。评估的结果还将指导治疗师与女犯建立有效的治疗联盟，为女犯提供恰当的支持、教育和指导，以帮助她们理解和应对回归焦虑，并提升她们的情绪调节和社会功能水平。

(3) 进行相关提问(表 8-4)

表 8-4 初期评估提问(举例)

① 你是否有回归焦虑的典型症状？你是否表现出过度的担心、恐惧、不安或有身体不适？能具体描述一下吗？
② 你是否经历过触发回归焦虑的事件或情境？你是否能够识别这些触发因素，并具体描述其对焦虑的影响？
③ 你对回归焦虑有何认知模式？你是否理解回归焦虑是一种常见的心理反应，并能够识别其与过去经历的联系？
④ 你是否具备应对焦虑的有效策略？你是否能够运用自我调节技巧、放松技巧或其他方法来减轻焦虑情绪？能具体谈一下吗？
⑤ 你是否曾经接受过其他形式的焦虑管理或心理治疗？如果是的话，你是否能够运用所学的技能和策略来应对回归焦虑？能具体谈一下吗？
⑥ 你是否具备有效的应对回归焦虑的社会支持系统？你是否有亲友或其他支持人士可以帮助你应对回归焦虑，提供情感支持或实际帮助？
⑦ 你是否存在其他精神健康问题或共病状况？你是否有其他心理疾病或身体健康问题，可能与回归焦虑相互影响？
⑧ 你是否感到回归焦虑对你的日常生活和工作造成了重大困扰？你是否寻求过帮助，并是否有意愿接受认知行为治疗？

这些问题旨在了解女犯在回归焦虑方面的初期情况，包括焦虑症状的表现，对焦虑的认知理解、应对能力，以及应对焦虑的支持系统和焦虑症治疗史等。根据回答，治疗师可以制订更具体的治疗计划，帮助女犯应对回归焦虑，并提供必要的支持和干预措施。请注意，这些问题仅供参考，具体评估的内容可能会因个体情况和评估目的而有所不同。

步骤四：布置家庭作业，家庭作业是认知行为治疗中很有特色的一个必不可少的内容，既是咨访关系的体现，是心理干预的措施，也是使女犯保持沉浸在接受治疗状态的一个有效推动力。让女犯把今天所讲的内容包括自己的心理问题记录下来，尽可能做到记录详细、有条理,并补充心理问题的发生发展过程。

步骤五:小结和反馈,听取女犯对此次会谈的感受,下次继续对女犯的心理问题进行深入全面的评估并协商确定治疗目标。

首次示范谈话

治疗师:(情绪评估)从现在开始,我们每次谈话之初都需要你对当下自己的心理状态做一个评估,这个心理状态是指整体状态,不仅包括情绪,也包括行为表现、内心想法以及生理反应等。你要对这种状态进行打分,来表示状态的好坏程度,1～100分,“1分”代表没有任何问题,“100分”代表问题最严重。现在你可以试着对自己的心理状态评估一下。

女犯:嗯,我觉得自己现在50分吧。

治疗师:(回归焦虑评估)嗯,看来你近来情绪比较稳定。那我们再来看看你的家庭作业吧,你写了“想到回家,心里很迷茫”,你是在什么情况下产生了这个想法的,能具体谈谈吗?

女犯:当时,我一边擦厕所的地,一边在想回家后我可以干哪些工作,结果地刚擦完,一分钟后又被人弄脏了,我还要去重擦,我就想:“难道我回家以后也要来来回回地做这样低级的工作吗? 那我以后怎么办?”当时我对弄脏地的同监室女犯也有所抱怨,但说归说,我最后还是去重擦了。

治疗师:(情绪评估)当时心情怎么样?

女犯:很急躁。

治疗师:(认知模式评估)回家对你意味着什么?

女犯:我已经很久没有回家了,父亲、外婆已经去世,只剩下妈妈和弟弟,弟弟也结婚生子,妈妈有时会跟他们一起住,有时一个人住。我希望回去后能多陪陪妈妈,让她不再孤单。不过,我担心……

治疗师:(进一步探索问题)担心什么?

女犯:其实我妈妈是泰国华裔,她非常传统,在她的观念里,是希望我能好好学习,考个好大学,有个好工作,找个好丈夫。可惜我都没有做到。我担心自己回去以后还是做不好,会让妈妈再次失望。(低声啜泣)

治疗师:(收集证据)你还没有去做,怎么就知道自己不行呢?

女犯:以前就是这样,我拼命学习,也只考了一个自己不喜欢读的大学。上了大学离开了妈妈的约束,加上爸爸只给钱不管我,我一下子获得了梦寐以求的自由,还有大把可以挥霍的金钱,但是我并没有过得更好,反而跟着高中男友一起花天酒地,虚度人生,还在他的引诱下吸食冰毒,走上了一条不归路。

治疗师:(了解家庭成员态度)你妈妈当时是什么态度呢?

女犯:妈妈问过我为什么身体变得那么瘦?我就敷衍妈妈说自己爱美,是通过运动、节食减肥才变瘦的。我不敢告诉妈妈自己吸毒了,害怕她骂我。

治疗师:(了解犯罪经历)那最后你是怎么走上犯罪道路的呢?

女犯:我走私毒品,在中国被抓后,领事馆(工作人员)告诉了我的妈妈和弟弟,她才知道的。当时她非常震惊,不敢相信这一切会发生在她女儿身上。我之前离开家的时候,她只以为我又像往常一样,出国玩散散心。后来妈妈就病倒了,她那么坚强的女人,因为我而生病了。(大声哭泣)

治疗师:(反馈强化)看来,妈妈对你来说很重要。

女犯:是的,我很爱她。

治疗师:(引导发现)所以说,除了就业问题,你其实更担心回家面对母亲,是吗?

女犯：对的，我担心这次自己回去还是做不好，现在外面的工作连我弟弟都说很难找，我这样大学都没有毕业的人怎么办呢？天天靠妈妈弟弟养着，那我是不是又变回以前那个废物了呢？这样，我会更看不起自己。

治疗师：（布置家庭作业并预告下次谈话主题）回去后你把今天所讲的内容用文字写下来，如果想起没有讲到的信息你也可以补充进去，内容最好详细点，在写的过程中你也可以思考一下困扰你的问题是怎么产生的，跟你自身有没有关系。下次谈话我们将继续对你的问题做深入评估并确定治疗目标。你看你还有什么问题吗？

女犯：没有其他问题了。

2. 第二次会谈谈话步骤

步骤一：评估当前心理状态并打分。

步骤二：连接上次谈话内容。连接上次谈话内容可以有两种方式，一种是由治疗师在回顾上次谈话内容的基础上引出本次谈话的话题，另一种是在治疗师的启发下由女犯来接上话题。

步骤三：检查家庭作业完成情况。

步骤四：明确谈话主题“继续对女犯的心理问题进行深入全面的评估及病例概念化，并确定治疗目标”。

步骤五：进入谈话主题。

（1）全面评估

通过首次谈话，治疗师对女犯的基本情况及心理问题的产生和认知模式的形成有了大致的了解，但作为治疗师要想帮助女犯调整认知，就要深入、细致地对女犯进行全面评估，真正搞清楚女犯情绪、行为背后的认知机理，这样才能有针对性地制订治疗方案、实施心理干预。对回归焦虑女犯的心理问题需进行全面深入的评估，包括以下具体内容。

① 适应新环境：回归社会后，面临找工作、建立社交关系、处理日常事务等问题，女犯可能担心自己能否成功适应新环境和应对新挑战。

② 社会关系：女犯可能对回归社会后与家人、朋友或社区成员重新建立联系和关系感到不安，担心会遭受拒绝、被评判或难以融入社会。

③ 职业发展：女犯可能面临就业难题，担心自己的犯罪背景会成为就业的障碍。她们可能缺乏信心，担心无法找到稳定的工作或职业发展受限。

④ 阻碍和障碍：女犯可能担心回归社会后遇到法律限制、社会偏见、恢复资源不足等问题。这些障碍可能引发她们的焦虑，对成功回归社会产生负面影响。

回归焦虑可能表现为，如紧张、不安、恐惧、睡眠不好、体虚等。这些焦虑症状可能会影响女犯在回归社会过程中的情绪状态、行为表现和适应能力。认知行为治疗等心理干预方法可以帮助女犯应对回归焦虑。通过认知重构、应对技巧和社交技巧的训练，她们可以增强自信心、减轻焦虑情绪，以积极、适应性的方式面对回归社会的挑战。

(2) 病例概念化

病例概念化实际上就是一个把女犯心理问题及认知模式的来龙去脉搞清楚的过程，它贯穿整个治疗过程，也是一个不断完善的过程。当对女犯开始进行全面评估，建构病例概念化的操作就已经开始。

在认知行为治疗理论中，人的认知模式由两个层面组成，即浅表层面认知模式和潜在层面认知模式。浅表层面的认知包括自动想法；潜在层面的认知是浅表层面认知模式的基础和支撑，包括核心信念和中间信念。通常情况下，当个体遇到有压力的生活事件时，如果潜在层面的认知存在问题，就会引发和激活个体原有的功能失调性自动想法，并引起一系列不良情绪和不适应行为。反之，不良情绪和不适应行为又对潜在层面的负性认知产生反馈和强化。通过了解心理问题的形成架构，来掌握女犯的认知架构模式，通过从表层到深层收集、分析、归纳、整理信息，进一步完善女犯认知架构的来龙去脉。见图 8-1。

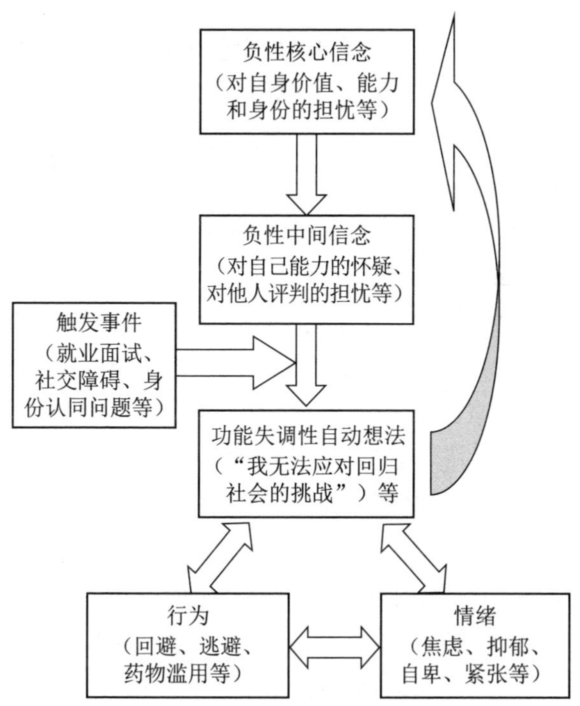

图 8-1　回归焦虑女犯病例概念化的基本构架

回归焦虑女犯认知行为治疗病例概念化可以从以下几个方面考虑。

① 核心信念：探讨女犯对自我、他人和世界的根本看法和信念，例如“我无法适应社会”“我不值得被接纳”等。负面的核心信念会加剧对出狱后生活的恐惧和不安，形成回归焦虑的根本原因。

② 中间信念：识别由核心信念衍生的假设和规则，例如“如果我不能完美地遵守规则，我就会再次失败”。这些中间信念强化了核心信念，使女犯在面对回归社会的挑战时更加焦虑和不安。

③ 自动想法：记录女犯在特定情境中出现的即时负性想法，如“我肯定会失败”“没人会帮助我”。这些自动想法直接引发负性情绪和行为反应，进一步加剧回归焦虑。

④ 触发事件：识别引发女犯回归焦虑的具体事件或情境，如出狱日期临近、面对就业压力、家庭关系恢复等。这些事件是焦虑的直接触发点，会激活负性自动想法和情绪反应。

⑤ 行为：观察和记录女犯在面对回归焦虑时的行为反应，如逃避、退缩、自我封闭等。不适应的行为反应不仅加剧焦虑，还会导致负性事件的发生，形成恶性循环。

⑥ 情绪：评估女犯在面对回归社会时的情绪反应，如焦虑、恐惧、无助等。负性情绪会强化自动想法和核心信念，使女犯陷入更深的焦虑和不安中。

病例概念化有助于治疗师理解女犯的内在体验、思维模式和行为模式，并为后续的认知行为治疗提供指导。病例概念化帮助治疗师和女犯共同探索心理问题的本质，并制订个性化的治疗计划，以帮助女犯应对回归焦虑。

(3) 确定治疗目标

认知行为治疗的目标是鲜明、具体的，疗效也是能评估、可检验的，是“看得见、摸得着”的，目标应该由女犯和治疗师商议确定，先由女犯提出，再由治疗师给予认可。治疗目标所确定的内容是以调整女犯当前最突出的心理问题或心理障碍为主，从调整女犯曲解的非理性的认知入手，改变不良情绪和不适应行为。一般情况下，治疗目标的范围应尽可能集中，当主要的心理问题解决了，其他相关的问题便可迎刃而解。

步骤六：布置家庭作业，让女犯思考成长过程中家庭和社会环境对心理问题的影响。

步骤七：小结和反馈，告知女犯下次将讲述功能失调性自动想法的概念。

第二次示范谈话

治疗师：(情绪评估)在开始今天的谈话前，我们先来给自己打分吧。

女犯：50 分吧。这几天，也没发生什么特别的事。

治疗师：(病例概念化)那我们先来梳理一下你的成长史好吗?

女犯：我爸爸是正宗的泰国人，但我妈妈是泰国华裔。他们俩可以说是两种文化熏陶出来的人，爸爸崇尚泰式文化，虽然他也有自己的工作，但他干活、生活都看心情，心情好就多做点，心情不好就慢慢来，一点也不急。妈妈就不是这样，泰国华裔还是很上进的，妈妈结婚后并没有在家相夫教子，而是选择自己打工、开店，有自己的事业。

治疗师：(家庭成员关系评估)你们家庭成员之间的关系怎

么样?

女犯:我的童年都是在外婆家里度过的,所以我和外婆感情最好。本来我们一家四口很幸福,爸爸妈妈都做生意,家境富裕,我和弟弟完全不愁吃穿。可是后来,我爸爸出轨了,还不止一次。所以,妈妈选择了离婚。爸爸碍于面子,并不同意离婚。他们就这样僵持了很久,那段时间我和弟弟天天担惊受怕,怕回家又见到他俩吵架的样子。后来,他们离婚了,我就跟爸爸一起生活。

治疗师:(吸毒史评估)那你又是怎么走上吸毒的道路呢?

女犯:那时跟家里闹得不开心,所以我疯狂地在各个社交软件上找人聊天,高中时交了一个泰国当地男友,他很大男子主义,让我很有安全感。考上大学后,家里也不太管我,我们就同居了。他就带我在家里吸食冰毒,一开始只是为了减肥,让自己变得更美,后来就一发不可收。最后来到了这里。

治疗师:(家庭支持系统评估)你来到监狱,妈妈对你是什么态度?

女犯:从我离开家,直到已经在这里服刑后才通过领事馆联系上家里人,那时妈妈只是很难过、很担心我,还一直鼓励我。

治疗师:(反证法)所以你一直担心家人知道你的所作所为后会指责你、抛弃你,但事实上并非如此。

女犯:是的,我一直认为妈妈重男轻女,爱弟弟远胜于我。父母离婚的时候,我就觉得自己是个累赘,他们其实都想争弟弟,我只是个多余的女儿。

治疗师:(思维替代)可你也是父母唯一的女儿啊,你现在还是这样想的吗?

女犯:不会了,现在我想她对我的爱也一定不比弟弟少。只是我们当时的个性不一样,弟弟很内敛,而我很叛逆。

治疗师：（治疗目标评估）接下来我们一起来设定认知行为治疗的目标。我们的目标必须具体明确，换句话说，就是你认为自己目前最想改善的是什么？

女犯：我想要平和心情，不要一想到回家就那么担心，不要一闭上眼睛就胡思乱想。妈妈弟弟都跟我说不要担心回家以后的事，他们有能力养我，但我还是忍不住会去想，想自己以后怎么办。

治疗师：（引导）好的，除此之外，还有没有其他想要改善的？

女犯：哦，还有的，我也不想听同监室女犯叽叽喳喳，一听到就心里烦躁，虽然我知道她们说她们的，跟我没有关系，但听到那些话还是会不由自主地回应。

治疗师：（确定治疗目标）那我总结一下，你的目标设定为：改善情绪，调整思绪，以及改善与同监室女犯的人际关系，为回归做好准备。你觉得可以吗？

女犯：可以。

治疗师：（布置家庭作业）今天回去之后又有作业要继续完成了，思考一下成长过程中家庭和社会环境对自己心理的影响，不用写得太复杂，写清楚重点就可以了，也不需要文笔多好，不用太紧张。

女犯：好的。我回去试试写写看。

治疗师：（预告下次谈话主题）下次我们将讲述功能失调性自动想法概念，我们一起学习一下好吗？

女犯：好的，谢谢你了。

3. 第三次会谈谈话步骤

步骤一：评估当前心理状态并打分。

步骤二:连接上次谈话内容。

步骤三:检查家庭作业完成情况。

步骤四:明确谈话主题“识别、收集功能失调性自动想法”。

步骤五:进入谈话主题。

(1) 解释相关概念

完成认知行为治疗的心理评估及病例概念化之后,治疗师就可以进入下一个治疗程序,即识别和收集功能失调性自动想法,这是认知行为治疗进入实质性内容的开始,是能否实现认知行为调整的第一关。要准确识别功能失调性自动想法,就要先搞清楚自动想法的概念及特征,特别要区分它与情绪、一般思维的不同。

自动想法是指个体在一定的情境下,大脑自然而然涌现出的对自己、对他人及对周围环境评价性的一闪而过的念头,故又被称为“一闪念”。它的出现绝大部分先于情绪和行为,其基本形式是词汇、短语和图像,十分简洁。自动想法还有一些特定的表达形式,有疑问句式,如“我能行吗”,实际表达的意思是“我可不行”;还有隐含句式,如“我觉得自己好像是行尸走肉”,实际表达的意思是“我的存在毫无价值”;等等。尽管自动想法是自发涌现的思维流,但其根部有着信念系统的影响和支撑。

在日常生活中人们遇事都会产生自动想法,如果自动想法是合理的,那么它对人们的情绪和行为的影响就是正性的,产生的社会功能也是正常的;如果自动想法是曲解的、失真的、非理性的,那么它就会引起人们的负性情绪和不适应行为,产生的社会功能也是失调的。回归焦虑女犯可能会在焦虑情绪出现时冒出负面、扭曲的自动想法,如“我无法应对回归社会的挑战”“别人会对我持有负面看法”等。情绪是一种心理体验,与失调性自动想法有本质的区别，如狂喜、愤怒、哀伤、快乐等。而一般思维如解释、联想、猜测等会掺杂很多思考，没有自动想法那样简洁明了。因此，本次谈话重点是让女犯了解自动想法的概念，区分好与情绪、一般思维的不同之处，指导女犯识别和收集功能失调性自动想法。

（2）进行相关提问（表 8-5）

表 8-5　收集回归焦虑女犯功能失调性自动想法的提问（举例）

① 当你感到焦虑时，通常会有哪些具体的自动想法或内心对话？
② 这些自动想法是关于什么的？是与回归社会后的情景或挑战相关的吗？
③ 你如何描述这些自动想法的情绪色彩和强度？
④ 这些自动想法在何种程度上是合理或客观的？
⑤ 这些自动想法是否常常出现，或者是在特定情境下才会出现？能具体谈谈吗？
⑥ 这些自动想法对你的情绪产生了什么样的影响？
⑦ 你有没有意识到这些自动想法对你的行为和应对方式产生了影响？
⑧ 在面对回归焦虑时，你是否有一些常见的“毁灭性”或消极的自动想法？能具体描述一下吗？
⑨ 你是否发现自己对未来有担忧或恐惧的自动想法？
⑩ 在经历焦虑情绪后，你是否有一些自责或自我评判的自动想法？能具体谈一下吗？

这些问题旨在帮助女犯识别和表达她们在焦虑时所产生的具体自动想法。通过了解这些自动想法，治疗师可以帮助女犯更好地认识自己的思维模式，并在治疗过程中与她们一起探索、评估和调整这些想法，以减轻焦虑情绪和改变应对方式。请注

意，因个体情况不同，需要根据具体情况调整问题的具体内容。

步骤六：布置家庭作业，指导女犯填写每日功能失调性自动想法记录表(表 8-6)。

表 8-6　每日功能失调性自动想法记录表

日期	情境 ① 引起不良情绪和不适应行为的事件或情况 ② 引起不良情绪和不适应行为的思绪、遐想或回忆	情绪 ① 不良情绪 ② 不良情绪的程度(1～100)	功能失调性自动想法 ① 引发不良情绪和不适应行为的功能失调性自动想法 ② 对功能失调性自动想法的相信程度(0～100%)

步骤七：小结和反馈，告知女犯下次将归纳功能失调性自动想法。

第三次示范谈话

治疗师：(明确谈话主题并解释相关概念)今天，我们的谈话主题是识别收集功能失调性自动想法。我先来解释几个概念。自动想法是指个体在一定的情境下，大脑自然而然涌现出的对自己、对他人及对周围环境评价性的一闪而过的念头，故又被称为“一闪念”，它的基本形式是词汇、短语、图像。功能失调性自动想法是指曲解的、失真的、非理性的，会引起人们负性情绪和不适应行为，产生失调的社会功能的自动想法。那怎么收集呢，这里有张表你可以参考一下。

女犯：好的。

治疗师：（情绪评分）在开始今天谈话之初，我们先来给自己打分吧。

女犯：50 分吧。

治疗师：（收集自动想法）嗯，看来你近来情绪比较稳定。那我们再来看看你的家庭作业吧，你写了“看到同监室女犯都可以出工了，我心里也想出工，可惜自己没有这个机会了”，其实你的剩余刑期也不长了，留在监室内学习临释教育课程，不是正好吗？为什么还想去出工呢？

女犯：可能我还是喜欢在车间干活的感觉，虽然节奏很快，还有指标要求，但是时间过得也很快，而且看到自己的劳动成果，还是很有充实感的。

治疗师：（识别功能失调性自动想法）你所说的其实是出工的好处，你再好好想一想，看到大家出工时，你脑子里是否冒出什么负性想法让你趋向自己也要出工？

女犯：我讨厌自己因为违纪而被留在监室里学习。

治疗师：（情绪检验）你当时的情绪怎么样？

女犯：焦虑、失落、沮丧。

治疗师：（解释）你看，同一件事会产生两种不同的自动想法，积极和消极，引起不良情绪和偏差行为的就是功能失调性自动想法，所以，第二种就是功能失调性自动想法。你知道应该怎么收集吗？

女犯：我明白了。

治疗师：（布置家庭作业并预告下次谈话主题）今天我们简单介绍了功能失调性自动想法的概念以及怎么收集，下一次谈话我们要对你所收集的功能失调性自动想法进行归纳，你收集的内容多一点，也方便我们聚焦问题的类型，更好地对症下药。今天回去后你继续按照表格内容做好功能失调性自动想法的收集工作。

女犯：好的。

4. 第四次会谈谈话步骤

步骤一：评估当前心理状态并打分。

步骤二：连接上次谈话内容。

步骤三：检查家庭作业完成情况。

步骤四：明确谈话主题“归纳功能失调性自动想法”。

步骤五：进入谈话主题。

治疗师可以与女犯一起参照女犯常见功能失调性自动想法类型（表 8-7）对记录在每日功能失调性自动想法记录表（表 8-6）中的自动想法进行逐一对照，并讨论，让女犯找出与自己相符的功能失调性自动想法类型。即使女犯在记录表中所记录的内容较多，但若对数日或数周的自动想法记录表进行整理分析，治疗师也不难发现女犯在“功能失调性自动想法”这一栏中所填写的内容具有集聚的倾向，治疗师可以根据功能失调性自动想法的类型对女犯的自动想法有一个基本的估测和定位，做到有所聚焦、心中有数。

表 8-7　回归焦虑女犯常见功能失调性自动想法类型

① 不值得和自卑:认为自己没有价值,不配得到别人的关注和喜爱
② 心理预期和担忧:担心回归社会后无法适应、无法找到工作或重建人际关系,对未来充满焦虑和恐惧
③ 自责和内疚:感到内疚和自责,认为自己犯下的错误无法弥补,难以原谅自己
④ 无助和无能:感到无力应对生活中的困难和挑战,觉得自己没有能力解决问题或改变现状
⑤ 拒绝和排斥:害怕被社会或他人拒绝、排斥或歧视,担心无法重新融入社会
⑥ 自我怀疑和自我贬低:对自己的能力和价值持怀疑态度,经常进行自我批评和贬低
⑦ 恐惧和回避:害怕面对社会的要求和压力,倾向于回避社交场合和挑战自己
⑧ 非理性的思维:过度夸大可能的负面结果,忽视或低估自己的潜力和能力

这些功能失调性自动想法反映了回归焦虑女犯的负性认知。在认知行为治疗中,重点是帮助她们识别这些自动想法并挑战它们的合理性和准确性。通过提供证据和逻辑推理,帮助她们重新评估自己未来的可能性。同时,培养积极的自我观念和自我价值感,鼓励她们制订实际可行的目标和行动计划,以增强回归社会的信心。社会支持和情绪调节技巧的培养也是重要的治疗策略,以帮助她们应对压力和焦虑,保持稳定的情绪状态。

步骤六:布置家庭作业,让女犯继续填写每日功能失调性自动想法记录表(表 8-6)。

步骤七：小结和反馈，告知女犯下次将检验并调整功能失调性自动想法。

第四次示范谈话

治疗师：(收集功能失调性自动想法)你好，我们今天来讨论你回归社会的焦虑问题。特别是，我们要谈谈功能失调性自动想法，这些想法会影响你的情绪和行为。你最近感觉怎么样？

女犯：我很焦虑，担心回去后找不到工作，要靠家人接济。我不想成为他们的负担。

治疗师：(解释类型)你的担忧是可以理解的。我们可以通过识别和归纳你的自动想法类型，帮助你更好地理解这些想法并学会应对。我们来看看三种常见的功能失调性自动想法。首先是“不值得和自卑”的想法。你是否觉得自己不如别人，或者不值得拥有好的生活和工作？

女犯：是的，我总觉得自己不如别人，觉得自己没有资格拥有好工作。

治疗师：(归纳类型)这是典型的“不值得和自卑”想法。接下来是“心理预期和担忧”。你提到担心回去后找不到工作，这是对未来的负面预期。你能详细说说你的这些担忧吗？

女犯：我担心泰国的经济形势不好，我很难找到工作。如果找不到工作，我就得靠母亲和弟弟，他们已经很辛苦了。我不想成为他们的负担。

治疗师：(解释类型)这就是“心理预期和担忧”类型的想法。最后，我们来看看“自责和内疚”的想法。你是否因为过去的错误或现在的情况而感到自责或内疚?

女犯:是的,我总是责怪自己,如果我当初没有犯罪,我的家人就不会这么辛苦。

治疗师:(归纳类型)这种“自责和内疚”的想法也是功能失调性自动想法的一种。我们归纳了三种类型的功能失调性自动想法:“不值得和自卑”“心理预期和担忧”“自责和内疚”。识别这些想法是第一步,接下来我们会学习如何挑战和改变这些想法。

女犯:认识到这些想法的类型后,我感觉好像能更好地理解自己的想法了。

治疗师:(布置家庭作业并预告下次谈话主题)我理解,这需要时间和练习。在接下来的治疗中,我们将一起来探索这些自动想法的背后逻辑,并寻找证据来支持或者反驳它们。同时,我将会教你一些技巧,帮助你更好地应对这些曲解。我们下一次谈话的主题是“检验并调整功能失调性自动想法”。

女犯:谢谢,我会努力的。

5. 第五次、第六次会谈谈话步骤

步骤一:评估当前心理状态并打分。

步骤二:连接上次谈话内容。

步骤三:检查家庭作业完成情况。

步骤四;明确谈话主题“检验并调整功能失调性自动想法”。

步骤五:进入谈话主题。

当女犯能对自己的功能失调性自动想法进行识别时,治疗师还需和女犯一起进一步探询支持自动想法的理由,并加以质疑，要让女犯清晰地认识到自动想法所带来的功能失调，包括对情绪、对行为和对生理功能的负面效应，为后续动摇原来的想法并用合理想法替代做好准备。治疗师常用的技术有诘问驳难、探寻证据、逻辑纠错和理性替代等。这两次谈话着重阐述如何检验和调整功能失调性自动想法，这正是对浅表层面认知干预的重要一步。

治疗师在帮助女犯检验自动想法是否功能失调时有一个基本的原则，就是自动想法是否导致女犯产生不良情绪（抑郁、沮丧、焦虑、恐惧、害怕等）和不适应行为（退缩、回避、坐立不安、自伤自残等）。检验女犯功能失调性自动想法的实际效应体现在女犯对该自动想法开始产生怀疑、动摇，并为调整这种自动想法、用理性的自动想法进行替代做好准备。

对于功能失调性自动想法的调整，治疗师要用心、耐心地引导女犯进行理性思考，试着以情绪的好转为标准，采用积极的想法替代功能失调性自动想法，并体验情绪是否有变化，是否有改善。如果所采用的替代想法没有效果或效果甚微，就应该更换其他的替代想法，直到见效为止。在这个过程中，治疗师不能为女犯提供自己预置的想法，不能让女犯盲目地接受自己的观点和想法，治疗师最主要的作用是启发，常用的技术有核查客观证据、引导自我发现、质疑绝对肯定、考虑其他可能、进行重新归因、不幸中有转机等，对女犯自己想出的替代想法可以进行讨论，评估替代想法的实际效果。

对女犯功能失调性自动想法的调整过程，实际上是帮助女犯重建新的理性想法并对功能失调性自动想法进行替代的过程，最后使女犯能够做到很自然、很稳定地以理性的、合理的想法取代和覆盖功能失调性的自动想法，使女犯在情绪、行为及其他各方面都得到调整。替代想法的操作会有一定的难度，治疗师应该积极地鼓励女犯在调整中树立信心，只要女犯的情绪状态有所改善，这一结果就能成为一个正性的强化物，去强化女犯坚持不断地用理性想法对功能失调性自动想法进行替代，同时也能逐步提高女犯对理性替代想法的相信程度。

对回归焦虑女犯的功能失调性自动想法进行检验和调整是认知行为治疗的重要部分，旨在帮助她们挑战和改变负面的思维模式。可按照挑战—动摇—替代三步进行，以下是一些方法。

(1) 辨识自动想法：帮助女犯意识到焦虑情绪出现时她们的自动想法和内心对话。这些自动想法可能涉及对未来的担忧和恐惧、对自身能力或价值的怀疑等。如要了解发生心理障碍的基本情况，包括当时情境，治疗师可以这样询问："当时你在哪里？""当时的环境怎么样？""什么让你这么难受？"；要了解躯体反应，治疗师可以这样询问："你能把当时的感受详细地描述一下吗？"；要了解自动想法，主要是功能失调性自动想法，以帮助她们解读其负性的认知模式，可以这样询问："你还记得当时在你脑海中一闪而过的图片、语句或者想法吗？"；对于行为这一焦虑症个体的重要指征，能反映个体的自我调适机能，要了解时可以这样询问："你当时是怎么反应的？""你采取这样的行为后有什么效果？"等。

(2) 记录自动想法：鼓励女犯记录下她们在焦虑情绪下所出现的自动想法，以便后续分析和检验。

(3) 检视证据:帮助女犯审视她们的自动想法是否有充分的证据来支持,即这些想法是否真实和准确。

(4) 反驳自动想法:引导女犯思考和提供可能的证据,来反驳她们的功能失调性自动想法。这可以包括收集事实、回顾过去的成功经历、寻找替代解释等。

(5) 替代性思维:鼓励女犯思考和采纳一种积极和适合的思维,以取代功能失调性自动想法。这可以包括提供积极的自我肯定语句、改变观点、寻找合理替代等。如回归焦虑女犯一般为避免产生焦虑都做过一些努力,最终没有取得预期的效果,可以帮助她们总结一些经验,也有利于她们去尝试新的积极的方法。如:"你接受过哪些心理治疗和帮助?""你曾经尝试努力改变,结果都不理想,你是怎么看待这个问题的?""你有没有去尝试一些新的方法,你是怎么做的?"等。

(6) 情感实验:鼓励女犯通过实际行动来验证她们的自动想法是否准确。这可以包括尝试新的应对方式、参与具有挑战性的情境或活动,以亲身体验并观察结果。

(7) 反馈和复习:帮助女犯收集和记录她们在调整自动想法过程中的反馈和观察。这有助于她们认识到自动想法的变化,以及对情绪和行为的影响。

这些方法可以帮助女犯在认知行为治疗中检验和调整自动想法,从而改变负面的思维模式,减轻焦虑情绪并提升回归社会的能力。治疗师在整个过程中起着引导、支持和鼓励的作用,以促进女犯的认知重构。

步骤六:布置家庭作业,指导女犯填写每日理性想法替代功能失调性自动想法记录表(表 8-8)。

表 8-8　每日理性想法替代功能失调性自动想法记录表

日期	情境 ① 引起不良情绪的事件或情况 ② 引起不良情绪和不适应行为的思绪、遐想或回忆	情绪 ① 不良情绪 ② 不良情绪的程度(1～100)	功能失调性自动想法 ① 激发不良情绪的功能失调性自动想法 ② 对功能失调性自动想法的相信程度(0～100%)	合理的反应 ① 写出理性替代想法 ② 对理性替代想法的相信程度(0～100%)	结果 ① 再评估对原先功能失调性自动想法的相信程度(0～100%) ② 再评估不良情绪的程度(1～100)

步骤七：小结和反馈，告知女犯下次将挖掘负性中间信念。

第五、第六次示范谈话

治疗师：(情绪评分)在今天谈话之初，我们先来给自己打分吧。

女犯：60 分吧。

治疗师：(收集功能失调性自动想法)嗯，看来你今天情绪有些波动。那我们来看看你的家庭作业吧，你写了两条有关与家人电话联系的内容，一是“妈妈说现在外面经济形势仍在慢慢恢复，弟弟一时也没有找到更好的工作，只好继续维持酒吧的经营，压力很大”，你的情绪是“内疚、自责”，自动想法是“都怪我不好，一个人待在监狱，把养家的重担全丢给弟弟一个人”；二是“看新闻时听说去泰国旅游的人比前几年少”，这时你的情绪是“担心、失望”，自动想法是“都没有人去泰国旅游了，泰国经济肯定好不了了，那我回家也会失业吧”。看来你对回归后的就业问题很关注，能具体谈谈你的想法吗？

女犯：我是很担心自己回家以后找不到工作，之前就跟您谈到过，我害怕自己又当“啃老族”，这样家里人会说我不上进。现在泰国大麻合法化，回去以后身边朋友要是来请我去（吸毒），我怕自己经不起诱惑，但是如果我不去，那我就没有朋友了（低头）。

治疗师：（证据检验）首先，全球经济都要从疫情中慢慢复苏，大家都是这样的，还是你认为这种情况只存在于泰国吗？

女犯：嗯，您说的有道理。可能是我比较关注泰国的关系吧。

治疗师：（反证法）2008 年全球金融危机对泰国冲击很大，你对此有印象吗？

女犯：有一点，那时我虽然已经在这里服刑，但听妈妈说我们家附近关掉许多店，大家日子都不好过。

治疗师：（替代思维）那从长远来看，你怎么看待如今的经济形势呢？

女犯：我明白您的意思了，2008 年已经过去了，所以说现在的经济难关也会过去的。

治疗师：（收集证据）你以前的朋友都是吸毒的吗？

女犯：也不全都是。我年轻的时候不懂事，结识了一群一起吃喝玩乐的狐朋狗友。

治疗师:(反驳自动想法)也就是说,你的朋友不全是吸毒的,还有一部分是不吸毒可以正常交往的。

女犯:我害怕别人会看不起我。

治疗师:(证据合理性检验)为什么会看不起你呢?

女犯:我服过刑吧。

治疗师:(挑战自动想法)对你来说服刑终将成为过往经历,你觉得所有朋友都不能包容你的过去吗?

女犯:不会是所有的朋友。

治疗师:(认知重构)你现在还认为你只有吸毒的朋友,没有其他朋友吗?

女犯:仔细想想,如果离开吸毒圈,我的朋友还是挺多的。

治疗师:(布置家庭作业并预告下次谈话主题)今天我们学习了怎么挑战和调整功能失调性自动想法,你可以学着练练,回去后填写每日理性想法替代功能失调性自动想法记录表,下次谈话主题是挖掘负性中间信念。

女犯:好的。

6. 第七次会谈谈话步骤

步骤一:评估当前心理状态并打分。

步骤二:连接上次谈话内容。

步骤三:检查家庭作业完成情况。

步骤四:明确谈话主题"挖掘负性中间信念"。

步骤五:进入谈话主题。

(1) 解释相关概念

治疗师指导女犯成功完成对功能失调性自动想法的理性替代,只是在浅表层面进行认知干预的一个阶段性成果。由于浅表层面的认知是受潜在层面认知的作用和影响，因此，要使女犯完全消除不由自主地涌现的功能失调性自动想法，从根本上解决心理问题或心理障碍，一定要进一步调整潜在层面的认知。治疗师将开始对女犯信念系统中负性成分的挖掘、检验和调整。

信念是人们从童年开始逐步形成的对自我、他人及世界的自认为可以确信的看法，其中高度概括、根深蒂固的观念被称为核心信念。负性核心信念就是个人对自我、他人及世界的非理性的功能失调性的核心信念。在女犯的信念系统中，负性核心信念对功能失调性自动想法的影响并非直接的，而是通过功能失调性假设和规则间接影响的。在认知行为治疗的理论中，把处于中介形态的功能失调性假设和规则称为负性中间信念。假设是指没有充分依据的设定。规则是人们在成长过程中逐步形成的典式和法则，也是在社会生活中应对各种问题和事件而逐步形成的习惯及约定俗成的准则（图 8-2、表 8-9）。因此，检验、质疑并调整负性中间信念是实施潜在层面认知调整的重要一步。回归焦虑女犯的负性中间信念可能是她们对自己能力的怀疑、对他人评判的担忧、对未来成功的不确定等。

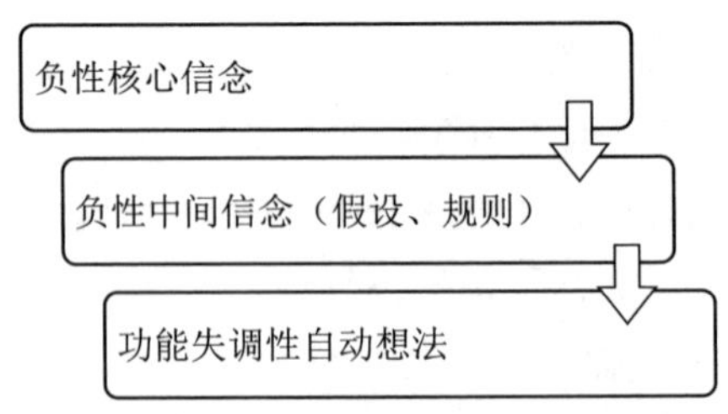

图 8-2　潜在层面认知与浅表层面认知之间的关系

表 8-9　常见负性中间信念一览表

假　设	规　则
如果……那么…… 倘若……那么…… 万一……就…… 即使……就会……	必须……

（2）进行相关提问

治疗师指导女犯识别功能失调性假设和规则有以下几种方法：从女犯功能失调性自动想法中直接提炼负性中间信念；通过女犯提供信息中的假设内容的前提部分，设法引导女犯表达出假设内容的结论；通过直接点拨引出女犯长期固守的规则；通过逐级挖掘推导技术引出女犯的负性中间信念；通过直接询问的方法，让女犯明确表达其负性中间信念。挖掘回归焦虑女犯负性中间信念可进行如下提问（表 8-10）。

表 8-10　挖掘回归焦虑女犯中间信念的提问（举例）

自我怀疑和自我评价	① 你对自己的表现和成就有什么样的期待和标准？
	② 你如何评价自己在面对回归社会前的挑战时的能力和价值？
对他人评判和批评的担忧	① 你是否担心他人会对你回归社会前的表现予以批评或负面评判？
	② 你认为他人的评价和看法重要吗？这是否影响了你的情绪和行为？
对未来的不确定和恐惧	① 你认为未来有哪些不确定性因素或对未来有何恐惧？
	② 你是否担心自己无法应对未知的挑战和变化？
	③ 你是否有一些负面的预期？

续 表

对控制和可预测性的需求	① 你对回归社会前的环境有多大的控制欲望？
	② 你是否认为只有当一切可预测和可控时才能感到安全和安心？
	③ 如何应对无法控制和预测的情况？
过去经历的影响	① 过去的挫折或失败经历是否影响了你对自己和未来的信念？
	② 你是否将过去的经历与回归社会前的情境联系起来？

这些提问，可以帮助女犯更好地了解自己的中间信念，以及可能造成她们回归焦虑的信念。治疗师可以在此基础上与女犯一起进行深入讨论和探索，帮助她们认识到这些中间信念的影响，并在治疗过程中逐步调整和改变不适应的信念。

步骤六：布置家庭作业，让女犯继续填写每日理性想法替代功能失调性自动想法记录表(表 8-8)。

步骤七：小结和反馈，告知女犯下次将检验、质疑并调整功能失调性假设和规则。

第七次示范谈话

治疗师：(谈话主题及解释定义)今天谈话的主题是“挖掘负性中间信念”。中间信念是介于自动想法与核心信念之间的一层认知模式，通常是以假设和规则的形式存在。假设是指没有充分依据的设定；规则是人们在成长发展过程中逐步被内化形成的典式和法则，是在社会生活中应对各种问题和事件而逐步形成的习惯及约定俗成的准则。中间信念带有一定的普遍性，相对于自动想法，它不受具体情境的影响。今天，我们就收集一下这些规律性、普遍性的想法。能理解吗？

女犯：能理解一点。

治疗师：（挖掘关于服刑经历的中间信念）对于你 2007 年入狱至今的这段经历，你是怎样评价的？

女犯：我 21 岁就到这里，今年已经 36 岁了，这 15 年占了我人生的很大一部分时间。讲心里话，在发生那次严重违纪之前，我一直没有把这里当成监狱，在这里我学习到很多知识，也认识了很多朋友，我们一起唱歌跳舞搞活动，真的很开心。对我来说，它更像是一座学校。

治疗师：（关于他人评价的中间信念）你怎么看待别人对你的评价？

女犯：我很在乎这里警官和同监室女犯对我的看法，我希望把自己最好的一面展现给大家，所以我也很努力地在做。

治疗师：（关于应对策略的中间信念）生活不总是一帆风顺的，你遇到过什么挫折？或者说你最难过的事情是什么？

女犯：就是那次严重违纪的事情，可以说是我改造生活的转折点。在那之前就像您说的一样，我的改造真的很顺利，我从无期徒刑到现在 16 年有期徒刑，一共减刑五次，本来应该还有一次机会的。都是我自己不好。

治疗师：（具体化）能具体说说吗？

女犯：起先只是作为室长的我与监室里比较难搞的李某之间的矛盾。后面我们矛盾升级、发生冲突的时候，我没有及时控制住脾气，反而在警官面前出言不逊，导致我被调到另外一个监室去暂住。

治疗师：（挖掘负性中间信念）你怎么看待警官的处理？

女犯：我觉得警官更愿意相信李某，而不是我这个室长。

治疗师：（收集证据）你是怎么得出这个结论的呢？

女犯：我看到警官到我们监室了，就想马上跟她说明情况，但警官叫我闭嘴，我话都没说出口，她连解释的机会都不给我。这我怎么能接受？我情绪一下子上来，是有点失控了，所以才出言不逊，让警官生气了。

治疗师：（反问）你觉得警官现场处置会只听某一个人的话吗？

女犯：唉，我当时没想那么多，我只是担心自己不再被警官信任。当时警官还把我调到另一个监室，我害怕自己会被换小组。（哭泣起来）

治疗师：（替代解释）换个角度想，会不会是警官想让你换个环境冷静一下呢？

女犯：当时没这么考虑。

治疗师：（布置家庭作业并预告下次谈话主题）今天我们一起挖掘了一些相关中间信念，下次我们会进行相应调整。回去后你可以继续填写每日理性想法替代功能失调性自动想法记录表，多练习会对调整中间信念有帮助。

女犯：好的。

7. 第八次、第九次会谈谈话步骤

步骤一：评估当前心理状态。

步骤二：连接上次谈话内容。

步骤三：检查家庭作业完成情况。

步骤四：明确谈话主题“检验并调整功能失调性假设和规则”。

步骤五：进入谈话主题。

对回归焦虑女犯功能失调性假设和规则进行检验和调整，除可以参照和借用调整功能失调性自动想法的策略及方法外，还可以运用一些其他的方法如成本—效益分析、合理假设替代等，操作步骤还是采用挑战—动摇—替代三步操作，具体如下。

(1) 辨识功能失调性假设和规则

① 与女犯一起明确她们回归社会前的功能失调性假设和规则是什么。

② 确定这些假设和规则是如何影响她们的情绪、行为和回归准备的。

(2) 收集证据

① 鼓励女犯寻找证据来支持或反驳她们的功能失调性假设和规则。

② 与她们一起回顾过去的经历，观察她们在回归社会前的实际行为和应对方式，以找到反驳功能失调性假设和规则的证据。

(3) 挑战功能失调性假设和规则

① 引导女犯思考并为其提供替代的解释和观点，来挑战她们的功能失调性假设和规则。

② 与她们一起探索可能的其他解释和观点，以拓宽她们的认知，找到不同的可能性。

如挑战功能失调性规则，女犯功能失调性规则通常是以"必须"的陈述方式表达，由于这些陈述中掺杂了不合逻辑及过分概括的成分，因此要改变女犯长期形成的功能失调性"必须"的想法，治疗师单靠一味否定是难以奏效的，需要顺着女犯的逻辑循循善诱，一步步地对女犯的陈述进行质疑，并给予空间，让她们多一个角度重新思考。治疗师在谈话中可以通过提出疑问的方式引导女犯思考，例如：这个规则是从什么时候开始形成的？这个规则是在怎样的情况下确立的？当时确立这样的规则有当时的情况，现在一直沿用这样的规则是否妥当？这个规则是只适合你个人呢，还是适合所有人？你真的完全是照着这个规则在做吗，规则是否有松动的时候？如果不遵循你的规则行事会产生怎样的后果？你对没有遵循你这个规则的人是怎样看待的？可以通过填写考查并挑战功能失调性规则练习表（表 8-11）的方法，对女犯的功能失调性规则进行梳理和调整。

表 8-11　考查并挑战功能失调性规则练习表（举例）

对规则"必须"的陈述
对规则的相信程度（0～100%）： 情绪（1～100）： 成本（不利之处）： 收益（有利之处）： 在怎样的情况下确立了这个规则？ 你是否要求其他人都遵循这个规则？ 对这个规则用"偏好"而不是"必须"来重新表述： 通过重新表述所产生的新效果： 对规则的相信程度（0～100%） 情绪（1～100）

（4）实证检验

① 鼓励女犯通过实际行动来测试和验证她们的功能失调性假设和规则的准确性。

② 通过让她们尝试新的行为和应对方式，观察结果并收集反馈来验证她们是否可以超越功能失调性假设和规则的限制。

可采用成本—效益分析，有些女犯往往很少对自己固守的规则进行反思，她们坚信自己的规则是合理的，并严格地根据自己的规则处事，其实这些女犯在执行和操作这些功能失调性规则时往往要付出极高的代价和成本，所得的效益却很低，仅仅是获得遵循规则的满足感而已。虽然女犯已被这些规则搞得筋疲力尽，但还是固执己见，执迷不悟。此时治疗师可以通过成本—效益分析技术，与女犯一起“仔细算账”，引导女犯以清醒的头脑重新审视其规则（表 8-12）。

表 8-12　成本—效益分析表（举例）

规则：我一个服过刑的人，回去还能有什么机会？	
有利之处（效益）	不利之处（成本）
缓解对将来无法预测的担忧	焦虑、自卑
放松对自己的约束	无法做好回归前的心理准备
	缺乏对回归做一个合理规划
	容易加重焦虑症状

（5）替代性假设和规则的培养

① 与女犯一起探索并制订新的替代性假设和规则，以更好地适应回归社会的挑战和需求。

② 鼓励她们使用积极、灵活和适应性的假设和规则来取代功能失调性假设和规则。

引导女犯思考并尝试新的替代性假设和规则，以更好地适应和应对现实。帮助她们制订更积极、灵活和适应性的假设和规则，并鼓励她们在日常生活中实践和应用。如合理假设替代，就是在治疗师的引导下让女犯根据“合理”的要求去尝试新的假设来替代以往习惯的功能失调性假设，假设的合理性标准是引出女犯理性的自动想法、良好的情绪状态、适应的行为表现。运用合理假设替代可以填写功能失调性假设的合理替代练习表（表 8-13）。

表 8-13 功能失调性假设的合理替代练习表(举例)

原来习惯的假设	新的合理假设
回去后如果还要靠家人,那就太失败了	回去后先投靠家人,但只是暂时的,我相信我经过努力能自己养活自己

(6) 反馈和复习

① 收集和记录女犯在调整功能失调性假设和规则过程中的反馈和观察。

② 帮助她们认识到功能失调性假设和规则的变化对她们的情绪、行为和回归准备的积极影响。

这些方法可以帮助女犯在认知行为治疗中检验和调整功能失调性假设和规则,以形成更健康、积极和适应性的思维方式。治疗师在整个过程中发挥着引导、支持和鼓励的作用,促进女犯的认知重构。

步骤六:布置家庭作业,根据情况指导女犯填写考查并挑战功能失调性规则练习表(表 8-11)、成本—效益分析表(表 8-12)或功能失调性假设的合理替代练习表(表 8-13)。

步骤七:小结和反馈,告知女犯下次将揭示负性核心信念。

第八、第九次示范谈话

治疗师:(情绪评分)今天谈话的主题是“检验并调整功能失调性假设和规则”。在今天谈话之初,我们先来给自己打分吧。

女犯:30 分吧。上次谈话结束后,我感觉自己过得很放松,与同监室女犯相处也自在很多。

治疗师:(挖掘功能失调性假设和规则)嗯,那很好。我们来看看回归社会对你意味着什么?

女犯:我怕拖累别人,被别人嫌弃,如果没做好,就会给别人添麻烦，别人肯定会指责我。

治疗师：（情绪评估）由此你会产生怎样的情绪呢？

女犯：焦虑、恐惧、害怕。

治疗师：（寻找证据）能具体谈谈是什么事让你产生这样的想法？

女犯：长假前我与弟弟通话突然得知父亲去世，当我想要多了解一点情况的时候，弟弟敷衍我，说："葬礼都结束了，你什么也别管了。"我感觉家人也不要我了，连这么重要的事情都不与我分享，我心里非常难过。

治疗师：（考虑其他可能）如果家人跟你讲了这事你会怎么办？

女犯：除了伤心、难过，我目前什么也做不了。

治疗师：（挑战功能失调性假设和规则）也就是说，家人为了不让你伤心、难过，才没有马上通知你。

女犯：是的。

治疗师：（换位思考）如果你站在家人的立场，你会怎么做？

女犯：我也会暂时隐瞒，等一切处理好了再讲。

治疗师：（认知重构）你现在还认为家人这么说是嫌你做不好吗？

女犯：不会了，家里人还是很关心我的，妈妈和弟弟总说，只要我平平安安回家，比什么都重要。

治疗师：（观察结果）现在感觉怎么样？

女犯：放轻松了。之前会有种脖子被卡的感觉，一举一动都受到牵制，有时候甚至紧张到无法呼吸，但现在我改变了想法，那根隐形的绳子从我的世界消失了，我又能做自己了。

治疗师：（布置家庭作业并预告下次谈话主题）今天我们一起学习了怎样检验并调整功能失调性假设和规则，回去后你按照这样的调整思路多练练，并根据需要填写考查并挑战功能失调性规则练习表、成本—效益分析表或功能失调性假设的合理替代练习表，下次我们来揭示负性核心信念。

女犯：好的。

8. 第十次会谈谈话步骤

步骤一：评估当前心理状态。

步骤二：连接上次谈话内容。

步骤三：检查家庭作业完成情况。

步骤四：明确谈话主题"揭示负性核心信念"。

步骤五：进入谈话主题。

（1）解释相关概念

当女犯已经学会调整功能失调性自动想法，掌握了负性中间信念的合理替代，并且已经获得心理调整的初步成果，身心症状有所缓解，在这种情况下可决定进入揭示负性核心信念这一阶段。核心信念是个体关于自身、他人及世界的基本信念和价值观，是更为基本和根深蒂固的信念，较中间信念更具有主导性和概括性，是个体关于自己、他人和世界的基本信念和价值观，对个体的整体自我认知和世界观产生深远影响。回归焦虑女犯的核心信念可能与回归社会有关。例如，她们可能认为自己无法改变过去的行为、无法被社会接受和支持等。

（2）进行相关提问

女犯对于自己的负性核心信念的领悟各有所长，有些一点就通，有些则不然，她们会感到十分困难，搞不清楚功能失调性自动想法的潜在层面存在着信念系统的支撑，所以治疗师需要花较大的工夫引导，可以通过表 8-14 的提问，帮助她们清晰地揭示和表达自己的核心信念。

表 8-14 揭示回归焦虑女犯负性核心信念的提问(举例)

自我价值和能力	① 你认为自己在回归社会前的价值和能力是什么?
	② 你对自己的能力和价值有怎样的负面看法?
	③ 你是否认为自己是无用的、无能的或不值得被接纳的?
对他人评价和批评的认同	① 你是否认同他人对你的评价和批评?
	② 你是否觉得自己不符合他人的期望或标准?
	③ 你是否相信他人对你的评价会决定你的价值和能力?
不安和恐惧	① 回归社会前你是否有对未来感到不安或恐惧的核心信念?
	② 你是否担心应对挑战和变化时会失败或受伤?
	③ 你对未来是否有消极预期或恐惧心理?
过去经历的影响	① 过去的挫折或失败经历是否对你的核心信念产生了影响?
	② 过去的伤害或背叛是否导致你对自己和他人产生了负面看法?
	③ 你是否将过去的经历与回归社会前的情境联系起来?
对控制和可预测性的渴望	① 你是否渴望对回归社会前的环境拥有更多的控制权?
	② 你是否相信只有当一切可预测和可控时才能感到安全和满足?
	③ 你是否认为失去控制或面对未知的后果将是负面的?

这些提问可以帮助女犯揭示她们的负性核心信念,进一步

了解这些信念对焦虑情绪和回归准备的影响。治疗师可以在此基础上与女犯一起进行深入探讨和分析，帮助她们认识到这些核心信念的存在和影响，并逐步调整和改变不适应的信念，以促进她们的心理成长，提升回归准备能力。

表 8-15　常见负性核心信念一览表

<table>
<tr><th>关于自我评价的
负性核心信念</th><th>关于他人评价的
负性核心信念</th><th>关于世界评价的
负性核心信念</th></tr>
<tr><td>我无能
① 我无能
我无能，我无力，我软弱，我受欺，我贫困，我艰难，我被动，我退缩，我被控，我尴尬，我窝囊，我绝望
② 我无成就
我不能胜任，我不起作用，我不被信任，我不受尊重，我缺陷很多，我浑浑噩噩，我自认失败，我没有出息，我亏欠他人，我成为累赘</td><td rowspan="2">他人都毫无诚信，
他人都十分危险，
他人都难以捉摸，
他人都心怀鬼胎，
他人都不识好歹，
他人都没有良心</td><td rowspan="2">这个世界杂乱无章，
这个世界很不安全，
这个世界腐败透顶，
这个世界荒谬可笑，
这个世界无药可救，
这个世界末日来临</td></tr>
<tr><td>我不可爱
① 我不可爱
我不可爱，我被嫌弃，
我无魅力，我被忽视，
我属多余，我真差劲，
我很倒霉，我没品位
② 我没价值
我没有价值，我不如他人，
我缺点很多，我总惹麻烦，
我浑身晦气，我遭受拒绝，
我必被抛弃，我纯属多余</td></tr>
</table>

（3）常见负性核心信念一览表

治疗师可以向女犯展示常见负性核心信念一览表（表 8-15），

要求女犯参照表中对自我、对他人及对世界的负性核心信念的内容进行自我对照，找出与自己相符的条目。如果有的女犯从一览表中找到相符的条目较多，治疗师可以要求她们指出相对重点的条目，这便于更有针对性地对负性核心信念实施干预。

步骤六：布置家庭作业。让女犯继续填写考查并挑战功能失调性规则练习表（表 8-11）、成本—效益分析表（表 8-12）或功能失调性假设的合理替代练习表（表 8-13）。

步骤七：小结和反馈，告知女犯下次将检验、质疑并调整负性核心信念。

第十次示范谈话

治疗师：（谈话主题及解释定义）今天我们学习怎样揭示负性核心信念。核心信念是人从童年开始逐步形成的对自我、他人及世界的根深蒂固的观念。能理解吗？

女犯：能理解一点。

治疗师：（对过往经历的核心信念）你对你的过往经历有何感受？

女犯：在这里我更加开心。或许您会觉得不可思议，但我的确是这样想的。我原来在泰国的时候，从小喜欢吃东西，家里人也很宠我，导致自己身材很胖，所以我在学校里并不受欢迎，我很自卑的……（有点难过）学习上我也很普通，所以没有考上好大学，只能去学自己不喜欢的考古专业。

治疗师：（收集证据）你是否觉得你在这里可以回避很多现实问题？

女犯：这里比我胖的外国人有许多，相比之下，我这样还显得挺可爱的呢（笑了）。我刚来的时候，什么也不会，是同监室女犯教我的，警官对我也很宽容，就算我做错了什么，也会先跟我讲道理。

治疗师：(对他人评价的核心信念)你怎么看待别人对你的评价？

女犯：我很在乎这里警官和同监室女犯对我的看法，我希望把自己最好的一面展现给大家，所以我也很努力地在做。

治疗师：(家庭环境对信念产生的影响)家庭发生变故时你几岁，能回忆得起当时是什么反应吗？

女犯：我大概 10 岁了，还不太懂事。我当然不想失去爸爸或妈妈。但是外婆劝我说妈妈太苦了，希望我和弟弟能支持她的决定。爸爸、妈妈协商好，他们希望一人带走一个孩子。妈妈更喜欢弟弟，而弟弟也跟爸爸不亲，所以我被留给了爸爸。

治疗师：(具体化)能具体描述一下你跟爸爸在一起生活的日子吗？

女犯：爸爸对我基本上是放养的状态，他会满足我各种需求，但不会对我有很多要求。当时我进入青春期了，有点叛逆，所以没人管也乐得自在。不过，爸爸当时已经再婚了，继母没比我大几岁，她还摆出一副长辈的样子要管我，我就很不服气，经常跟她斗嘴，时间长了，爸爸受不了，只好加倍给我零花钱，祈求家里太平就好。

治疗师：(对未来的核心信念)你对回归生活有何期待？

女犯：我想通过自己的双手来弥补家人，我很想回到小时候无忧无虑的生活状态。

治疗师：(对未来期望的核心信念)你对自己的未来是否有信心？

女犯：还说不准，不知道外面的情况，也担心自己无法适应。

治疗师：（预告下次谈话主题）好的。今天我们学习了如何揭示负性核心信念，下次我们针对你的负性核心信念来做调整。

女犯：好的。

9. 第十一次、第十二次会谈谈话步骤

步骤一：评估当前心理状态并打分。

步骤二：连接上次谈话内容。

步骤三：检查家庭作业完成情况。

步骤四：明确谈话主题“检验、质疑并调整负性核心信念”。

步骤五：进入谈话主题。

治疗师对于女犯负性核心信念的质疑和调整是一个十分艰难的过程，质疑实际上已经包含了部分调整的功能，所以质疑和调整往往并存于同一项干预措施中。调整负性核心信念，除可以参考或借用调整功能失调性自动想法及假设和规则的策略及方法外，还可以运用一些其他方法，包括苏格拉底式对话、行为试验、理性—情绪角色扮演、以他人为参考点、以改变的行为强化信念的改变、自我显露、重建早期记忆、重建合理信念、孔子式对话等。对回归焦虑女犯负性核心信念进行检验、质疑和调整的具体方法如下。

（1）辨识负性核心信念

① 与女犯一起明确导致她们产生回归焦虑的核心信念是什么。

② 确定这些信念是如何影响她们的情绪、行为和回归准备的。

（2）收集证据

① 鼓励女犯寻找证据来支持或反驳她们的负性核心信念。

② 与她们一起回顾过去的经历、观察她们在回归社会前的实际行为和应对方式，观察他人的行为，如可以通过“以他人为参考点”的方法，以找到与负性核心信念相反的证据。

（3）质疑和评估

① 引导女犯思考负性核心信念的合理性和准确性。如运用“苏格拉底式对话”，通过层层设问，帮助女犯理清思路，进行更深入的思考。

② 提出问题来评估这些信念的证据和逻辑，例如：这个信念是否有根据？是否有其他解释？是否存在证据的偏见？还可以自我对话和反驳，鼓励女犯学会进行积极的自我对话，以反驳心中负性核心信念的声音。如有一些女犯从理性角度明知道自己的信念是负性的，但从情感角度还是不愿放弃，在这种情况下，治疗师可采用“理性—情感角色扮演”技术来调整女犯的负性核心信念。

（4）替代性观点和信念

① 与女犯一起探索可能的替代性观点和信念。

② 鼓励她们思考其他可能性，尝试从不同角度看待自己和回归社会后的能力、价值和未来。如情境解释、他人的意图和行为背后的原因等。治疗师可以引导她们思考并形成更符合实际和自我价值的信念，鼓励她们在日常生活中实践和应用这些新的信念。当女犯确认了自己存在的负性核心信念后，治疗师应和女犯一起讨论如何重建新的合理的核心信念。治疗师可以通过与女犯共同填写重建合理核心信念表（表 8-16）来引导女犯形成对自己、他人及世界的新的合理核心信念。

表 8-16　重建合理核心信念表

负性核心信念	合理核心信念
我自认失败	我有些失败，但不是彻底的失败者，我也有成功的方面
他人都难以捉摸	有些人难以捉摸，大部分人可以通过沟通了解

（5）实验和验证

① 鼓励女犯以实际行动来测试和验证负性核心信念的准确性。

② 让她们尝试新的行为和应对方式，观察结果并收集反馈来验证她们是否可以超越负性核心信念的限制。

（6）重构和调整

① 与女犯一起制订新的积极、灵活和适应性的信念，以更好地适应回归社会的挑战和需求。

② 帮助她们形成健康的信念系统，以支持她们的情绪调适和回归准备。如治疗师可以采用“重建早期记忆”来帮助女犯追溯负性核心信念的记忆源头，对于出错的记忆进行纠偏，对于过时的信念进行修正，并将其调整为合理信念。

（7）反馈和复习

① 收集和记录女犯在调整负性核心信念过程中的反馈和观察。

② 帮助她们认识到负性核心信念的变化对她们情绪、行为和回归准备的积极影响。

这些方法可以帮助回归焦虑女犯检验、质疑和调整负性核心信念，并逐渐培养更积极、健康的思维方式，以提升她们的回归准备能力和心理健康。治疗师在整个过程中扮演重要角色，提供指导、支持和反馈，以促进女犯的认知重构和心理成长。请注意，具体的方法可能因个体情况而有所调整。

步骤六：布置家庭作业。核心信念作业表（表 8-17）通常作为家庭作业布置给女犯，要求女犯通过填写，进一步巩固重建合理核心信念的方法。

表 8-17　核心信念作业表（举例）

<table>
<tr><td colspan="2">负性核心信念：我不如他人
当前你对负性核心信念的相信程度？（0～100％）60％
本星期你相信的最大程度？（0～100％）80％
本星期你相信的最小程度？（0～100％）60％</td></tr>
<tr><td colspan="2">新的合理核心信念：我有自己的优势
当前你对合理核心信念的相信程度？（0～100％）50％</td></tr>
<tr><td>驳斥负性核心信念，支持合理核心信念的依据</td><td>对支持负性核心信念的依据进行改版</td></tr>
<tr><td>我有些方面不如他人，每个人都不可能十全十美
我有我自己的优势，只要我充分发挥我的优势，就能够做出好的成绩</td><td>我不如他人的方面可以调整，只要坚持努力，我的弱项就能够得到一定的改善</td></tr>
</table>

步骤七：小结和反馈，告知女犯下次将结束集中治疗阶段。

第十一、第十二次示范谈话

治疗师：（情绪评分）在今天谈话之初，我们先来给自己打分吧。

女犯：50 分吧。

治疗师：（识别负性核心信念）最近，有发生什么事情吗？

女犯：我有点郁闷和担心，看到同监室女犯又会见，又拿信，我只能等每月一次的亲情电话，我天天盼着警官带我打电话。

不知道弟弟工作找得怎么样了？万一他还没找到，我回家也待业，完蛋了！我们只能坐吃山空，妈妈年纪大了，身体也不好，不知道家里的钱够不够看病？

治疗师：（检验证据）讲讲你担心的理由。

女犯：我现在担心弟弟就业、担心我自己出去后找不到工作。

治疗师：（成本—收益分析）假设一种是你还有 30 天回家，你每天担心 1 次，总共担心 30 次；另一种是你一共只担心 1 次。两种情况的成本是不一样的，但有一点可以肯定的是，无论你担心几次，都不会影响最终结果。请问，你会选择哪种？

女犯：我明白了。但是我不知道自己回家后能干什么，我什么都不会。

治疗师：（引导发现）你觉得你擅长什么？

女犯：我喜欢唱歌跳舞，在（监狱）这里也经常上台表演展示。我还会中文，蛮有语言天赋。

治疗师：（替代思维）这些才艺可以说是你再就业的有利条件。现在，社会上做自媒体的门槛并不高，你或许可以尝试在另一个舞台上继续展示自己啊！

女犯：那倒是。我一直觉得自己一无是处，回家后也很难找到合适的工作，却从来没有想到还可以把自己的兴趣爱好与工作结合起来。

治疗师：（认知重构）当然可以。只要你愿意去尝试，勇敢地迈出第一步，一切就有实现的可能。相反，如果你没有行动，仅仅考虑未知的困难，那么什么结果也不会发生。你都没有付诸行动，又怎么能知道自己所担心的情况一定会出现呢？对此，你怎么看呢？

女犯：是吗？（不敢相信的神情）我也可以在网上表演吗？我做梦也不敢想的。看来，我要多学习。

治疗师：（识别负性核心信念）除此之外，你对回家还有什么其他顾虑吗？

女犯：（想一会儿）还有妈妈。她是一个很有主见的女人，对自己也很有要求。做她的女儿，说实话，我压力很大。我回去后应该是要和她一起住的。弟弟另外有自己的小家庭了。一想到天天与妈妈相处，我又害怕又担心。

治疗师：（证据检验）具体说说你的想法。

女犯：我害怕她用她自己的标准来要求我，比如：不能睡懒觉、晚饭后不能吃零食等。我是成年人了，有自己的生活，我不希望她过多管我、约束我。我担心会与妈妈发生矛盾冲突。当然，我也不想再让她为我伤心难过。

治疗师：（质疑）这些都是你在入狱前与母亲相处的模式，现在十几年过去了，这些相处方式还会一成不变吗？

女犯：她一直对我期望很高，我怕自己达不到她期望的高度。

治疗师：（强调）还是回到老问题，你就是担心没有发生的事情太多，对自己缺乏自信心。

女犯：是的。光是想想我就会难过、害怕，不敢多想。

治疗师：（暴露技术）是否想过达不到妈妈要求的最坏结果？

女犯：妈妈会失望，但她不会放弃我。

治疗师：（认知重构）你能接受这样的结果吗？

女犯：嗯，她始终都是爱我的。当然我也爱她，我会好好努力，不让她失望。

治疗师：（情绪评估）现在感觉怎么样？

女犯：这样分析我轻松多了。

治疗师：（布置家庭作业，预告下次谈话主题）很好，你能意识到这点很重要。说明我们的治疗很有效。下次我们将结束集中治疗阶段，也感谢你的配合。希望你继续认真填写核心信念作业表。

女犯：非常感谢警官，我觉得收获了很多。

10. 结束治疗会谈谈话步骤

步骤一：评估当前心理状态并打分。

步骤二：连接上次谈话内容。

步骤三：检查家庭作业完成情况。

步骤四：明确谈话主题“结束集中治疗阶段，进入巩固疗效、预防复发阶段”。

步骤五：进入谈话主题。

在结束集中阶段认知行为治疗后，治疗师必须继续帮助女犯维持巩固疗效，而不宜立即完全脱钩，顿时结束治疗。常用的策略是“逐步撤离”。一般的做法是从原来每周一次的定期治疗逐渐改为隔周一次，经过一段时间再从隔周一次改为每月一次。经过这样适度地维持一个阶段，当女犯能平稳地达到康复效果时，向女犯明确表示结束整个治疗过程。当完整的治疗结束以后，治疗师的角色趋于淡化，但定期的随访仍是治疗师的职责，治疗师可以通过监区了解女犯的状况，关心女犯的改造表现以及心理健康问题的恢复情况，当女犯再次遇到一些应激事件，导致其原有心理问题再次爆发，治疗师应给予必要的心理援助，帮助女犯调节情绪，顺利渡过难关，也以此巩固认知治疗效果。以下是一些具体方法。

（1）长期计划和目标设定

① 与女犯一起制订长期计划和目标，确保她们有明确的方向和愿景。

② 帮助她们将认知行为治疗中学到的技能和策略与长期计划和目标相结合，以保持改变的动力和意义。

（2）自我监测和反思

① 鼓励女犯进行定期自我监测，关注自己的思维模式、情绪和行为。

② 帮助她们提升自我反思的能力，以更好地认识自己的需求、焦虑触发因素和应对策略。

（3）持续练习和应用

① 提醒女犯持续练习和应用在认知行为治疗中学到的技能和策略。

② 鼓励她们将这些技能和策略应用于日常生活中的各个领域，以巩固疗效并增强应对能力。

（4）社交支持和互助

① 向女犯强调与他人建立和维持支持性社交网络的重要性。

② 鼓励她们主动参与支持群体、互助活动或相关组织，以获得支持和经验。

（5）防范和应对复发

① 教给女犯预防和应对焦虑复发的策略，帮助她们识别并处理可能导致焦虑复发的因素。

② 强调持续的自我关注和保持应对策略的灵活性，以应对潜在的挑战和困难。

（6）保持身心健康

① 提醒女犯重视身心健康，包括良好的睡眠、饮食和锻炼习惯。

② 强调身心健康与情绪管理和应对能力的紧密联系，鼓励她们维持健康的生活方式。

(7) 安排定期复查和提供持续支持

① 安排定期复查和支持，以评估女犯的进展并提供必要的指导和支持。

② 提供持续的心理咨询或治疗资源，以便女犯在需要时为其提供支持和帮助。

这些方法可以帮助回归焦虑女犯在认知行为治疗结束后巩固和维持治疗的成果。持续的努力和自我关注是维持改变的关键，女犯应该继续积极参与有关自我发展和心理健康的活动，并适时寻求支持和指导。

结束治疗示范谈话

治疗师：(明确谈话主题)这将是我们本阶段最后一次治疗会谈。我将帮助你制订有针对性的计划，帮助你维护治疗成果。

女犯：谢谢警官。

治疗师：(情绪评分)在今天的谈话之初，我们先来给自己打分吧。

女犯：40 分。(开心地笑)告诉您一个好消息，新闻报道说："泰国宣布对中国开放旅游免签，预计会新增 70 万人次的游客。"我很高兴，感觉泰国经济马上就要恢复了。

治疗师：(维护家庭支持系统)那给家人打通电话了吗？

女犯：还没有，前几天警官带我打电话没打通。不过没事，过几天再打的时候，我就可以跟他们分享这个好消息了。说不定，我弟弟的小酒吧又可以营业了。游客一多，生意就好了，我们酒吧的位置还是很不错的，市区里的游客一直挺多。

治疗师：(鼓励)到时候，你会去帮忙吗？

女犯：那当然，弟弟一个人肯定忙不过来，弟媳还要带孩子。请人哪有自己人用心啊。到时候，我可以一边帮忙经营，一边搞我的自媒体，一举两得！

治疗师：(问题应对)你现在规划得很好，但到时候如果经营起来，事情可多了，你不担心了吗？

女犯：担心嘛，还是会有点的。但是想到我又不是一个人，我还有弟弟、妈妈和其他亲戚。他们肯定会和我一起想办法的，我又有什么可担心的呢？

治疗师：(提供支持)建议你不要放弃中文学习，尤其是书写方面。多掌握一门语言就等于多一个机会。

女犯：好的，我明白。我会利用刑释前的这段时间，多学习中文。谢谢您的帮助！

第四章　治疗后评估及数据分析

一、治疗后评估

（一）评估时间:治疗后评估在治疗实施后两周内完成。

（二）评估工具:上海市监狱管理局罪犯风险需求评估量表、症状自评量表(SCL-90)、焦虑自评量表(SAS)、抑郁自评量表(SDS)、贝克抑郁量表(BDI)、汉密尔顿焦虑量表(HAMA)、汉密尔顿抑郁量表(HAMD)、服刑改造自评调查表、服刑改造他评调查表等。为方便对比,治疗前后评估所使用的量表必须一致。

二、数据分析

通过对个体治疗前后心理测量结果数据的对比,分析认知行为治疗结束后,心理测量及服刑改造中的哪些指标有明显改善,从而完成治疗个案。同时,也可以通过对照组和实验组的差异分析,来进一步论证认知行为治疗对女犯群体的矫治作用。

附录

手册管理、解释及附件

一、手册管理与解释

本手册由上海市女子监狱负责管理，具体解释权归属监狱心理健康指导室。

二、附件

评估量表：症状自评量表（SCL-90）、焦虑自评量表（SAS）、抑郁自评量表（SDS）、贝克抑郁量表（BDI）、汉密尔顿焦虑量表（HAMA）、汉密尔顿抑郁量表（HAMD）、上海市监狱管理局罪犯风险需求评估量表（成年女性罪犯）（摘选）、服刑改造自评调查表、服刑改造他评调查表、家庭功能评定量表、父母教养方式问卷（EMBU）（摘选）（附件一至十一）。

附件一：

症状自评量表(SCL-90)
(Symptom Check List-90)

下面是一些关于人可能会出现的问题的陈述。请你仔细地阅读每个条目,然后根据最近一星期之内你对这些情况的实际感觉,在最符合的一项上划"√"。答案没有对、错之分。不要对每个陈述花太多的时间去考虑,但所给的回答应该最恰当地体现你现在的感觉。

共90题,作答时间约15分钟。

⓪没有、①轻度、②中度、③偏重、④严重

1. 头痛。⓪ ① ② ③ ④
2. 神经过敏,心中不踏实。⓪ ① ② ③ ④
3. 头脑中有不必要的想法或字句盘旋。⓪ ① ② ③ ④
4. 头昏或昏倒。⓪ ① ② ③ ④
5. 对异性的兴趣减退。⓪ ① ② ③ ④
6. 对旁人求全责备。⓪ ① ② ③ ④
7. 感到别人能控制您的思想。⓪ ① ② ③ ④
8. 责怪别人制造麻烦。⓪ ① ② ③ ④
9. 忘性大。⓪ ① ② ③ ④
10. 担心自己的衣饰整齐及仪态的端正。⓪ ① ② ③ ④
11. 容易烦恼和激动。⓪ ① ② ③ ④
12. 胸痛。⓪ ① ② ③ ④
13. 害怕空旷的场所或街道。⓪ ① ② ③ ④
14. 感到自己的精力下降,活动减慢。⓪ ① ② ③ ④
15. 想结束自己的生命。⓪ ① ② ③ ④
16. 听到旁人听不到的声音。⓪ ① ② ③ ④
17. 发抖。⓪ ① ② ③ ④

18. 感到大多数人都不可信任。0 1 2 3 4
19. 胃口不好。0 1 2 3 4
20. 容易哭泣。0 1 2 3 4
21. 同异性相处时感到害羞不自在。0 1 2 3 4
22. 感到受骗,中了圈套或有人想抓住您。0 1 2 3 4
23. 无缘无故地忽然感到害怕。0 1 2 3 4
24. 自己不能控制地大发脾气。0 1 2 3 4
25. 怕单独出门。0 1 2 3 4
26. 经常责怪自己。0 1 2 3 4
27. 腰痛。0 1 2 3 4
28. 感到难以完成任务。0 1 2 3 4
29. 感到孤独。0 1 2 3 4
30. 感到苦闷。0 1 2 3 4
31. 过分担忧。0 1 2 3 4
32. 对事物不感兴趣。0 1 2 3 4
33. 感到害怕。0 1 2 3 4
34. 您的感情容易受到伤害。0 1 2 3 4
35. 旁人能知道您的私下想法。0 1 2 3 4
36. 感到别人不理解您,不同情您。0 1 2 3 4
37. 感到人们对您不友好,不喜欢您。0 1 2 3 4
38. 做事必须做得很慢以保证做得正确。0 1 2 3 4
39. 心跳得很厉害。0 1 2 3 4
40. 恶心或胃部不舒服。0 1 2 3 4
41. 感到比不上他人。0 1 2 3 4
42. 肌肉酸痛。0 1 2 3 4
43. 感到有人在谈论您、监视您。0 1 2 3 4
44. 难以入睡。0 1 2 3 4
45. 做事必须反复检查。0 1 2 3 4

46. 难以作出决定。⓪ ① ② ③ ④
47. 怕乘电车、公共汽车、地铁或火车。⓪ ① ② ③ ④
48. 呼吸有困难。⓪ ① ② ③ ④
49. 一阵阵发冷或发热。⓪ ① ② ③ ④
50. 因为感到害怕而避开某些东西、场合或活动。⓪ ① ② ③ ④
51. 脑子变空了。⓪ ① ② ③ ④
52. 身体发麻或刺痛。⓪ ① ② ③ ④
53. 喉咙有梗塞感。⓪ ① ② ③ ④
54. 感到前途没有希望。⓪ ① ② ③ ④
55. 不能集中注意力。⓪ ① ② ③ ④
56. 感到身体的某一部分软弱无力。⓪ ① ② ③ ④
57. 感到紧张或容易紧张。⓪ ① ② ③ ④
58. 感到手或脚发重。⓪ ① ② ③ ④
59. 想到死亡的事。⓪ ① ② ③ ④
60. 吃得太多。⓪ ① ② ③ ④
61. 当别人看着您或谈论您时感到不自在。⓪ ① ② ③ ④
62. 有一些不属于您自己的想法。⓪ ① ② ③ ④
63. 有想打人或伤害他人的冲动。⓪ ① ② ③ ④
64. 醒得太早。⓪ ① ② ③ ④
65. 必须反复洗手、点数目或触摸某些东西。⓪ ① ② ③ ④
66. 睡得不稳不深。⓪ ① ② ③ ④
67. 有想摔坏或破坏东西的冲动。⓪ ① ② ③ ④
68. 有一些别人没有的想法或念头。⓪ ① ② ③ ④
69. 感到对别人神经过敏。⓪ ① ② ③ ④
70. 在商店或电影院等人多的地方感到不自在。⓪ ① ② ③ ④
71. 感到任何事情都很困难。⓪ ① ② ③ ④
72. 一阵阵恐惧或惊恐。⓪ ① ② ③ ④
73. 感到公共场合吃东西很不舒服。⓪ ① ② ③ ④

74. 经常与人争论。0 1 2 3 4
75. 单独一人时神经很紧张。0 1 2 3 4
76. 感到别人对您的成绩没有做出恰当的评价。0 1 2 3 4
77. 即使和别人在一起也感到孤单。0 1 2 3 4
78. 感到坐立不安、心神不定。0 1 2 3 4
79. 感到自己没有什么价值。0 1 2 3 4
80. 感到熟悉的东西变得陌生或不像是真的。0 1 2 3 4
81. 大叫或摔东西。0 1 2 3 4
82. 害怕会在公共场合昏倒。0 1 2 3 4
83. 感到别人想占您的便宜。0 1 2 3 4
84. 为一些有关性的想法而很苦恼。0 1 2 3 4
85. 您认为应该因自己的过错而受到惩罚。0 1 2 3 4
86. 感到要很快把事情做完。0 1 2 3 4
87. 感到自己的身体有严重问题。0 1 2 3 4
88. 从未感到和其他人很亲近。0 1 2 3 4
89. 感到自己有罪。0 1 2 3 4
90. 感到自己的脑子有毛病。0 1 2 3 4

计分方式、结果解释省略。

附件二:

焦虑自评量表
(Self-rating Anxiety Scale, SAS)

SAS测量的是受测者在最近一周内的焦虑症状。该量表包括20个项目,涉及焦虑的多种症状,每个项目采用4级评分(1～4分),从“没有或很少时间”到“绝大部分或全部时间”4个选项。

评定项目	很少有	有时有	大部分时间有	绝大多数时间有
1. 我感到比往常更加神经过敏和焦虑				
2. 我无缘无故感到担心				
3. 我容易心烦意乱或感到恐慌				
4. 我感到我的身体好像被分成几块,支离破碎				
5. 我感到事事都很顺利,不会有倒霉事情发生				
6. 我的四肢抖动和震颤				
7. 我因头痛、颈痛和背痛而烦恼				
8. 我感到无力且容易疲劳				
9. 我感到很平静,能安静坐下来				
10. 我感到我的心跳较快				
11. 我因阵阵的眩晕而不舒服				
12. 我有阵阵要昏倒的感觉				

续　表

评定项目	很少有	有时有	大部分时间有	绝大多数时间有
13. 我呼吸时进气和出气都不费力				
14. 我的手指和脚趾感到麻木和刺痛				
15. 我因胃痛和消化不良而苦恼				
16. 我必须时常排尿				
17. 我的手总是温暖而干燥				
18. 我觉得脸发烧发红				
19. 我容易入睡，晚上休息很好				
20. 我做噩梦				

计分方式：先将 20 个项目的得分相加，得到一个原始总分。然后将原始总分乘以 1.25，取整数部分，即为标准分。标准分范围是 25～100 分。

结果解释：

<50 分：无焦虑或轻度焦虑。这表明受测者在过去的一段时间内没有显著的焦虑症状，或者焦虑症状非常轻微，对日常生活影响不大。

50～59 分：中度焦虑。受测者可能感到一定程度的焦虑，这种焦虑可能会影响其日常生活，但通常不至于严重干扰社会功能。

60～69 分：显著焦虑。受测者表现出显著的焦虑症状，这种焦虑可能会明显影响其日常生活和社会功能，需要引起注意并考虑专业的心理干预。

≥70 分:重度焦虑。受测者的焦虑症状非常严重,可能已经严重影响其日常生活和社会功能,建议尽快寻求专业帮助,进行评估和治疗。

附件三：

抑郁自评量表
（Self-rating Depression Scale，SDS）

SDS测量的是受测者在最近一周内的抑郁症状，该量表包含20个项目，每个项目采用4级评分（1～4分），从“没有或很少时间”到“绝大部分或全部时间”4个选项。

评定项目	很少有	有时有	大部分时间有	绝大多数时间有
1. 我觉得闷闷不乐，情绪低沉				
2. 我觉得一天之中早晨最好				
3. 我一阵阵哭出来或觉得想哭				
4. 我晚上睡眠不好				
5. 我吃得跟平常一样多				
6. 我与异性密切接触时和以往一样感到愉快				
7. 我发觉我的体重在下降				
8. 我有便秘的苦恼				
9. 我心跳比平时快				
10. 我无缘无故地感到疲乏				
11. 我的头脑跟平常一样清楚				
12. 我觉得经常做的工作并没有困难				
13. 我觉得不安而平静不下来				
14. 我对将来抱有希望				
15. 我比平常容易生气激动				

续 表

评定项目	很少有	有时有	大部分时间有	绝大多数时间有
16. 我觉得作出决定是容易的				
17. 我觉得自己是个有用的人，有人需要我				
18. 我的生活过得很有意思				
19. 我认为如果我死了别人会生活得好些				
20. 平常感兴趣的事我仍然感兴趣				

计分方式：先将 20 个项目的得分相加，得到一个原始总分。然后将原始总分乘以 1.25，取整数部分，即为标准分。标准分范围是 25～100 分。

结果解释：

<50 分：无抑郁或轻度抑郁。这表明受测者在过去的一段时间内没有显著的抑郁症状，或者抑郁症状非常轻微，对日常生活影响不大。

50～59 分：中度抑郁。受测者可能感到一定程度的抑郁，这种抑郁可能会影响其日常生活，但通常不至于严重干扰社会功能。

60～69 分：显著抑郁。受测者表现出显著的抑郁症状，这种抑郁可能会明显影响其日常生活和社会功能，需要引起注意并考虑专业的心理干预。

≥70 分：重度抑郁。受测者的抑郁症状非常严重，可能已经严重影响其日常生活和社会功能，建议尽快寻求专业帮助，进行评估和治疗。

附件四：

贝克抑郁量表
(Back Depression Inventory，BDI)

贝克抑郁量表，包含21组，每组有4句陈述，每句之前标有的阿拉伯数字为等级分。你可根据一周来的感觉，把最适合自己情况的一句话前面的数字圈出来。21组全部都做完后，将各组的圈定分数相加，便得到总分。依据总分，就能评估自己是否抑郁，以及抑郁的程度如何。

（一）

0. 我不感到悲伤。

1. 我感到悲伤。

2. 我始终悲伤，不能自制。

3. 我太悲伤或不愉快，不堪忍受。

（二）

0. 我对将来并不失望。

1. 对将来我感到心灰意冷。

2. 我感到前景黯淡。

3. 我觉得将来毫无希望，无法改善。

（三）

0. 我没有感到失败。

1. 我觉得比一般人失败要多些。

2. 回首往事，我能看到的是很多次失败。

3. 我觉得我是一个完全失败的人。

（四）

0. 我从各种事件中得到很多满足。

1. 我不能从各种事件中感受到乐趣。

2. 我不能从各种事件中得到真正的满足。

3. 我对一切事情不满意或感到枯燥无味。

（五）

0. 我不感到有罪。

1. 我在相当的时间里感到有罪。

2. 我在大部分时间里觉得有罪。

3. 我在任何时候都觉得有罪。

（六）

0. 我没有觉得受到惩罚。

1. 我觉得可能会受到惩罚。

2. 我预料将受到惩罚。

3. 我觉得正受到惩罚。

（七）

0. 我对自己并不失望。

1. 我对自己感到失望。

2. 我讨厌自己。

3. 我恨自己。

（八）

0. 我觉得自己并不比其他人更不好。

1. 我要批判自己的弱点和错误。

2. 我在所有的时间里都责备自己的错误。

3. 我责备自己把所有的事情都弄坏了。

（九）

0. 我没有任何想弄死自己的想法。

1. 我有自杀想法，但我不会去做。

2. 我想自杀。

3. 如果有机会我就自杀。

（十）

0. 我哭泣与往常一样。

1. 我比往常哭得多。

2. 我现在一直要哭。

3. 我过去能哭,但现在要哭也哭不出来。

(十一)

0. 和过去相比,我现在生气并不更多。

1. 我现在比往常更容易生气发火。

2. 我觉得在现在所有的时间里我都容易生气。

3. 过去使我生气的事,现在一点也不能使我生气了。

(十二)

0. 我对其他人没有失去兴趣。

1. 和过去相比,我对别人的兴趣减少了。

2. 我对别人的兴趣大部分失去了。

3. 我对别人的兴趣已全部丧失了。

(十三)

0. 我仍然像往常一样自己可以决定事情。

1. 我推迟作出决定比过去多了。

2. 我作决定比以前困难得多。

3. 我再也不能作出决定了。

(十四)

0. 我觉得我的外表看上去并不比过去更差。

1. 我担心自己看上去显得老了,没有吸引力。

2. 我觉得我的外貌有些变化,使我难看了。

3. 我相信我看起来很丑陋。

(十五)

0. 我工作和以前一样好。

1. 要着手做事,我现在需额外花些力气。

2. 无论做什么,我必须努力催促自己才行。

3. 我什么工作也不能做了。

(十六)

0. 我睡眠与往常一样好。

1. 我睡眠不如过去好。

2. 我比往常早醒 1～2 小时,难以再睡。

3. 我比往常早醒几个小时,不能再睡。

(十七)

0. 我并不感到比往常更疲乏。

1. 我比过去更容易感到疲乏无力。

2. 几乎不管做什么,我都感到疲乏无力。

3. 我太疲乏无力,不能做任何事情。

(十八)

0. 我的食欲和往常一样。

1. 我的食欲不如过去好。

2. 我现在的食欲差得多了。

3. 我一点也没有食欲了。

(十九)

0. 最近我的体重并无很大减轻。

1. 我体重下降 2.27 千克以上。

2. 我体重下降 5.54 千克以上。

3. 我体重下降 7.81 千克以上。

(二十)

0. 我对健康状况并不比往常更担心。

1. 我担心身体上的问题,如疼痛、胃不适或便秘。

2. 我很担心身体问题,想别的事情很难。

3. 我对身体问题如此担忧,以致不能想其他任何事情。

(廿一)

0. 我没有发现自己对性的兴趣最近有什么变化。

1. 我对性的兴趣比过去降低了。

2. 我对性的兴趣大大下降。

3. 我对性的兴趣已经完全丧失。

这份抑郁评定量表虽然简单,但若能如实自评,结果仍十分可靠、准确。凡健康、无抑郁者,总分多小于 10 分;10～15 分者,表明有轻度情绪不良;大于 15 分者,表明已有抑郁;大于 25 分者,说明抑郁已经比较严重了。

附件五：

汉密尔顿焦虑量表
（Hamilton Anxiety Scale，HAMA）

圈出最适合病人情况的分数：0 无症状；1 轻微；2 中等；3 较重；4 严重。

1. 焦虑心境	0 1 2 3 4
2. 紧张	0 1 2 3 4
3. 害怕	0 1 2 3 4
4. 失眠	0 1 2 3 4
5. 认知功能	0 1 2 3 4
6. 抑郁心境	0 1 2 3 4
7. 躯体性焦虑：肌肉系统	0 1 2 3 4
8. 躯体性焦虑：感觉系统	0 1 2 3 4
9. 心血管系统症状	0 1 2 3 4
10. 呼吸系统症状	0 1 2 3 4
11. 胃肠道症状	0 1 2 3 4
12. 生殖泌尿系统症状	0 1 2 3 4
13. 自主（植物）神经系统症状	0 1 2 3 4

HAMA 总分能较好地反映焦虑症的严重程度：总分大于或等于 29 分者，可能有严重焦虑症；大于或等于 21 分者，肯定有明显焦虑症；大于或等于 14 分者，肯定有焦虑症；大于或等于 7 分者，可能有焦虑症；小于 7 分者，正常，没有焦虑症。

附件六：

汉密尔顿抑郁量表

（Hamilton Depression Scale，HAMD）

圈出最适合病人情况的分数："0"代表无症状；"1"代表轻微；"2"代表中等；"3"代表较重；"4"代表严重。

1. 抑郁情绪		0　1　2　3　4
2. 有罪感		0　1　2　3　4
3. 自杀		0　1　2　3　4
4. 入睡困难		0　1　2
5. 睡眠不深		0　1　2
6. 早醒		0　1　2
7. 工作和兴趣		0　1　2　3　4
8. 阻滞		0　1　2　3　4
9. 激越		0　1　2　3　4
10. 精神性焦虑		0　1　2　3　4
11. 躯体性焦虑		0　1　2　3　4
12. 胃肠道症状		0　1　2
13. 全身症状		0　1　2
14. 性症状		0　1　2
15. 疑病		0　1　2　3　4
16. 体重减轻		0　1　2
17. 自知力		0　1　2
18. 日夜变化	A. 早	0　1　2
	B. 晚	0　1　2

续　表

19. 人格或现实解体	0　1　2　3　4
20. 偏执症状	0　1　2　3　4
21. 强迫症状	0　1　2
22. 能力减退感	0　1　2　3　4
23. 绝望感	0　1　2　3　4
24. 自卑感	0　1　2　3　4

HAMD 总分能较好地反映抑郁症的严重程度：总分小于 8 分者，正常，没有抑郁症；8～20 分者，可能有抑郁症；20～35 分者，肯定有抑郁症；大于 35 分者，有严重抑郁症。

附件七：

上海市监狱管理局罪犯风险需求评估量表（成年女性罪犯）（摘选）

姓名：　　　　番号：　　　　年龄：

访谈人：　　　访谈时间：

1. 罪犯风险需求评估量表是以筛查罪犯犯罪原因，预测再犯罪风险为主要目的的评估量表。在完成本量表前，评估员必须熟练掌握本量表配套使用指南的全部内容，并严格按照操作流程开展评估工作。

2. 本量表部分题目以“是”或“否”作答，部分题目以等级评分作答，为确保项目的有效性，请尽量不要勾选中间选项。

3. 如某道题目确实无法获知相关信息而导致无法判断的，允许不填写答案，但未填写答案的项目越少越好。

一、犯罪史

以下第 1—9 题为单选题。（选择“是”计 1 分，选择“否”计 0 分）

1. 有前科劣迹。　□是　□否
2. 未成年就有前科或劣迹。　□是　□否
3. 曾因定罪而被处监禁？　□是　□否
4. 曾有异地改造（包括劳教、戒毒、拘役等）经历。　□是　□否
5. 曾在监禁机构内受到过警告、记过、禁闭等处罚。　□是　□否
6. 曾在监禁机构再次犯罪。　□是　□否
7. 曾在缓刑或假释期间再次犯罪。　□是　□否
8. 初次犯罪时年龄未满 18 周岁。　□是　□否

如果选“是”,请填写初次犯罪年龄:____

9. 曾经服刑的刑期以 5 年及以下为主。 □是 □否

二、本次犯罪

以下第 10—18 题为单选题。(第 10 题选择“是”计 2 分,第 11 题选择“是”计 4 分,第 12 题选择“是”计 2.5 分,其他题选择“是”计 1 分;选择“否”计 0 分)

10. 此次犯罪类型为盗窃类。 □是 □否

11. 此次犯罪类型为涉毒类。 □是 □否

12. 此次犯罪类型为诈骗类。 □是 □否

13. 此次犯罪类型为伤害类。 □是 □否

14. 此次犯罪刑期为 5 年及以下。 □是 □否

15. 此次犯罪是团伙犯罪主犯。 □是 □否

16. 此次有 2 项及以上罪名。 □是 □否

17. 此次犯罪有性的因素。 □是 □否

18. 待识别的犯罪身份。 □是 □否

如果选“是”须符合以下至少一项,并勾选以下符合的答案。

a. 假姓名、假地址、假身份、假经历

b. 自用名、曾用名

结果解释省略。

附件八：

服刑改造自评调查表

番号________　姓名________　年龄________　时间________

服刑改造自评调查表是以筛选罪犯服刑改造10个表现因子为主要目的的调查用表，每个题目都有4个选项，分别代表4种程度，“1”代表程度最低，“4”代表程度最高。题目选项无所谓“好”与“坏”，但对我们开展认知行为治疗有着十分重要的参考价值。请根据实际情况，在每题最恰当的选项上打“√”。

1. 情况非常好，无需改进。
2. 情况较好，可以改进。
3. 情况较差，需要改进。
4. 情况非常差，急需改进。

一、情绪低落程度

1 2 3 4　1. 我曾一连几天、几个星期什么也不想干，因为我总提不起精神。

1 2 3 4　2. 我的心境常有起伏。

1 2 3 4　3. 我特别自责，感觉对不起所有人。

二、自卑感，对自己没有信心

1 2 3 4　4. 我认为自己是一个毫无价值的人。

1 2 3 4　5. 我经常因为其他人对我的看法感到焦虑或不安。

1 2 3 4　6. 我对与其他人相处得如何很担心。

三、不合理认知和对问题的不合理归因程度

1 2 3 4　7. 我经常会随意地负面猜测别人的想法和反应。

1 2 3 4　8. 我会将以往生活中曾经发生的特殊事件推断成为以后一直会发生的普遍现象。

1 2 3 4　9. 我经常会给自己或他人贴上固定标签。

四、与民警关系紧张度

1 2 3 4　10. 警官找我谈话，我会很紧张。

1 2 3 4　11. 我感觉警官对我的态度与对别人的态度不一样。

1 2 3 4　12. 警官对我不是很了解。

五、与同监室女犯关系紧张度

1 2 3 4　13. 我只想一个人待着，不想与人交往。

1 2 3 4　14. 碰到问题时，我一般会采取比较激惹的态度和方式。

1 2 3 4　15. 我觉得我周围的人都是一些不可信赖的人。

六、难以适应环境的程度

1 2 3 4　16. 现在的生活状态让我感到很压抑。

1 2 3 4　17. 到一个新环境，我通常需要一个很长的适应过程。

1 2 3 4　18. 我不喜欢的东西，不管怎么学也学不会。

七、改造违纪扣分程度

1 2 3 4　19. 我经常会被扣分，自己也感觉无能为力。

1 2 3 4　20. 我对纪律条例规定还是一知半解。

1 2 3 4　21. 我有一种恐惧感，做事害怕出错。

八、劳动生产欠产扣分程度

1 2 3 4　22. 我经常完不成劳动指标。

1 2 3 4　23. 我经常有返工，质量达不到规定要求。

1 2 3 4　24. 我还不能适应现在的劳动岗位和工艺要求。

九、家庭、夫妻、亲子关系不和谐程度

1 2 3 4　25. 我的过错还不能得到家人的原谅。

1 2 3 4　26. 我感到我已经无家可归了。

1 2 3 4　27. 我对今后的家庭前景很不看好。

十、缺乏学习兴趣程度

1 2 3 4　28. 我无法集中注意力，学习效率不高。

1 2 3 4　29. 我感到非常疲惫，对任何事情都提不起兴趣。

1 2 3 4　30. 没有一件事能让我从中找到快乐。

计分方式、结果解释省略。

附件九：

服刑改造他评调查表

番号______　姓名______　他评人______　时间______

服刑改造他评调查表是由民警对罪犯服刑改造10个表现因子进行评估的调查用表，对我们开展认知行为治疗有着十分重要的参考价值。可结合服刑改造自评调查表配合使用，互相印证确保所调查信息的可信度。每个题目都有4个选项，分别代表4种程度，"1"代表程度最低，"4"代表程度最高，请根据实际情况，在每题最恰当的选项上打"√"。

1. 情况非常好，无需改进。
2. 情况较好，可以改进。
3. 情况较差，需要改进。
4. 情况非常差，急需改进。

一、情绪低落程度

1 2 3 4　1. 思维迟缓，语速慢，总提不起精神。

1 2 3 4　2. 情绪常有起伏，不稳定。

1 2 3 4　3. 特别自责，感觉对不起所有人。

二、自卑感，对自己没有信心

1 2 3 4　4. 认为自己是一个毫无价值的人。

1 2 3 4　5. 经常因为其他人的看法感到焦虑或不安。

1 2 3 4　6. 很担心与其他人相处得如何。

三、不合理认知和对问题的不合理归因程度

1 2 3 4　7. 经常会随意地负面猜测别人的想法和反应。

1 2 3 4　8. 会将以往生活中曾经发生的特殊事件推断成为以后一直会发生的普遍现象。

1 2 3 4　9. 经常会给自己或他人贴上固定标签。

四、与民警关系紧张度

1 2 3 4　10. 不主动找民警谈话，会很紧张。

1 2 3 4　11. 自认为受到监狱或民警个人不公正的对待。

1 2 3 4　12. 对民警的管教采取不服从或对抗的态度。

五、与同监室女犯关系紧张度

1 2 3 4　13. 只想一个人待着，不想与人交往。

1 2 3 4　14. 碰到问题时，一般会采取比较激惹的态度和方式。

1 2 3 4　15. 狱内人际关系较差。

六、难以适应环境的程度

1 2 3 4　16. 自觉刑期漫长，或不适应改造生活，感到绝望。

1 2 3 4　17. 以不认罪为由，拒绝服从监狱管理。

1 2 3 4　18. 不认罪服判。

七、改造违纪扣分程度

1 2 3 4　19. 有狱内违纪行为。

1 2 3 4　20. 无视狱内纪律条例规定。

1 2 3 4　21. 做事经常出错。

八、劳动生产欠产扣分程度

1 2 3 4　22. 经常完不成劳动指标。

1 2 3 4　23. 经常有返工，质量达不到规定要求。

1 2 3 4　24. 不能适应现在的劳动岗位和工艺要求。

九、家庭、夫妻、亲子关系不和谐程度

1 2 3 4　25. 家人之间存在严重矛盾，影响罪犯的情绪。

1 2 3 4　26. 与家人或伴侣的联系缺失。

1 2 3 4 27. 与家人或伴侣有矛盾或关系疏远。

十、缺乏学习兴趣程度

1 2 3 4 28. 空余时间缺少个人爱好。

1 2 3 4 29. 不参与狱内组织的任何活动。

1 2 3 4 30. 对未来生活没有期待。

计分方式、结果解释省略。

附件十：

家庭功能评定量表

这个量表包含了一些对家庭的描述，请仔细阅读每一项，并根据近两个月你对你家庭的看法，在四个答案中圈选形容你家庭最接近的一个。选择答案依照以下原则：

“很像我家”：代表这一项非常准确地描述了您的家庭；

“像我家”：代表这一项大致上描述了您的家庭；

“不像我家”：代表这一项不太符合您的家庭；

“完全不像我家”：代表这一项完全不符合您的家庭。

	很像我家	像我家	不像我家	完全不像我家
*1. 由于我们彼此误解，难以安排一些家庭活动	1	2	3	4
2. 我们在住处附近解决大多数日常问题	1	2	3	4
3. 当家中有人烦恼时，其他人知道他为什么烦恼	1	2	3	4
*4. 当你要求某人去做某事时，你必须检查他们是否做了	1	2	3	4
*5. 如果某人遇到麻烦时，其他人会过分关注	1	2	3	4
6. 发生危机时，我们能相互支持	1	2	3	4
*7. 当发生意外时，我们手足无措	1	2	3	4
*8. 我们家时常把我们所需要的东西用光了	1	2	3	4
*9. 我们相互都不愿流露出自己的感情	1	2	3	4

续 表

	很像我家	像我家	不像我家	完全不像我家
10. 我们家庭成员肯定都尽到了各自的家庭职责	1	2	3	4
* 11. 我们不能相互谈论我们的忧愁	1	2	3	4
12. 我们常根据我们对问题的决定去行动	1	2	3	4
* 13. 你的事只有对他们也重要时，他们才会感兴趣	1	2	3	4
* 14. 从他们的谈话内容中，你不明白其中一个人是怎么想的	1	2	3	4
* 15. 家务事没有由家庭成员充分分担	1	2	3	4
16. 不管家庭中每个人是什么样的，都能被他人认可	1	2	3	4
* 17. 你不按规矩办事，却很容易逃脱处分	1	2	3	4
18. 大家都把事情摆在桌面上说，而不用暗示的方法	1	2	3	4
* 19. 我们中有些人缺乏感情	1	2	3	4
20. 在遇到突然事件时，我们知道怎么处理	1	2	3	4
* 21. 我们避免谈及我们害怕和关注的事	1	2	3	4
* 22. 我们难得相互说出温存的感受	1	2	3	4
* 23. 我们遇到经济困难	1	2	3	4
24. 在我们家试图解决一个问题之后，我们通常要讨论这个问题是否已解决	1	2	3	4

续　表

	很像我家	像我家	不像我家	完全不像我家
* 25. 我们太以自我为中心了	1	2	3	4
26. 我们能相互表达出自己的感受	1	2	3	4
* 27. 我们对梳妆服饰习惯无明确要求	1	2	3	4
* 28. 我们彼此间不表示爱意	1	2	3	4
29. 我们对人说话都直说，而不转弯抹角	1	2	3	4
30. 我们每个人都有特定的任务和职责	1	2	3	4
* 31. 家庭的情绪气氛很不好	1	2	3	4
32. 我们有惩罚人的原则	1	2	3	4
* 33. 只有当某事使我们都感兴趣时，我们才一起参加	1	2	3	4
* 34. 没有时间去做自己感兴趣的事	1	2	3	4
* 35. 我们常不把自己的想法说出来	1	2	3	4
36. 我们感到我们能被别人容忍	1	2	3	4
* 37. 只有当某件事对个人有利时，我们相互才感兴趣	1	2	3	4
38. 我们能解决大多数情绪上的烦恼	1	2	3	4
* 39. 在我们家，亲密和温存居次要地位	1	2	3	4
40. 我们讨论谁做家务	1	2	3	4
* 41. 在我们家对事情作出决定是困难的	1	2	3	4
* 42. 我们家的人只有在对自己有利时，才彼此关照	1	2	3	4

续 表

	很像我家	像我家	不像我家	完全不像我家
43. 我们相互间都很坦率	1	2	3	4
*44. 我们不遵从任何规则和标准	1	2	3	4
*45. 如果要人去做某件事,他们常需别人提醒	1	2	3	4
46. 我们能够对如何解决问题作出决定	1	2	3	4
*47. 如果原则被打破,我们不知道将会发生什么事	1	2	3	4
*48. 在我们家任何事都行得通	1	2	3	4
49. 我们将温存表达出来	1	2	3	4
50. 我们镇静地面对涉及感情的问题	1	2	3	4
*51. 我们不能和睦相处	1	2	3	4
*52. 我们家庭成员一生气,就互不讲话	1	2	3	4
*53. 一般来说,我们对分配给自己的家务活都感到不满意	1	2	3	4
*54. 尽管我们用意良好,但还是过多地干预了彼此的生活	1	2	3	4
55. 我们有应付危险情况的原则	1	2	3	4
56. 我们相互信赖	1	2	3	4
57. 我们当众哭出声来	1	2	3	4
*58. 我们没有合适的交通工具	1	2	3	4
59. 当我们不喜欢有的人的所作所为时,我们就会给他指出来	1	2	3	4
60. 我们想尽各种办法来解决问题	1	2	3	4

家庭功能评定有 7 个方面：

1. 问题解决：指在维持有效的家庭功能水平时，这个家庭解决问题(指威胁到家庭完整和功能容量的问题)的能力。包括以下条目：2，12，24，38，50，60。

2. 沟通：指家庭成员的信息交流。重点在言语信息的内容是否清楚，信息传递是否直接。包括以下条目：3，14，18，22，29，35，43，52，59。

3. 角色：指家庭是否建立了完成一系列家庭功能的行为模式，如提供物质基础、精神支持、个人发展条件、满足成人性需求等，还包括任务分工是否明确和公平及家庭成员是否认真地完成了任务。包括以下条目：4，8，10，15，23，30，34，40，45，53，58。

4. 情感反应：指家庭成员对刺激的情感反应的程度。包括以下条目：9，19，28，39，49，57。

5. 情感介入：评定家庭成员相互之间对对方的活动和一些事情关心重视的程度。包括以下条目：5，13，25，33，37，42，54。

6. 行为控制：指评定一个家庭的行为方式。在不同的情形下有不同的行为控制模式。包含以下条目：7，17，20，27，32，44，47，48，55。

7. 总的功能：从总体上评定家庭的功能。包括以下条目：1，6，11，16，21，26，31，36，41，46，51，56。

注：* 为不健康条目，得分为用 5 减去表中得分。对所有条目来说，“1 分”代表健康，“4 分”代表不健康。每个方面所有条目得分的平均数即为该方面的得分，评分范围为 1 分～4 分。

附件十一：

父母教养方式问卷(EMBU)(摘选)

以下题目主要想了解你对父亲和母亲的感受(如果你有继父继母或养父养母，请根据影响你最深刻的那位父亲或母亲，作为填写的依据，如果你小时候没有父亲或母亲，则这一部分不填)。请在右边两列合适选项的数字上画“○”。

题目	我的父亲				我的母亲			
	从不	偶尔	经常	总是	从不	偶尔	经常	总是
1. 他/她常常在我不知道原因的情况下对我大发脾气	1	2	3	4	1	2	3	4
2. 他/她赞美我	1	2	3	4	1	2	3	4
3. 我希望他/她对我正在做的事不要过分担心	1	2	3	4	1	2	3	4
4. 他/她对我的惩罚往往超过我应受的程度	1	2	3	4	1	2	3	4
5. 他/她要求我回到家里必须得向他/她说明我在外面做了什么事	1	2	3	4	1	2	3	4
6. 我觉得他/她尽量使我的青少年时期的生活更有意义和丰富多彩	1	2	3	4	1	2	3	4
7. 他/她经常当着别人的面批评我既懒惰又无用	1	2	3	4	1	2	3	4
8. 他/她不允许我做一些其他孩子可以做的事情，因为她害怕我会出事	1	2	3	4	1	2	3	4
9. 他/她总试图鼓励我，使我成为佼佼者	1	2	3	4	1	2	3	4

续　表

题目	我的父亲				我的母亲			
	从不	偶尔	经常	总是	从不	偶尔	经常	总是
10. 我觉得他/她对我可能出事的担心是夸大的、过分的	1	2	3	4	1	2	3	4
11. 当遇到不顺心的事时，我能感到他/她在尽量鼓励我，使我得到安慰	1	2	3	4	1	2	3	4
12. 他/她认为我在家里是“替罪羊”或“害群之马”	1	2	3	4	1	2	3	4
13. 我能通过他/她的言谈、表情感受到他/她很喜欢我	1	2	3	4	1	2	3	4
14. 他/她常以一种使我很难堪的方式对待我	1	2	3	4	1	2	3	4
15. 他/她常常允许我到我喜欢去的地方，而他/她又不会过分担心	1	2	3	4	1	2	3	4
16. 我觉得他/她干涉我做的任何一件事	1	2	3	4	1	2	3	4
17. 我觉得与他/她之间存在一种温暖、体贴和亲热的感觉	1	2	3	4	1	2	3	4
18. 他/她对我该做什么、不该做什么都有严格的限制而且绝不让步	1	2	3	4	1	2	3	4
19. 即使是很小的过错，他/她也惩罚我	1	2	3	4	1	2	3	4
20. 他/她总是左右我该穿什么衣服或该打扮成什么样子	1	2	3	4	1	2	3	4
21. 当我做的事情取得成功时，我觉得他/她很为我自豪	1	2	3	4	1	2	3	4

计分方式、结果解释省略。

图书在版编目(CIP)数据

女犯认知行为治疗操作手册 / 上海市女子监狱编. 上海：上海辞书出版社，2024

ISBN 978-7-5326-6204-3

Ⅰ. ①女… Ⅱ. ①上… Ⅲ. ①女性-犯罪分子-行为治疗-中国-手册 Ⅳ. ①D926.7-62

中国国家版本馆 CIP 数据核字(2024)第 069876 号

女犯认知行为治疗操作手册

上海市女子监狱　编

责任编辑　徐　杰
装帧设计　多　吉
责任印制　曹洪玲

出版发行　上海世纪出版集团
上海辞书出版社®(www.cishu.com.cn)
地　　址　上海市闵行区号景路 159 弄 B 座(邮编：201101)
印　　刷　上海盛通时代印刷有限公司
开　　本　889 毫米×1194 毫米　1/32
印　　张　18.25
字　　数　410 000
版　　次　2024 年 11 月第 1 版　2024 年 11 月第 1 次印刷
书　　号　ISBN 978-7-5326-6204-3/D・171
定　　价　80.00 元